中国百村调查丛书
『九五』国家社会科学基金重点项目
『十一五』国家社会科学基金重点项目
『十五』国家重点图书出版规划项目

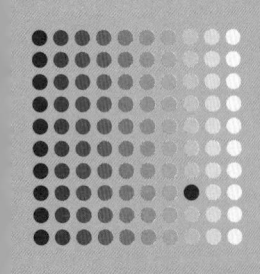

中国百村调查

中国百村调查

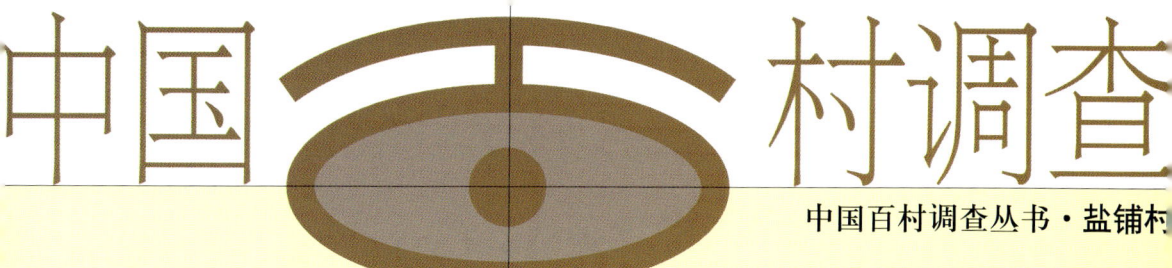

中国百村调查丛书·盐铺村

魅力盐铺
ATTRACTION OF YANPU

主　编／王开玉　胡　宁
副主编／汪利平　方金友

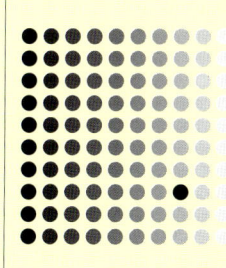

社会科学文献出版社
SOCIAL SCIENCES ACADEMIC PRESS (CHINA)

本书著者 /	导　言	王开玉
	第一章	吴万利　张启立　王文静
	第二章	周　艳
	第三章	方金友
	第四章	王方霞
	第五章	殷民娥
	第六章	吴　丹
	第七章	司海云
	第八章	杨立平　司海云
	第九章	王文燕
	第十章	宋文娟
	第十一章	殷民娥
	第十二章	殷民娥
	第十三章	周　艳
	第十四章	周　艳
	第十五章	王开玉
	第十六章	汪利平　吴　丹
	第十七章	刘顺进
	第十八章	周　艳　刘顺进　王文燕
	附录1	吴　丹
	附录2	汪利平　李晓壮　等
	后　记	王开玉
	全书统稿	王开玉
	全书图片由课题组提供	

中国百村调查

盐铺农家书屋

中共安徽省委书记王金山在盐铺考察

状元湖风光

庆元堂菊花厂房

菜篮子工程

中国百村调查

中国百村调查丛书·盐铺村

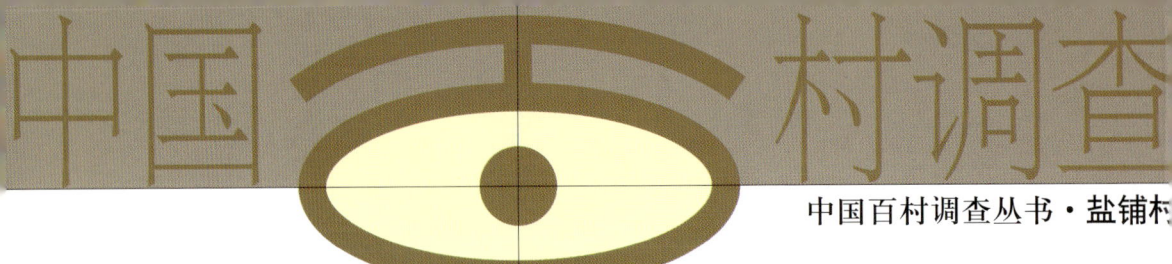

魅力盐铺

胡宁的题字

中国农村发展模式研讨会暨百村调查第三次工作会议在盐铺召开

美丽的休宁山区

黄山杜鹃花

山越风情园

中国百村调查丛书总编辑委员会

主　　编　陆学艺　何秉孟

副 主 编　张晓山　水延凯　谢曙光　谢煜桐

常务编委　(按姓氏笔画)

　　　　　王思斌　王雅林　王春光　王开玉　牛凤瑞
　　　　　叶南客　邓壬富　刘　敏　刘豪兴　宋宝安
　　　　　汪开国　杜受祜　折晓叶　陈光金　何耀华
　　　　　郭书田　赵树凯　金嘉祥　俞　萍　张卓民
　　　　　张厚义　乐宜仁　邵　峰　李友清　顾益康
　　　　　黄　健　曹晓峰　曹锦清　詹天庠　廖　逊
　　　　　戴建中　魏子熹　樊　平

编　　委　(按姓氏笔画)

　　　　　王　颉　王晓毅　史昭乐　刘　倩　刘少杰
　　　　　朱玉坤　乔亨瑞　杨宜音　杨海波　陈婴婴
　　　　　陈　昕　邹农俭　邹德秀　范广伟　周伟文
　　　　　郭泰山　胡必亮　钟涨宝　张友琴　张书琛
　　　　　张大伟　张永春　唐忠新　秦均平　秦谱德
　　　　　徐建国　曹贵根　龚维斌　彭立荣　程贵铭
　　　　　宋国恺　胡建国　胡　荣　孙兆霞　朱启臻
　　　　　马福伦

秘 书 长　谢曙光（兼）　张厚义

副秘书长　王　颉　范广伟　陈光金　樊　平　马福伦

《中国百村调查丛书·盐铺村》课题组名单

课题组组长 王开玉　胡　宁

课题组副组长
　　陆　群　王运选　汪美月　汪利平　田雨润
　　杨立平　方金友　吴　丹

课题组成员 周　艳　殷民娥　王　莉　宋文娟　柴文杰
　　邬丽丽　刘顺进　王文燕　司海云　吴万利
　　王文静　夏　波　郭　娟　叶定军　汪顺生
　　吴玉才　吴跃祖　郑传全　张启立　陈秀华

课题组办公室主任
　　吴万利

参加本书编写的还有由安徽省市场经济研究会、安徽省社会学会、安徽省邓小平理论研究会组成的"县域现代化课题组"

总　　序

中国百村经济社会调查，是继全国百县市经济社会调查之后，又一项由中国社会科学院组织协调的大型社会调查研究项目。进行这项大规模调查研究的目的，是为了加深对我国国情的认识，特别是为了加深对我国现阶段农民仍占总人口70%的农村社会的认识。

1988年初，中共中央宣传领导小组提出，为了拓宽拓深对社会主义初级阶段理论的认识，要进行国情调查。中国社会科学院承担了这项工作，指派专业人员进行策划、拟定开展国情调查的方案，并于1988年4月在全国社科院院长联席会议上，向全国社会科学界发出了"开展县情市情调查"的倡议，得到了各省、市、自治区社会科学院、党校、高校和政策研究机构的响应和支持，并得到国家社会科学基金会的资助，被列为"七五"国家哲学社会科学重点课题（以后又列为"八五"国家哲学社会科学重点课题），从此，此项大规模的国情调查就在全国31个省、市、自治区开展起来。

1988年8月，在全国范围内选定了41个县市作为国情调查的第一批调查点。8月在郑州召开了首次国情调查协调会议，会议主题是讨论如何开展此项调查，怎样选点、怎样调查、调查内容和调查方法，与会代表对此项国情调查的重要意义和目标作了进一步的讨论，还就如何组建调查专业队伍等问题交流经验；会议还讨论修订了统一的县、市情调查提纲和调查问卷。

1989年5月24~25日在南京召开了第二次国情调查协调会议。会议是在南京师范大学开的，由当时中国社科院分管政法社会学片的副院长郑必坚同志主持，会议集中讨论了本次国情调查成果的编写方针问题，与会者结合已写成的《定州卷》等初稿，进行了热烈争论。最后确定，国情丛书的编写方针是，以描述一个县（市）1949 年以来，特别是改革开放以来的政治、经济、社会、文化的发展状况为主的学术资料性专著。实事求是，以描述为主，要具有科学研究价值、实用价值。会议还决定，本丛书正式定名为《中国国情丛书——百县市经济社会调查》。

1990 年 8 月在北京西郊青龙桥军事科学院招待所召开了第三次国情调查协调会议。出席这次会议的有总编委会的主要成员和各地分课题组的负责人共 80 余人。会前中国社科院党组决定了总编委会的组成人员，主编丁伟志，副主编陆学艺、石磊、何秉孟、李兰亭，何秉孟和谢曙光分别为正副秘书长。经过多方协商，丛书由中国大百科全书出版社出版，出版社总编辑梅益等领导同志给予了极大的支持，并于 1991 年成立以谢曙光同志为主任的中国国情丛书编辑部，专事于这套丛书的编辑出版工作。该编辑部后来成为总编委会事实上的日常办事机构。

本次会议的主题是研讨如何定稿。丁伟志同志在会上提出了这套丛书要在坚持正确的政治方向的同时，坚持严肃认真的科学态度，从实地调查到写作、定稿都要贯彻真实、准确、全面、深刻的方针，并为此作了详细的阐述。经过讨论，大家一致通过这个方针，认为这是实现这项大型经济社会调查既定目标的保证，也是检验每项调查、每本书稿的标准。为了保证丛书的质量，会议还确定，各地的书稿定稿后，先送总编委会，由总编委会指定专家进行审阅，通过后再交出版社编辑出版。本次会议还就第二批调查点的布点问题作了认真部署。

青龙桥会议以后，各课题组对初稿按总编委会的要求进行了认真修改，第一批书稿陆续送到北京。经何秉孟同志为首的专家审稿组的认真审阅，丛书编辑部编辑加工，第一本《中国国情丛书——百县市经济社会调查·定州卷》于 1991 年 4 月正式出版。20 世纪 30 年代，社会学家李景汉教授曾写过《定县社会概况调查》，定州卷则是描述了 30 年代以来，特别是 1949 年以后 40 多年的经济社会的变迁状况。

1991 年 4 月，总编委会在河北省香河县中国科学院大气物理所的工作站召开了第四次国情调查协调会议。其间，国情调查的第二批点21个县市的调查已在各地展开，会上总结了国情调查3年来的经验和教训，对第一批点还未定稿的几个县市作了如何扫尾的安排，对第二批点的调查和写作提出了规范化的要求，特别强调从第二批点开始，都要求对城乡居民进行500～700户的问卷调查，此后问卷由总编委会统一印制，抽样、调查方法由总编委会数据组统一规定。经过大家讨论，认为强调县市调查要有居民家庭问卷调查，这是使本项调查更加科学规范，并能获得更深层第一手资料的保证。大家一致同意，从第二批调查点起，没有城乡居民家庭问卷调查及其数据分析的，不能通过评审和出版。会议上总编委会对第三批调查作了部署。

1991年9月总编委会在中国社科院报告厅举行了《中国国情丛书——百县市经济社会调查》定州卷、兴山卷、诸城卷、海林卷、常熟卷首批5卷成果发布会。丛书总编委会顾问邓力群、中国社科院副院长刘国光、著名学者陈翰笙等专家学者与上述5卷的主编和调查点的党政负责同志共百余人出席了会议。著名经济学家董辅礽、文献专家孙越生等学者对丛书首批成果作了评述。专家们对这项大型国情调查首批出版的成果都表示了充分的肯定和赞赏。从此，这套丛书就在国内外公开发行。

1993年7月，总编委会在中央党校召开了第六次国情调查协调会议。在会前，考虑到此项国情调查已经进行了6年，各地涌现了一批从事此项调查的专业骨干，他们都有继续长期进行国情调查，并作进一步研究的希望和要求，为了便于交流和研讨问题，经过酝酿并得到中国社会科学院的批准，决定成立中国社会科学院国情调查研究中心，由陆学艺任主任，何秉孟、谢曙光为副主任，北京和各地的一部分专家（多数是从事此项调查的）为研究员，聘请丁伟志、邢贲思为顾问。在协调会议期间国情调研中心举行了成立大会。此次协调会主要是研究讨论并解决调查点的调研、写作中的问题。考虑到前两批点，调查已经完成，但由于研究分析和写作、统稿等方面的原因，有些卷的质量达不到要求（有连续三次退回修改的），而调查的材料已有3～4年了，所以会议要求，第

一、第二批点未完成写作任务的,都要求再做新的调查,要把近几年的变化写进去。会议还布置了第四批点的调查。

到1994年底,有约50个县市完成了调研和写作,出版了30余卷。就全国范围说,100个县市调查的布点工作已经结束,但各地的课题组仍在继续进行调研和审稿工作。开始时总编委会商定,每个省市自治区根据人口区划的不同,部署2~5个调查点,要求选取不同经济发展程度,不同类型(山区、丘陵、平原等)和有各种代表性的县市,以求全面、准确地反映整体国情。1995年以后,总编委会根据各地调研的实际情况,又陆续批准了一些新调查点,以求填平补齐,使布点尽可能达到合理。另外还有一些是由于丛书出版以后,社会反响很好,有些市、县的领导主动要求列为调查点,如新疆的吐鲁番市、广东的珠海市等,总编委会根据总的布局平衡,也批准了一些新点,所以到最后全国一共布点108个。

1994年以后,总编委会的几位同志曾先后到湖北、新疆、广西、辽宁、山东、广东、江苏、云南、江西、海南、黑龙江等省区,同当地的社会科学院、党校的同志一起走访了这些省区被调查点县市的领导和群众,听取他们对丛书的意见,也参加一部分书稿的评审会或出版后的发布会。各地对本丛书调研、写作和出版都很重视,给予了很高的评价,有不少卷被当地评为社会科学优秀著作并获奖。

从1988年2月,中国社会科学院开始酝酿组织这项大型国情调查时起,直到1998年10月最后一卷出版,历时10年零8个月,终于完成了这项国情调查任务,这是中国自1949年以来进行的少数几次大规模经济社会调查之一。先后共出版了105卷,总数4000多万字。后来,经过总编委会和国情丛书编辑部的同志开会评议、协商,从中减去了5卷。所以,最后送交中国社会科学基金会作为最终成果的是100本。当时预定的目标,是希望通过对100个县市经济社会政治文化等方面的调查,对1949年以后特别是改革开放以来所取得的成就以及现代化建设中面临的各种矛盾、问题进行全面系统的调查研究,从多种角度、各个层面来提供第一手的真实准确的资料和数据,以便进一步摸准摸清我国的基本国情，拓宽加深对于社会主义初级阶段理论的认识。可以说，这个目标是基本实现了。这 100 本国情丛书，每一本都是以描述一个县（或市）的历史和现实发展状况为主的学术资料性专著，它既可以作为制定政策和发展战略的依据，也可以作为全面研究基本国情或研究社会科学某一方面专题的资料，亦可作为进行国情教育的基础参考书，所以这套丛书既具有实用价值，又有科学研究价值。因为它是在 20 世纪 80~90 年代真实记录分布在全国 31 个省市自治区的各种类型、各种发展水平的 100 个县（市）的实际状况和发展轨迹，这些资料来之不易，十分珍贵，所以这套丛书又具有保存价值，历史愈悠久，其价值愈可贵。

国情丛书出版以后，受到国内外学术界的欢迎，被认为是社会科学界的一项很重要的学术资料基本建设，具有十分重要的学术价值。广东省社会科学院的一位领导说，将来这套丛书的资料和数据能培训一大批博士、硕士出来。实际工作部门的同志也很欣赏，诸城市委的领导在读了《诸城卷》之后，认为这部书是诸城的百科全书，应该是诸城干部特别是市委、市政府的领导干部必读的书，对熟悉市情，对做好工作，以及对外交流都很有意义。中国社会科学院在建院 20 周年，评选建院以来优秀成果时，给"中国国情丛书——百县市经济社会调查"颁发了特别荣誉奖。

国情丛书总编委会原来有个设想，在 100 个县市情调查告一段落以后，要组织相应的课题组，对这 100 个县市调查提供的资料和数据，分门别类，进行纵向的专题研究，写出如农业、工业、社会、文化、教育、科技等专题研究专著，最后进行综合研究，写出集大成的国情分析报告。20 世纪 90 年代中期曾经启动过几项专题研究，但因人力、财力等各方面的原因，此项研究计划并没有付诸实施，这是美中不足的一个方面，有待以后弥补。

1996 年，当百县市调查基本告一段落的时候，课题组内外的一部分专家提出，百县市经济社会调查是一项重大的学术成果，对认识国情有很重要的价值。但一个县市，上千、几千平方公里，几十万、上百万人口，所以，对县市经济社会的调查，总体上属于中观层次的调查。对农村基层情况的调查还是比较少。而中国是一个农民占绝大多数的大国，改革开放以后，农村率先改革，这20年，农民变化最大，农村基层社会变化最深刻，这是决定中国社会主义现代化命运的基础，是弄清国情必不可少的。如能在百县市情调查的基础上，再做100个村的调查，从微观层次上对这些村乃至村里的每个农户在改革开放以来的变化状况加以调查，经过分析，全面系统地加以描述，形成村户调查的著作，这就更有意义了。百村调查是百县市经济社会调查的姊妹篇，两者结合起来研究，将相得益彰，对加深认识中国的基本国情，就更加完整了。对此建议，总编委会的几位同志经过反复研究，认为这个意见很好，而且很及时。于是做了两件工作：一是组织一个课题组，到河北省三河市行仁庄进行试点调查，形成村的调查提纲、调查问卷和写作方案，以便为将来开展此项调查作准备；二是在1997年7月写出了"中国国情丛书——百村经济社会调查"的课题报告，向国家社科基金会申请立项，基金会的领导同志认为这个创意很好，很有价值。但因为此时国家社科基金"九五"重点课题都已在1996年评审结束，立项时间已过，不好再单独立项。后来经过总编委会同国家社科基金会反复协商，基金会考虑到百县市经济社会调查课题组很好地完成了任务，考虑到再作一次百村调查是百县市国情调查的继续，很有必要。所以，于1998年10月特别批准了"百村经济社会调查"这个课题，将其补列为国家社科基金"九五"重点项目，并专门下批文确认，批文为98ASH001号。

"百村经济社会调查"立项后，受到各地社会科学界，特别是原来进行百县市经济社会调查的单位和专业工作者们的欢迎，至今已经有30多个单位组织了课题组，并已陆续选点、进点，开展了村情的调查。

"百村经济社会调查"的目的，同样还是为了加深对全国基本国情的认识，特别是要对全国农村、农民、农业的现状和发展有一个科学的认识。"不了解中国农民，就不了解中国社会"至今仍不失为至理名言。现阶段的农民境况到底怎样？他们在做什么？想什么？特别是他们将来会怎样变化？中国的农村将怎样实现社会主义现代化？不同地区的状况是不同的。我们要通过对不同地区、不同类型、不同发展程度的农村进行调查研究，来描述、反映中国50年来农村、农业、农民变化的状况。

行政村是中国农民世世代代繁衍生息的最基本的地域单元，也是构成中国农村社会最基础层次的政治单元。20世纪80年代中期以后，农村实行了村民自治，由全体村民直接选举村委会主任和委员，组成村民自治委员会，实行民主选举，民主决策，民主管理，民主监督。十多年来，中国的村民自治已经取得了很大的成绩，积累了很多经验，造就了农村社会安定有序的政治局面。所以，党的十五届三中全会称赞村民自治是中国农民的又一个伟大创造。

行政村还是一个事实上的经济实体。它的前身是人民公社下属的生产大队。原来在政社合一体制下，既有组织生产经营的经济功能，又有行政功能。改革以后，农村实行家庭联产承包责任制，在生产大队一级组织村民自治委员会。法律规定，村委会是土地集体所有的承担者，是土地的发包单位。这些年实践的结果有多种情况，有些集体经济比较雄厚的村，在村民自治委员会以外，还组建有农工商公司或（合作）经济委员会，同受村党支部（或党委）领导，村是一个比较完整的经济实体，但这类村是少数。现在全国绝大多数村的状况是，村已不是完整的集体经济、生产经营单位，村作为集体所有土地的发包单位，把土地（包括山林等）分包给农户，农民家庭成为自主生产经营的实体。其中的一些行政村，还有一部分经济职能，对农业生产实行统一灌水排水、统一机耕、统一供种、统一植保等社会服务。而在经济不发达和边缘山区，行政村连这类社会化服务也办不到，只是一个基层的行政单位和土地发包单位。

从农村实行家庭承包责任制至今，已经二十多年了，总的发展是好的，农村有了很大的变化，但各地区村庄的发展过程和发展状况千差万别，农户分化的状况也是千差万别。我们这项百村经济社会调查，就是要通过对这100个村及其农户的调查，对这些村自1949年以来，特别是改革开放以来的政治、经济、社会、文化的变化过程、变化状况"摸准、摸清"，经过综合分析，通过文字、数据、图表把这个村过去和现在的状况如实地加以描述，既能通过这个村的发展展示农村50年、20年来发展的一般规律，也能展示这个村特有的发展轨迹。

现在展示在大家面前的是一套与"中国国情丛书——百县市经济社会调查"有着天然联系的关于现实中国农村的调查研究成果，经与出版单位反复酝酿，最后定名为《中国百村调查丛书》，后缀所调查的村名。每本书有一个能概括该村庄内在特质的书名，如行仁庄是一个内发型村庄为基本特质的村落类型，我们就把这一卷定名为《内发的村庄》。

"中国百村调查丛书"同样是一项集体创作、集体成果。参加这项大型国情社会调查的，有国家和各省、市、自治区的社会科学院、大学、党校以及党政研究机构的社会科学工作者，同被调查地区的党政领导干部相结合，并得到他们的支持和帮助，并且只有被调查行政村的干部和群众积极配合，实行专业工作者、党政部门的实际工作者和农民群众三结合，才能共同完成这项科学系统的调查任务。

中国百村调查丛书
总编辑委员会
2000 年 12 月

目 录

导　言 ……………………………………………… 王开玉 / 1

福地盐铺

第一章　徽州深处的盐铺村 ………………… 吴万利　张启立　王文静 / 13
第二章　盐铺村的旅游业 …………………………………… 周　艳 / 24

绿色盐铺

第三章　盐铺村的经济结构 ………………………………… 方金友 / 37
第四章　盐铺村的菊花产业 ………………………………… 王方霞 / 63
第五章　盐铺村的生态建设 ………………………………… 殷民娥 / 76

和谐盐铺

第六章　盐铺村的社会结构 ………………………………… 吴　丹 / 95
第七章　盐铺村的家庭、婚姻和生育 ……………………… 司海云 / 113
第八章　盐铺村的教育发展 ………………………… 杨立平　司海云 / 126
第九章　盐铺村的民俗 ……………………………………… 王文燕 / 139
第十章　盐铺村的合作医疗 ………………………………… 宋文娟 / 156

制度盐铺

第十一章　盐铺村的组织结构 ……………………………… 殷民娥 / 169

目 录

第十二章　盐铺村的村务管理…………………………………殷民娥 / 186
第十三章　盐铺村的专业经济合作社……………………………周　艳 / 200

魅力盐铺

第十四章　城乡一体化进程中的盐铺村…………………………周　艳 / 219
第十五章　建设同一片蓝天下的中国文化………………………王开玉 / 241
第十六章　山区人民心中的杜鹃花
　　　　　——记安徽省人大常委会副主任朱维芳………汪利平　吴　丹 / 260
第十七章　让梦想的阳光照进现实
　　　　　——海阳镇盐铺等村大学生村官调查…………………刘顺进 / 264
第十八章　问卷分析和访谈………………………周　艳　刘顺进　王文燕 / 272

附　录

附录1　中国农村发展模式研讨会暨百村调查
　　　　第三次工作会议会议纪要……………………………………吴　丹 / 321
附录2　山区经济大有可为
　　　　——中国社会科学院陆学艺教授与休宁县委书记
　　　　胡宁的对话………………………………………汪利平　李晓壮等 / 329

后　记………………………………………………………………王开玉 / 341

导 言

中国社会学界的研究视野一向关注农村，费孝通先生写出了《江村经济》、《云南三村》等传世文献，陆学艺先生写出了《三农论》等社科经典，笔者作为社会学研究者，也愿做农村研究的跟进者之一。自从1999年承担中国社会科学院"中国百村经济社会调查"安徽分课题后，这些年我们一直把主要的研究精力和时间放在了农村，相继调研了安徽合肥的老洪村和霍山的落儿岭村。

邓小平同志在1979年改革开放初期视察安徽黄山时说，黄山将来可以发展成为全国最富有的地方。近年来，我们课题组也一直关注黄山的发展，一直希望在黄山选一个点，发现、描述这里的脱贫致富新路。2006~2008年我多次到休宁调研，当地的状元文化和盐铺村的发展致富之路给我留下了深刻的印象，于是有了在此选点的愿望。我把选择盐铺村作为百村调查点的意愿跟当地政府的主要负责人沟通后，得到了黄山市政协副主席、休宁县委书记胡宁同志和休宁县人大常委会副主任汪利平同志的支持。这样，在"中国百村经济社会调查"这一项目中，安徽分课题组就选择了"安徽三村"：落儿岭村、老洪村和盐铺村。落儿岭的特色是当地经济走出了一条从集体到合作的路径，采取股份制壮大了合作经济；它还是一个革命老区，在改革开放中继承传统，发扬了"新红军文化"。老洪村的特色在于该村村民在向市民转化的过程中，顺利完成了户籍身份与职业身份的双重转变。而盐铺村就是我们选择的第三个村。

一 福地盐铺

选择盐铺，是因为盐铺的发展历程代表了徽州乡村的富庶发展之路。

盐铺天然之美——美在她是座大公园

从休宁县城海阳镇凤凰山沿着两旁绿荫葱葱的沥青路往盐铺方向走，西北山清，东南水秀，一眼望去，公路两边的田野满眼都是菊花、甘蔗、茭白、荸荠等经济作物，一片田园风光映入眼帘。走过一个农民公园，又连着一个公园——徽州山越民俗风情园（也称山越风情园），两个公园中间就是一片崭新而古朴的徽派民居——盐铺村。

从所处环境来说，盐铺村地理位置优越，距黄山市市政府所在地屯溪15公里，和休宁县城海阳镇连在一起，距世界自然与文化双遗产地——黄山46公里，距徽文化底蕴浓厚的世界文化遗产地——西递、宏村景区23公里，距国家级风景名胜区、国家地质公园——齐云山10公里，距黄山机场17公里。密集的旅游资源和便利的交通，为盐铺村的长远发展提供了极为有利的条件。

盐铺村全村从东至西依次呈南北带状分布，河流、滩涂、水田、旱地、丘陵、低山、村舍散布其间。休宁县的"海阳八景"之"凤湖烟柳"、"夹源春雨"两景一南一北紧拥盐铺村。休宁著名的五星级旅游宾馆就是以"凤湖烟柳"为名的。我去过很多国家，到过很多公园，看过很多美景，而像黄山脚下的盐铺这样的"世外桃源"可以说是独具特色。盐铺村依山傍水的秀丽景致以及满眼的洁白菊花组合成一幅美丽的田园图景。被群山环抱、秀水环绕的盐铺俨然成了"桃花源里人家"，让我不由地想起那句"一生痴绝处，无梦到徽州"。

我们长期研究徽商和徽文化，不难得知，徽商基本上都是旅外经商，正如一首民谣所说："前世不修，生在徽州，十三四岁，往外一丢。"徽州人由于自小就受到徽文化的熏陶，有着吃苦耐劳和诚实信用的禀性，加上善于经营，最终闯出了一片天地。改革开放后，盐铺村人民沿袭了徽商精神，不断开拓进取，建成了盐铺"公园型"的生态家园。称盐铺是个"大公园"，还因为它一个村拥有两个公园，一是村口的农民公园，二是占地2000平方米的山越风情园。农民公园的入口处有一块巨石，巨石上题写着"新农村之花"五个大字。2005年4月，盐铺村采取村民个人集资入股、村集体控股的形式成立了黄山市绿风实业有限公司，在特色农业蓬勃发展的基础上，大力发展生态旅游，实现了农业经济和旅游经济两辆"马车"并驾齐驱。盐铺村大力发展生态种植、生态养殖、生态果园、生态休闲旅游业，以生态建设为基础，力作文化、艺术旅游等文章。

"山越风情园"是以再现古山越人生活为主题的公园。该园周围建成了"状元湖"，围绕"状元湖"建设了生态农庄餐饮部、沿湖小木屋及垂钓中心。以生态农庄开发建设为示范和牵动，发展乡村旅游，吸引了大批游客远道而来观光游览，游客有来自国内各省的，也有来自国外的，如韩国、美国、日本等。

盐铺发展之美——美在它是中国乡村旅游福地

在近代，盐铺也是一个移民村，70%以上的村民都是来自外地，大多为20世纪30、40年代从安庆徙居而来。经过大半个世纪的变迁，盐铺人习惯了休宁本地的民俗风情，同时也带来了一些安庆独特的异域风情。村内民宅多为砖木结构的徽式楼房，近年在旅游景区新建的楼房也保持了徽式风格，古风古韵。村民多数能说休宁方言、安庆方言和普通话，在村内居民之间的交流中，更多的是使用安庆方言，充分展现了安庆籍居民聚居成村的特点。至今，这个村的村民还时时怀念着他们的"根"，盐铺的女儿也有嫁到安庆做媳妇的。

同样，移民文化使盐铺人对外来好的东西兼收并蓄，形成了包容宽厚的品性。移民文化和徽商精神的结合，盐铺人在改革开放的新的历史时期，把这个原是徽商经营盐的集散地变成了一个具有浓厚徽文化意识和现代化气息的美丽村落。

休宁县是中国著名的乡村旅游福地。盐铺村是休宁县10个乡村旅游福地之一，也是黄山市100个新农村建设示范村之一，被誉为"黄山脚下的现代农庄"，具有极好的发展乡村生态旅游的潜力。

盐铺不断推进徽文化和乡村旅游的互动，做精做细乡村旅游，加快发展以"福山福水福人家"为主题的乡村旅游经济。以状元湖为中心，四周规划为产权式度假区、特色果园与特色苗木种植区、木本经济林区、本土禽类养殖区、接待服务中心、狩猎区等，建设盐铺生态农庄项目，大力发展生态农业与生态旅游业，成为全县乃至全市的排头兵。

在发展旅游中，盐铺村也吸引村民入股办公司，用现代经营的办法来经营旅游。迄今为止，在休宁县委、县政府的支持、指导和各级部门的帮助下，该村已投资1000万元，修建了蓄水10万立方米的状元湖，已放养鱼苗10万尾，供旅游垂钓之用，并修建了其他旅游基础设施，成为休宁县首批乡村旅游休闲福地示范村。在建设生态农庄的同时，又发展农家乐项目，让农民房前屋后的果树、家中饲养的土鸡土狗、山上采的野菜野果都变成商品，成为游客竞相追逐的绿色生态产品，以发展旅游带动了经济的增长、农民的增收。盐铺村"公园型"的发展模式提升了生态经济效益，实现了集生态农业和乡村旅游业为一体的可持续发展。

二 绿色盐铺

第一次到盐铺，首先映入我眼帘的就是夹溪河畔一条600多米长的旧盐铺的遗址。我从史书中查阅到：盐铺因紧傍夹源、横江水系，早在清康熙三十五年（1696年）便以其得天独厚的地理优势成为休宁县四大水运码头之一。因为山区的道路崎岖，当年大宗货物的运输还是靠水运，夹溪河是新安江的上流，周边几个山区县的生活用品主要是先靠水运运到盐铺码头，山区的木材、箬叶、桐籽等山货也从这儿装船外运，所以河面船来船往，商贾云集。

因为货物需要周转，特别是远道由杭州、苏州运来的商品要在这里先卸船入仓。因此，村中建有多处货仓，其中最大的仓库是盐铺，可储盐十五吨。据传，仓库的墙就是用盐砖砌成的。村中不仅有囤积食盐的仓库，还有许多经销食盐的店铺，那时县城食盐紧缺，居民们纷纷跑来买盐，村庄因盐而名，历称盐库，因"库"、"铺"谐音，休宁方言中"铺"比"库"讲起来顺口，遂被改作"盐铺"，沿用至今。后来，我了解到，这个村的产业结构不断调整，已由单纯经营农作物发展到了经营多种经济作物，最具特色的是以生产有机菊花为主的生态产业日趋成熟，使得这个小村落变成了遍地菊花的大花园。生态产业、现代农业更加美化了这里的山山水水。

随着我来盐铺次数的增多，我越发感到这里的山美水美人更美。从历史

本书主编王开玉研究员在状元湖畔

上来说，徽商能成为气候，一是因为他们重视文化，二是因为他们敢于创业、有吃苦耐劳的精神。盐铺的发展与大量移民进入徽州在这里创业发展有很大的关系。据史书记载，徽州历史上大规模的移民有三次，一是两晋之际，二是唐代"安史之乱"和"黄巢起义"之时，三是两宋的"靖康之乱"之时。为躲避战乱，许多中原地区的名门望族迁居至此，随着他们的迁徙，带来了孔、孟儒家的文化，"以诗书训子弟"的学风得到了推广和普及，重视教育之风在这里兴起，注重教育成为这个移民社会的典型特征之一。在世界资本主义萌芽和我国经商环境在一些大城市逐步形成的过程中，徽州人为了发展创业，从这里走出去，成了气候，被称为"徽商"。徽商崛起于明代，衰落于清末，造就了商界数百年的辉煌。

盐铺人身上体现了兼收并蓄、坚持改革、不怕挫折的柔韧精神，这些不能不说与徽文化的熏陶有关。1999年，盐铺村开始大规模调整农村产业结构。第一年种荷兰豆，亏了五六千元，但他们并没有停止改革创新的步伐。

2002年以后，改种菊花，这种菊花是生态有机菊花。菊花首先在村党员干部中种植成功，榜样的力量是无穷的，通过他们的宣传、引导、服务，盐铺村种菊花的农民越来越多，菊花种植面积也由36亩到96亩到400亩到800亩再到1300亩，规模越来越大。洁白的黄山贡菊成为旅游观光的美丽景致。

盐铺虽是个小山村，它的发展也紧紧连着"地球村"。盐铺的黄山贡菊不仅风行国内市场，还被清华大学作为礼品赠送给世界各地的专家、学者。特别是改革开放以来，可以感受到，它的发展和全国乃至世界都息息相关。最近，他们的生态农业还获得了中华农业科技基金会颁发的"神内基金农技推广奖"。

三 魅力盐铺

选择盐铺，更因为盐铺本身所具有的魅力。

魅力之一，它的发展根植于徽文化的土壤，散发着现代化的气息

菊花产业最能体现盐铺人的经营文化之道。在种植发展过程中，在资金和技术缺乏的条件下，他们走出了一条"项目—品牌—市场"的道路。

盐铺村2002年开始种黄山贡菊，发展菊花产业，通过项目的申请带来了资金、技术，也造就了自己的人才队伍，然后再通过打造自己的品牌，用品牌开拓市场，成功地走出了一条治穷致富之路。2009年，盐铺全村总产值2154万元，人均收入1.1万元；农业总产值1400万元，其中，仅菊花一项的收入就有1200万元。盐铺能有今天的成就，最重要的还在于徽州的商业文化底蕴使他们走出了一条现代农业、生态产业之路。记得在做合肥市老洪村课题的时候，我们发现老洪村村民在资金、技术人员缺乏的条件下，用自己的区位优势打造了产业园，吸引了中国科学院、中国农业科学院的许多实验项目落户，成功地把土地资源变成资本。盐铺村和老洪村都说明了，我们经营农业，靠的还是文化和市场。

魅力之二，它是个文化村庄

每一种文化都有它的基本价值，文化需要通过教育来传输。这种价值引领着教育。休宁县城的教育，不光在历史上造就了状元文化，还在现代教育上带动像盐铺这样的村庄实现了新的突破。

20世纪90年代，盐铺村同全县其他农村一样，办起了农民技术学校，由全日制学校的教师出任"扫除青壮年文盲提高班"指导员，采取多种形式，或讲座，或田间示范，或组织人员外出参观，或发资料，或看光碟，致力于让每位农民（至少每户有一人）都能掌握一门技术，靠自己的勤劳实现致富梦想。职业培训和创业的结合，使教育成为第一生产力，这种职业学校的培训，使我联想到了休宁县城的职业教育。县城有一所历史悠久的休宁中学，同时还有一所省内外闻名，也是迄今全省唯一的一所匠工学校，即德胜——鲁班（休宁）木工学校。它是由休宁县和苏州德胜洋楼公司合办的。该校按照陶行知先生"教学做合一"的教育理念办学，不仅使山区的一些家境贫寒的孩子有了受教育的机会，而且在教学中更注重把提高学生的文化知识向提高学生的综合素质转变，真正使学生在学习的过程中做到了学有所乐、学有所长。德胜——鲁班（休宁）木工学校规模不大，气魄却不小。我到这个学校参观时，发现这个学校的校训很有特点："我们不认为一个平庸的博士比勤劳敬业的木匠对社会更重要"。这句话深刻地道出了当今社会盲目追求学历的窘境。从一定意义上讲，优秀的木匠和有才的博士一样，都是宝贵的人才。学校还"别出心裁"为毕业学生授自创的"匠士"学位，戴"匠士帽"。我认为，在人才的培养和使用上，我们必须摈弃"唯学历至上"的观念，看学历但不唯学历，真正不拘一格育人才、选人才、用人才。很多匠工毕业后回到家乡，带头创业，带动了很多人致富，这也是徽文化得以传播的另一种形式。

魅力之三，村干部带领群众"能把泥土变成黄金"

盐铺村"两委"一班人就像发展经济学家所赞扬的那样，是一群"能把泥土变成黄金"的人。特别是书记李讨饭，他不仅精明、有魄力、勇于创业，而且和群众亲如一家，大家都把他当做知心人。村"两委"制作了村干部联系卡，每户发张村干部联系卡，村民一有问题，可以在第一时间找到对口的村干部解决。正如中共安徽省委书记王金山来视察时所说，"这张小小卡说明了好多问题"。李讨饭一直坚持"做人在世界上，要别人说你好，才有人生价值","做事要先做人,把人做好才能做事"。在许多场村干部选举中,他都得到了百分之百的选票。

李讨饭当过木工、石工、瓦工,承包过茶厂、葡萄酒厂,凭着自己的聪慧和干劲,每件事都干得有声有色。现在,李讨饭还担任了黄山强力化工公司副总经理、黄山绿风实业有限公司董事长。对于村办企业,他和"两委"一班人主要是通过市场和企业化管理来运作。1997年,先是搞了食品饮料厂,生产的食品很多,如酒、糖果、蛋糕等,后来又搞了运输车队,引进强力竹器,有机硅油。黄山市绿风实业有限公司也是一个股份制企业,它由村民个人集资入股、村集体控股的形式成立,着力建设集特色果园、特色苗木种植区、垂钓中心、狩猎区于一体的生态农庄项目。2008年,绿风公司和重庆丰姿旅游开发公司合作开发的"山越风情园"旅游项目,吸引了合肥、安庆等地大量游客,杭州、上海、北京、美国、韩国、日本等地游客也不少。

盐铺的魅力在于我们看到了徽州深处的农村发展新图景,展示了我们新时期群众对基层干部的要求:不做集体资源的占有者,争做带领群众致富的可靠的服务者、热心人、领路人。在传统农业向现代农业转型中,村干部要有现代农业的发展理念,运用市场营销模式,建立好各种农村社会合作组织,做现代农业的创新者。

魅力之四,它实现了城乡一体化的融合与和谐

海阳镇盐铺村首先从产业对接、城乡建设、社会建设等方面的规划上体现城乡一体化的目标。现在就开始从能做的事做起,就盐铺村来说,在交通上,从城区通到盐铺村中心的是新建的长4公里、宽5.5米的沥青路面公路,各自然村之间均以3米宽的水泥路相通,水泥路直接通至大部分村民家门口,全村道路硬化率达100%。盐铺村在2000年就完成了农电网改造,电力设施比较完善。程控电话、移动通信网络覆盖全村,安装程控电话260部,普及率达95%。在清洁卫生能源的使用上,已新建沼气池227口,全村沼气池普及率达79.4%,改厕改厨改圈等"三改"已实施完成126户。全村人均房屋建筑面积60平方米,均以两层楼房为主,无茅草房。盐铺村有400平方米的村"两委"办公楼,支部活动室等较齐全,并自建了村卫生室,社区服务城镇化。和城市社区一样,村里的卫生保洁有专人负责,人员工资由村里支付;亮化工程由本村负责,晚上有路灯从镇里一直通到村民组。

魅力之五,它建设了同一片蓝天下的文化

在社会转型和经济转轨的过程中,我们面临着要解决好城乡统筹、协调发展的问题。城市化的最高境界是城乡一体化,而建设好城乡一体化的文化是树立城乡一体化理念的基础。

海阳镇在城乡一体化的过程中,尊重和承认村落的文化权利和文化选择,以建设同一片蓝天下的文化为目标,共建了海阳、盐铺城乡共融的文化图景。他们认为,城乡文化是可以融合的。农村文化有其存在的价值和合理性,在城乡一体化与城市化的关系上,不是城市文化"化"掉农村文化,不能企图完全用城市文化来覆盖和取代农村文化,而是要在一体化的进程中,尊重农村文化,承认城乡原有的关系特点,尊重和鼓励在城乡发展的一体化过程中,寻求不同的发展路径,才能熨平城乡差距。同时,盐铺村也使自己的文化建设列入海阳镇的文化发展规划之中,实现城乡一体化的发展目标。

休宁县坚持以政府为主导,以乡镇为依托,以行政村为重点,以农户为对象,构建农村公共文化服务网络,逐步完善乡文体站和村文化室的功能,保障了盐铺村民享受公共文化服务的权益。同时,在建设城乡一体化的过程中,建立起了宣传、文化、广播电视等多部门参与特色文化建设的协商平台和机制,从制度上保证城乡共享文化资源。同时不断提高用于文化事业发展的资金比例,设立文化建设专项资金,确保村、镇、县公益性文化基础设施和重大群众文化活动等重点文化建设的资金需求,积极发挥财政资金引导作用,鼓励社会各方面力量兴办农村文化事业。

温家宝总理曾指出,乡镇机构改革最重要的是转变政府职能,切实把工作重点从直接抓招商引资、生产经营、催种催收等具体事务转到对农户和各类经济主体进行示范引导、提供政策服务和营造发展环境上来。2009年11月,在中国农村发展模式研讨会暨百村调查第三次工作会议上,现任休宁县委常委、海阳镇党委书记汪美月介绍了盐铺村城乡一体化的发展情况。她重点指出,营造城乡一体化的发展环境是城乡一体化发展的基本条件,而统筹城乡发展必须进一步加强农村文化建设，大力促进城乡文化融合。

在城乡一体化的文化背景下，城市关心农村，农村也同样吸引城市，盐铺的魅力在于，它吸引了大量人才，特别是新一代的文化人。随着城市化的进程加快，农村的很多能人为了改变自己的生活，享受更好的教育资源和发展机会，大量涌向城市，所以农村则急需有觉悟、有文化、能办事的群众爱戴的好干部。从盐铺村来看，无论是下派到盐铺任职的干部，还是在这里担任村官的大学生，都把自己的智慧、青春、精力献给了这一片土地，献给了这里的父老乡亲，这也是当地城乡一体化的一个成果展现。

曾任盐铺村第一书记的吴万利是2005年7月下派的，后来担任新农村建设指导员，在盐铺做了一件又一件的实事，深受村民爱戴。清华大学的博士田雨润，他被选派来到盐铺村，担任盐铺村第一书记兼休宁县副县长，立志于改变农村面貌。另外，来自湖南师范大学的王文静也通过选调考试来到盐铺村，担任盐铺村书记的助理。他们都非常热爱自己的职业，也受到了盐铺村民的赞扬。我们相信，城乡一体化的理念必然促进中国新一轮的文化建设，加快中国城市化的进程，推动同一片蓝天下的文化建设。

魅力之六，山区人民心中的杜鹃花——朱维芳

安徽省人大常委会副主任朱维芳身患癌症却仍坚持在盐铺和休宁山区扶贫八年，致力于当地的文化、科技建设。朱维芳抱病为山区修路上下奔波，打通了休宁山区的"输血"管道。从扶贫到推进民生，朱维芳深受休宁和盐铺人民爱戴，她是山区人民心中永远开放的杜鹃花。

总之，盐铺美之魅力、魅力之美，在于它不断地创新，不断地改变，初步实现了邓小平同志所说"黄山将来可以发展成为全国最富有的地方"的预言。盐铺村的文化渗透着移民精神，改革开放又为它注入了新的活力。休宁人民通过艰辛的奋斗和不断创新，使美丽的黄山更美，魅力盐铺更具魅力！

王开玉

完稿于2009年11月10日夜

休宁凤湖烟柳

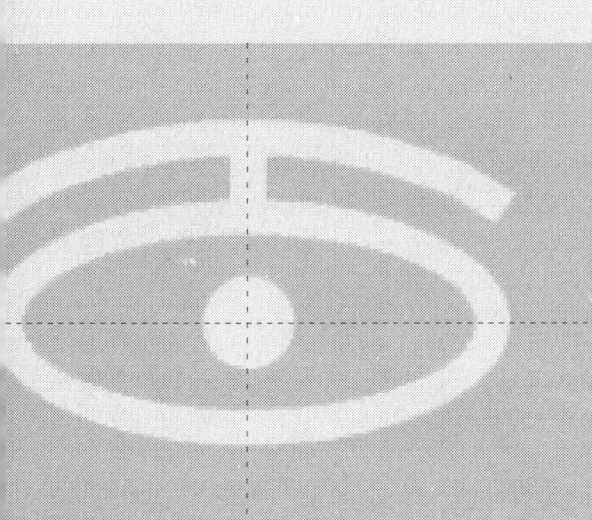

福 地 盐 铺

第一章　徽州深处的盐铺村

盐铺村位于中国第一状元县——休宁县县城西郊，隶属海阳镇（城关镇）。西出海阳，顺夹溪河而上2公里处，便是盐铺。这是一个依山傍水、交通便捷的村庄，有着优美独特的自然和生态环境，新安江上流夹溪河绕村而过，整个村庄田、园、塘、宅错落有致，有着典型的皖南田园风光景色和浓厚的古徽州地方风土民情。

第一节　盐铺——一个典型的徽商村落

说起盐铺就离不开徽商，没有徽商也就没有盐铺的存在。在盐铺，我们看到了徽商精神的延续。通过研究盐铺我们得以更进一步地接近徽商，反过来，对徽商的深入了解又让我们与盐铺靠得更近，盐铺的历史也是从古徽商到新徽商的历史。

一　黄山脚下的古徽州

地处黄山名胜南麓的古徽州，钟灵毓秀，历史悠久，人文荟萃。它曾因清幽秀美、隐蔽隔绝的自然环境而成为文人官宦向往的"世外桃源"，而今，它以"世界自然遗产"和"世界文化遗产"的"双重身份"，吸引了海内外众多游客前来观景。然而，徽州的真正魅力在于称雄我国商界三个多世纪的徽商及其创建的徽文化。徽商，指的是明清时期，徽州府辖区内经商的安徽商人，又称新安商人。他们在封建社会的"重农抑商"环境中冲破封建樊篱，打破抑制禁锢，贾道德行，驰骋商海，成为古徽州这片热土上的优秀群体。徽商创造的徽文化，即使在今天依然令人感到震惊与感慨，以至于我们一踏入黄山的土地立刻就会被徽州的山清水秀、独特的徽式建筑、精美的雕刻、浓郁的乡土文化与人文景观所吸引。

徽州人从商业贾历史悠久，东晋时就有关于新安商人活动的片段记载；唐宋元代，徽州商人开始崭露头角；到明清时期，在与其他地方总舵商帮的激烈竞争中脱颖而出，崛起称雄，最终形成"钻天洞庭遍地徽"、"无徽不成镇"的空前盛况。此时，徽商的骨干力量徽州盐商已在两淮盐业中取得优势地位，最为声名显赫。梁启超先生就曾在《清代学术概论中》指出，以徽商为主体的两淮盐商对于乾嘉时期清学全盛的贡献，可以与欧洲的文艺复兴相媲美。

二 徽商的崛起

14、15世纪的欧美，兴起了新的手工业生产形式——工场手工业，它们的兴起和发展标志着在地中海沿岸地区的某些城市已经稀疏地出现了资本主义生产的最初萌芽。同时，商业和商人沟通了当时的东西方贸易商路，使中国的丝绸和瓷器、印度的棉布、阿拉伯的化妆品、南洋群岛的香料等输往以欧洲为主要供给对象的富有阶层消费。其后，文艺复兴等历史巨澜风起云涌，深刻地改变了欧美社会的历史面貌。

同时期的我国正处在明朝中后期，手工业生产水平也有了很大提高，商品经济也较以前更为活跃起来，大量农业和手工业产品作为商品投放市场。当时，全国出现了三十多座手工业和商业较为繁荣的大城市，尤其是在商品经济相对发达的江南，一些地方市镇也开始稀疏地出现一种手工工场的组织形式，这正是资本主义生产的萌芽。传统的商业于此开始转型，其标志是从以贩运奢侈品和土特产为主的商业，向贩卖日用百货、面向平民百姓的商业转变。国内各地区间长距离的贸易往来日渐频繁。与周边国家的商舶贸易逐渐发展为对外贸易的主要形式，以葡萄牙人租借的澳门为据点，恢复了经印度洋、阿拉伯海抵达至西亚、东南非洲的传统商道；通过西班牙侵踞的菲律宾马尼拉，拓展了越过太平洋到达南美洲墨西哥、秘鲁等地的商路，致使商业活动达到空前繁荣。

明清之际，资本主义虽受到压制，但是中国商品经济却比以前更加活跃，国内市场也随之有了较大的拓展，一波商业浪潮开始波及全国，正当此时，徽商应运而生。在中国山西、陕西、安徽（徽州）等省份或府州，有十多个具有一定竞争实力的区域性商帮集团先后群起争雄。正如明代万历时人谢肇淛在《五杂俎》中所说的，富室之称雄者，江南则推新安，江北则推山右。徽商群体以其叱咤商海的气势，成为一支声震海内外的商界劲旅。作为中国商界中的劲旅，徽商曾活跃于大江南北、黄河两岸以至东亚、南亚、东南亚和欧洲的莱茵河、波罗的海各国。其商业资本之雄厚、从商人数之多、营商范围之广、经营行业之多、开拓能力之强，都是同时期其他商帮所无法匹敌的。

三　徽商与徽商精神

徽商不仅创造了非同凡响的骄人商绩，还造就了弥足珍贵的"徽商精神"。为了满足人们不断增长的物质文化需求，商品交换越来越频繁，商业也随之更快发展。到了明代，张居正"一条鞭法"的重大变革，为激励当时中国商品经济的发展提供了社会物质条件，而商品经济的发展又带来了许多观念的转变。不光张居正提出了经济制度的变革，著名思想家黄宗羲更进一步提出了"工商皆本"的口号，在这种特殊经济政策和进步思想的影响下，商业的发展是不言而喻的。另外，明王朝时也曾实行"开中法"和"开中折色法"，提供了商人尤其是盐商一显身手驰骋作为的政策环境。徽商以其特有的商业敏感，牢牢地把握住了这一千载难逢的大好时机，赢得了财富。同时诱引着更多的徽州人追随而行，将经商业贾作为他们谋生裕生的主要手段，从而出现了"天下之民寄命于农，而徽民寄命于商"、徽州人家"业贾者十家而七"的局面。有了徽商巨大发展的社会存在，方有徽商精神的相伴而生。徽商在长期的形成和发展过程中，依托徽州特殊的地理环境和深厚的文化底蕴，产生了独到的商业文化和经营理念，它构成了徽商精神的核心和内源。可以说，贾道儒行的徽商精神根植于博大精深的徽文化之中是中国传统儒家文化及程朱理学思想在经商活动中的反映，为徽商的繁荣和辉煌发挥过积极的导向作用，是我国优秀传统文化的重要组成部分。

四　移民与徽文化

　　古代的徽州作为中原地区躲避战乱的理想之所，是个典型的移民社会。居住在此的名门望族非常注重族内后辈们的教育问题，希望由儒入仕以光宗耀祖。因此，徽商惯以"贾而好儒"出名，不是贾儒就是儒贾，他们不惜投入大量物力财力，耗费大量心血，纷纷在乡梓故里兴建学堂大办教育，从而促进了古徽州传统教育及文化事业的发展和繁盛。由于深受浓厚的徽文化熏陶，徽商们从小就接受了传统伦理道德和价值观念的洗礼以及为人处世等行为准则的约束，大多以儒者君子的标准来律己，无论是外出经商交易谋利还是日常言行，总是会以德为先、以义为利，体现出一种可贵的人格品质。他们大多奔走在中国经济文化最为发达的长江流域，眼界开阔，不断吸收着来自不同社会阶层的活跃思想，为徽州当地的文化带来了种种革命元素。正是这些革命元素的作用，使中原汉文化与徽州山越文化得到了很好的融合，两种文化通过整合以一种新质文化的面貌出现。

　　徽文化是一种典型的商业文化，更是一种兼收并蓄的移民文化、开放文化。借助于徽商的推力，徽文化吐故纳新，生生不息，我们从中既可以看到儒家思想的底蕴，也可以看到朱子理学的光芒；既可以找到中原教化的痕迹，也可以找到山越人质朴的遗风；既可以探寻到新安思想的陈酿，也可以看到新文化运动的曙光。

　　徽商崛起于明代，衰落于清末，历时数百年走完了他们的历程。尽管古徽商已退出历史舞台，但是它留下的徽文化并未沉寂。徽文化是中华商业文化宝库中的奇葩，更是一笔不可多得的宝贵精神财富。徽商取得辉煌业绩的奥秘，在于其高素质的文化和富有创新的敬业精神。创新精神是徽文化持续传承的生命力，没有与时俱进的创新精神，徽文化就会僵死，就不会持续辉煌数百年。伴随着社会转型，徽文化与时俱进，穿越时空的隧道，影响到了21世纪的安徽。辉煌属于过去，光明正在走来，承泽徽文化，打造新徽商，成为时代的新要求，成为安徽的新品牌。作为新徽商人，我们从古徽商的故地走来，既同古徽商同文同宗、一脉相承，又充分展现出与时俱进、独树一帜的时代风采，正在谱写着徽商的新辉煌，追求着古徽商人未曾达到的新境界。

　　现在的盐铺仍然是个移民村。但是，与走出去的古徽商不同，他们是走进来的"徽商"。而今的盐铺70%以上的村民都来自外地,大多从安庆徙居而来,经过大半个世纪的变迁,他们既承袭了休宁本地的民俗习惯,又保留了一些自己独特的异域风情。和所有移民一样,盐铺的村民包容、开放,善于创业,在徽文化熏陶下,徽商精神在他们身上得到了进一步的弘扬。如今,在盐铺人身上我们看到了"新徽商精神",他们承袭着徽商吃苦耐劳、锲而不舍、克难而进的良好品质,发扬徽商敢争先、重创新,行开放、求发展的光荣传统,成功地打造了如今盐铺的新农村面貌。

第二节 盐铺的沿革

经过盐铺人一代又一代的努力和创新,这个原是徽商经营盐的集散地现已成为"休宁十大乡村福地的示范村"、"安徽省四星级农家乐示范点",变成了一个具有浓厚现代化气息的美丽村落。改革开放以来,它不仅成为福地盐铺,而且是绿色盐铺、魅力盐铺。

一 区位与地理状况

地处休宁县海阳镇西郊的盐铺村,东以夹溪河与县城城区相依,南靠皖赣铁路和慈张公路,西部以低丘延至县城近郊最高山——杨山尖,北与屯黄公路隔溪相望。全村从东至西依次呈南北带状分布,河流、滩涂、水田、旱地、丘陵、低山、村舍散布其间,"海阳八景"之"凤湖烟柳"、"夹源春雨"一南一北紧拥盐铺村。

盐铺村地理位置优越,距市府屯溪15公里,距休宁县城1.5公里,距世界自然与文化双遗产地——黄山46公里,距徽文化底蕴浓厚的世界文化遗产地——西递、宏村景区23公里,距国家级风景名胜区、国家地质公园——齐云山10公里,距徽杭、合铜黄、屯景、屯开等高速公路立交路口仅7公里,距黄山机场17公里。密集的旅游资源和便利的交通,为盐铺村的长远发展提供了非常有利的区位条件。

二 盐铺区划演变

清道光年间(1821~1850年),盐铺村属休宁县忠孝乡,民国年间

(1912~1949年），盐铺属休宁县第一区盐铺保，辖盐铺、下棚、塍上、山头四个自然村，每个自然村各设一甲。1950年4月，撤乡镇设区，全县设10个区225个行政村，盐铺属城厢区。1952年12月，恢复乡镇建制，盐铺属城厢区新凤（后改川湖）乡。1956年，成立高级社，盐铺与下棚、塍上、山头等村分别隶属川湖高级社11~14互助组。1958年冬，海阳地区成立红旗人民公社，川湖高级社改为川湖大队，盐铺等村改为生产队。1959年底至1960年代初，红旗公社改为海阳公社（后改为海阳区），川湖大队改为川湖公社，盐铺生产队改为生产大队，辖区在原来盐铺、下棚、塍上、山头四个自然村的基础上，又新增原属岩前区北山公社龙源大队的茶下、山后两个自然村，每村各为一个生产队，独立核算。1966年后，川湖公社改为川湖革命委员会（简称革委会），盐铺大队改为盐铺革命领导小组。1969年前后，革委会又恢复为人民公社，领导小组又恢复为生产大队（在此期间，川湖公社曾改为民兵营，盐铺大队曾改为民兵连，茶下、山后、塍上、下棚、山头等生产队曾改为民兵排，实行半军事化管理）。1983年10月，撤销人民公社，恢复乡镇建制，川湖公社改为川湖乡，隶属万安区，盐铺大队改为盐铺行政村，隶属川湖乡。1992年，撤区并乡，川湖乡并入海阳镇，盐铺行政村仍辖盐铺、塍上、下棚、山头、山后、茶下6个自然村，隶属海阳镇至今。

第三节　盐铺村的基本情况

一　盐铺的人口概况

盐铺村辖6个村民小组，290户农户，其中5家私营企业主，50家个体户，以务工为主要收入来源的20户，务农的201户，主要从事经济作物的种植，享受低保的五保户只有10户。全村总人口1090人，劳动力801人，具有高中学历的人口占全村人口的30%。村民多为安庆移民，外出务工200多人，主要以砖匠、木匠、石匠为主。

盐铺村现共有党员26名，其中高中以上文化程度的有7人，占27%；初中以上文化程度的有7人，占27%；女党员3人，占11%；党员中致富能人有7人，占27%；村"两委"8人，其中交叉任职5人，县委下派挂职1人。

二 盐铺的资源保护

盐铺村土地总面积7331亩，其中水田1256亩，山场5515亩，旱地620亩。拥有小二型水库两座（野猪林水库、桃毫水库）和蓄水10万立方米的人工湖一座，水面面积300多亩，是典型的城郊农业村。

在发展循环经济方面，该村一直走在休宁县的前列，采取多种有效方式，合理利用和保护土地资源。盐铺村利用村"两委"会、村组干部会、村民大会、宣传标语等认真学习，大力宣传，切实贯彻执行《土地法》、《森林法》、《防洪法》、《水土保持法》、《野生动植物保护法》、《环保法》等，结合村情制定了切实可行的村规民约，实施全面封山、河段封禁、退耕还林等措施，设立基本农田保护区，严禁乱砍滥猎、违法侵占土地、乱排滥采等违法现象。村内宜林地绿化达95%以上，林被覆盖率达65%以上，河流畅通，水库蓄水稳定，农用灌溉保证率达100%。

现在该村已无违法占用土地、违章建造现象，土地利用有规划，用地结构合理，基本农田有机肥施用量符合有机质平衡要求、土壤肥力不断增强，没有破坏性掘土、采石、开矿现象。同时合理利用和保护水资源，通过大力植树造林、防止水土流失、排污无公害处理，有效地保护县城自来水厂采水达国家卫生标准，无人畜饮水困难现象。

借着县能源办推广沼气的契机，全村大力推广沼气池建设，全面推广农家肥、沼气肥、厩肥等有机肥料。长期以来农药残留得到有效控制，无环境污染和生态破坏现象，土壤肥沃、农田有机质平衡，为建设高效生态农业、开发绿色无公害食品打下了基础。盐铺村坚持走可持续发展道路，生态美、农民富、村容村貌整洁，随处可见一幅幅社会主义新农村欣欣向荣的图景。

三 盐铺的基础设施状况

盐铺村在2000年就完成了农电网改造，电力设施比较完善。程控电话、移动通信网络覆盖全村，安装程控电话260部，家庭普及率达95%；2004年至今，该村移动电话有560部。盐铺村2003年全部开通有线电视，现在已和休宁城区并网；2003年以后，冰箱、冰柜、摩托车、空调、小汽车也逐步进了农户家。据统计，盐铺村现已有空调112台，轿车有8部，摩托车

421部，冰箱或冰柜户均1台。

在道路建设上，通过几年的努力，盐铺村家家户户门前都通了水泥路，全村道路硬化达9公里。从城区通到中心村的是长4公里、宽5.5米的沥青公路，各自然村之间均以3米宽的水泥路相通，全村道路硬化率达100%。

在清洁卫生能源的使用方面，已新建沼气池227口，全村沼气池普及率达79.4%，改厕改厨改圈等"三改"已实施并完成126户。全村人均房屋建筑面积60平方米，均以两层楼房为主，无茅草房。盐铺村有400平方米的村"两委"办公楼，并自建了村卫生室。和城市社区一样，村里的卫生保洁有专人负责，人员工资由村里支付。亮化工程也由本村负责，晚上有路灯从镇里一直通到村民组。

四　盐铺的生态产业与乡村旅游福地

盐铺村从新中国成立至1984年以种植水稻为主，以种植小麦、山芋、大豆、蔬菜（自食）为辅。1984年开始进行农业结构调整，从种植水稻、小麦、山芋、大豆转扩种到经济作物，如蔬菜、甘蔗、藕、西瓜、荸荠等。2005年以来，盐铺村立足"乡村福地"示范村建设，努力搭建新农村建设平台，切实促进农村经济和各项事业长足发展。2005年，盐铺村实现农业产值900万元，同比增长12.5%，并做了五件大事：一是花100万元修了一条路；二是花100万元建了一座人工湖；三是花50万元建了一幢村"两委"办公楼；四是在巩固已建甘蔗专业协会的基础上，成立了菊花专业协会；五是建成了生态农庄。

近年来，盐铺村本着"以生态农庄为龙头，大力发展乡村旅游；以菊花为龙头，打造特色农产品产业化基地"的发展思路，大力进行农业结构调整，发展城郊农业，成功推广高效农作物，种植菊花1300亩、草莓210亩、西瓜400亩、甘蔗200亩，为改良品种、改进经营、拓展市场，盐铺成立了黄山市盐铺特色产业农民合作社（菊花协会和甘蔗协会），成为全县有名的菊花特色产业村。

2005年以来，为打造"乡村福地"品牌，开发建设生态农庄项目，发展乡村旅游，现在盐铺村投入资金1000万元，建成了蓄水10万立方米的状元湖及垂钓中心、接待服务中心主楼、占地2000平方米的标志性公园、长4

公里宽5.5米的乡村旅游道路、停车场，盐铺生态农庄粗具雏形。

作为休宁十大乡村福地的示范村、安徽省四星级农家乐示范点的盐铺，"状元湖"农庄现已成为黄山市农家乐的知名品牌。此外，盐铺的农家乐旅游还有农户家庭式的接待，菜肴主要以农家土菜和徽菜为主，吸引了大批远近游客前来休闲观光。

第四节 关于盐铺村的传说

"于今何处复桃源？一水千山夹石门；春生气象回寒谷，雨弄霏微失远村；蹑屦扶筇寻窈窕，杳然云树长溪痕。"这是明代休宁籍进士汪姬生赞美夹源春雨优美景致的传世佳句。

"夹源春雨"是休宁县驰名江南的"海阳八景"之一。源自休宁北的夹源河，像一位身着蓝色绣裙的窈窕淑女，穿山越涧，走村串乡，踏着青春的旋律，一路欢歌，款款东流，于县城北汇入横江，东流而下，直奔新安江。沿河两岸，群山逶迤，峰崖对峙，林壑山峦，郁郁葱葱，生态极美。春时景鲜，云蒸霞蔚；夏日流火，林荫送爽；金秋硕果，缀满田园；隆冬雪夜，渔舟横泊。盐铺村像一位天之宠儿，安卧在素有"武林桃源"之誉的休宁"襁褓"之中。

一 盐铺村的奇闻轶事

盐铺位于城北夹源河畔，辖官山、塍上、下棚、山头、山后、茶下六个村民组，290户，1000余口人。历史上，一条宽敞的石板道从西门大桥直抵村中，沿途小桥流水，亭台阁榭，徽派民宅，环山绕水，古树参天，林荫夹道，风景十分绮丽。

盐铺村中有两个名字古怪的自然村，一个叫塍（圣）上，一个叫官山。在耄耋老人口中，我们听到了一则小故事：1766年，清乾隆皇帝游江南时来到休宁，游罢齐云山、古城岩后，兴致勃勃地来到海阳八景之一的盐铺，因他听说此地有座全国罕见的大盐库，决定御驾亲往，视察一番。行至村口，乾隆便被一座小山吸引，但见该山头顶花翎，身穿官袍，似一位官人，乾隆信手一指，口出玉言："真乃活脱脱一座官山也！"从此，该山便有了"官山"这一美名。一行人谈笑风生,继续前行,刚走到村中离盐库尚有一箭之地,突然接到京城飞马急报:皇太后仙逝,请皇上速速回宫!乾隆游兴顿消,立马回头。当朝圣上到此一游,全村万幸,人们便斗胆给村子取了个"圣上"这一骄傲而又响亮的名字(当地方言传为塍上)。

二 杨山尖的神奇传说

"头顶杨山尖,怀抱石人前,谁人葬到此,代代出状元。"这是古人赞美盐铺福地的一句口头禅。杨山尖海拔397米,在地处沿江平原的城郊,它是羊群里一只骄傲的骆驼。千百年来,它以硕大无朋的身躯和博大赤热的胸怀,呵护、庇佑着盐铺村的寻常百姓,用它富饶的天然资源,奉献着自己不老的青春。盐铺村的人们敬仰它,爱护它,用美好的祝愿神化它。

传说很久以前,杨山尖是位年轻气盛的小伙子,与他南北对峙的金佛山是位花甲老汉。金佛山上有寺庙,香客如云,而杨山尖却门庭冷落,孤寂无名。同样是山,为何我冷你热?心有不甘的杨山尖要与金佛山比武斗法,比谁长得高长得快。在众山丘的喝彩声中,杨山尖日长3尺,而金佛山才长了1尺5寸,原来"高人一等"的金佛山落在了后面。此事被打坐天庭的玉皇大帝知道后,派观音娘娘去视察个中原委。观世音拨开云头一看,顿时吃惊不小,只见杨山尖呼呼直往上蹿,不消数日,定要穿透云层,刺破蓝天。观音立即取下头上的圆形金箍发夹朝下抛去,金箍发夹不偏不倚,牢牢套在杨山尖尖顶之上,杨山尖再也不能上长,至今仍停留在397米的高度上。

天长日久了,金箍发夹化作一圈花岗岩,黑白相间,熠熠生辉,远远望去,像小伙子颈项上的一条围脖,十分漂亮。

三 胡氏墓的昨日故事

在杨山尖脚下的狩猎园区内,有一座距今已逾200年历史的"胡氏祖茔"。清乾隆二十一年(1756年),绩溪县上川人胡天注(即开文)年方13岁便受雇于休宁汪启茂墨店当学徒,后成为汪家女婿,接管了墨店,改号为"胡开文墨店"。胡开文先后娶汪氏、钟氏为妻,共生八子。

由于胡开文统持家政有方、诚信经营有术,墨业越做越大,先后由休宁发展至屯溪、杭州、上海等城市,并在休宁、绩溪、渔亭兴办典铺、烟房、枣庄、茶号等,生意十分兴隆。清嘉庆十三年(1808年)十二月,年仅63岁的胡开文因劳累过度不幸辞世。在海阳生活了整整50年的胡开文视休宁为第二故乡,感情深笃。弥留之际,他吩咐代替自己掌管休宁墨店的二儿子胡余德,将自己安葬于杨山尖南山坡。因为"谁人葬到此,代代出状元"吉兆之言,早在徽商巨子胡开文的心灵深处打下了深深的烙印。

物换星移,时过境迁,虽然历史的车轮已在我们面前碾过了二百多个春夏秋冬,胡氏祖坟历尽炎凉风雨和人为的破坏,已面目全非,但那座2米高、1米宽题有"绩北上川,胡氏祖茔"的青石墓碑仍然字迹工整、清晰可辨。墓碑后为胡开文陵寝,碑前并列二墓分别为胡开文的妻子汪氏和钟氏。

在村中老人的记忆中,远在他们的孩提时代,每年的清明节,胡氏后裔们都要携妻带子,前来盐铺杨山尖祭祖扫墓,村中的孩子们常常沿途围观。扫墓时也不失徽商大家风范的胡氏家族们每每拿出米糕、金钱饼之类的点心分发给孩子们。时至如今,胡氏扫墓时的"清明饼"仍在老人的记忆中口齿留香。

四 尼姑庵的"花边"新闻

盐铺村是块风水宝地,因为有座杨尖山,山南有座尼姑庵,山北有座和尚庙。面对黄卷清灯,口诵南无经典,寒来暑往,年复一年,枯燥乏味,清冷寂寞时常袭上僧尼们的心头,虽有清规戒律,管教也挺森严,但少数年轻的僧尼依然按捺不住春心萌动,生发出一些戏剧性的故事来。

阳春三月,桃红柳绿,春意盎然,百鸟成双。一日,山南尼姑庵的小尼姑去山塘挑水,山北的小和尚也去挑水,两人眉目传情,火花撞击,一番商议,决定私奔下山,去享受男耕女织的田园生活。自此后,尼姑庵的尼姑如同笼子里的泥鳅,走的走,溜的溜,今日少一个,明天少一双,弄得尼姑们无心向佛,都意欲还俗嫁人。老师太气愤不已,便在尼姑庵附近建了一座水牢,要用关水牢来惩罚那些叛逆之徒。水牢建成后,果然奏效,再也未发生尼姑和尚"双下山"的桃色新闻。

时至民国初年,尼姑庵与和尚庙皆已颓废倒塌,政府在旧庵址上建了一座小学,果真应了"代代出状元"之预言,教学相长,英才辈出。新中国成立后,人民政府考虑校址太偏,不利儿童就学,将学校搬到了山下。

第二章 盐铺村的旅游业

第一节 盐铺村旅游开发的情况

一 盐铺村旅游板块组成情况

盐铺村地处黄山地区,既有秀美的自然风光,又有着古徽州的悠远文化,再加上乡村生态建设的优美环境,确实是旅游休闲的好地方。作为黄山和休宁的乡村旅游福地,近年来,为配合黄山市旅游整体开发,大力发展乡村旅游,盐铺村着力挖掘旅游资源,致力于打造黄山市乡村旅游福地品牌。2005年初,盐铺村"两委"在海阳镇政府的支持下,在特色农业蓬勃发展的基础上,大力发展生态旅游,力争实现农业经济和旅游经济同步发展。2005年7月,盐铺村村集体控股的黄山市绿风实业有限公司成立,盐铺生态农庄项目立项;2005年9月盐铺村被列为休宁县"乡村福地示范村"。

盐铺生态农庄项目由绿风公司实施,盐铺村正开发建设占地1500亩的生态农庄项目,结合自然地貌和景观特色,按不同主题把项目分为三大板块、八大功能区。第一板块为接待服务中心板块,分为接待服务中心、产权式度假区两个功能区,并整合周边农户加入,发展农家乐项目;第二板块为生产示范板块,分为立体水产养殖区、本土禽类养殖区、特色果园与特色苗木种植区、木本经济林示范区、农业产业结构调整示范区五个功能区;第三板块为生态旅游休闲板块,包括狩猎区和嫁接在立体水产养殖区上的垂钓休闲、娱乐区,嫁接在其他生态示范区上的休闲、体验娱乐区,如儿童娱乐中心、茶室、休闲吧、登山自行车、湖心岛观光区等。该项目把整个盐铺村整合入内，以立体水产养殖区为中心形成圆圈层结构，并由游览小道相连形成空间网络。项目总投资5600万元，分三期实施，已投入资金500万元，建成了蓄水10万立方米的垂钓中心、建筑面积1200平方米的接待服务中心主楼、村口农民公园、进村旅游公路、占地10亩的停车场以及建筑面积2200多平方米的旅游主街区，盐铺生态农庄粗具雏形。目前，生态农庄餐饮部已开业，主营农家土菜，市场反响强烈。盐铺生态绝佳，景色优美，民风淳朴，是旅游休闲的首选地，成为名副其实的新农村之花。盐铺村将继续坚持走可持续发展道路，争取建成生态最美、农民最富、村容村貌最整洁的社会主义新农村。

二　盐铺村的山越风情园

盐铺的主打旅游景点是具有阿佤族特色的山越风情园。山越风情园位于从镇入村那条沥青路的尽头，进入村庄第一眼就可以看见"山越风情园"的标志。山越风情园在生态农庄项目中属于第三板块——生态旅游休闲板块。

山越风情园由村集体经济控股的黄山市绿风有限公司运作两年时间，初具规模时，为了最大限度地有效开发，盐铺村经过认真思考并经海阳镇党委的同意，决定把生态农庄项目的第三板块生态旅游休闲板块进行招商。2008年9月18日，盐铺村和重庆丰姿旅游开发公司联合创办黄山市盐铺旅游开发有限公司。在现有的生态环境基础上，深入挖掘和展现古徽州的非物质文化遗产，如山越人原始的生产生活方式及古徽州民俗风情表演等，同时举办目连戏、傩舞、得胜鼓、跳钟馗等民间戏曲和烘黄山贡菊、酿五城米酒、制五城茶干等徽州民间手工艺展示，以现做现卖的方式让游客既饱口福又饱眼福，同时配套建设可容纳200人餐饮住宿的旅游休闲度假区。徽州民俗风情园项目既展现和弘扬了徽州文化，也顺应了如今休闲养生旅游的新潮流，又为黄山市旅游增添了新元素。盐铺生态绝佳，景色优美，民风淳朴，是最佳的旅游休闲地。

第二节　盐铺村旅游业开发的要素

盐铺的山越风情园将传统文化、秀美的自然风光以及市场要素有效地结合起来，既充分挖掘了盐铺传统文化的魅力，展示了盐铺自然风光的秀美，同时通过市场运作把旅游资源有效地转化成了经济资源。因此，文化、自然风光、生态产品以及市场要素是推动盐铺村旅游业发展的组成要素。

一　山越风情园充分利用了徽州文化

休宁的状元文化，与休宁整体的旅游格调和文化氛围一致，状元文化和秀美自然景色的结合，在盐铺最典型的就是状元湖。该湖因休宁县历史上先后产生了十九位文武状元而扬名，正应了休宁县至今流传的一首民谣："头顶杨山尖，怀抱石人前；谁家葬到此，代代出状元"。因此，清朝的徽墨大师胡开文的胡氏祖茔就在状元湖畔的杨山尖。据传，历史上每位状元按照圣旨走马上任之前，都要来状元湖沐浴更衣，其中留下许多名垂千古的佳话，使得状元湖格外名声大噪，驰誉大江南北。

同时，山越风情园的表演节目体现了古徽州地区的休宁的传统习俗，这些表演包括滚车、游太阳、得胜鼓等。滚车是流传于徽州上千年之久的民间舞蹈，它主要是为了纪念、缅怀黄帝。相传轩辕帝多次上黄山炼丹修身，祭天拜神，最终，黄山成为黄帝得道升天的"栖真之地"，黄山更加声名鹊起，称雄天下。原创于徽州各地的滚车表演，向大家展示了徽州人民感谢皇恩，热爱生活，勤勉农耕的生动画面。民间傩舞游太阳是流传于古徽州的一朵绚丽多彩的艺术奇葩。表演者头戴面具，身披古装的原始打扮，不难看出这个民间舞蹈的厚重历史价值。舞蹈动作中体现了徽州人民崇拜天地神仙，向往风调雨顺、五谷丰登，祈求岁岁平安的美好心愿。旌旗猎猎传捷报，班师凯旋喜回朝。休宁县遗存历史数百年、全国著名的非物质文化遗产项目得胜鼓，战鼓激扬，催人奋进。它取材于五城将军会，将军是唐代东平郡王张巡。张巡在"安始之乱"中，抗击数十倍的叛军，坚守城池一年之久，最后战死沙场，以身殉国。为了纪念这位大将军，五城、海阳一带每年都要以得胜鼓的形式举行祭祀活动。铿锵雄壮的锣鼓声展示了本性善良、不畏强暴是徽州人的传统本色；矫健潇洒的舞步告诉我们，徽州人拒绝战争，热爱和平。

二　盐铺旅游业中加入的市场元素也非常明显

首先，盐铺山越风情园的运作完全是市场化的。山越风情园与重庆客商

第二章 盐铺村的旅游业

合作,成立黄山市盐铺旅游开发有限公司,公司因为经营山越风情园,每年向村里固定上交20万元,作为集体资金使用。因此,作为村集体经济的山越风情园,集体企业黄山绿风实业有限公司不再自己开发运作,而是以招商的形式外包出去,通过市场化的方式进行运营。其次,山越风情园用了徽州本土的元素,即山越文化。山越风情园内聘用了大量的山越人,他们都是来自云贵地区的阿佤族人。

山越风情园的阿瓦族织布姑娘

山越风情园的解说词是这样来介绍这些山越人的:早在两千多年前的秦汉时期,山越族发源于我国的江西、福建、广东、广西等地山区,是一个有着重要影响的族群,在中华民族形成的历史长河中占有相当重要的地位,它占据了中原大地的半壁江山。它的部落领袖叫严白虎,关于这段历史,《三国志》中有较为详细的记载。古山越人少数巢居山野树林及悬崖处,大多数依山林而居,他们尽力事农,经常狩猎,身强体壮,个个剽悍威武。他们刻木以符契,作为一种原始的记载文字。到了三国鼎立时期,由于战争频仍、官府徭役繁重以及旱涝疾病等自然灾害不断，山越族人大多向土地肥沃、物产丰富的长江流域以南的江苏、安徽、浙江等省山区迁移。天长日久，与汉人渐渐融为一体，被称为"山民"。他们以农业为主，种植谷物，并用动物、植物作为崇拜信仰的图腾文化。

山越风情园的图腾

专栏：山越风情园的主要游览景点

文化墙。山越人用动物、植物作为崇拜信仰的图腾文化。建成的山越文化墙高5米、宽30多米，上面装饰着各种动物、植物图画。这种图腾是山越民族宗教信仰的古老标志，它是某个社会组织的标志和象征，具有团结群体、密切血缘、维系部落组织和互相区别的功能。从这些既精美又粗犷的彩色画图中，可以看出山越人无比崇拜天、地、神、灵。图腾的作用在当今社会生活中依然存在，比如各个国家的国旗、国徽上的花纹图案，举办各种活动的吉祥物等，就是图腾古为今用的生动例子。

第二章 盐铺村的旅游业

传令台。古时山越人居住的每个寨子都设有一个传令台，有专门的哨兵监守在上面，每遇到民族敌人的袭击，哨兵就会吹起急促的牛角号提醒寨子里的村民做好迎战的准备。根据牛角号发出的鸣声的长短、急缓来判断到底是发动攻击还是集合村众或是首领召开会议。如今参观的传令台，山越勇士吹的是嘹亮的迎宾曲。

寨心。山越人所称的"寨心"相当于我们所说的"迎宾区"，是他们举行节日庆典的场所，寨心的顶部像一个巨大无比的草帽，这样的建筑风格源于山越人对古老的草帽怀有感恩之心。在恶劣的山区气候环境里，草帽能为他们遮风挡雨，于是草帽成了山越人的骄傲。伴随着牛角号的鸣声，热情淳朴的山越阿布姑娘们便聚集到寨心，载歌载舞迎接游客到寨子里做客。以舞迎客是山越人对待生活的一种积极乐观的方式，不仅展现了他们的热情善良、淳朴好客，同时也展示了他们多才多艺的特点。游客既可以欣赏山越人的迎宾舞，也可以加入到他们中间去，一起跳，一起感受他们的热情，分享他们的快乐。

勇士戏兽园。在农耕出现以前，山越人主要以狩猎为生，在打猎生涯中，衡量一个勇士的标准就是徒手擒拿野兽。野猪性情凶暴、善于搏击，虽然它没有角，但是它的肩部肋下部分由于长期摩擦树干早已变成坚硬锋利的盾甲。所以说想徒手擒拿野猪除了有过人的胆识，还要有过人的智慧。游客看到的是徒手擒拿野猪的表演，同时作为一项免费的娱乐项目，也欢迎和鼓励想当勇士的游客积极参与。

龙涎台。山越人信仰龙蛇图腾，圣水祈福是他们祈求神灵保佑的一种方法。古山越人外出打猎谋生，都要请寨子里的祭祀师洒龙涎祈求出入平安。龙涎台景点也邀请到寨子里面的祭师给各位出远门的游客洒龙涎祈祷，保佑各位出入寨子平平安安。

聚艺堂。在长期的历史发展中，山越人创造了绚丽多姿的歌舞艺术，它伴随山越民族的发展传承至今。它以粗犷豪放的舞姿生动反映了山越人的独特风情，刚健、奔放的舞步展示出他们热爱生活、积极乐观的生活态度。表演节目主要有：滚车，民间傩舞游太阳，得胜鼓和火舞。

酿酒坊。我国是酒的故乡，是世界上酿酒最早的国家之一，也是酒文化的发源地,有着独特的酿酒技术。山越人的酿酒技术在古书上有所记载,方法虽然简单但是酿出的酒却芳香独特。一般都是选上好的谷子洗净、晒干、放入大缸中加入酒糟浸泡,浸泡到一定程度再放入蒸笼中蒸,蒸米时生成的水蒸气聚到蒸笼的顶部,从蒸笼上方的竹管排到下一个器皿中,接下去的器皿就相当于一个大的冷却器,水蒸气随着竹管到达冷却器时遇冷变成了小水滴再通过另一根竹管到达一个大酒缸中,这时候酒的酿造过程差不多就完成了。但是想喝到上乘的美酒还是要经过一个很长的时间,要把酿好的酒拿去找个地方埋藏好,经过数年时间再去品尝,那就是陈酒佳酿的感觉了。游客可以在此品尝美酒。

历焰厅。历焰厅是山越人举行成年仪式的场所。远古的山越人,女子成年时要举行成年人典礼,她们染黑齿,象征成年。男子也会举行成年人典礼,男子举行成年人典礼的方式比较特别、隆重而庄严。山越男子经过了此次历练将得到部族的认可,同时也在部族中提高了地位。游客在此可重温这段惊心动魄的典礼,感受山越人对待生活的另类诠释。

饮菊花茶,品香茶干。盐铺村是安徽省重要的菊花生产基地之一,他们生产的无毒菊花畅销海内外。休宁县五城茶干以其独特的香味、回味、韵味驰名全国。菊花和茶干成为风情园里主要的土特产品种。游客在此可以看到,菊花烘房里正在烘烤鲜菊花,豆腐坊里正在生产馥郁芳香的茶干。游客也可在此品尝一下这些徽味的小吃。

通过一系列表演,山越人展示了他们的生活文化、生产文化、祭祀文化等异域风情。神秘而陌生的山越文化是吸引游人的重要因素,而山越人的热情以及游客的参与,也为旅游增添了更多乐趣。

三 现代元素,即盐铺的生态经济也渗入盐铺的旅游业中

首先,生态农业是盐铺村旅游业的重要组成部分,1300亩的菊花种植,在花开的季节,白色的菊花和其他经济作物交相辉映,一片田园风光映入眼帘,让人有种回归自然、回归田园的真切感。而正是田园风光、返璞归真的心灵感受和古朴的民风与民俗的相互交融造就了盐铺的乡村旅游业。其

次，生态农产品的推介也成为盐铺村旅游业的特点之一，除了村庄里传统的土特产品之外，盐铺村自身的有机菊花也在旅游业中大放光彩。在山越风情园的项目中有一项就是品茶，游客来到盐铺都能喝上盐铺自产的有机菊花茶。作为菊花茶市场品牌战略的重要措施，这既推广了菊花茶，同时也为旅游增加了乐趣和收入点。除了品茶，来到盐铺的游客还能吃到当地生产的五城茶干，由于独特的水源和制作方法，五城茶干口味醇正，在国内也享有盛誉，到五城茶干的产地来品尝茶干，应该也是别有一番意义。除了品尝当地的特产以外，特产生产技艺的展示也是必不可少的。山越风情园里的烘烤菊花的技艺也会向游客们展示，游客们不仅品尝到了美味、清爽的菊花茶，更能亲自体会菊花的烘烤过程，不仅增加了旅游的乐趣，也让游客们学到了新的知识。这既增加了旅游的项目，也增添了盐铺旅游的吸引力。

第三节 盐铺村旅游开发的优势

盐铺村旅游业的发展，既得益于村庄本身的地理位置和优美环境，也与黄山风景区、徽州文化的魅力密不可分。从盐铺村的地理位置来看，盐铺村地理位置优越，1小时交通圈内有世界双遗产地黄山、世界文化遗产地西递——宏村、市府屯溪和黄山机场，拥有"海阳八景"之夹源春雨、凤湖烟柳两处景点，新安江上流夹溪河绕村而过。整个村庄山环水绕，拥有典型的皖南田园风光景色和浓厚的黄山地方风土民情。在盐铺村的周围蕴藏着大量的旅游资源，黄山的秀美和巧夺天工，使其成为闻名世界的旅游景点，而古徽州文化源远流长，拥有着无穷的魅力。休宁县是全国第一状元县，状元文化独特且深厚，海阳八景也增加了盐铺村旅游业的发展动力。也许盐铺村的旅游业规模太小，特色也不足够鲜明，但它却成为黄山地区，休宁县或海阳镇旅游线路的有效延伸，正是利用周围旅游市场的有限扩张，盐铺村的旅游业找到了自己的定位和生存空间，积极地融入了整个黄山旅游的大市场，逐渐成为黄山旅游线路的一个重要景点，并从中赢得了合理的市场利润。

福地盐铺：村口公园

一　黄山风景和徽州文化的魅力

黄山位于黄山地区，是中国十大风景名胜中唯一的山岳风景区，以奇松、怪石、云海、温泉和冬雪五绝而闻名于世。黄山景区每年吸引的游客众多，带来的巨大的经济效益成为黄山市最主要的财政收入来源，黄山市也因此成为著名的旅游城市，黄山成为黄山市旅游业的主导。黄山市除了黄山风景区以外，在历史上黄山地区还被称作徽州，徽州文化在国内外也占有重要的地位。研究徽文化的徽学近年来也逐渐成为显学。徽州地区在历史上有一府六县，即徽州府、歙县、黟县、婺源县、休宁县和祁门县。因此，休宁文化也是徽州文化的重要组成部分，对徽文化的研究也离不开休宁文化。徽文化包括徽商、徽州教育、新安理学、新安医学、徽州戏曲、徽州民俗、徽派建筑、徽菜等内容。其中著名的徽商、徽州教育、徽派建筑、徽菜等都与休宁有着密切的关系。

第二章 盐铺村的旅游业 ○ 中国百村调查丛书·盐铺村

黄山的自然景观和徽文化的无穷魅力给黄山地区的旅游业带来了极大的吸引力，也是成就黄山旅游城市的核心因素，黄山作为旅游城市的氛围和政府的发展规划使盐铺村获得了旅游业发展的市场和政策支撑。

二　休宁的状元文化

休宁是中国第一状元县，休宁的状元文化既是徽州文化的重要组成部分，也是千年科举文化的重要组成部分，它从某一角度很好地诠释了科举制度和徽州文化。休宁的状元博物馆记载了休宁历史上的十九位状元，即吴潜、程若川、任亨泰、沈坤、黄赓、戴有祺、汪绎、汪应铨、金德瑛、毕沅、黄轩、吴锡龄、戴衢亨、汪如洋、王以衔、吴信中、戴兰芳、汪鸣相、黄思永。从唐武德五年（622年）正式开科取士到清光绪三十一年（1905年）废止科举，1300多年共录取状元800多位。休宁县从宋嘉定到清光绪的600余年间，本籍与寄籍状元合计19位，而当时休宁只是地处偏僻的山区小县，面积不过2000多平方公里，当时人口只有十七八万人。① 从历史上到现在有很多研究者、好奇者对这一现象非常感兴趣，到底休宁用什么样的教育方式培育出历史上这么多的状元？这应该归功于徽式教育，还是应该归功于休宁的水土？辉煌的状元文化充满了无穷的魅力，吸引各地的游客和研究者来到休宁。

目前，在休宁县的经济发展战略中，状元文化也是其主打品牌之一。以状元文化为主线，融合休宁的山水等自然资源，全面挖掘和融合休宁的旅游资源，并以市场化的运作方式产生经济效益。中国乡村旅游福地是休宁县发展的又一主打品牌，因此休宁县内的各镇都与旅游福地密切相关。在休宁的旅游发展规划中，海阳镇的盐铺村也被列入，成为休宁十大旅游福地之一。休宁县在发展规划中，继续扩大"中国第一状元县、中国有机茶之乡、中国乡村旅游福地"的名片效应，进一步提升休宁县对外的美誉度和影响力。休宁县出台了《关于加快旅游经济发展的若干决定》，着力打造以"福山福水福人家"为主题的乡村旅游和状元文化旅游品牌，推出了"状元故里、乡

---

① 胡宁主编《休宁——中国第一状元县》，安徽人民出版社，2004，第4页。

福地"休宁旅游专线产品,建成了盐铺山越风情园、齐云山旅游公路、凤湖烟柳度假酒店等一批旅游项目。坚持文化与旅游结合,着力打造状元文化品牌,以休宁县四所学校为题材,由英国BBC电视台拍摄的纪录片《中国学校》在全球160多个国家和地区热播,引起极大反响;海阳书院、海阳图书馆建成开馆,状元博物馆免费对外开放,"海阳课堂"影响扩大;拯救"海阳三古"行动取得新进展;黄村、右龙、白际等一批农家乐旅游持续升温,年接待游客162万人次、旅游总收入7.8亿元,分别增长了40.8%和45%。另外,齐云山入选了"全国十大道教文化旅游胜地"。

三　海阳镇的海阳八景

海阳镇位于休宁的中心腹地,是全县政治、经济、文化中心。区位优势明显,东距黄山市府、黄山机场仅10余公里,北离黄山风景区40公里,西至黟县西递古民居30公里,与道教圣地齐云山相望,是著名旅游胜地黄山的南大门,也是游览黄山市内各著名景点的必经之地。皖赣铁路、慈张公路、休婺公路、屯黄公路穿境而过,距徽杭高速和正在建设的合铜黄、屯开、屯景高速公路立交入口10公里,交通十分便捷。

盐铺村是古城海阳镇下辖的行政村之一,海阳镇拥有著名的海阳八景,其中夹源春雨和凤湖烟柳二景都在盐铺村。海阳八景还有白岳飞云,白岳也就是齐云山;寿山初旭,寿山也就是万岁山,旧称古城岩,位于万安镇;松萝雪霁,位于城北的松萝山;练江秋月,也称老城双月;落古寒波,又称落石回波,位于城西二里白鹤溪畔;龙井飞瀑,是新安江源头第一瀑布。

在海阳镇的发展规划中,盐铺被定位为生态旅游型新农村的重点对象,海阳镇也因此加大了对盐铺村基础设施建设的投入。在海阳镇的发展规划中,提出将大力支持盐铺村发展生态农庄项目。该项目建设坚持旅游开发与现代农业相结合的原则,力争通过3~5年的努力,将盐铺村建成集农业科技、农业生产、农产品加工、休闲观光于一体的现代农业开发区,成为全国一流的农业高科技示范基地、旅游农业观光休闲地、无公害有机农产品的配送基地、农业科普教育基地。其中盐铺村作为旅游农业观光休闲地的定位,也为盐铺村旅游业的发展提供了政策扶持。

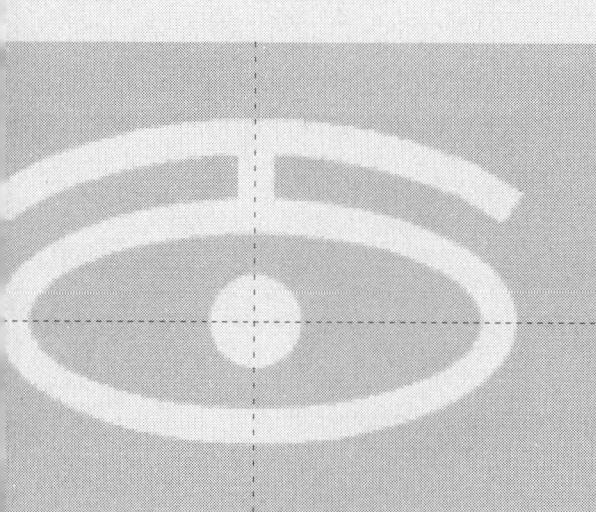

绿色盐铺

第三章 盐铺村的经济结构

第一节 盐铺村经济结构的调整

新中国成立前,盐铺村和休宁县其他地方一样,封建的生产关系一直占据社会主导地位,农民租佃地主的土地进行个体生产,受地租、高利贷的剥削,长期陷入贫困。

1950年1月,休宁县农村实行土地改革,至1951年11月全面完成。全县共没收地主阶级占有的土地114711亩,征收富农及其他剥削阶级的土地19444亩,加上征收祠堂、庙会的土地,共计170686亩;并没收了剥削阶级多余的粮食近200万公斤、房屋11182间、农具29111件、家具62604件、耕畜646头。这些土地改革的胜利果实,绝大部分分给了无地、少地的贫雇农。全县18063户贫农,分得土地97642亩,人均1.42亩;983户雇农分得土地3851亩,人均1.9亩。从此,根除了封建剥削,取消了租佃制,实现了耕者有其田。

土地改革后,休宁县人民政府为引导农民走共同富裕的道路,在农村开展了互助合作运动。休宁县第一个互助组成立于1950年9月,新塘乡柳洲村的农民汪帝顺,联合了8户16个劳力,合伙运送公粮,在此基础上,这8户16个劳力和7头耕牛,实行变工互助,农忙时统一安排干活,分户计算,以工换工。这种临时互助组,至1951年底,全县已发展到840个,有8817户参加,占农户总数的24.1%。1952年底,全县组织起来的互助组已达2262个,有18928户参加,占农户总数的49.5%。互助组一般是农忙变工互助。后来，有的互助组农闲搞副业也统一安排，组织固定，称常年互助组。1954年，全县有临时互助组2384个，常年互助组667个，入组农户28285户，占农户总数的73.5%。

1958年10月，休宁县在高级社不断扩并的基础上，海阳、岩前、五城、临溪、溪口、流口等6个区，以区为单位成立了"政社合一"的人民公社，取名为"红旗"、"超美"、"东风"、"卫星"、"五星"、"光辉"。下设62个大队，343个生产队。人民公社实行公社统一核算，劳动军事化，生活集体化。社员吃穿用全部由公社供给，绝对平均。全县农村15.1万农业人口，集中到1219个食堂吃"大锅饭"；2.76万个婴幼儿集中到2232个托儿所收养。生产"瞎指挥"，产量"放卫星"，粮食"高征购"、"一平二调"、"共产风"，加上自然灾害，造成集体经济和社员个人利益的极大损失，正常的农业生产秩序遭到破坏。1961年，大人民公社复改为区。在原大队的基础上，全县成立55个公社，实行公社、大队、生产队三级所有制，以生产队为基本核算单位。在此期间，一度推行"责任田"制，上交分配。1963年改正"责任田"，恢复统一劳动、按劳分配，实行劳动工分制，年终按所得工分计酬。1964年并为48个人民公社，1969年又并为31个人民公社，1973年起分为44个人民公社，这一规模稳定了10年之久。人民公社社员口粮，按月从集体领取，价款在年终分配时扣还。社员的分配收入从1958年11月开始"吃饭不要钱"，年终人均分得现金1.345元。1959年，伙食由集体供给，社员从集体分得现金，加上家庭副业收入，人均93元。1964年分得的粮油等实物折款和现金，合计人均年收入67元。1970年人均年收入83元，1976年人均年收入103元，1979年上升到人均年收入119元。1983年农村体制改革，44个人民公社改为44个乡镇，从此政企分开。

1979年12月，休宁县开始实行农业联产承包制，耕田按人口、劳力承包到户，分户经营。1980年，茶园分户采摘和管理。1982年，林山、塘库养鱼都实行了家庭承包。家庭承包制推行以后，生产经营开始向商品化、专业化方向发展。1983年，全县农村有1500多户1800多人，专业从事工业、运输业、饮食服务业经营；有5521户从事种植、养殖专业经营。1984年，县人民政府向五万户农民颁发了《承包土地使用证》，明确宣布，这一制度长期稳定不变，承包期在15年以上。新中国成立后建立的国营农、

第三章 盐铺村的经济结构

林、茶、畜、渔场，机关、学校、农林企事业单位所耕作的土地，为全民所有。休宁县良种示范繁殖场、畜牧场、园艺场、蚕桑场、鱼苗场、茶树良种繁殖场、农业科学技术推广所等，共有耕地（含水田、旱地、茶园、果园、桑园、鱼池）1300多亩。中共十一届三中全会后，这些场（所）先后进行改革，各项生产经营承包到职工，实行了多形式、多层次的联产承包责任制。[①]

1999年，全村经济总规模为321万元，其中一产产值220万元，占68.5%；二产产值37万元，占11.5%；三产产值64万元，占20%。分配结构中税金3.8万元，乡统筹0.81万元，农户分配262万元；就业结构中从事一产劳动力680人，占95.6%；从事二产劳动力4人，占0.6%；从事三产劳动力31人，占4.34%；固定资产投资结构为集体资产5.6万元，占4.6%；农户生产性资产116万元，占95.4%；生产资料占有为承包到户；管理体制为农户承包经营；固定资产占有为集体资产集体管理，农户资产农户所有；经济组织结构为村民自治，合作社是经济组织。用地结构为农户自留地占1.5%，粮油生产用地占50%，经济作物生产用地占48.5%。主要农产品产量为粮食683.7吨、油料28.1吨、蔬菜130吨、瓜果75吨。

2007年，全村经济总规模为1908万元，其中一产产值1423万元，占74.5%；二产产值135万元，占7.2%；三产产值350万元，占18.3%。分配结构中税金3万元，农户分配1093万元；就业结构中从事一产劳动力623人，占80%；从事二产劳动力39人，占5%；从事三产劳动力1187人，占15%；固定资产投资结构为集体资产54万元，占10.4%；农户生产性资产464万元，占89.6%。生产资料占有为承包到户；管理体制为农户承包经营；固定资产占有为集体资产集体管理，农户资产农户所有；经济组织结构为村民自治，合作社是经济组织。同时，为扩大菊花的规模效应，注册登记了农民特色产业合作社。用地结构为农户自留地占1.5%，粮油生产用地占42%、经济作物生产用地占56.5%。主要农产品产量为粮食606吨、油料79吨、蔬菜600吨、瓜果230吨、菊花200吨。菊花一跃成为盐铺的主导产业。

---

① 《休宁县志》，安徽教育出版社，1990，第107~108页。

第二节　特色农业的发展

　　特色农业是指符合当地自然条件，与其他区域有明显不同的农业生产项目。它具有鲜明的区域特色，有明显的生产比较优势，有一定知名度和生产规模，有良好的社会、经济效益。它也是以提高农业经济效益和农业可持续发展为主要目标，依靠当地的农业资源，运用独特的农产品加工技术手段，开发出具有区域特色和较高市场竞争力的农产品并进行产业化生产的农业生产经营模式。在这一生产经营模式中，特色农业资源是基础，特色农产品生产或加工产业是依托，特色农产品是核心，而农产品市场是实现价值的重要场所。

　　现代经济学家一般认为特色农业包括水体农业、绿洲农业、旱地农业、旅游农业、都市农业、生态农业、精品农业（高优农业）等。从国内外特色农业的发展看，一般遵循三个原则：一是要遵循市场原则。特色农业是满足市场需要的农业，产品的商品性是基础，是为卖而生产。推进特色农业的发展时，应从当地的实际出发，注重发挥本地区特有的自然资源优势、劳动力成本优势、地理环境优势、旅游资源优势以及后发优势，紧随特色农业发展方向国际化、技术支撑高新化、经营模式多样化等大趋势。特色农业讲究市场原则还应注意现实市场和潜在市场的区别，特别是不能盲目跟风。二是要遵循效益原则。发展特色农业的根本目的是要增加农民和经营者的收入，若发展特色农业还没有常规农业的效益好，特色农业是发展不起来的，这就需要特色农业的产品和服务要优质，否则在无情的市场法则和价值规律作用下将被淘汰出局。三是要遵循适度规模原则。特色农业要讲求规模，没有一定的规模就只能是样品、展品，而不能成为商品，不能获得规模效益，也就不可能形成特色农业。在世界上，一些比较典型的特色农业范例，如荷兰的鲜花、加拿大的小麦、美国的牛肉、日本的红富士苹果、新西兰的牛奶、哥伦比亚的香蕉、澳大利亚的羊毛、韩国的罗州梨、泰国的香米等，之所以能够世界闻名，就是因为这些国家都因地制宜地进行了农业的规模化经营。

一　盐铺村发展特色农业的历程

　　盐铺村自新中国成立以来至 1984 年以种植水稻为主，以种植小麦、山

第三章 盐铺村的经济结构

芋、大豆、蔬菜（自食）为辅。1984年开始进行农业产业结构调整，从种植水稻、小麦、山芋、大豆转扩种到商品经济作物，如草莓、甘蔗、藕、西瓜、荸荠等。但都没有形成规模，农民的收入也未得到大幅度的提高。加上村集体经济薄弱，到1999年全村人均纯收入仍不足千元。

进入21世纪，为改变面貌，盐铺村党支部、村民委员会以"科技兴农，富民强村"为目标，把"先富带动后富，最后走向共同富裕"作为致富原则，认真研究分析村情，并聘请专家"把脉问诊"，找准了盐铺村的发展思路，大力发展特色农业。

（一）锁定特色品种

20世纪80、90年代，盐铺村虽然粮食产量年年增产，但是农民增收致富的步伐却始终缓慢，究其原因就是农产品的品种没有特色、品质不优、缺乏竞争力，产品无卖点，不能将农产品转化为商品，不能实现农民持久增收。盐铺村地处黄山脚下，拥有小二型水库两座，人工湖一座，是一个以低山丘陵为主的城郊农业村，其土壤含植物有机质丰富，疏松透气性好。优良的自然条件为生产优质菊花提供了基础保障，是黄山贡菊的最适宜栽培区。2002年，在获知休宁县科技局试种黄山脱毒贡菊的信息后，通过盐铺村"两委"领导的努力，该村顺利成为县科技局试种黄山脱毒贡菊的种植单位。试种第一年，只有村主任曹长来的6分地收入3000元，另两人均只保本。在接下来的2003年村领导班子会上，大家讨论了继续种植利弊，最后决定再试种一年，而且所有党员都要试种，因为户数多了，对比性才能更强。2003年村"两委"成员7人全部参与试种，试种面积共达12亩，因受市场和种植技术影响，效益仍不是太好。2004年，全村黄山脱毒贡菊种植户达到18户，种植面积有36亩。2005年，全村黄山脱毒贡菊种植户有38户，种植面积达到80亩，当年产值达到70多万元，黄山脱毒贡菊的经济效益开始凸显。2006年，全村黄山脱毒贡菊种植户有76户，种植面积达到260亩，当年产值达到394万元，光菊花一项年增加农民收入近3000元。2007年，全村黄山脱毒贡菊种植户达到232户，种植面积有800亩，当年产值达到1200万元，农民人均纯收入达到10018元，率先成为黄山市农民人均纯收入超万元的行政村。到2008年，全村已有232户种植菊花1300多亩，参与种植菊花户数达到全村总户数的81.1%，90%以上的农村劳动力都参加到菊花产业发展上。2008年，盐铺村已有种植10亩以上大户18户，5亩以上的大户60余户，菊花产值在全村总产值中占90%以上，菊花种植户的人均收入超过万元。

（二）打响特色品牌

当前市场供应丰富，消费者已从不重视品牌转为认牌购买，品牌已成为产品进入市场的通行证。农业要走出困境，需要挑战传统农业，要像发展工业一样办农业，大力实施名牌战略，这就是要创名牌、保名牌、壮大名牌，形成独具特色的名牌。要及时注册商标，力创得到市场认同的名特优新产品。充分运用报纸、电视、网站等宣传媒体，采取"政府引导、部门配合、企业运作、农户参加"的办法，整体包装，捆绑式运作，全方位加大特色产品的品牌宣传，提升盐铺村特色农产品的知名度、美誉度。

（三）做大特色规模

没有规模就没有效益，再好的产品，没有规模，形不成产业，就没有竞争优势，也就称不上是特色。盐铺村在锁定菊花种植后，2004年5月，村集体控股、村民集资入股共同组建了黄山市绿风实业有限公司，注册资金30万元。该公司的成立，以改变盐铺村的村容村貌和增加农民收入为出发点，通过"公司+农户"的模式，建设黄山脱毒贡菊生产示范基地项目，做大种植规模，促进特色农业的发展，实现山区资源优势向经济优势转变。为发展壮大菊花特色产业，2005年盐铺村又成立了菊花协会。协会主要开展菊花种植技术培训，对种植户进行知识培训、栽培技术培训、采收加工技术培训，负责菊花生产的技术指导和技术人才培训，开展菊花常见病虫害防治，对菊花的常见虫害防治和菊花的常见病害防治进行技术培训。2007年3月，组建了盐铺特色产业农民合作社。合作社以村委会为龙头，以创建优质高效有机菊花、西瓜、蔬菜、甘蔗、草莓基地及生态旅游为目标，是联系全村村民与市场对接的"纽带"和"桥梁"。合作社以从事特色产业的农民为主体，自愿结合，是民办、民管、民受益的农村合作经济组织。合作社成立第一年，注册了自己的商标，实现了销售收入近15万元，给会员农户返利7万多元。到2009年，合作社还吸纳了黄山区太平湖镇等地的菊花种植户参加，现有社员达到400人。

（四）提升特色效益

特色就是竞争力，没有农业产业化经营，再具特色的产业也难以成长，难以持久。要提升特色经济效益，就必须在做大特色规模、打响特色品牌的基础上，把特色农业做精做深，避免出现"小而全"和分布零星的情况，培育龙头企业、种植大户等各类现代农业生产经营主体，着力引进资金雄厚的农业龙头企业和农产品深加工项目。由于土地实行的是分散经营，导致农户生产数量多、规模小，生产形不成规模，原料供应分散，产业化程度低，农产品分散生产与集中加工的矛盾比较突出，不利于特色农业的发展。盐铺村在稳定农户土地承包经营的前提下，稳妥有序地推进土地使用权的流转，提高土地规模化、集约化的程度，促进土地向龙头企业集中，发展大规模区域性特色农产品基地。2009年2月，盐铺村与安徽庆元堂徽菊有限公司签订协议，共同开发盐铺村有机菊花生产。通过打造"庆元堂"品牌，推出高中低档有机徽菊系列产品，以品牌拓展市场，努力把菊花产业做大做强。采取"公司+基地+农户"的形式，通过科技创新和产供销一体化，带动盐铺村菊花生产向有机化、规模化和产业化方向发展。

二 特色农业是现代农业发展的必由之路

近年来，我国城乡居民收入差距不断扩大，我国农业面临着农民增收问题、农业产业结构与市场需求结构的矛盾问题、国外农产品的竞争压力问题以及农业长期过度开发所引起的生态环境问题等，而特色农业是解决这些问题的有效途径和手段。

（一）农民收入增长与发展特色农业的关系

根据中共十七大提出的实现全面建设小康社会奋斗目标的新要求和建设生产发展、生活宽裕、乡风文明、村容整洁、管理民主的社会主义新农村的要求，到2020年，我国农村改革发展主要目标是农民人均纯收入比2008年翻一番。传统农业所提供的附加值较低，近年来虽然粮食价格有所上涨，种粮大户收入增长较快，但普通农民增收还是较慢。要实现农民人均纯收入翻一番的目标，还是要根据地区特点，大力发展特色农产品和支柱农产品，并重点发展与农业相关的产业，即抓好二、三产业，通过特色农业来增加农产品的附加值。

特色农业的发展，要靠规模经营方式推进。农村实行规模化经营后，由于生产力的提高，农村劳动力将从一亩三分地中转移出来，大部分被工业和第三产业吸纳，还有一些农民将就地转移。有些经济学家提出了农民"离乡不离土"、"离土不离乡"的观点，建议各农业区域就地吸纳或交互吸纳农村劳动力，以缓解金融危机背景下的农民工的就业压力。发展特色农业，实现农业专业化生产，延伸农业产业链条，正是完成我国农民转移就业的重要途径。

（二）特色农业的发展将推进农业结构的调整

党的十七届三中全会通过的《中共中央关于推进农村改革发展若干重大问题的决定》中指出："发展现代农业，必须按照高产、优质、高效、生态、安全的要求，加快转变农业发展方式，推进农业科技进步和创新，加强农业物质技术装备，健全农业产业体系，提高土地产出率、资源利用率、劳动生产率，增强农业抗风险能力、国际竞争能力、可持续发展能力。"20世纪90年代以来，国家对农产品放宽政策，农业的发展开始由单一的资源依赖转变为资源和市场的双重依赖。由于耕地大量减少，人口资源环境约束增强，气候变化影响加剧，自然灾害频发，造成我国农产品种类少、品质差、销路窄、价格低的局面。为此，突出地方特色，发展具有区域特征而又迎合市场需求的特色产品，推动当地农业结构的调整，才能在日益发展的市场竞争中占据一席之地。

（三）特色农业的发展能有效缓解国外农产品的竞争压力

我国加入WTO后，农业市场的进一步开放，关税的进一步降低，农业将面临严峻的考验。如何应对相对"质优价低"的国外农产品的冲击，减少竞争压力，成为令各地农业发展头痛的问题。如泰国大米高出国际市场均价数倍的价格，是以其"粘香糯"的特色取胜。北美地区优质大豆具有质优价廉的优势，使我国东北传统大豆种植业濒临消亡。我国幅员辽阔，具有区域特色的农产品种类繁多，但由于多以小农户经营的方式生产，难以在市场上形成气候。我国需要实现农业生产的特色化、规模化和产业化，才能缓解国外农产品给我们的竞争压力。

（四）发展特色农业是建设生态文明的需要

《中共中央关于推进农村改革发展若干重大问题的决定》中指出："按

第三章 盐铺村的经济结构

照建设生态文明的要求,发展节约型农业、循环农业、生态农业,加强生态环境保护。"目前,伴随农业发展而出现的环境问题已经到了不容忽视的程度,我国需要一种可持续发展的农业——生态农业。安徽是个农业大省,发展特色农业是农村经济发展的要求。例如,安徽省岳西县的高山蔬菜既为农民带来了可观的收入,也没有破坏当地的生态环境。发展生态农业为我国减少农业污染、缓解生态环境压力开辟了新途径。

三 盐铺村特色农业成功经验总结

我们知道,在安徽欠发达的省情下,发展特色农业存在诸多制约因素,如:安徽大部分农村基础设施落后,成为制约特色农业发展的"瓶颈";安徽农业结构趋同严重,种植业比重过高,资源配置效率低下,具有传统农业的典型特征;安徽是农民工输出大省,留在农村的劳动力素质普遍低下,科技推广难;安徽是全国商品粮重要基地,在观念上仍是注重产量,不求质量,缺乏风险投资意识和竞争意识。还有,安徽农产品市场体系不健全、部分农村交通不发达、农业资金投入不足等诸多因素,都为发展特色农业设置了重重障碍。而盐铺村在短短的几年时间内就做大做强了特色农业,其成功经验值得我们总结。

(一) 实现市场化是发展特色农业的首要条件

发展特色农业,就要实现其市场化、多样化。抓准自身的资源优势,瞄准产品的目标市场,是发展特色农业的第一步。"特色农业"之"特色",就是要以自身条件为基础,搞有区域特色的农业。实现市场化就是以市场为主体,适应市场所需,保证产品结构适应市场需求结构。盐铺村种植的黄山脱毒贡菊是黄山贡菊中的优质品种,经科技培养而成,属绿色饮品中的佳品。我国已进入全面建设小康社会时期,随着人们生活水平的提高,保健食品成为时尚,市场潜力很大。盐铺村瞄准了这一目标市场,结合独特的地理环境,发展黄山脱毒贡菊这一特色种植业,取得了成功。现在盐铺村已成为黄山脱毒贡菊的重要产地之一。

(二) 产业化、标准化是特色农业开拓市场的必然要求

要保持特色农业的市场竞争力,形成独特的发展优势,实现特色农业产业化、标准化生产是第二步。产业化经营能够最大限度地降低生产成本,能

够确保品质的稳定性，从而降低市场由于需求波动而产生的风险。而特色农业标准化生产是在其产业化基础上的进一步发展，集合现代农业技术、信息技术、工程技术等一系列新技术的成果而发展起来的一种现代农业生产形式，它将是我国特色农业发展的重要方向和长期目标。标准化生产为盐铺村的有机菊花产业链的发展提供了基础保障，也为进一步开拓市场提供了有力的支撑。2007年10月，盐铺800亩黄山脱毒贡菊基地通过国家农业标准化委员会的验收，成为国家级有机黄山菊花标准化的示范基地。

（三）知识化、技术化是特色农业可持续发展的关键

特色农业技术化，包括生产管理的技术化和市场的信息化，不论对于特色农业中较为传统的水体农业、绿洲农业、旱地农业、精品农业，还是新兴的都市农业、旅游农业、生态农业等，整个过程的系统化、技术化管理都是其活跃于市场的生命线。一方面，一个地区在发展特色农业的过程中，努力改造产品品质，以技术提高其产品附加值；另一方面，在特色农业的管理上，都需要知识化、技术化管理。如质量检测、病害预防、市场信息的收集与分析等方面。当今社会，信息技术在中国农业的发展中正起着越来越重要的作用。盐铺村发展黄山脱毒贡菊种植，一开始是以无公害为生产标准。2006年，全村黄山脱毒贡菊种植户76户，种植面积260亩，年产值394万元，亩产值达到顶峰。而随着人们对保健食品的品质要求越来越高，随后两年黄山脱毒贡菊收购价格一路下滑。为改变这种状况，2007年，黄山市徽州区农机局研制出以电为燃料、温度及湿度由电路系统控制的新型菊花烘干机，在节能、环保及安全方面有很大的提高。这一技术使每公斤干菊花烘制成本控制在5元以内，大大降低了盐铺村菊花加工成本。

（四）国家的政策倾斜是发展特色农业的有力保障

农业作为我国的弱质产业，国家政策必须给予倾斜。以前从中央到各级地方政府对于农业投入的重心放在基础设施建设方面，但是，光有"硬件"而没有技术、人才这些"软件"，我国农业仍然无法腾飞。法国作为农业大国，一开始农业投入就高达2770多亿法郎，以后逐年增加，还致力于推进农业机械化，重视农村人力资源的开发，提高农民素质等。进入21世纪，我国对农业的投入也逐年加大，正如《中共中央关于推进农村改革发展若干重大问题的决定》中所指出的那样，我国总体上已进入以工促农、以城带乡的发展阶段，进入加快改造传统农业、走中国特色农业现代化道路的关键时刻，进入着力破除城乡二元结构、形成城乡经济社会发展一体化新格局的重要时期。国家对农业的扶持政策是发展特色农业的重要支撑。盐铺村引进黄山脱毒贡菊时，得到了休宁县有关单位的资金及科研部门的技术支持。2005年，黄山市翡翠绿茶有限公司作为承担"黄山贡菊良种（两季花）的推广应用及其产业化项目"的基地，得到了资金支持，其菊花种植在安徽农业大学生命科学院专家的技术指导下发展很快。2008年，为解决盐铺村的环境污染问题，休宁县海阳镇在盐铺村实施"农村环保资金项目"。该项目总投资248.48万元，其中申请专项环保资金99.4万元，地方政府配套资金59.63万元，自筹资金89.45万元。

另外，发展特色农产品加工业是提高农业附加值、带动特色农业发展的重要手段。大力发展特色农产品加工业，能够把特色初级产品变为特色加工产品，提高特色农产品的附加值。发展特色农产品加工业，既要面向城市市场，又要着眼于农村市场，还要注意开发国外市场；既要发展规模化的现代加工业，又要保护各种地方风味和特色产品的传统技术。在开发新产品的同时，要积极维护名牌产品，建立健全市场营销渠道和网络，形成具有地方特色和民族特点的农产品加工业体系。发展特色农产品加工业，要立足于现实，着力提高产品的科技含量和精深加工能力；同时要把发展特色农产品加工业与村庄建设结合起来，引导农产品加工企业合理布局，形成规模，更多地转移农村富余劳动力。

第三节　乡村旅游业的发展

在盐铺村的非农产业发展中，最值得一提的是乡村旅游业的发展。盐铺村是黄山市建设社会主义新农村示范村，也是被列入2006年安徽省"861"计划的乡村福地示范村。该村自2005年发展乡村旅游以来，通过发展龙头项目、进行农业结构综合调整等方式，农民收入不断提高。2005年全村人均纯收入达到5100元，2006年全村人均纯收入6177元，实现了每年递增20%的目标。乡村旅游在该村的经济发展中起了举足轻重的作用。该村迄今为止，已投资500万元，建成了蓄水10万立方米的状元湖、进村宽6.5米长

1.6千米的旅游公路、600平方米的接待服务中心主楼和农民公园，300平方米的沿湖可供吃、住的小木屋，同时更有"农家乐"式的接待，美味的农家土菜和徽州名菜深受市场欢迎，许多省部级领导视察过该村以后，都给予了很高的评价。该村凭借城郊区位优势和生态优势，吸引了大批远近游客来休闲观光，为增加农民收入找到了一条新的发展路子。2007年9月，盐铺村和重庆丰姿旅游开发公司联合成立徽州民俗风情园有限公司，共同创办山越风情园。2009年，全村农民人均纯收入超过11000元，全村经济总产值达到2154万元，其中农业产值1400万元（菊花产值就超过1200万元），山越风情园全年总收入超过600万元。乡村旅游业成为盐铺村第二支柱产业。

一　乡村旅游业是我国农村新的经济增长点

近年来，随着城市居民对旅游需求的增加，乡村旅游得到了迅速发展，成为城市居民娱乐放松、回归自然的一种方式。乡村旅游利用乡村风貌、气候、自然和人文社会环境等资源开发旅游项目，主要吸引城市居民前往观光、体验、度假、休闲、娱乐，吸引远程和国外游客前往民族村寨、古村古镇旅游。从大范围看，所有目的地为乡村社区的旅游都可以称为乡村旅游，它是与都市旅游相对应的。目前，我国乡村旅游的主要形式有古村落、古镇、民族村寨和大中城市周边的度假村、山庄、"农家乐"旅游等。

（一）乡村旅游的兴起

旅游业出现在19世纪中叶，但其真正成为一个独立的、有影响的行业是在第二次世界大战之后，特别是20世纪60年代以后。相对稳定的国际政治环境，不断改善的社会经济状况，特别是交通工具的改进，使旅游逐渐成为许多国家公民的一种生活方式。之后，大众旅游开始兴起，并成为现代旅游活动最为活跃的一部分。作为大众旅游的典型形式是包价旅游，旅游者付出了一揽子费用后，可以不用操心地游完全程，这对不熟悉旅游目的地和旅游程序的旅游者来说是非常受欢迎的。而旅行社由于实行了标准化的规模经营，可以提高效率，降低成本，简化服务和增加利润。进入20世纪70年代，伴随着工业化、城市化进程的不断加快，人类的活动对社会、环境造成的负面影响越来越大。激烈的竞争加大了人们的劳动强度和工作压力，自由化、个性化的思潮开始占据社会的主流，而有的景区景点由于负荷过大而对部分旅游者失去了吸引力。与此同时，保护环境、保护生态成为20世纪90年代的主导潮流，传统的大众包价旅游方式越来越不能满足人们的需要。人们开始寻找其他新型的旅游方式，远离城市、远离污染、远离竞争、回归自然、寻找轻松休闲的生活成为社会的主旋律。正是在这种潮流的影响之下，出现了休闲旅游、生态旅游、观光农业旅游、乡村旅游等各种不同形式的旅游方式，而乡村旅游作为一种既能满足旅游者休闲、求知和回归自然的需求，又以对环境、生态的保护为前提的旅游方式，因其回归自然、贴近民情、了解民俗、更具参与性等优点，越来越受到人们的关注，日益广泛地被人们所接受，现代旅游进入了体验朴素生活回归自然的度假时代——乡村旅游时代。

（二）乡村旅游发展状况

最早发展乡村旅游的是西方发达国家。20世纪70年代以来，随着五天工作制的实行，法国的"工人菜园"流行一时，特别是在法国北部，许多城市人把种菜当作一种嗜好，纷纷兴建"第二住宅"。许多农民投其所好，建立家庭旅馆，推出农庄旅游。不少农民还去补习英语，以便更好地同国外游客交流。游客在农庄可以欣赏田园风光，品尝当地特产，有兴趣的还可亲手干农活。观光农业每年可给农民带来近700亿欧元的收益，相当于法国旅游业收入的1/4。日本的主要大城市都有供市民休闲的农园，总数有4590多个。休闲农园注重市民的参与性，市民们可以亲自购苗、培肥、育种、种菜、浇水，尝试农田管理，参加农业技术展评会，将收获的农产品进行展评，将自己种植的蔬菜、瓜果等农产品做成各种食品共同品尝。美国农村地多人少，开办观光农场，不仅可以弥补劳力短缺，还可以就地推销农副产品。政府在资金和政策上大力扶持，同时也制定了严格的管理法规，如要求农场必须设立流动厕所和饮用水源，露天场所则需提供消毒水。

我国乡村旅游真正的发展是在20世纪90年代。经济建设的快速发展，人民生活水平的不断提高，特别是国内旅游的兴起，对于我国的乡村旅游业的发展起到非常关键的作用。到了20世纪90年代，国内旅游已形成了一股社会潮流，越来越多的人希望外出旅游。仅靠几个旅游胜地，无论如何都是容纳不了这种需求的。"乡村旅游"以其投资少、见效快，可以因地制宜地满足人民日益增长的旅游需求。另外各地区根据各自不同的特点发展一批不同层次、不同规模的"乡村旅游"区，可以缓解旅游所带来的交通、通信和安全的压力。

（三）乡村旅游的发展有着强劲的生命力

国内旅游的蓬勃发展，为乡村旅游长盛不衰提供了可靠的保障。乡村旅游作为一种新兴的符合大自然发展规律的人类活动方式，有着极其广阔的发展空间和强劲的生命力。第一，乡村旅游能够满足城市居民回归自然的身心需要。人们希望通过参加乡村旅游暂时远离喧嚣的城市生活环境，寻求一种回归自然的享受，并通过参与各种农事和活动获得身心的放松，同时，希望通过乡村旅游了解农村、了解自然，以求扩大知识面和陶冶情操。第二，乡村旅游具有丰富的资源与广阔的市场。乡村旅游是建立在城郊自然景观和农业资源基础上的一种现代旅游产品，具有鲜明的农业特色和乡土性。农耕文化主题的田园风光，高科技农业生产以及现代乡村风貌为乡村旅游提供了独特的资源基础。城市化进程的加快，给乡村旅游的发展提供了一个不断扩张的市场。第三，乡村旅游的休闲性满足了城市居民对旅游多层次的需要。短途、短期、低价是吸引城市居民多次重复选择乡村旅游的重要原因，乡村旅游成为城市居民周期性调节生活方式的重要选择之一。

（四）乡村旅游的发展前景

乡村旅游作为生态旅游中最为大众接受的旅游产品，以人和自然环境的和谐相处为主题，满足了人们求真、求新、求异以及追求天人合一的意愿，具有美好的发展前景。一是乡村旅游正沿着与生态旅游、文化旅游紧密结合的方向发展。生态因素、文化因素是乡村旅游得以兴起的根基，乡村旅游能够保护原始生态环境和传统文化，符合当今回归自然的社会潮流。二是乡村旅游适应、带动并引导国内市场需求向高层次发展。乡村旅游告诉人们，"越是自然的才越是人类的，越是民族的才越是世界的"，这一指导旅游业发展的重要原则在此得到最充分的体现。三是发展农村（山区）经济、旅游扶贫类产品的比重将会大大增加。随着旅游业在我国的发展，不少地方发现，把发展旅游同发展当地经济紧密结合起来，对促进当地对外开放、对内搞活、发展横向经济联合、解决劳动就业、建设新农村等方面起到积极作用。许多地方出现了一座山搞活了一个地区，一个湖繁荣了一个县，一个洞富裕了一个乡，从而带动当地许多行业共同发展。乡村旅游作为一类扶贫工程，将会得到极大的发展。四是从国内乡村旅游的需求上看，在现代科技化的乡村旅游产品中，会加强传知授教的教育内容，使游人通过旅游获得现代农业科技知识。开辟更多的生态农业区，可为游人提供参与活动的充分空间，以旅游经济的高附加值来促进生态农业的发展。在文化旅游资源丰富的老少边贫地区，度假型、参与型乡村旅游产品的开发将会加强，这也是国际上先进的乡村旅游业的主要发展方向。

二 乡村旅游业成为盐铺村经济发展的又一支柱

山越风情园景区是盐铺村集旅游、休闲、度假、餐饮于一体的综合性景区。这一项目由盐铺村和重庆丰姿旅游开发公司联合创建。在这里可以感受到山越人奇异的民俗，体验他们别具一格的古老建筑以及欣赏到他们热情奔放、惊险刺激的表演。游客可以亲自参与山越人的日常生活及休闲活动，参观烘黄山贡菊、酿五城米酒、制五城茶干等徽州民间手工艺，充分体验到从原始山越民族穿越到近代徽州民俗文化的新型旅游过程。

（一）项目设计充分体现了古徽州的文明传承

据《文献通考》和《吕氏春秋》等文献记载，古代皖南的先民属于古越族的一支，因为吴太伯奔荆蛮，带给这一地区先进的周王朝的中原农业生产技术，"数年之间，民人殷富"。《越绝书》："乌程、余航、黝、歙、芜湖、石城县以南，皆故大越徙民。秦始皇刻石徙之。"这些史料记载，足可见徽州大地文化历史的深邃和悠远。《宁国府志》中更是提到，皖南是山越人最后的退守。"山越"一词，最早见于《后汉书·灵帝纪》："建宁二年（169年）九月，丹阳山越围太守陈夤，夤击破之。"其时，徽州属丹阳郡。由于秦汉以来长期的民族融合，山越人已与汉人区别不大，在三国时期分布于今江苏、浙江、安徽、江西、福建等省部分山区。山越虽以种族称谓，但实际上是居于山地的南方土著，故亦称"山民"。他们以农业为主，种植谷物，冶炼铜铁，自铸兵甲。他们大分散、小聚居，好习武，以山险为依托，组成武装山寨，其首领称"帅"，对于我国古代的中央政权处于半独立的状态，有自己的经济基础。东汉末年，东吴政权初定江东，境内山越众多，分布很广。山越常与各地的"宗部"（一种以宗族乡里为基础而组织起来的地方武装集团）联合起来，成为东吴政权的心腹之患。汉建安三年（198年），袁术遣人鼓动山越，图谋共攻孙策，反被孙策打败。建安五年（200年），孙权掌权后，为了巩固政权和扩充兵力，分遣诸将镇抚山越。建安八年（203年），孙权西征黄祖，正待破城之时，山越复起，严重威胁东吴后方，迫使孙权撤兵。孙权东撤后，即派吕范平鄱阳（今江西鄱阳东北），程普讨乐安（今江西德兴东北），太史慈领海昏（今江西永修西北），派黄盖、韩当、周泰、吕蒙等担任山越活动最频繁地区的县令，悉平各地山越。建安二十二年（217年），东吴大将陆逊建议孙权，克敌定乱非众不济，而山越依山深处，腹地未平，难以图远。于是孙权命陆逊征讨会稽、丹阳、新都三郡的山越，将俘获之人强者为兵，羸者补为民户，得精卒数万人。东吴嘉禾三年（234年），孙权拜诸葛恪为抚越将军，领丹阳太守。恪移书相邻四郡，令各保疆界，然后分兵扼诸险要之地，将山越分割包围，只修缮藩篱，不与交锋。待其谷物将熟，纵兵芟刈，以饥饿迫使山越人出山求活。诸葛恪将其中精壮四万人选为兵士，余者迁至平地充作编户。经东吴数十年的征讨，江南绝大部分山越人被迫出山，徙至平地，一部分被用以补充兵源，一部分成为编户。大量山越人出山，对于江南经济的开发起了重要作用，也大大加速了山越自身的汉化过程。三国以后，山越中有些部落历经战乱迁徙，分支到广西、云南、贵州、海南等地，演变成现在的黎族、苗族、佤族、傣族等众多少数民族的祖先。虽然直到南朝末年，甚至隋初史籍中仍有关于山越的零星记载，但留在古徽州的绝大多数山越人已同汉人完全融合。

宋时，徽州商帮崛起，明清时达到鼎盛，人称"徽商"。徽商以盐、木、茶、典为四大支柱行业，盐铺乃徽商储盐之仓、运盐之铺，故名"盐铺"。悠久的历史积淀着徽州深厚的文化底蕴，孕育着徽州人民淳朴诚信的善良美德，创造了徽商雄睨天下的辉煌。

而盐铺村既是徽商的经营场所，也传承了古徽州的文明。山越风情园正是引进了来自云南、缅甸边界的山越族部落后裔。据传他们刀耕火种、粗犷豪迈、以黑为美，能赤脚过火海、口吐火龙、空手擒拿野兽，而且还能歌善舞。盐铺村创建的山越民俗风情园再现了1800年前古徽州先民——山越人原始的生产生活方式和人文风情。在这里，游客可以跟随山越族后裔学习打猎、织布、跳舞，感受山越族神秘的祈福仪式、成人仪式，欣赏山越族傩舞、得胜鼓、钟馗舞等民间艺术表演。

（二）项目运作体现出乡村旅游的经营思路

我国乡村旅游的开发很大程度上是由政府主导而推动发展起来的，由于地方政府财力有限和农村集体积累资金很少，很多乡村旅游开发缺少足够的资金，发展举步维艰。而盐铺村在乡村旅游开发上的经营思路是以项目带动发展，从而使乡村旅游从无到有，从小到大。

2005年初，盐铺村在休宁县海阳镇的支持下，在特色农业发展的基础上，发展乡村旅游，力争实现特色农业和乡村旅游两辆马车并驾齐驱。7月，盐铺村村集体控股的黄山市绿风实业有限公司成立，盐铺生态农庄项目立项。9月，盐铺村被列为休宁县"乡村福地示范村"。项目总投资5600万元，分期实施，2006年就建成了蓄水10万立方米的垂钓中心、建筑面积1200平方米的接待服务中心主楼、村口农民公园、进村旅游公路、占地10亩的停车场以及建筑面积2200多平方米的旅游主街区，盐铺生态农庄粗具雏形。2006年4月，生态农庄接待中心和垂钓区开业。2006年，盐铺村接待游客2万余人，当年就有赢利。

通过两年的建设，经海阳镇党委的同意，盐铺村决定把生态农庄项目的第三板块生态旅游休闲板块进行招商。2007年9月，盐铺村和重庆丰姿旅游开发公司联合创办徽州民俗风情园有限公司，在现有的生态环境基础上，深入挖掘和展现古徽州的非物质文化遗产，隆重推出了山越风情园项目。2007年4月，山越风情园正式向中外游客开放。2009年3月，安徽省旅游局批准休宁县盐铺村、右龙村等46家单位为安徽省旅游村，这也是全省第一批旅游村。

（三）乡村旅游促进盐铺村经济社会全面发展

盐铺村乡村旅游业的发展，实现了农村经济腾飞、社会发展和人与自然和谐共处之目的。一是实现了促进产业结构调整，带动相关产业发展。盐铺村的乡村旅游业是一项综合性很强的产业，作为关联系数大、发展迅速的新兴产业，对相关行业有很大促进作用，成为促进经济增长、加快产业结构调整的重要途径。许多当地农民成为服务员，特色农产品就地转化为旅游产品，就地形成了旅游市场，就地完成了价值的实现和大幅度升值。二是成为解决"三农"问题的重要途径。发展乡村旅游可以充分发掘和实现资源的价值，并可通过旅游产业链产生一系列经济增长点，对增加农民收入具有十分重要的作用，是解决"三农"问题的一个新思路。乡村旅游为盐铺村提供了一条致富新路。2005年开发乡村旅游以来，乡村旅游业对当地经济发展的带动效益逐步凸显，农民收入大幅度提高，还为农村富余劳动力和老人、妇女等弱势群体提供了就业机会，为"离土不离乡"的农民提供了一条新的生活出路。三是有利于扩大山区开放，提高知名度。盐铺村乡村旅游业的发展，使山越风情园成为吸引游客趋之若鹜的重要景点，成为吸引资金的重要资源，变成增加农民收入的"摇钱树"。乡村旅游业的开发促进了盐铺村与省内外、国内外的沟通，扩大了该村知名度。四是有利于提高贫困乡村农民素质。我国现阶段的贫困问题不仅是经济贫困，同时还包括教育文化落后、人口素质不高和思想观念上的"贫困"。盐铺村开展乡村旅游，激发了农民自觉学习文化知识的热情，通过与外来旅客的接触，使当地农民接受到外来文化的熏陶，有利于加速农民的观念转化。五是培育了农村的市场机制，形成了商品交换体系，推动了城乡互动。乡村旅游业的发展，实际上形成了城乡经济、城乡文化、城乡社会之间的过渡带、衔接带和综合带，从而带动了区域经济结构的优化。盐铺村地处城镇边缘，发展乡村旅游业，推动了城乡一体化的进程。六是拉动乡村的社会进步。发展乡村旅游需要舒适的生活环境、优美的生态环境及和谐的社会环境。盐铺村乡村旅游业的发展，对于美化环境、保护生态、推广农村文明社区、推动农村精神文明的建设能够起到促进作用。同时焕发出农民对于本地社会文化资源的自豪感和责任感，从而为盐铺村的社会全面进步注入新的内在动力。

第四节　新型村级集体经济的探索

在我国，现阶段的村级集体经济一般指村级集体所有资产，包括固定资产、资源、土地、矿产、森林等，以及在村"两委"会集体领导、村民代表共同协商决策下所产生的资产收益部分。村级集体经济是以村级社会公共福利支出的形式为村民所共享，是农村最基层的村民保障资金的一种，同时也是村级集体用于加强管理、开展教育、改善基础设施及各类辅助性支农的重要经济来源。村级集体经济一般由村级自身财务收入、上级补助收入以及土地征用政策性补偿收入三大类组成。村级自身财务收入基本上以集体房屋租赁、商住房开发、山林承包等为主，近年来近郊片的村级集体土地出让金收益在集体经济中所占比例有提高趋势。盐铺村在发展经济的同时，不断壮大村级集体经济，探索出一条村级可持续发展的新路。

一 改革开放以前村级经济状况

新中国成立以后，为实行社会主义公有制改造，在自然村范围内，由农民自愿联合，将其各自所有的生产资料（土地、较大型农具、耕畜）投入集体所有，由农村集体组织农业生产经营。

从1962年开始，按照上级的政策，盐铺村全村交售余粮191431斤、公粮53055斤。1963年，交售余粮186840斤、公粮53055斤。1964年，交售余粮216324斤、公粮53055斤。1965年，交售余粮233563斤、公粮53055斤。1966年，交售余粮239849斤、公粮53055斤。1967年，交售余粮223152斤、公粮53055斤。1968年，交售余粮252630斤、公粮53055斤。至1972年，该村交售余粮逐渐增加。1972年，交售余粮287070斤、公粮为63055斤。1973～1979年，该村上交余粮、公粮每年基本不变，余粮为287070斤、公粮为63055斤。

1964～1969年，盐铺村全年税收逐年增长，分别为4125元、4128元、4159元、4165元、4187元、4207元。1970～1978年，盐铺村全年税收也有所增长，分别为4209元、6320元、6328元、6352元、6346元、6344元、6328元、6312元、6364元。

1949年，盐铺村农民人均纯收入为44元。1957年，盐铺村农民人均纯收入约93.1元，与所在镇、县比较，没有明显差异。1978年，盐铺村农民人均纯收入为102.5元，与所在镇比较，低32.5元；与全县比较，低12.5元。

盐铺村与休宁县其他乡村一样，个体商贩与私人作坊都当作资本主义尾巴被割掉。20世纪60、70年代，盐铺村没有一户个体商店，也没有一家私人作坊，全村唯一的一户商店也是集体性质的合作商店，当时由吴氏夫妇两人负责经营。

20世纪60年代，盐铺村农民生活贫困，劳动所得的收入几乎全部用于生活消费的支出。据相关资料记载，当时人均年生活消费支出仅80元，其中食品消费支出49.6元，占生活消费支出比重高达62%，衣着和生活用品支出分别为12元、2.4元。到了20世纪70年代，村民生活仍处于贫困线内，人均生活消费为98元，其中食品消费为56.8元，占生活消费支出的58%，衣着消费支出和生活用品支出分别为15.7元、3.9元。

二 改革开放后到20世纪末，村级经济有所好转

1978年以后，我国广大农村实行了家庭联产承包责任制，以家庭为单位的经营组织替代了低效率的人民公社体制下的农村集体经济组织。1979年12月，盐铺村实行家庭联产承包责任制，并对集体性质的合作商店进行了改制。1980年，原来吴氏夫妇两人负责经营的合作商店被改为个体商店，其经营者为当地村民李阿书。1981年，村民曹水根开了第二家个体商店，这种状况一直持续到20世纪80年代末。从80年代末到90年代中期，盐铺村处于以个体商店、私人作坊形式为主的个私经济快速发展时期。到20世纪90年代末，基本上每个自然村都有一户以上个体商店或私人作坊，但基本上以个体户的形式存在，全村没有一家私营企业。

1. 盐铺村各类税收情况

1979～1989年，各类税收分别为7664元、7678元、7704元、7784元、7810元、7892元、8016元、7910元、7952元、8014元、8036元。1990～1999年，各类税收呈现先期增长和后期下降状况，分别为8088元、12458元、14395元、16255.14元、29635.85元、34680.25元、44769.05元、44769.05元、40355.20元、3594.35元。

2. 乡统筹、村提留数量情况

按照上级政策要求，1982～1984年，盐铺村的乡统筹、村提留收取两项，合计分别为4375元、4410元、4410元。1999～2000年，合计分别为19850元、19981元。

3. 农民收入及消费情况

1992年，盐铺村农民人均纯收入为695元，与所在镇比较，高67元；与全县比较，高95元。1999年，盐铺村农民人均纯收入为2156元，与所在镇比较，低853元；与全县比较，高1556元。20世纪80、90年代，盐铺村农民生活明显改善，人均生活消费支出为715元，其中食品消费支出350.4元，占生活消费支出的49%；衣着消费支出人均达到114.4元，生活用品支

出人均50.1元。

这一时期，值得一提的是村民李讨饭开始兴办企业。1994年，李讨饭牵头组建了村内第一个企业——盐铺食品饮料加工厂，实行合伙制。企业主营酒类、饮料类，产品销往黄山市及周边城市。后来，他又注资加入休宁强力助剂厂，即现在的黄山市强力化工有限公司。

三 新型农村集体经济的发展

邓小平同志在1990年曾指出："中国社会主义农业的改革和发展，从长远的观点看，要有两个飞跃。第一个飞跃，是废除人民公社，实行家庭联产承包为主的责任制。这是一个很大的前进，要长期坚持不变。第二个飞跃，是适应科学种田和生产社会化的需要，发展适度规模经营，发展集体经济。这是又一个很大的前进，当然这是很长的过程。"①《中共中央关于推进农村改革发展若干重大问题的决定》中也指出："我国总体上已进入以工促农、以城带乡的发展阶段，进入加快改造传统农业、走中国特色农业现代化道路的关键时刻，进入着力破除城乡二元结构、形成城乡经济社会发展一体化新格局的重要时期。"现阶段，农村集体经济不同于改革开放以前的集体经济，它是新型农村集体经济。它具有显著的特征，第一是以土地为核心的主要生产资料归全村农民集体所有的经济形式，在宪法和法律的框架内实现利润最大化是其追求的目标；第二是民事法律主体的组织，它依法律和政策规定而建立，有自己的名称、组织机构和场所，拥有独立的财产和自主进行生产经营的权力和能力，并能在一定的财产范围内独立承担民事责任。盐铺村在致富道路上，成功地进行了新型农村集体经济的探索。

1998年，李讨饭作为致富带头人被选入村"两委"班子，任村委会主任。1999年，他被任命为村支部书记。他成功带领全村致富，一直担任村书记至今。2000年，盐铺村组建了村办集体性质企业——盐铺运输队，法定代表人为李讨饭，车辆为村外车辆，只有几辆车、几个人。运输队主要为休宁强力助剂厂提供运输服务。2004年，为加快推进村内建设，发展集体经济，盐铺村以固定资产折价入股，与村支书李讨饭合资成立了"黄山绿风实业有

---

① 《邓小平文选》第3卷，人民出版社，1993，第355页。

限公司",集体股份占51%,法定代表人为李讨饭。公司主营基建、餐饮、住宿等,下设接待中心2处,吸纳就业60余人,年均创效益60余万元,累计已实现效益500余万元,收益主要用于村集体建设和扩大公司规模。2007年,为了打响乡村旅游福地品牌,由李讨饭牵头组建了村集体性质的"盐铺旅游开发有限公司",引入外来资金,共同创办山越风情园、垂钓中心等多处景点。公司法定代表人为李讨饭,公司运作成效显著,乡村旅游、民俗旅游人气旺盛,效益正在逐步显现。

2000~2004年,盐铺村各类税收数基本不变,均为53078.41元。

2002年,盐铺村村级收入主要靠上级拨款,收入为127609.35元;支出为127368.68元。2003年,盐铺村收入有235928.10元,转移支付有6981元,共计收入为242909.10元;支出为189547.52元。2004年,盐铺村收入共计65487.74元,其中基本收入为31437.28元,农业税附加为7876.46元,征地补偿费为22654元,转移支付为3520元;支出为89512.70元,其中一般性开支为75849.10元,干部补贴为13271.60元,报纸杂志为392元。2005年,盐铺村总收入为115367.40元,其中一般性收入为22041元,转移支付收入为18126.40元,其他补贴为75200元;支出为54374.79元,其中一般性支出为21134元,付干部补贴为11496元,投资开发支出为20000元,其他支出为1744.79元。2006年,盐铺村收入为226046.40元,支出为170623.50元。2007年,盐铺村收入为395863.50元,支出为511889.28元。

随着村级集体经济的发展,盐铺村个私经济也迈入快速发展通道,一举突破了个体商店、私人作坊形式,呈现出多种组织形式。不仅有个体商店和私人作坊,还有围绕乡村旅游、特色农业发展应运而生的餐饮业、种植业、养殖业、农副产品加工业等多种私营经济组织业态。2005年以来,更是出现了喜人景象,盐铺村个、私经济出现了全面的发展,不仅有个体工商户,还有以个人独资企业、有限公司等形式出现的私营企业。盐铺村现有个体工商户15户,私营企业3户,同时还有不少当地农民到县城或其他地区开店、办厂。多种经济成分的共存共荣,带动了盐铺村农民人均纯收入的快速增长。到2007年,盐铺村农民人均纯收入达到10018元,高出所在镇4070元,高出所在县5718元。进入21世纪,盐铺村农民生活极大提高,已步入小康。人均生活消费支出高达7935元,食品消费支出3491.4元,占生活消费支出44%；衣着逐步向舒适型、时尚型转变，人均为555元；洗衣机、彩电、移动电话、摩托车、电冰箱逐步进入农户，生活用品支出家庭人均为872.8元。

四 推进城乡一体化

党的十七大报告中指出："探索集体经济有效实现形式，发展农民专业合作组织，支持农业产业化经营和龙头企业发展。"《中共中央关于推进农村改革发展若干重大问题的决定》中进一步指出："以家庭承包经营为基础、统分结合的双层经营体制，是适应社会主义市场经济体制、符合农业生产特点的农村基本经营制度，是党的农村政策的基石，必须毫不动摇地坚持。赋予农民更加充分而有保障的土地承包经营权，现有土地承包关系要保持稳定并长久不变。推进农业经营体制机制创新，加快农业经营方式转变。家庭经营要向采用先进科技和生产手段的方向转变，增加技术、资本等生产要素的投入，着力提高集约化水平；统一经营要向发展农户联合与合作，形成多元化、多层次、多形式经营服务体系的方向转变，发展集体经济，增强集体组织服务功能，培育农民新型合作组织，发展各种农业社会化服务组织，鼓励龙头企业与农民建立紧密型利益联结机制，着力提高组织化程度。按照服务农民、进退自由、权利平等、管理民主的要求，扶持农民专业合作社加快发展，使之成为引领农民参与国内外市场竞争的现代农业经营组织。"可见，在我国社会主义市场经济体制下，发展新型农村集体经济，必须以土地集体所有为制度基础，必须尊重农民对土地的使用权，必须完善产权制度，必须明晰各种生产要素的产权。

盐铺村未来的经济发展及经济结构调整，都离不开新型村级集体经济的发展。在致富过程中，盐铺村村民深深感到：新型农村集体经济是增强农村基层组织凝聚力、号召力的经济保障。只有农村经济发展壮大了，才能从源头上改善农村发展环境，增加农民收入，从而使党的形象和威信不断得到巩固和提高，进一步改善干群关系和党群关系。发展农村新型集体经济也是构建和谐社会、建设社会主义新农村的坚实基础。集体经济是农村经济的重要组成部分，要实现农业现代化，建设新农村，关键是不断发展壮大村集体经济。从全国看，已经实现全面小康生活水平的村庄，有些就是集体经济搞得比较好的村。只有把村级集体经济发展起来，村一级组织才有属于自己运转的资金，才能真正为村民兴办公益事业。发展新型农村集体经济更是乡村实现共同富裕的基本保障。农村集体经济发展得好，村集体统一掌握的资源就丰富，就更有利于农村发展。

现阶段，新型农村集体经济的主要类型有：①土地统一经营型。在农民自愿并经过县（市/区）、乡镇两级严格审查批准的前提下，对农民承包的土地采取货币（或实物）置换等方式，将土地集中，由村里统一规划、统一经营。②产权经营型。即通过对资源、资产使用权的合理流动，将拥有所有权的资源进行拍卖和租赁，实行竞争投标，择优成交，一次性卖断使用权若干年，收取拍卖、租赁费，并从中拿出部分资金用于滚动开发，再进行拍卖或租赁。③产业龙头型。结合农业产业结构调整，围绕本地农业特色及优势，组建专业公司、加工企业及生产、加工和流通环节的中介组织，采用"公司＋农户"、"协会＋农户"等形式，为群众提供产前、产中、产后服务，帮助农民解决一家一户办不了的事情，以有偿服务的方式增加村集体收入。④资源开发型。即发挥地区特色和资源优势，通过合理开发运作，使资源优势转化为经济优势，激活村集体经济活力。⑤股份合作型。即将原村集体资产折股量化到人，成立以资产为纽带的股份经济合作社。

盐铺村新型农村集体经济的发展，基本实现了"生产发展、生活宽裕、乡风文明、村容整洁、管理民主"的社会主义新农村建设目标，推动了城乡一体化发展，主要表现在以下几个方面。

（一）促进土地向规模经营集中

盐铺村特色农业的发展，将分散到户的集体土地集约利用，发展菊花产业，促进土地合理流转，加速了土地向规模经营集中。既保持了农户土地承包权的长期稳定，又提高了资源的利用率和土地产出率。企业、大户、农户之间形成了利益共享、风险共担的经济共同体，有效克服了一家一户的小生产与千变万化的大市场之间的矛盾，引导农民走向市场，实现农业产业化。

（二）促进农民集中，逐步形成小城镇

新型农村集体经济的发展必须以生产方式的根本转变带动农民生活方式的转变和生活水平的提高，从根本上转变农民的生产生活方式。一方面，盐铺村集体经济的发展，促使大量农民向非农产业转移。公司化、企业化经营，在调整产业结构的同时，延长了农民收益链，拓宽了农民的就业空间，为农民职业分化提供了良好条件。另一方面，股份合作的企业化经营模式，使农民持续增收机制得以初步建立。参加股份合作经济组织的农民拥有五个方面的收入：土地保底分红租金、股权红利、在本公司的就业收入、商业配套设施租赁收入和社保金。村民有了稳定的经济来源，由原来的分散居住逐渐集中到村行政中心周围，已经形成了一个小集镇。

（三）集体经济的壮大有利于增强农村基层组织的凝聚力

新型农村集体经济组织，是地域性合作经济组织。村民委员会是依据村民委员会组织法选举产生的村民自治组织，负责对村内公共事务进行自我管理。推进新型农村集体经济发展和农村基层组织建设，其出发点和归宿都是为了促进农村发展和农民增收致富。盐铺村的经验证明：集体经济若没有一点实力，村级组织就难以从物质条件上为群众的生产生活提供服务，基层干部说话也没人听。2003年以后，集体经济日益壮大，村庄的"三个文明"建设逐步完善，村干部在群众中的威信也逐步升高。可见，农村集体经济的发展壮大，能够为农村社会事业发展和精神文明建设提供经济上的支持，增强农村基层组织的凝聚力、号召力和战斗力。

（四）促进农村城镇化的进程

盐铺村新型农村集体经济的发展，促进了该村的城镇化进程，其主要表现在：首先，农民持续增收机制建立，变输血为造血，不仅保持了农村社会的稳定，而且减轻了县、镇政府财政的负担；其次，农村集体经济实力的壮大，尤其像盐铺村这样的镇郊农村集体经济的发展，不仅能逐步融入海阳镇，而且能带动周边农村的经济发展；再次，农业产业化的发展，让更多农民从土地上解放出来，为农民职业分化进入高级阶段奠定基础，促进农村人口向城镇流动聚集。

参考文献

胡锦涛：《高举中国特色社会主义伟大旗帜 为夺取全面建设小康社会新胜利而奋斗——在中国共产党第十七次全国代表大会上的报告》。

中国共产党第十七届中央委员会第三次全体会议通过的《中共中央关于推进农村改革发展若干重大问题的决定》，2008 年 10 月 12 日。

农业部：《关于加快西部地区特色农业发展的意见》，2002 年 12 月。

朱文兴、白明：《西部大开发——农业、农村、农民》，经济管理出版社，2002。

王建兵：《加快西部地区特色农业发展研究》，《开发研究》2004 年第 3 期。

向萍：《关于乡村旅游可持续发展的思考》，《旅游学刊》1999 年第 1 期。

王兵：《从中外乡村旅游的现状对比看我国乡村旅游的未来》，《旅游学刊》1999 年第 2 期。

马波：《开发关中地区乡村旅游业的构想》，《区域旅游开发的理论与实践》，江苏人民出版社，1996。

国家旅游局计划统计司：《旅游业可持续发展——地方旅游规划指南》，旅游教育出版社，1997。

成都传媒集团深度报道课题组：《城乡一体化推动新型农村集体经济发展》，2007 年 4 月 16 日《成都日报》。

第四章 盐铺村的菊花产业

金秋时节,盐铺村的菊花种植地流金泻银,芳香四溢。初冬乍冷时节,盐铺村里"贡菊争吐蕊,菊农忙采摘"的田园美景,引得远近游客纷至沓来。种植户脸上喜悦的笑容也如花一般绽放。这几年来,盐铺村不断调整产业结构,已由单纯经营农作物发展到了经营多种经济作物,最具特色的是形成了以生产有机菊花为主的生态产业体系,使得这个小村落变成了遍地菊花的大花园。

第一节 盐铺农业发展综述

盐铺村地处海阳镇,是个典型的城郊村,要想发展经济,必须因地制宜,进行农业产业结构调整,大力发展农业特色经济。近几年来,盐铺村不断摸索,终于通过种植菊花找到了一条调整农业产业结构、适合自身经济发展的路子。目前,全村1800余亩耕地中有1300多亩种植菊花,并成立了黄山市盐铺特色产业(菊花)专业合作社,使盐铺成为全县有名的菊花特色产业村。

但是,过去由于发展思路不清晰、资源利用不充分等原因,盐铺村村集体经济薄弱,农民增收步伐缓慢,1999年全村人均纯收入仍不足千元。2002年之前,盐铺和其他普通农村一样,全村1000多亩水田,绝大部分是种水稻,亩产好的也只有800斤左右,其他经济作物也有但很少,只有豇豆、茭白等少量品种,且产量也不高。

为改变面貌,盐铺村党支部以"科技兴农,富民强村"为目标,把

"先富带动后富,最后走向共同富裕"作为致富原则,认真研究分析村情,并聘请专家"把脉问诊",找准了盐铺村的发展思路——发展城郊农业。积极调整了产业结构,扩大了菊花、草莓、毛豆、茭白的种植面积和养猪、养鱼等的生产规模。通过结构调整,全村传统产业种植面积大为下降,而经济作物达650多亩,占水田面积的50%以上,年出栏生猪2000余头、产鲜鱼50000多公斤,村民获得了较好的经济效益。

2005年全村抓住农业综合开发、退耕还林等契机,大面积大规模调整农业产业结构,经济作物种植迅速扩张,成立了菊花协会,随着菊花产业与各产业的投入产出率、劳动生产率均大幅度高于当地传统农业,使得农民收入迅猛增长。2005年农产品商业化率达78%,全村人均纯收入5100元,其中经济作物提供人均纯收入3800元。2006年人均纯收入6177元,大大高于海阳镇平均水平。2007年后,农村产业化大发展,村里成立了农民专业合作社"休宁县盐铺特色专业合作社",菊花协会得到进一步发展,协会会员增加到160人。为配合菊花发展,利用选派干部项目资金4万元,并结合新农村建设专项资金建设了一座菊花保鲜库。2008年,菊花种植面积扩大,达1300多亩,亩产干花250多公斤。农业总产值1400万元,其中,仅菊花一项的收入就有1200万元。菊花收入使得盐铺村2008年人均纯收入增加到10180元。2009年,盐铺全村总产值2154万元,人均收入11000元。随着菊花产业的快速发展,盐铺村2007年获得了"安徽省生态村"称号;2008年获"黄山菊花省级专业示范村"、"省级新农村建设先进村"等称号。

第二节 菊花产业发展现状

菊花茶是由一种菊科植物的花朵烘干加工后的干制品,中医药上为解表药,味甘性平,主要功效有清热解毒、平肝明目、润肺泻火,对风寒头痛、眩晕、目赤、胸闷烦热等症状疗效显著。黄山贡菊由于受黄山特殊自然环境(气候、土壤、日照量等)及加工工艺等因素影响,在全国众多菊花品种中,以其优良的品质和显著的功效,被列为全国四大名菊(徽菊、杭菊、滁菊、亳菊)之首,享有"菊中之冠"、"民族瑰宝"之声誉。因此,以黄山贡菊为原料的菊花茶也成为深受国内外消费者青睐的药用和饮用佳品。

第四章 盐铺村的菊花产业 ○ 中国百村调查丛书·盐铺村

一 盐铺村优越的区位和资源优势

盐铺村拥有小二型水库两座，人工湖一座，是一个以低山丘陵为主的城郊农业村，其土壤含植物有机质丰富，疏松透气性好。优良的自然条件为生产优质菊花提供了保障，也让盐铺成为黄山贡菊的最适宜栽培区。盐铺村自2002年介入黄山脱毒贡菊种植开始，种植面积年年扩张，主要得益于农户有一定的种植、烘干技术和管理能力，项目单位黄山市绿风实业有限公司有种植、示范推广经验和技术力量，同时在技术上还依托了休宁县科技局和安徽农业大学生命科学院进行指导。从技术角度来讲，在黄山贡菊种苗高效繁殖技术体系的基础上，盐铺村根据黄山贡菊所需的生态环境特点及其生长发育和生理生化特性，形成了一整套黄山贡菊良种（两季花）高产优质的栽培模式和技术方案，实现了发展黄山贡菊大面积栽培的新突破。

盐铺的黄山贡菊

二 盐铺脱毒贡菊的种植规模

盐铺村菊花基地拥有30亩黄山贡菊良种（两季花）原种苗扩繁基地（种苗繁殖中心），年扩繁种苗28万株，同时拥有800亩生产示范基地，基地有机菊花的平均亩产为300公斤，年产干花24万公斤，以2006年黄山贡菊产品单价（均价）50.00元/公斤计算，年产值1000万元。如此良好的效益，极大地提高了农民的积极性，2008年全村已有232户种植菊花1300亩，仅此一项人均收入已近万元，参与种植菊花户达到全村总户数的81.1%，90%以上的劳力都积极参与菊花产业发展，2008年已有种植10亩以上大户18户，5亩以上的大户60余户，菊花生产在全村产业中占90%以上。计划到2010年，全村菊花种植面积1500亩，亩年产水平达240公斤以上，总产超过400吨，菊花亩年收入达12000元以上。目前，盐铺村已建成黄山贡菊良种（两季花）人工快繁和种植的示范基地，不仅在种植面积、单位产量上取得了显著增长，而且在产品质量和市场价格、市场竞争力上也得到了大幅度提高。

三 盐铺脱毒贡菊种植的效益和重要意义

1. 产生了显著的经济效益

黄山地处皖南山区，是纯山区县市，经济发展相对滞后，该成果转化培育了龙头企业，不仅发展了黄山贡菊生产，而且为农村剩余劳动力的就业拓宽了路子，带动了3万农民发展种植黄山贡菊6万亩，总收入达3亿元，使种植基地及周边农民人均增收1000元，并大大增加了地方财政收入。

2. 带来了巨大的社会效益

盐铺脱毒贡菊的开发，极大地促进了产业结构调整。山区农民经济来源单一，生活水平低下，黄山是茶叶主产地，茶叶是山区农民的主要经济来源。大力发展黄山贡菊生产，加快农业结构调整，是拓宽农民增收渠道和脱贫致富的有效捷径。通过黄山贡菊良种苗（两季花）组培技术的应用，人工种植黄山贡菊不仅可在大田大地进行，而且可在庭院、房前屋后、山林中间进行，不破坏生态而且还美化并保护了生态环境。有机生产，可减少因大量施用化肥、农药对土壤与环境造成的严重污染。茶菊间作，有利于提高产品质量，防止水土流失，对保护生态环境意义重大。同时，可充分利用农民半年耕种半年闲的闲散时间和部分先富起来的农民的闲散资金。

3. 带来良好的生态效益

随着人民生活水平的提高，"崇尚自然"、"回归自然"成为当今人们普遍追求的新理念，越来越多的人认识和青睐天然药物。国内市场名贵中药的需求迅速增长，全球"中药热"已日渐兴起，其发展非常迅速。脱毒贡菊采用组培高新技术烘培，将科研成果转化为生产力，以产业化的操作模式扩大生产，恢复了黄山贡菊的优良品质，大大满足了人类治病保健对黄山贡菊的需求，实施有机农业技术的综合应用，可大大降低菊花产品的农药残留，提高质量，满足人们健康的需要，对人类治病保健作出了巨大贡献。同时，通过黄山贡菊良种苗（两季花）组培技术应用，进而推广到其他植物，尤其是皖南珍稀药用植物，生态、观赏植物的繁育，是造福人类的德政工程，大大加快了黄山生态示范市的建设进程。

下一步，盐铺村将立足资源优势、区位优势，在大力保护自然生态环境的基础上，坚持市场引导和重点扶持服务，继续大力实施"双培双带"示范，走城郊无公害特色种植发展农村经济的路子，抓住农业综合开发、退耕还林等契机，以特色果蔬基地建设为龙头，轮换种植，互动发展，大面积大规模调整农业产业结构，使盐铺村经济更好更快地发展。

第三节 菊花产业发展之路

盐铺菊花种植从刚开始的设想、试种已经发展成具有地方特色的生态产业。七年来，其成长发展之路并非一帆风顺，从2002年开始，盐铺人摸着石头过河，蹚出了一条菊花路。如今，盐铺的有机菊花种植已成为休宁县的名片。

一 艰难的起步

盐铺村菊花种植的发展过程是曲折的，起步阶段走了不少弯路。盐铺村是一个城郊型农业村，有土地，但长年种植传统产业，产出很低。1999年开始进行农村产业结构调整，从引进试种草莓、藕、茭白、毛豆、中草药开始，有成功有失败，但都没有取得很好的效果。

2002年，在获知休宁县科技局试种黄山脱毒贡菊种植的信息后，村委一班人通过努力争取成为县科技局试种黄山脱毒贡菊种植单位。但是，在谁带头试种的问题上，班子成员展开了讨论，因为种植成败会影响家庭一年的收益，也影响着盐铺村未来的农业经济发展道路。为了更好地掌握技术和经验，为将来推广奠定基础，最后决定由有过创业经验的李讨饭、曹长来、华长来三人试种。试种第一年，只有曹长来的6分地收益3000元，另两人均只保本。在接下来的班子会上，大家讨论了继续种植的利弊，最后决定再试种一年，而且要求所有党员都要试种，因为户数多了，对比性更强。2003年，村"两委"成员7人全部参与试种，共试种面积12亩，因受市场和种植技术影响，效益不是太好。2004年，全村黄山脱毒贡菊种植户18户，种植面积36亩。2005年，全村黄山脱毒贡菊种植户38户，种植面积80亩，年产值70万元，黄山脱毒贡菊的经济效益开始凸显。2006年，全村黄山脱毒贡菊种植户76户，种植面积260亩，年产值394万元；光菊花一项年增加农民收入近3000元。2007年，全村黄山脱毒贡菊种植户232户，种植面积800亩，年产值1200万元，在黄山市率先成为农民人均纯收入超万元的村庄。如今，盐铺村已成为黄山脱毒贡菊的重要产地之一，近三年来，无论菊花市场如何起伏，该村的菊花销售不出村口，菊花种植户坐在家中就有客商上门收购。

二 找准方向，发展菊花特色产业

初步尝到种植菊花带来的甜头之后，盐铺村民决定将菊花当作产业来做强做大。2004年5月，由黄山市市级新农村建设示范村——盐铺村村集体控股村民集资入股组成的"黄山市绿风实业有限公司"成立，注册资金30万元，兴办的初衷是改变盐铺村的村容村貌和增加农民收入，通过"公司+农户"的模式，建设黄山脱毒贡菊生产示范基地项目，力求通过项目建设，进一步促进特色农业的发展，实现山区资源优势向经济优势转变，推动城郊生态型农业的发展。

为了把分散的农民组织起来，采取统一供种、统一供肥、统一供药、统一销售的"四统一"方式发展菊花产业。盐铺村2005年成立了菊花协会，

2007年3月30日成立了"盐铺特色产业农民合作社"，社员近400人。合作社成立第一年，注册了自己的商标，实现了销售收入近15万元，给会员农户返利7万多元。2007年9月10日，盐铺成立了"黄山市休宁县盐铺特种产业专业合作社"，以此带动全村的特种产业黄山贡菊的种植、加工向立体方向发展。

此外，菊花种植需要技术，村里便开展菊花种植技术培训，对种植户进行知识培训、栽培技术培训、采收加工技术培训；成立菊花专业技术服务队和菊花病虫害统防统治专业服务队；全面负责菊花生产的技术指导和技术人才培训，负责菊花病虫害的统防统治；开展菊花常见病虫害防治，对菊花的常见虫害防治和菊花的常见病害防治进行技术培训，并改良菊花烘干技术。

三　打生态牌，走绿色路

1. 休宁县建立千亩无公害黄山贡菊基地

无公害贡菊是选择黄山贡菊中的优质品种，经组织培养而成，种植加工过程完全符合无公害生产要求，属绿色饮品中的佳品。而休宁县得天独厚的自然条件以及多年的种植经验又为无公害贡菊生产提供了良好的生态环境和丰富的实践经验。休宁县科技局在源芳乡九丘村试种成功并在创造了当年种植夏秋两季收花的新技术的基础上（亩产干花150~200公斤），根据市场需求，以源芳乡为依托，建立苗圃基地，向全县辐射，建立千亩无公害贡菊生产基地。

2. 休宁县发布菊花标准

2006年6月15日，休宁县质量技术监督局发布有机黄山菊花生产各项标准。为配合休宁县国家级有机黄山菊花农业标准化示范区建设，切实提高菊花的品质，实现菊花的有机化生产及加工，休宁县质量技术监督局、科技局、黄山市翡翠药业有限公司等单位联合起草的《有机黄山菊花栽培技术规程》（DB341022/T004—2006）、《有机黄山菊花加工技术规程》（DB341022/T005—2006）、《有机黄山菊花》（DB341022/T006—2006）系列标准，通过审定并予以发布实施，这将促使休宁县菊花生产在栽培、加工及产品上有标生产、有标销售，并实现菊花生产的产前、产中、产后的全过程监督。保证菊花无公害生产与加工。为盐铺村的有机菊花生态产业发展提供了标准和保障。

2009年2月5日，盐铺村与安徽庆元堂徽菊有限公司签订协议，共同开发盐铺村有机菊花生产。

第四节 盐铺菊花产业成功之路的经验探讨

梳理盐铺菊花产业发展之路，我们发现，利用区位和地理优势，树立项目意识、品牌意识和市场意识是发展生态产业的根本出路。盐铺村的实践证明，项目意识是农村发展的基石。

一 树立项目意识，破解发展难题

项目是投资的载体，是发展的基础，抓项目就是抓投资、抓发展。从一定程度上说，一个区域的发展速度和综合实力取决于项目意识。国际项目管理协会认为："当今时代，一切都是项目，一切也将成为项目。"经济发展过程中，不管是对外开放、出国考察，还是基础建设、招商引资，最终主体都是企业，载体是项目。

盐铺村发展特色产业如此成功，其根本原因就在于其树立了项目意识。2006年，村里的菊花种植已经达到一定规模，农民积极性高涨，要想进一步扩大生产就必须要形成产业化。但是，光靠农民手头的资金，要想发展产业化是远远不够的，资金不足成了发展的拦路虎。事实上，每个地方的经济发展在初期大都要经历缺乏资金的困境。那么，如何立足本地优势、抓住机会，突破经济发展瓶颈就成了每个地方的头等难题。以我们之前做过调查的老洪村为例，他们正是利用了自身的区位优势，把土地资源变为资本，兴办科技园，既吸引了资金，又带来了技术。而盐铺人成功打造菊花生态产业的秘诀就在于他们抓住了机会，及时正确地意识到了项目的重要性，从而成功地把"泥土变成黄金"。

盐铺村地理上位于东经117°39′~118°26′，北纬29°24′~30°02′，年平均气温16.2℃，无霜期231天，平均降雨1613.7毫米，年日照时数1931小时，日照百分率44%，具有典型的亚热带常绿阔叶林、红壤、黄壤地带自然特征，偏酸性，pH值为5.5~6.7，土壤含植物有机质丰富，疏松透气性好，

第四章 盐铺村的菊花产业

是黄山贡菊的最适宜栽培区。

盐铺村自2002年开始种植菊花,2005年作为黄山市翡翠绿茶有限公司承担"黄山贡菊良种(两季花)的推广应用及其产业化项目"的基地获得成功,在安徽农业大学生命科学院专家的指导下,菊花种植发展速度很快。

2006年,盐铺人自己建立了"黄山脱毒贡菊生产示范基地项目",结合区域经济,通过采用组织培养技术从黄山贡菊传统品种优良植株中选育出的具有两季开花、花期长、抗病能力强、产量高的优良品种,以此解决黄山贡菊发病率高、产量低等问题,并通过组培快繁技术的应用,达到生产产量高、质量好、花色纯正的绿色药材生产的目的。商品干花经我国权威机构检测,符合绿色无公害食品的标准。项目采用组培高新技术除去植株体内各种病毒,将科研成果转化为生产力,以产业化的操作模式扩大生产。2007年10月,盐铺800亩黄山脱毒贡菊基地通过国家农业标准化委员会的验收,成为国家级有机黄山菊花标准化示范基地。

2007年,盐铺村申请了"盐铺村菊花保鲜库项目"。开工建设黄山贡菊加工中心800平方米,其中包括加工生产线、生产车间、仓库、质检办公楼等配套设施;设备购置并完成安装调试和进行人员培训。生产加工过程中,产品严禁与铅、油漆等接触,机械设备采用不锈钢制品和木竹制品,减少人为污染。同时,建容积为200立方米的菊花保鲜库一座,以达到保鲜增值的目的。

2008年,申请并新建"有机黄山菊花标准化示范区基础设施项目",在示范区内新建宽3米机耕路1.5公里,排水渠2000米,挖填土方6250立方米,浆砌石方720立方米,砼浇筑460立方米,共铺设涵管道11节,其中管径0.8米的9节,管径0.4米的24节。项目建成后改善生产灌溉面积1000亩,同时大大提高了有机黄山菊花标准化示范区的进程。

随着菊花产业的进一步扩大,村庄面貌在不断变化,农民生活水平也在不断提高。但是,由于资金有限、投入不足,村庄的环境问题日益突出,群众对饮用水、畜禽养殖、生产生活污水、垃圾等环境问题反映强烈,而盐铺村作为休宁县自来水厂的取水点,肩负全县城区8万多人口的饮用水安全,因此该村的环境治理工作迫在眉睫。2008年,为解决盐铺村的环境污染问题,海阳镇在盐铺村实施"农村环保资金项目"。该项目总投资248.48万元,其中申请专项环保资金99.4万元,地方政府配套资金59.63万元,自筹资金89.45万元。

2009年,盐铺村又申报实施"一村一品特色产业项目"。通过项目建设,使盐铺村黄山菊花种植面积达到1400亩,菊花种植户达到100%,菊花主导产业收入达到1650万元,菊花产业人均收入15000元,菊花产业人均纯收入占全村人均纯收入的87.3%,实现了人均纯收入年增长20%的目标。建立黄山贡菊良种(两季花)种苗提纯复壮基地30亩,以保持一茬二季菊花的种性和抗病虫害的能力,按照《黄山菊花栽培技术规程》的要求,年繁育种苗28万株。

通过这一个又一个项目的申请实施,盐铺人逐步走出了一条菊花产业发展之路。项目意识不仅为他们争取到了钱,解决了资金问题,同时还带来了技术,培养造就了一批技术人才,解决了发展的后顾之忧。例如,菊花的烘干过去主要采用燃烧柴木,据统计,每亩菊花烘干要耗费柴木500公斤左右,仅盐铺村一年就要烧掉280万公斤柴木,由于柴木市场的大量需求,致使周围百姓大面积砍伐木材,而烧烘菊花最好的燃料就是直径10公分左右的杂木,对生态环境造成了难以估量的损失。2007年,徽州区农机局技术干部历时三个月,成功研制出以电为燃料、温度及湿度由电路系统控制的新型菊花烘干机,该机比原有的老式菊花烘干机在经济性、安全性、可操控性等方面都有显著的提高,新型烘干机推广使用后每年在徽州区就可减少120万公斤干柴用于菊花烘干,同时减少了火灾隐患,对山区安全生产以及建设生态大区、旅游大市都将起到积极的促进作用。这种6JDH型新型菊花烘干机采用热风内循环横向水平换向技术,以电为能源,温度及湿度由电路系统自动控制,在节能、环保及安全方面均有很大的提高,每公斤干菊花烘制成本在5元以内,大大降低了生产加工成本。

二 树立品牌意识,打造强势品牌

项目意识给盐铺人带来的不仅是菊花生态产业的发展,还让他们意识到了品牌的重要性。他们在打造菊花产业的同时,也做足了菊花的文化,培育了品牌意识,打造了自己的菊花品牌。加强菊花基地认证、无公害产品认证及盐铺菊花品牌注册宣传工作，以最短的时间打出品牌。

所谓品牌意识就是指一个企业对品牌和品牌建设的基本理念，它是一个企业的品牌价值观、品牌资源观、品牌权益观、品牌竞争观、品牌发展观、品牌战略观和品牌建设观的综合反映。林思·阿普认为，当一个企业非常清楚地知道"他的企业、他的产品和所提供的服务在市场上、在消费者中间的影响力，以及这种影响力所造成的认知度、忠诚度和联想度，并能够采取适当的战略将品牌融入消费者和潜在消费者的生活过程"时，他也就在一定的意义上培育了自己的品牌意识。品牌意识为企业制定品牌战略、铸就强势品牌提供了坚实的理性基础，成为现代竞争经济中引领企业制胜的战略性意识。

品牌是产品的内在质量和外在特征的综合反映，通过行销与广告在市场和消费者心目中所建立的产品形象与性格。"季秋之月，菊有黄华"，这是《礼记·月令》中出现的关于菊花的描述。作为人性气节的象征，菊花的高洁一直为中国人所推崇，被颂为"四君子"之一。"朝饮木兰之坠露兮，夕餐秋菊之落英。"自屈原后，菊花更是象征着一种生活方式，一种文化的品味。

长期以来由于徽菊种植、加工和经营粗放，质量不稳定和品牌未形成等原因，造成徽菊市场价格波动、农民增收不稳定。为改变这种状况，2009年1月，首家以生产、加工和销售为一体的有机徽菊产业化龙头企业——安徽省庆元堂徽菊有限公司在休宁县成立。该公司投资600万元，在盐铺、南塘建立400亩有机徽菊种植示范基地，新建1500平方米的加工车间和保鲜仓库，积极开展"IMO"、"QS"和"无公害"等质量体系认证，通过打造"庆元堂"品牌，推出高中低档有机徽菊系列产品，以品牌拓展市场，努力把菊花产业做大做强。采取"公司+基地+农户"的形式，通过科技创新和产供销一体化，带动休宁县菊花生产向有机化、规模化和产业化方向发展。

据介绍，"庆元堂"为百年老字号，其名称的由来与当年休宁的状元毕沅大有关系。据说毕沅（清乾隆二十五年，1760年）会试前染有眼疾，饮用了庆元堂徽菊后治愈，并高中状元，故而为该商号取名为"庆元堂"。一杯徽菊中颇含有一份状元情，也蕴含一份文化韵味。

其后，庆元堂的经营者因故离开北京回到了徽州，但是依然从事徽菊事业。庆元堂徽菊有限公司在打造有机徽菊的同时，极力挖掘庆元堂徽菊的文化内涵。目前,已经开发出系列的徽菊饮品;针对不同年龄层次、不同性别人群开发适合不同口味的徽菊,新近上市的女性包装产品颇受市场青睐;结合休宁县状元文化,该公司挖掘庆元堂的状元故事,并运用状元精神塑造徽菊品牌,目前庆元堂的徽菊已经成为国内第一家通过有机认证的徽菊产品。

2009年2月5日,盐铺村与安徽庆元堂徽菊有限公司签订协议,共同开发盐铺村菊花,对盐铺村菊花进行扩大规模和深加工,拟建一个200亩左右的菊花示范基地和1500平方米的菊花深加工厂房,8月完工。该项目的实施将实现菊花产、供、销一条龙,为休宁县菊花生产开辟一条新路子。

品牌集中展示了企业的竞争优势,同时又是企业扩展声誉、创造顾客资产的基础。企业拥有品牌,突出其区别于或领先于竞争对手的品质。对企业来说,品牌意识奠定了竞争理念的基础。为进一步加强品牌意识,2009年4月16日,休宁县庆元堂徽菊农民专业合作社成立。以农民为主体,按照自愿、民主、平等、互利原则,自主经营、自负盈亏、自我服务、民主管理、合作经营,使"庆元堂"的品牌意识深入到每一个生产农户,带动了产品质量的提升,使产品更具竞争性,从整体上提高了有机黄山菊花的品质,增加了产品的附加值。

我国许多著名企业如"格力"、"联想"、"娃哈哈"、"乐百氏"等都是依靠创造卓越品牌而成长发展起来的典型模式。这些企业从培育品牌意识开始,到创造出有竞争力的品牌,依靠强势品牌的支撑,迈入了辉煌发展的道路。前面提到的老洪村,也是通过调整农业产业结构,促使无公害蔬菜、规模养殖成为特色农业,在不断发展中打造了"老洪村"的品牌形象。

2007年,清华大学的博士田雨润来到休宁县任副县长一职,将盐铺的菊花茶首次引进清华大学。如今,"庆元堂"已成为国内菊花产品的一个重要品牌。暮春时节,让秋菊绽放,实是人生一大快事。"东篱同坐尝花筵,一片琼霜入口鲜",和菊花注定了千年之约。全体庆元堂人不断创新,把徽菊做成了一种健康、一种艺术、一种信念。

三 树立市场意识,推进持续发展

盐铺人打造的"庆元堂"菊花品牌,不仅提高了产品的知名度,更给菊花打开了市场。品牌的发展也培养了盐铺人的市场意识。市场意识，简言之就是按市场需求变化谋生产，按市场经济规律谋发展的意识。通过市场检验文化产品的质量，通过市场树立产品形象，通过市场达到促进与交流。同时，我们所说的市场应当是良性的市场，是有监管的市场，是有序的市场。市场的最终目的，是为消费者服务，通过为消费者服务取得自身的利益，而不是牟取暴利。

黄山菊花不仅是常用中药材，还是较常用的茶饮料。除供临床处方调配外，还是许多中成药的重要原料，据统计，以菊花为原料的中成药有近30种。黄山菊花因生态环境、土壤、气候等自然因素作用而成为地方特色品种，又因其药用功效和保健作用明显，是药用和保健饮用"两用产品"。黄山菊花以其显著的护肝明目、润肺泻火、调节机体功能、增强人体免疫力等功效备受人们青睐，常以菊花替代茶叶饮用。由此可见，黄山菊花发展潜力之大。据现代医疗报道：徽菊富含菊甙，腺嘌呤，氨基酸，胆碱，水苏碱，黄酮类及微量的维生素 A1、B1，国内外营养专家认为，菊花有增强体力、抗衰老功能，能改善人体新陈代谢，解除疲劳，预防各种疾病以及养颜作用。根据最新研究成果表明：常饮徽菊，还可以起到预防癌症，降低患癌几率的作用。盐铺人正是看到了菊花的市场需求来谋求发展之路的。

盐铺村建有"国家级有机黄山菊花标准化示范区"，生产有机徽菊。所谓有机徽菊，是以采自颁证的有机菊园之菊花为原料，按照有机徽菊栽培技术规程所种植的徽菊新鲜头状花序，以采摘、摊晾等传统工艺加工而成。无污染、无公害、有机生产是市场对菊花产品的终极要求。盐铺人通过有机菊花的生产，顺应了市场的要求，使菊花产业正朝着可持续发展的方向迈进。

目前，全国年菊花产量约8000吨，其中有机菊花约占15%，而国内市场有机菊花需求量超10000吨，日本、韩国、新加坡等东南亚国家需求量预计达3000吨（2003年就有一位韩国商人前来订购有机菊花30吨）。可见，盐铺人不仅要有国内市场意识，还要树立国际市场意识。不断更新理念，把有机菊花的生产、加工、销售与品牌的宣传、推广结合起来，利用区位和地理优势，继续学习与运用现代项目管理理念、工具和方法，提高宏观的决策能力和项目管理的执行能力，这是盐铺村科学发展的前提和保障。

第五章　盐铺村的生态建设

第一节　盐铺村的生态建设概述

中国是一个农业大国，全国 13 亿人口有 9 亿在农村，这给农村能源利用和脆弱的生态环境带来了巨大的压力。经济发达地区的农村更需要做好生态环境建设，处理好发展与污染的关系，从而避免发展后再治理的恶性循环。盐铺村是安徽省 20 世纪 90 年代建立的一个生态村，在多年的发展中，盐铺村经济总量和农民收入在逐年增加，可它的生态环境并没有因为经济的发展而恶化。

一　盐铺村生态建设的背景分析

首先，安徽省率先提出建设"生态农村"是盐铺村生态建设的开始。安徽省是实行家庭联产承包责任制较早的省份，随着农村经济的发展和农民素质的逐步提高，广大农民在传统农业生产的基础上，自发地开始了科学种田的尝试，早在二十世纪八十年代就创建了一批生态农业典型。省环保局进行广泛调研，及时总结经验，发现了老龙窝、杜楼、魏楼等一些村庄，它们按照自然规律发展农业，农村生态环境得到改善，农民的经济收入也得到增加。同时，我们借鉴国外生态农场的成功经验，在全国率先提出建设"生态农村"的思路，并制订了生态农村建设 11 项指标。

为了加强农村环境保护工作，1985 年省城乡建设环境保护厅、省农业厅联合召开全省农业环境保护工作会议，要求在全省有选择地建设生态县、生态区、生态乡、生态村、生态户和生态农场、生态林场、生态牧场、生态渔场。为深化生态农村的建设，1996年省环保局在生态村建设11项指标的基础上，制定了安徽省生态村试行标准，进行了生态村建设的广泛宣传和推动。

"八五"期间，国家计委、农业部、国家环保总局等7个部委联合组织开展了全国50个生态农业县的试点建设，全椒、歙县和颖上三县被批准为全国生态农业建设试点县。"九五"期间，省农业部门先后在全省又建立了桐城、宁国等10个省级生态农业县建设试点。生态村建设还纳入了全省"九五"环保规划和"碧水蓝天"工程计划，制定并实施了"123"生态村建设工程，即在全省建设100个省级生态村、200个市级生态村和300个县级生态村试点。

其次，盐铺村成为安徽省的生态村之一。各级政府高度重视发展生态农业和生态村建设工作，从省到市、县都开展了农业生态建设和保护规划，调整农村产业结构，改变了单一的农业种植模式，做到农林牧副渔全面发展。至20世纪90年代，全省已培育出休宁县海阳镇盐铺村等多个生态村、生态农户以及亳州谯城区、涡阳县2个生态县典型。省环保部门组织编制了蒋庄村、太仓村和小张庄三个生态村建设发展规划，并对小张庄生态村建设经验进行总结，从理论上对生态村的结构和功能进行研究，为全省生态村建设试点提供了科学依据。多数生态村按照典型引路、科学规划的要求，科学种田，取得了显著的经济效益和环境效益。

二 盐铺村的生态建设现状

（一）生态村庄建设

随着城镇现代化步伐的加快，我国村镇的规模也迅速扩大。村镇规模的扩张，一方面加大了非耕用地比例，使得人均耕地面积进一步缩小；另一方面，使村镇整体规划及基础设施建设等相关问题凸显出来。人均耕地面积的缩小，势必使农民对耕地单位面积的产量有更高的追求，而我国现有农业技术水平又十分有限，这就会在一定程度上加剧上述农业种植中的化学污染程度。与村镇发展配套的基础设施建设和管理机制也比较落后，使得"脏乱差"现象在很多村镇中仍十分普遍，村镇周围的生态环境质量也持续恶化。

针对农村经济发展中出现的这些生态问题，盐铺村利用离城区近的便利，参照城镇固体废弃物处理方式，实施固体废弃物集中处理。采用因地制宜的原则在农户集居地和主要路口建固定垃圾池，聘用了两名专职卫生保洁员，并专门聘请了一名垃圾运输工，把垃圾集中运到城区统一处理。在污水处理上，分成两部分进行。老村庄内排水管网已经形成，主排水渠4000米，利用引夹溪河水入村，生产和生活污水排放有序；农民新村建设上，安排了农村生活污水处理工程。利用现有的竹园、空地兴建了一处农民健身、休闲娱乐公园，面积达500平方米。

盐铺村在清洁卫生能源的使用上，抓住沼气池国债项目实施之际，大力进行"一池三改"建设，即沼气池与改厨、改厕、改圈相结合。目前，全村已建设沼气池200口，配套改厕100余座，使用情况良好。利用沼渣沼液种植菊花，既降低了农残，提高了菊花品质，又增加了产量，实现了一举三得。同时禁止使用禁用化学品、有毒农药，全面推行农家肥、沼气肥、厩肥等有机肥料，使长期以来的农药残留得到了有效控制，为建设高效生态农业创造了条件，为开发绿色无公害食品打下了基础。沼气建设不仅节约了煤炭、薪柴等传统能源消耗，促进了种植业和养殖业的发展，增加了农户收入，而且改良了土壤，减少了气体污染和废水的排放，一定程度地改善了农村生态环境。发展沼气是减少农业面源污染的重要途径。在农业生产中，农业投入品特别是化肥、农药的不合理施用和畜禽粪便的不科学处理，是造成农业面源污染的主要原因。农村沼气建设能有效地保护生态环境。通过沼气生态建设，农户用上了清洁、高效的可再生能源，在一定程度上减少了对森林、植被的破坏，减轻了 CO_2、SO_2 等燃烧产物对环境的污染，减少了水土流失，有效地支持了"一退三还"政策和"天保工程"。农村沼气建设可以改善农村环境卫生质量。农村沼气建设，改善了过去农村"脏、乱、差"的现象，解决了畜禽粪便任意堆放，蚊蝇乱飞的状况。同时，由于沼气的使用，家家户户的柴火垛小了，日常炊事也不再受烟熏火燎之苦，居室、厨房和庭院整洁了，农村环境卫生条件得到了明显改善。通过发展沼气，加快了环境生态建设及良好生态恢复，是一项投资少、见效快，且具有多重作用的绿色工程。沼气技术的推广与广泛应用，必将促使安徽省农村的"天更蓝、云更白、水更清、山更绿，人与自然更和谐"，对保护和改善农村生态环境具有重要意义。

（二）生态产业建设

粗放型的资源开发方式导致农村生态环境恶化。粗放型的资源开发，导致乱开、乱采、乱挖、随意丢弃等现象屡禁不止，不仅造成了农业资源的极大浪费，导致资源匮乏和枯竭，更破坏了农村生态环境的平衡，阻碍了社会主义新农村的可持续发展。盐铺村转变资源开发方式，发展生态产业，既保护了生态，又提高了农民的收入，转变了农民的生态意识，反过来又促进了村生态建设，进入良性循环状态。生态农村作为一个复合生态系统，具有经济、社会、环境等多方面的功能。适合农村发展的生态产业主要包括：生态农业、生态旅游、生态工业等。

1. 发展脱毒菊花产业，转变农业生产方式，为盐铺村的生态建设打好经济基础

盐铺村位于中国第一状元县——休宁县城西郊，隶属海阳镇，共有6个村民小组，290户，1090人。全村耕地1876亩，其中水田1256亩，原来一直是以传统种植为主的农业村。自"十五"以来，在市、县、镇三级领导的支持下，在村党支部的带领下，全村进行农业结构调整，大力发展城郊农业。近年来，为提高农民收入，盐铺村"两委"立足资源优势、区位优势，在大力保护自然生态环境的基础上始终坚持市场引导和重点扶持服务，大力实施"双培双带"示范，切实走城郊无公害特色种植发展农村经济的路子，变生态优势为经济优势。

盐铺村发展生态产业的同时，采取多种有效方式，合理利用和保护土地资源。盐铺村通过召开村"两委"会、村组干部会、村民大会，认真学习、大力宣传、切实贯彻执行《土地法》、《森林法》、《防洪法》、《水土保持法》、《野生动植物保护法》、《环保法》等，结合村情制订切实可行的村规民约，实施全面封山、河段封禁、退耕还林，设立基本农田保护区，严禁乱砍滥猎、违法侵占土地、乱排滥采等违法现象。村内宜林地绿化达到95%以上，林被覆盖率达到65%以上，河流畅通，水库蓄水稳定，农用灌溉保证率达100%。该村土地利用有规划、用地结构合理，基本农田有机肥施用量符合有机质平衡要求，土壤肥力不断增强，没有破坏性掘土、采石、开矿现象。同时合理利用和保护水资源，通过大力植树造林、防止水土流失、排污无公害处理，有效地保障县城自来水厂采水符合国家卫生标准，无人畜饮水困难现象。

2. 三大板块八大功能区的盐铺生态农庄建设

盐铺村应用生态学原理寻求区域经济社会的核心优势，依据资源禀赋理论，根据不同县区、乡镇的现有基础、自然禀赋，发展特色农业，形成不同类别的农产品生产基地、生产区、生产带等特色产业"板块"不同的生态位，建立了生态农庄项目。

发展生态农业，从市场效益上看，可以生产高品质的绿色农产品，满足市场对绿色农产品的需求，提高农业生产利润，促进当地经济发展；从成本效益上看，生态农业生产减少农药化肥的使用，保持土壤肥力，循环利用资源，降低生产成本，增加经济收益；从生态效益上看，发展生态旅游，可以在保护生态环境不被破坏的基础上增加农民收入。农村生态旅游可以充分利用乡村特有的自然和人文风貌吸引游客，投资少，回报高。绿色环保的农产品加工业，充分利用生物能、太阳能，减少化石燃料的使用，降低生产成本和废物处理成本，生产产品质量好，市场价格高，能够带来较高的收益，同时，吸引农村劳动力就业，提高农业生产效率，使利益惠及更多农民。

（三）政治生态建设

1. 盐铺村一直重视民主建设，政治生态建设也很有特色

民主是政治文明发展的主要推动力，没有民主做基础的政治只能是专制，只有在民主的基础上才有可能建设政治文明。同样，也只有在民主的基础上才能更好地建设政治生态环境。因为通过民主，社会成员的诉求得到了充分的反映，决策机构在进行决策时就能更好地体现民意，社会成员的思维活跃、心情舒畅，政治生态环境必然得到优化。一是民主选举。1998年12月20日至1999年3月30日，盐铺村进行了村委会组织法正式颁布实施后的首次选举（即第四届村委会换届选举）。盐铺村在此次选举中严格依照全县第四届村委会统一换届选举工作的意见要求，选举出了两位对盐铺村今后发展起决定性作用的村干部，即主任李讨饭和副主任曹长来。从第五届村级组织换届开始，村委会换届开始公开"海选"：候选人由选民直接提名产生，实行差额、无记名、公开投票，由村民直接进行选举。村委会换届完成后，村党组织换届开始施行"两推一选"，逐步建立健全民主选举工作新机制。二是民主决策。近年来，盐铺村制定了"盐铺村重要事务的决策程序和管理

办法",健全完善以村民会议和村民代表会议为核心的村民民主决策机制,在涉及村民利益和经济发展等事情上,由村民委员会提出方案,经村党组织研究同意后,提交村民会议或村民代表会议讨论决定。以民主决策菊花种植为例,盐铺村"两委"在认真分析村情的基础上,找准盐铺村发展的出路在于将资源优势和区位优势相结合,大力发展菊花种植。为此,村"两委"一班人在充分试种获得第一手情况的基础上,召开村民代表会议讨论是否在全村推广。民主决策乡村旅游开发是又一成功事例。2005年4月,村"两委"积极响应县委、县政府打造乡村旅游休闲福地的号召,通过民主决策,采取村民集资入股、村集体控股的形式成立黄山市绿风实业有限公司,着手建设集旅游、餐饮、住宿、垂钓于一体的盐铺生态农庄项目。三是民主监督。实行村委会工作报告和民主评议村干部制度。盐铺村每季度通过召开村民代表大会或村民议事会的形式,由群众或村民代表按满意不满意对村"两委"所办事项进行综合评议,凡是能办的事,评议结果满意率达不到80%以上的限期重办,直至群众满意;不能办的事,由村负责同志给予解答,说明原因。每年年终由村委会向村民代表和村"两委"联席会议报告工作,接受群众监督。

2. 盐铺村的党风廉政建设

影响政治生态环境建设的因素是多种多样的。既有国际的原因,也有国内的原因;既有传统文化中消极因素的影响,也有现实实践中遇到的新的课题;既有个体主观的因素,也有制度设计不完善所导致缺位带来的影响。这些因素的存在都是客观的,也是难以避免的。但是,如何发挥积极因素的作用,限制或降低消极因素的作用,对于政治生态环境建设成效影响甚大。

为切实加强对村"两委"成员及党员干部的廉洁自律教育,近年来,盐铺村认真学习贯彻执行《中国共产党党内监督条例(试行)》和《中国共产党纪律处分条例》。把贯彻执行两个条例作为当前和今后一个时期的重要政治任务。首先,进一步健全制度。盐铺村按照廉政工作的需求,进一步健全党员干部廉洁自律制度、村务党务公开制度、村民质询会议制度、村级民主决策制度等,规范村干部的行为,推动村内制度监督工作有序开展。其次,建立党风廉政建设宣传栏,全面公开党务、村务,定期登载廉政时事、先进事迹等廉政信息,方便党员干部群众了解反腐倡廉形势和基本知识。同时还建立了"廉政教育活动室"。最后,加强廉政督察。按照民主决策、依法行政的要求,进一步健全服务公开制度,严格控制招待费用,减少不必要的应酬,坚持民主集中制原则,重大事项由村"两委"会议集体研究决定,自觉接受村民评议和监督,使党员干部廉洁从政意识得到进一步增强。盐铺村党风廉政建设和反腐败工作始终突出加强教育、强化阵地建设、建章立制、自查自纠,使党风廉政建设责任制得到进一步贯彻和落实。通过廉政文化建设,干群关系得到进一步密切,广大党员干部工作积极性得到进一步提高,但离上级的要求还有一定差距。只有进一步加强党风廉政建设和反腐败工作,充分认识新时期做好反腐倡廉工作的长期性和艰巨性,时刻保持清醒的头脑,掌握工作主动权,才能把盐铺村反腐倡廉工作不断引向深入,让廉政文化建设在新农村建设工作中发挥更大作用。

(四) 人才生态建设

1. "双高双强"型优秀人才组建盐铺村"两委"

当前,不仅需要依托产业发展对农民开展农业实用技术培训和职业技能培训,同时要建立与新农村建设相适应的农村人才生态,扩大"有文化、懂技术、会经营"的新型农民群体和智能型村"两委"班子,为推进农村产业结构调整,加快农业产业化进程,增加农民收入提供智力支持和人才保障。盐铺村充分发扬民主,根据群众意愿,把那些政治素质高、群众威信高、带头致富能力强、带领群众共同致富能力强的"双高双强"型优秀人才选进村"两委",当前村"两委"8名成员中,包括30岁左右的年轻干部4名,有技术专长的5名。村干部的平均年龄由原来的53岁下降到40岁。1998年3月,在村委会换届选举中,曹长来被选为村委会委员;1999年2月,曹长来因农村工作能力突出又被推选为村副主任,2003年3月起担任村委会主任。如果说获得众多荣誉的、大名鼎鼎的村支部书记李讨饭是红花,曹长来则像绿叶一样默默无闻地奉献着。他着眼于长远,2002年,利用村级换届的契机,将年轻同志推到组长位置。他还从村情出发,健全了村级配套组织,制定了一整套村"两委"工作制度。对村"两委"明确分工,责任到人,实行工作包组制。几年来,由于调解、帮教、联防等工作都能在第一时间到位,成效特别明显,盐铺成为全县信访综治工作的示范点。

2. 积极培养专业型、知识型人才

盐铺村的职业教育和大学生村干部培养,改变了农村人才的知识结构、

年龄结构、技能结构、就业结构及农村人才生存的内外部环境。随着我国新农村建设的推进、传统农业向现代农业的转变，基层农技推广人员、现代农民、农村经纪人、现代农业管理人员、现代农村经营人员等一批农村实用型人才在示范、推广农业技术，引导农业结构调整，带动农民增收致富，推进新农村建设等方面开始发挥积极的作用，并成为推进传统农业向现代农业的转变、推进新农村建设、推进农村文明、带动农民收入持续增长的重要力量。

20世纪90年代，盐铺村同全县其他农村一样，办起了农民技术学校，由全日制小学的教师出任"扫除青壮年文盲提高班"指导员，负责提高农民的文化知识水平，同时由农技校出面聘请县农技人员对村民进行种植业和养殖业的专项技术指导。培训的形式多种多样，或讲座，或田间示范，或组织人员外出参观，或发资料，或看光碟，致力于让每位农民（至少每户有一人）都能掌握一门技术，靠自己的勤劳实现致富梦想。盐铺村农技校自2000年以来，开展技术培训70余次，培训人员1000余人，发放各种农技资料3000余份，内容延伸到文明、安全、卫生、健康教育等领域。同时开展计算机培训，让农民自己上网查资料，按需搜取信息。如今盐铺村不仅在种植业领域走在全县的前列，养殖业、旅游业、乡村企业等各方面也在不断发展壮大。

调查问卷显示，盐铺村从未接受过教育即教育年限为0年的有51人，占有效总体的6.3%；教育年限超过0年但不足5年的，即未完成小学教育的有45人，占有效总体的5.5%；教育年限在5~8年之间的，即完成小学教育，但未完成初中教育的有358人，占有效总体的43.9%；教育年限在8~11年之间的，即初中毕业，但未完成高中教育的有249人，占有效总体的30.5%；教育年限为11年的有8人，即刚好完成高中教育的人占有效总体的1%；教育年限超过11年的，即接受中高等教育的有86人，占有效总体的10.5%。其中，回答者的受教育年限的情况是，从未接受过学校教育的有12人，占回答者有效总体的4.3%；接受0~5年教育的有44人，占回答者有效总体的15.9%；接受5~8年教育的有157人，占回答者有效总体的56.9%；接受8~12年教育的有63人，占回答者有效总体的22.8%。

3. 引进大学生村干部，构建多层次的农村人才生态

从2008年开始，中央组织部等有关部门决定，用5年时间选聘10万名

高校毕业生到村任职，这对加快推进新农村建设具有深远意义。王文静，盐铺村书记助理，2008年来到盐铺村任大学生村干部，为盐铺村发展增添了新的力量。客观而言，随着农民工大量涌入城市，农村青年的流失在某种程度上加剧了农村人才的断档，在这样的社会背景下，构筑多层次农村人才生态可谓当务之急。大学生进村任职，是农村人才开发的方向之一。新时期的"知识青年到农村去"，不仅是年轻人深刻认识和理解社会的上佳途径，而且对于急需引进先进理念的农村而言，年轻的大学生也无疑是激活农村经济社会生活的生力军。从长远来看，仅通过人才的合理流动来构架中高端农村人才网络并不现实。关注农村人才生态，需要从源头上重视乡土人才的培养。农村的"土专家"作为农村人才队伍的领头羊，他们发挥着示范、辐射作用，为农村经济的发展提供了坚强有力的人才支撑。

（五）文化生态建设

随着我国工业化和城市化的不断推进，城市的现代文明也不断地向农村蔓延，农村传统文化的生存空间越来越小。在这种情况下，我们的惯性思维也开始发生作用，将传统与现代对立起来，将传统赋之于愚昧、野蛮、保守、封闭等意义，而对现代则赋之于文明、开放、豁达、民主等积极的意义。农村文化建设包括正确处理农村文化与农村政治、经济、社会等之间的关系，农村文化内部各要素之间的关系，继承与创新之间的关系。只有通过社会化主体的培育提高农民的社会化程度，使农民获得现代性，完成传统农民到现代农民的身份转变，才能最终达到彻底改造贫困文化的目的。

1. 盐铺村的状元文化背景

休宁县从宋嘉定十年（1217年）到清光绪六年（1880年）间，本籍和寄籍的状元计有19位，被誉为"中国第一状元县"。中国状元博物馆除收藏有大量反映"状元文化"、科举制度相关的文物外，还收藏有许多珍贵的陶器、瓷器，古徽州名士墨客字画书法手卷，历史珍贵图书，珍贵革命文物等。博物馆从文化的视角通过文物、图片、模型、雕塑、景观、文字等多种形式对"状元文化"进行全面展示。中国状元博物馆现已成为黄山市新的文化旅游观光区。

2. 盐铺村的民俗文化

发掘民俗文化资源，是推进盐铺村和谐文化建设的基础。有了深厚的传统文化基础,我们才能在新技术引发的社会巨变中感到精神有所寄托与慰藉,才能在这个思想大活跃、观念大碰撞、文化大交融的时代找到自己的位置。盐铺村为发展乡村旅游,打造中国乡村旅游福地,专门聘请专家就盐铺村地名的由来和发展历史进行了挖掘整理。在广泛深入走访调查的基础上,认真分析民俗文化资源的内在价值,运用文字、录音、录像等手段,进行真实全面的记录。从某种程度上说,传统文化构成了我们当前文化生态的根基,根深才能叶茂。

3. 推进民俗文化产业

创造性地利用传统文化资源,它就可以成为资产和生产力,能够产生良好的经济效益和社会效益,实现经济、社会、文化三位一体的良性发展。盐铺村徽州古山越民俗风情园项目就是在现有的生态环境基础上,深入挖掘和展现古徽州的非物质文化遗产,如山越人原始的生产生活方式及古徽州民俗风情表演等,同时举办目连戏、傩舞、得胜鼓、跳钟馗等民间戏曲和烘黄山贡菊、酿五城米酒、制五城茶干等徽州民间手工艺展示。以现做现卖地方特色小吃的方式让游客既饱口福又饱眼福,通过表演引导游客互动参与,充分体验一次从原始山越民族风情到近代徽州民俗的历史文化穿越,把传统饮食、传统工艺等物质文化与民歌民谣、民间故事、民间娱乐等非物质文化和发展旅游事业、壮大工艺品行业结合起来,推进民俗文化产业发展。

4. 盐铺村的文化遗产保护措施

第一,村委会成立文化遗产保护组织,对本村域内古桥、古塔、古建筑、古坟等文化遗产造册登记管理。第二,因自然原因发现地下文物,发现人必须立即报告县文物管理所,由县文物管理所按国家有关规定处理。第三,因自然或者人为原因构成文物灭失或者损毁危险的,应及时报海阳镇人民政府,由海阳镇人民政府及时组织有关部门进行抢救。第四,在划定的地下文物埋藏区域内擅自挖掘和进行工程建设,应及时报县文物管理所,由县文物管理所责令其立即停止挖掘和工程施工,限期恢复原状。第五,对本村域内古建筑、古桥、古坟等,任何人不得破坏,村委会有权在县文物管理所的指导下对其进行维修和保护。第六,对在本村域内从事文物古玩买卖的人员,村委会有权对其收购的文物进行核查,对违反国家有关文物管理条例的，村委会应报告县文物管理所进行处理。第七，对本村域内古建筑、古桥、古坟等，全体村民有责任对其进行保护，如发现有人为破坏，应及时制止并报告村委会。第八，本措施希望全体村民共同维护和遵守。

第二节 盐铺村生态农村建设主要做法及成效

一 抓班子，发挥党支部核心作用

"打铁还要自身硬"，村"两委"在全国劳模、支部书记李讨饭带领下，以身作则、率先垂范，以人格的力量打动人、感染人、引导人。村集体的工程项目承包等经济活动，从不让村干部的家人和亲属沾边，做到"身边清"。2005 年，盐铺村投资 50 余万元新建了村"两委"办公大楼，建立了规范的党员活动室，并配齐了党员电教设备。同时不断加强"三会一课"等制度的贯彻落实，并结合村情制定了"两委"班子成员与普通党员、党员与困难群众等结对帮扶制度。通过加强后备干部建设，将靠得住、文化高、能力强的优秀青年作为后备干部积极培养。目前村"两委"8 名成员中，30 岁左右的年轻干部 4 名，有技术专长的 5 名，平均年龄由原来的 53 岁下降到 40 岁，班子的战斗力、凝聚力大为增强。

二 抓发展，实现生态为经济服务

村"两委"结合本村地理位置、自然环境等特点，积极谋划，制定了村集体经济发展的两条主线，以生态农庄为龙头，带动农户参与，大力发展乡村旅游；以菊花种植为龙头，打造特色农产品基地。围绕这两条发展主线，盐铺村充分发挥党员带头作用。一是兴办旅游实体，建设生态农庄。村集体以固定资产折资入股黄山绿风实业有限公司，占 53% 的股份，以经济实体为依托，以生态农庄为龙头，推动乡村旅游的发展。二是推广脱毒贡菊，建设农产品基地。在全县率先建立"双培双带"先锋工程示范培训基地，村干部、党员带头示范种植菊花、草莓等经济作物，在取得良好经济效益后，广大村民开始大面积种植，目前已形成了一定规模，同时通过这几年努力，菊花新品种的培育和推广取得了较好成效。

三　抓投入，加快农村基础设施建设

目前，盐铺村基础设施建设在四个方面有了新突破。一是道路建设有突破。全村完成了村内主干道拓宽至7米和路磅、路基的建设，建成了环湖青石板步道，完成了村"两委"办公楼门前和状元湖的路面工程，进村道路黑色化并实施两旁绿化。同时，各村民组之间的主干道也完成了道路硬化处理。已实现从主干道到每户门前修建2米宽水泥路；并统一在主干道及支干道培植绿化带；已实现道路硬化9公里，家家户户门前都通了水泥路。二是人畜饮水建设有突破。建成了提灌站、高位水池各1座，实现了村庄统一集中式供水。三是环保能源建设有突破。太阳能是最环保最经济的能源，在省能源部门的项目支持下，盐铺村投资2.5万元安装太阳能路灯5盏，开始了太阳能利用从无到有的历史，为盐铺村增添了又一道亮丽的风景。四是人居环境建设有突破。在农民新村项目建设上，目前已投入180万元，完成征地20亩，11幢农民住宅已经竣工；完成了全村主道路和塍上村民组的路灯建设，实现了道路亮化；同时利用现有的竹园、空地兴建1处农民健身、休闲娱乐公园，面积500平方米，目前已建成并投入使用。由于盐铺村与城区一河之隔，城区有线电视不能进村，2003年盐铺村有线电视全部开通，现已和休宁城区并网，家家户户都看上了有线电视。

第三节　盐铺村生态农村建设规划

盐铺村将按照"三大规划"要求，紧紧围绕建设社会主义新农村这个主题，立足城郊优势，突出特色，综合开发，倾力打造集生态旅游和生态农业为一体的典型城郊现代农业观光村。下一步，盐铺村将做好三个方面的工作：一是建设好农民新村二期工程；二是大力发展菊花经济；三是以发展社会公共事业为重点，实现农村和谐大发展。

一　以农民新村建设为抓手，实现基础设施建设大突破

一是强力推进农民新村建设的进程。农民新村项目总设计40户，目前已建设完成11户，下一步，盐铺村力争启动并完成二、三期工程。二是加

大基础设施建设的力度。全村道路已硬化9公里，自然村水泥路通达率100%，已经实现了硬化通达100%的目标。但是，进村主道路只有5.5米宽，村内道路的宽度只有2.4米，远远跟不上时代的要求，下一步要在原来道路硬化的基础上，拓宽村内道路5公里，实现两辆小轿车能够并肩行驶。同时完成1.5公里进村主道路的路灯照明工程建设。

二 以发展菊花经济为中心，实现农村经济发展大突破

黄山脱毒贡菊产业是盐铺村的主导产业，在建设新农村的经济发展规划中，盐铺村明确了两条发展主线：一是大力发展菊花经济，建设黄山脱毒贡菊高效农业产业化基地；二是以生态农庄为龙头，做大做强乡村旅游产业。

盐铺村立足资源优势、区位优势，在大力保护自然生态环境的基础上，坚持市场引导和重点扶持服务，继续大力实施"双培双带"示范，走城郊无公害特色种植发展农村经济的路子，抓住农业综合开发、退耕还林等契机，以果蔬基地建设为龙头，轮换种植，互动发展，大面积大规模调整农业产业结构。下一步，在大力发展菊花经济上，盐铺村在做好"国家级有机黄山菊花标准化示范区"通过国家标准化委员会验收的同时，将实施如下措施。

（1）建立黄山贡菊良种（两季花）原种苗扩繁基地：建立30亩种苗繁殖中心基地，基地内实施土地平整、排灌设施安装、区间道路修整，培训5名技术管理人员，年扩繁种苗28万株，并制订黄山贡菊良种苗扩繁和栽培技术规程。

（2）建立生产示范基地：购原辅材料，进行项目投产，建立1000亩黄山贡菊良种（两季花）示范基地；并向周边村、镇甚至更大范围内推广，培训基地花农500人，按照有机菊花生产技术要求实施栽培管理。

三 以发展公共事业为重点，实现农村和谐发展大突破

探索建立新型农村合作医疗制度，推进农村医疗保险、养老保险和社会救助等服务体系的建设；开展多种形式的群众性文化活动，发展特色文化，以职业技能和法律知识为内容，加强对村民的培训教育，提高农民的综合素质；继续推行村民自治工作，充分发挥村民自治组织的作用；实行五保责任制，形成共同保护环境，保护生态平衡的责任制机制和约束机制，真正把盐

铺建设成为"生产发展、生活宽裕、乡风文明、村容整洁、管理民主"的社会主义新农村。

第四节　加强农村生态建设的建议

一　充分发挥农民在农村生态建设中的作用

生态建设是以社会效益和生态效益为主的建设活动，经济效益相对低下。在市场经济体制下，农民是经济的主体，政府部门是经济的调解者。在生态建设中，农民往往是被动参与其中，个人效用不明显，故农民积极性不高，主动性不强，这些十分不利于生态战略的实施，特别是生态建设与农业经济一样属于弱势产业。

农村生态环境恶化问题已经非常严峻，严重阻碍了农村经济社会的可持续发展。目前，农民的收入仍然处于偏低的水平，农民的受教育程度比以前有了较大提高，但整体文化素质仍然偏低。这就导致了部分村民发展生态农业和保护农业生态环境意识较弱甚至缺失。那么，在农村建设弱势的生态产业，毫无疑问要先从提高农民的生态意识入手。尽管生态环境保护是一项基本国策，可持续发展是全人类共同发展的目标，但由于不同区域发展水平的差异，对可持续发展的理解和生态意识有很大差别。对于经济欠发达地区的农民，生存是第一位的，他们考虑的还主要是如何改变贫困，这导致他们参与生态环境保护、生态化新农村建设意识的广度和强度还远远不足。加强对新农村生态环境意识的教育，提高农民的生态环保意识，正是生态农村建设的根本所在。

二　农村生态建设离不开高科技的应用

我国尚处于发展阶段，在防污、治污的技术水平上，与发达国家相比还有一定差距。各种污染源的防范、治理，废弃物的资源化利用等技术都还有待进一步突破。我国农村工业化程度较低，人口密度相对较小，环境容量相对较大，在一定程度上，农村承担了城市工业的纳污压力。随着农村乡镇企业的迅猛发展，农村乡镇企业成为我国经济增长的重要推动力。但是，农村工业化进程多是以低技术含量的粗放经营为特征、以牺牲环境为代价的。乡镇企业布局不合理，废水、废气、固体废物的排放量大，污染物处理率明显低于城市工业污染物的平均处理率。截至目前，我国农村还没有建立有效的防污、治污管理体制。技术和体制上的欠缺，会放任新农村发展中遇到的可持续问题进一步恶化，阻碍农业生产和农民生活质量的提高，给发展生态农业带来一定的困难。

三　扶持农民专业合作社建设，有利于农村生态建设

在市场经济条件下，家庭承包小规模分散经营，种养面积小、产量低，农业生产成本高，难以形成规模优势，农业经济效益不明显。实现"小农户与大市场"的对接和"家庭承包制＋专业合作社"是现实发展模式。目前，农民专业合作社还处于起步阶段，所以要尽快扶持农民专业合作社向生态化方向发展；政府要完善扶持政策，加大扶持力度，帮助农民专业合作社开展生态技术培训、新产品和新技术的引进、无公害生产基地认证及无公害农产品、绿色产品、有机农产品认证，农业标准化示范基地认证，帮助农民注册商标培育品牌等，引导合作社向着生态化方向健康发展。

四　加强生态文明教育，为新农村生态建设提供内在保障

新农村建设的主体是农民，决定新农村建设实践进程和方向的核心是全面提高农民的素质。加强宣传教育、提高公众保护资源和环境的道德水平、能力水平是生态化新农村建设的内在保障。生态文明教育包括生态世界观（生态系统意识、资源意识、环境保护意识、生物多样性意识、可持续发展意识）教育、生态行为规范教育和生态技术教育。采用多种形式对农民进行生态文明教育。其一，树立尊重自然的观念，彻底实现伦理价值观的转变：人与自然都有价值，人和所有生命都依靠自然，人的功利是建立在自然的允许范围之内，人的和平幸福是在与自然和谐相处前提下才能真正可持续存在；其二，对农民的生产方式、生活方式按生态行为的原则进行引导和规范，倡导使用绿色环保产品，倡导生产和生活的循环经济，使人的一切行为服从生态道德原则；其三，生态化新农村的建设者必须要掌握生态农业技术，在实现农民生态文明建设的途径上，把城市的环境教育延伸到乡村，在

第五章　盐铺村的生态建设 ○ 中国百村调查丛书·盐铺村

技能培训上讲生态，按照社会—经济—环境协调可持续发展的模式开展新农村建设，避免走"先污染后治理"的弯路，使新农村建设取得又好又快的发展。

五　做好乡村旅游业发展规划

做好乡村旅游发展规划。一是要把乡村旅游资源的开发纳入区域开发的大系统中，科学规划、合理布局，充分考虑到当地旅游市场的需求、规模和发展趋势，量力而行，避免盲目投资与开发，保护好乡村特有的农业生态环境，使自然资源得到充分利用。二是要在乡村旅游开发前期，以及开发、经营过程中做好环境影响评价和环境监测工作。对大气、水体、土壤进行长期的环境监测可以判断乡村环境质量是否符合有关规定。环境影响评价的重点是乡村旅游对自然资源、生态环境的影响评价，特别是生态承载力和旅游容量的评价。旅游业虽被称为"无烟产业"，但其经营同样会造成某些污染。乡村旅游区内的生态环境本身就很脆弱，游人、旅游设施的大批涌现，污染物的增多更易使生态平衡遭到破坏。

六　实施监督管理办法

制定可行的环境保护措施，实施规范化管理。要使乡村旅游业的开发与生态环境相协调，与新农村的建设同步发展，必须采用一系列监督、管理的手段和方法。一是要控制游客数量，提高旅游环境质量，创造良好的气氛环境。二是要加强基础设施建设和管理，减少和避免对当地生态环境的破坏，保持其原有风貌。三是可组织农民成立专门的环卫小组，对个别游客的不文明行为产生的后果（如乱扔垃圾）应予以消除，随时保持良好的环境卫生。四是把乡村旅游管理纳入政府的行政管理职能，制定相关法律、法规，使其运作向法制化、规范化方向发展。

七　生态农业是农村生态建设的重要支撑点

发展生态农业，必须按照生态学原理和生态经济规律，因地制宜地设计、组织、调整和管理农业生产和农村经济的系统工程体系。生态农业符合当今世界的消费需求，具有十分广阔的市场前景。要坚持以高效农业、设施农业为发展方向,加快推进各类标准化认证工作,不断提高有机绿色农产品的比重。大力推广新型模式,形成融专业化、集约化与生态农业于一体的新型农业模式,有利于增加当地农民的经济收入,并实现农业与生态环境的和谐统一。因此,应将此种模式作为推进生态农业的主攻方向。

八 农村文化生态系统建设重点在体制机制建设

文化生态系统运行机制的存在和发挥作用,才使得农村文化生态系统内部各要素之间进行着交流互动,并与外部环境之间发生着能量的交换和信息的交流。农村文化生态系统要和谐地运行离不开各种机制与体制的支撑。当前我国农村文化生态系统的体制机制建设中存在很多问题,主要表现在如下几个方面:一是投入不足,且缺乏平衡;二是对动力机制的认识不够,缺乏创新能力;三是保障机制建设不健全。因此,在农村文化生态系统建设中,一定要协调好各体制机制之间的关系,建立和完善相互联系而又并行不悖的农村文化建设机制与体制,为农村文化生态系统的和谐运行提供保障。

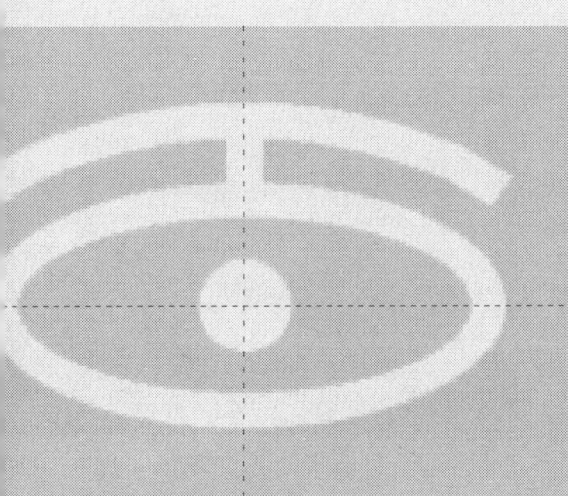

和谐盐铺

第六章 盐铺村的社会结构

社会结构和经济结构一样，是地区经济社会发展最基本的要素特征之一。进行村庄的社会结构研究，是为科学总结村庄的发展特征寻求一个独特而深刻的视角。中国农村的变革正如火如荼，真实记录、挖掘发现多样化的农村经济社会发展路径，是中国学者的使命，也是社会学发展的使命。2005年1月20日，中共中央政治局第二十次集体学习会上，胡锦涛总书记指出"各级党委、政府和领导干部要切实加强对本地区本部门和谐社会建设有关情况和工作的调查研究，全面分析和把握社会建设和管理的发展趋势，为制定政策开展工作奠定坚实的基础。要加强对社会结构发展变化的调查研究，深入认识和分析阶层结构、城乡结构、区域结构、人口结构、就业结构、社会组织结构等方面情况的发展变化和发展趋势，以利于深入认识在发展社会主义市场经济和对外开放的条件下我国社会发展的特点和规律，更好地推进社会建设和管理"。[①] 本书愿意从社会学的视角为村庄的社会结构研究做出尝试性总结，为社会决策者和作深入研究的学者提供基础性资料，也为历史留下社会发展的足迹。

第一节 一个移民村落的社会结构

社会结构作为社会学独特的分析视角，其定义包括广义和狭义两种。广义

---

① 2005年2月23日第一版《人民日报》。

地说，按照社会学家陆学艺先生的最新定义，社会结构的内涵包括人口结构、家庭结构、就业结构、收入分配结构、消费结构、社会阶层结构等内容。狭义地说，社会结构特指社会阶层结构。本文使用社会结构的广义概念，将分别描述盐铺村的人口、家庭、就业、收入分配、消费、阶层等结构性特征。

一 盐铺村人口结构：独具移民特色

西出黄山脚下的海阳镇，顺夹溪河而上2公里处，便是盐铺村。盐铺，顾名思义为存盐的铺子，因紧傍夹溪、横江水系，早在清代康熙年间（1696年）便以其得天独厚的地理优势成为休宁县四大水运码头之一，村中不仅有囤积食盐的仓库，还有许多经销食盐的店铺，村庄因盐而得名。随着历史的变迁，曾经的商船和盐商已经不在，盐铺关于食盐的功能也已失去，而这片土地仍然充满魅力，直到20世纪30、40年代仍然吸引了大量从安庆徙居而来的人。据当地人介绍，盐铺现在的村民有70%以上都是从安庆迁移而来的。这些并非土生土长的徽州人虽然至今仍说着老家安庆的方言，但他们很快具备了徽商的"闯"劲儿，扎根在这片徽州的土地上发展特色农业、发展旅游产业。

盐铺村辖6个村民小组，截至2009年共有农户290户，全村总人口1090人，劳动力801人（见表6－1）。其中高中学历人口占全村人口的30%，外出务工200多人（包括在县城和市区务工人员），主要以砖匠、木匠、石匠为主。①

表6－1 盐铺村劳动力人口变迁一览

年份	人口	户数	劳动力
1950	325	71	194
1978	709	146	425
1992	1051	272	631
1999	1063	275	638
2007	1077	286	649
2008	1086	286	792
2009	1090	290	801

① 本章数据均来自村委会文献资料或本课题的问卷调查、访谈，详细的数据来源及调查方法见问卷分析相关内容。

第六章 盐铺村的社会结构

今天,充满魅力的盐铺村还吸引了大批的外地客商来盐铺办企业、买房、居住。据统计,2009年盐铺村外来人口共计439人,且多为年轻人,18~31岁的有373人,占到了80%以上(见表6-2)。

表6-2 盐铺村外来人口年龄结构与婚姻状况调查

单位:人,%

年龄段	18~24岁	25~31岁	32~38岁	39~45岁	46~52岁	共计
人数	264	109	42	16	8	439
百分比	60	24.8	9.5	3.6	2.1	100
已婚人数	19	34	42	16	8	119

二 盐铺村家庭结构:体现生育特征

从盐铺村的家庭类型来看,全村共调查284户,其中核心家庭163户,占57.4%;主干家庭54户,占19%;单亲家庭25户,占8.8%;联合家庭2户,占0.7%;夫妇未生育子女家庭1户,占0.4%;与子女分住、只有夫妇两人的家庭10户,占3.5%;单身家庭23户,占8.1%;其他家庭6户,占2.1%。调查显示,盐铺村家庭类型以核心家庭为主,即父母与未成家的子女生活在一起的家庭类型为主体。

从盐铺村的家庭代数来看,该问题问卷有效回答283个,缺失值1个,有效回答率99.6%。家庭代数以两代为最多,157户,占有效总体55.5%;其次是三代家庭76户,占有效总体26.9%;一代家庭46户,占有效总体16.3%;四代家庭只有4户,占有效总体1.4%。

从盐铺村的家庭人口来看,该问题问卷有效回答为284个,缺失值为0个,有效回答率为100%。问卷数据显示,盐铺村家庭人口有8种类型,即一个家庭有1口人、2口人、3口人、4口人、5口人、6口人、7口人和8口人。其中,一个家庭只有1口人有25户,占有效总体8.8%;一个家庭有2口人的有43户,占15.1%;一个家庭有3口人的有89户,占有效总体31.3%;一个家庭有4口人的有79户,占有效总体27.8%;一个家庭有5口人的有30户,占有效总体10.6%;一个家庭有6口人的有16户,占有效总体 5.6%；一个家庭有 7 口人的有 1 户，占有效总体 0.4%；一个家庭有 8 口人的有 1 户，占有效总体 0.4%。由以上数据可以看出，三口之家四口之家是盐铺村的主要家庭类型，两类家庭占到总体 59.1%。七口人以上家庭为极少数，累计频数为 2，累计频率为 0.8%，可见，在盐铺村，多人口的大家庭虽然存在，但显然已为数不多。

总结盐铺村家庭的家庭结构特征可以看出，盐铺村家庭类型呈多样化，但仍然是以核心家庭为主体；家庭人口数逐渐减少，多人口家庭不多，家庭小型化明显。

三 盐铺村就业结构：体现产业特色

盐铺村是一个以一般体力劳动者为主的传统农业社区。该村的现代农业尤其是菊花等经济作物已经开始规模化发展。根据问卷调查结果，调查总体中国家干部 10 人，占有效总体 1.3%；村干部 12 人，占有效总体 1.6%；企业主管有 2 人，占有效总体 0.3%；教师 2 人，占有效总体 0.3%；医师 1 人，占有效总体 0.1%；一般体力劳动者 626 人，占有效总体 82.5%；一般管理人员 13 人，占有效总体 1.7%；个体工匠 18 人，占有效总体 2.4%；其他 75 人，占有效总体 9.9%。

从回答者的职业身份来看，国家干部 3 人，占回答者有效总体 1.1%；村干部 11 人，占回答者有效总体 3.9%；企业干部 9 人，占回答者有效总体 3.2%；一般体力劳动者 247 人，占回答者有效总体 87%；一般管理人员 3 人，占回答者有效总体 1.1%；个体工匠 5 人，占回答者有效总体 1.8%。

从盐铺村劳动力就业结构变迁来看，1990~2009 年，盐铺村从事种植业的人数没有减少，反而逐年增加。这与该村农业产业化的发展特点是紧密相连的。同时，从事其他行业的劳动力数量也是不断增加，行业种类也是不断丰富的。

四 盐铺村收入结构：实现共同富裕

收入分配结构从经济资源和机会占有的角度反映社会结构性平等问题。①

---

① 陆学艺主编《中国当代社会结构研究》，社会科学文献出版社，2010。

第六章 盐铺村的社会结构

和谐盐铺：盐铺的机械化生产

1999年以来，盐铺村居民收入以每年提高20%的速度提高，收入水平历经了"打破绝对贫困—温饱—小康—富裕"的变化。

我们在以家庭年纯收入为标准对全村进行分层时，考虑到估算的难度，仍以户为单位，把每户中劳动力人口而不是家庭总人口的平均年纯收入作为标准，确定了三个基本阶层：富裕阶层、中等收入者阶层、贫困阶层。我们把人均纯收入相当于全村人均纯收入的近三倍以上的家庭所组成的群体作为富裕阶层。2009年盐铺村的人均纯收入为1.1万元。我们确定富裕阶层的家庭劳动力平均年纯收入在3万元以上。贫困阶层因为主要是生活难以自立的家庭和孤、老、寡户和"五保户"，所以以户人均年纯收入为全村的1/2以下为标准，我们确定为5000元。其余的划分为中等收入者阶层。比如一个家庭中有四口人，夫妻俩、一个未成年孩子和一个老人。如果一年这个家庭的纯收入为6万元，那么夫妻俩平均收入为3万元，这个家庭应该属于富裕阶层。如果把孩子和老人也作为基数，该家庭人均收入为1.5万元，应当算中等收入者阶层。为了估算方便，我们采用前者的划分方法，而不是后者。

我们计算的总户数，既包括户籍在本村的村民，也包括户籍不在本村，但籍贯在本村而且长期居住在本村的这一部分家庭,该村户数这样计算共达290户。

1. 富裕阶层

本节根据当地经济实情,为分析方便,只纳入家庭收入一个变量来对该村不同阶层进行简单分类。把家庭劳动力年人均纯收入在3万元以上的家庭界定为当地的富裕阶层。这一部分人占到总户数的29.1%。在富裕阶层中,我们又根据家庭收入分成超富阶层、中富阶层和小富阶层(见图6-1)。

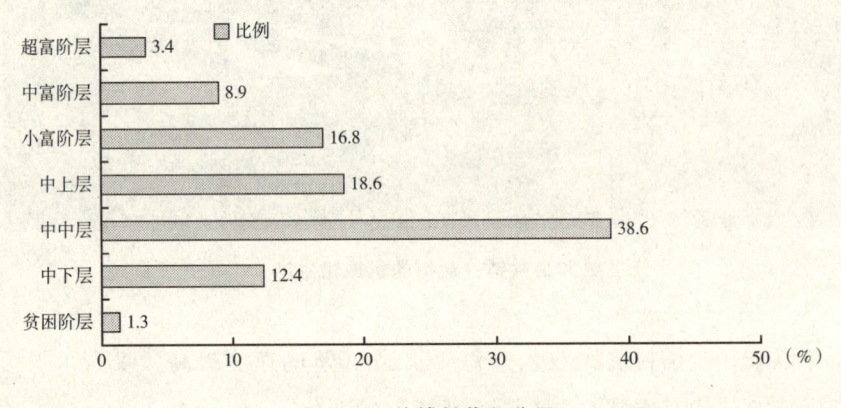

阶层	比例(%)
超富阶层	3.4
中富阶层	8.9
小富阶层	16.8
中上层	18.6
中中层	38.6
中下层	12.4
贫困阶层	1.3

图6-1 盐铺村收入分层

(1)超富阶层。家庭劳动力年人均纯收入在20万元以上,我们确定为超富阶层。该阶层数目自然不多,但由于该阶层收入大幅度高于其他阶层,在拉高当地经济水平的同时,也拉大了当地的贫富差距。属于这一阶层的主要是当地的经济精英,包括集体企业负责人,1户;部分经营较好的私营企业主,2户;以及菊花种植大户(10亩以上)7户;共10户,占总户数的3.4%。引人注意的是,该村村干部不仅是该村的政治精英,更是经济精英,基本上都是菊花种植的领头人。而他们在村委会的工资每年不超过5000元,还经常奉献给集体事业。收入基本依靠自主经营,而非靠当干部挣钱。

(2)中富阶层。家庭劳动力年人均纯收入在8万元以上、20万元以下的家庭,我们确定为中富阶层;该阶层包含了部分菊花种植大户,共计26户,占总户数的8.9%。

(3)小富阶层。家庭劳动力年人均纯收入在4万元以上、8万元以下的家庭，我们确定为小富阶层。该阶层主要包括部分菊花种植户和养殖大户，共49户，占总户数的16.8%。

2. 中等收入者阶层

中等收入者阶层在盐铺村共有192户，占到了全村家庭总数的69.6%。按照相同的思路，我们把中等收入者阶层也分成中上层、中中层、中下层来进行分析。

（1）中上阶层。家庭劳动力年人均纯收入在3万～4万元之间的家庭，被确定为该村的中上阶层。这一阶层主要包括以耕种菊花、甘蔗、茭白等经济作物为主的农户27户，还包括部分有技术的兼业农民工25户，部分乡镇干部和村干部2户，这一阶层户数54户，约占全村总户数的18.6%。

（2）中中阶层。家庭劳动力年人均纯收入在2万～3万元之间的家庭，被确定为该村的中中阶层。该阶层包括种植部分菊花等经济作物同时又有其他兼业的农户68户、养殖业2户、普通打工户（农民工）42户，共112户，占到总户数的38.6%。

（3）中下阶层。我们把家庭劳动力年人均纯收入在1万～2万元的家庭确定为该村的中下阶层。他们是以耕种责任田为主，其他兼业很少或兼业收入较低。家庭中的劳动力也不多，约有36户，这一部分人占到总户数的12.4%。

3. 贫困阶层

我们把家庭劳动力年人均纯收入在2000元以下的家庭界定为该村的贫困阶层。根据实际情况，这一部分人主要是村中的孤寡老人、敬老院的"五保户"，以及一些因大病、残疾导致劳动力严重缺乏，家庭陷入极度贫困中。贫困家庭共有4户，约占总户数的1.3%。解决这些家庭的贫困问题，预防农村家庭因病致贫，目前，该村正在积极推行农村合作医疗制度。详细分析见社会保障一章。

五 盐铺村消费结构：缔造现代生活

随着近年来居民收入的不断增长，盐铺村居民消费结构已从温饱不足、基本温饱走向了小康型、富裕型。根据调研结果，我们把盐铺村的消费类型分为生产经营支出、缴纳税款、购置生产性固定资产、生活消费支出等。

从全年家庭总支出来看，该问题的问卷有效回答是 276 个，缺失值为 8 个，有效回答率为 97.2%。全年家庭总支出的均值为 19639.5 元，绝大部分 (77.9%) 的家庭总支出在 1 万~5 万元之间（见表 6-3）。

表 6-3　盐铺村家庭消费结构

单位：个，%

消费金额	频数	频率	累积频率
0 元	2	0.7	0.7
200~1 万元	52	18.8	19.5
1 万~5 万元	215	77.9	97.4
5 万~10 万元	1	0.4	97.8
10 万元以上	6	2.2	100

从生产经营支出来看，该问题的问卷有效回答是 280 个，缺失值是 4 个，有效回答率为 98.6%。其中，生产经营支出为 0 元的有 27 户，占有效总体 9.6%；生产经营支出为 200~1 万元的为 207 户，占有效总体 73.9%；生产经营支出为 1 万~2 万元的为 38 户，占有效总体 13.6%；生产经营支出为 2 万~5 万元的 4 户，占有效总体 1.4%；生产经营支出为 5 万元以上的有 4 户，占有效总体 1.4%。生产经营支出的均值为 6308.2 元。

从缴纳税款来看，该问题的问卷有效回答是 276 个，缺失值为 8 个，有效回答率为 97.2%。其中缴纳税款为 0 元的有 274 户，占有效总体 99.3%；缴纳税款为 4000 元和 1 万元的各是 1 户，占有效总体 0.4%。缴纳税款的均值为 50.7 元。

从购置生产性固定资产来看，该问题的问卷有效回答为 276 个，缺失值为 8 个，有效回答率为 97.2%。其中回答为 0 元的 249 户，占有效总体 90.2%；500~5000 元的 13 户，占有效总体 4.7%；5000~1 万元的有 7 户，占有效总体 2.5%；1 万元以上有 7 户，占有效总体 2.5%。购置生产性固定资产的均值为 574.2 元。

从生活消费支出来看，在 280 个有效回答中回答为 0 元的有 1 户，占有效总体 0.4%；回答为 500~1 万元有 123 户，占有效总体 43.9%；回答为 1 万~5 万元的有 151 户，占有效总体 53.9%；回答为 5 万~10 万元的有 1 户，占有效总体 0.4%；10 万元以上 4 户，占有效总体 1.4%。

生活消费支出的均值为 13568.2 元。其中食品支出的均值为 3228.1 元，衣着支出的均值为 1508.5 元，耐用消费品支出的均值为 1038.0 元，建房支出的均值为 2733.1 元，交通支出的均值为 961.2 元，医疗支出的均值为 682.6 元，教育支出的均值为 1299.0 元，娱乐支出的均值为 140.0 元，人情往来支出的均值为 1567.0 元，其他生活开支的均值为 680.0 元。

从其他社会负担来看，该问题的问卷有效回答是 277 个，缺失值为 7 个，有效回答率为 97.5%。其中回答为 0 元的有 266 户，占有效总体 96.0%；回答为 100 元的有 2 户，占有效总体 0.7%；回答为 500 元的为 2 户，占有效总体 0.7%；回答为 1000 元的有 3 户，占有效总体 1.1%；回答为 2000 元的有 3 户，占有效总体 1.1%；回答为 4000 元的有 1 户，占有效总体 0.4%。

第二节 盐铺村社会阶层结构特征描述与分析

社会阶层结构在社会结构中处于中心地位，从上文社会结构的其他领域，如就业结构、城乡结构、消费结构等分析的背后，我们都可以或多或少地看到社会阶层结构的影子。本文按照陆学艺先生划分的十大阶层标准，结合盐铺村的实际情况，对盐铺村的阶层结构进行了初步划分与分析。

一 现状分析

调研结果显示，盐铺村包括现代八大社会阶层的社会阶层结构逐步形成，这八大社会阶层是：农业劳动者阶层、农民工阶层、乡镇企业职工阶层、农村知识分子、私营企业主阶层、个体劳动者和个体工商户阶层、农村管理者阶层、因病致贫阶层。下面分别对每个阶层作具体的描述。

1. 农业劳动者阶层

农业劳动者阶层是指承包集体所有的耕地进行家庭经营，以农（林、牧、渔）业为唯一或主要的职业，并以农（林、牧、渔）业为唯一收入来源或主要收入来源的农民。他们在农村社会结构中的位置是，占有少量生产资料或不占有生产资料的自雇者或受雇者。盐铺村作为一个典型的城郊农业村，农业劳动者阶层是目前这个村规模最大的一个阶层。

盐铺村全村土地总面积7331亩，其中水田1256亩，山场5515亩，旱地620亩。拥有小二型水库两座（野猪林、桃毫）和蓄水10万立方米的人工湖一座，水面面积300多亩。随着现代农业的发展，村里单纯耕种责任田种植粮食的农户已经不存在。村里农户大部分种植的是现代经济作物，有252户种植菊花，占到了全村的88.7%。承包集体水面的养鱼大户有2户。

2. 农民工阶层

这一阶层是指户籍在本村，流出本乡（包括在县城和市区务工人员）半年以上，长期在外打工的农民。他们主要在上海、浙江、江苏等地从事瓦工、木工等低技术的体力劳动，一般一年收入在1.5万元左右。根据乡政府的统计资料，盐铺村2006年底在外打工的农民工将近200人，约占总人口的18.5%，农民工数量占全村劳动力的25.3%。

盐铺村的外出打工人数比例与其他农业村相比较低，这与2005年以来，盐铺村积极发展经济作物，促进农业产业化发展、乡村旅游产业的发展是分不开的。现在的盐铺不仅出去打工的人数不多，而且还吸引了很多外地的客商来盐铺经商、买房。

3. 乡镇企业职工阶层

这里的乡镇企业职工是指本村人在本村范围内被乡镇集体企业、私营企业和个体企业雇佣的从业人员。他们一般从事技术性的、体力的和非体力的工作人员，是处于体制内或体制外第三产业中的蓝领受雇者或自雇者。一共有570人，占劳动力的比例为43.8%，比农民工的比例还要高。由此可见，该村村民主要服务于村内企业。

乡镇企业职工阶层由于工作性质不同，收入差异也很大。像黄山绿风实业有限公司的职工月工资一般在2000元，在私营企业如菊花加工企业里的技术职工的月工资一般在1500元以上。餐饮、交通服务业的司机月工资可达1800元，厨师的工资也可达到1500元。一般家庭妇女在个体工商户的饭店、旅社当服务员,工作时间自由并比较短的,一般作为兼职月工资只有几百元。

4. 农村知识分子

农村知识分子阶层是指在农村企事业单位、集体企事业单位和各类非公有制经济企业中专门从事各种专业性工作和科学技术工作的人员。他们大多经过中、高等专业知识及专门职业技术培训,具有适应现代社会的专业知识及专门技术。这一阶层的成员是不占有生产资料但具有一定自主性的中高层白领人员。这一部分人包括公办小学教师4人,医疗卫生人员2人。这一阶层的共6人,约占总劳动力的0.8%。

5. 私营企业主阶层

私营企业主阶层是指拥有一定数量的私人资本或固定资产并进行投资以获取利润同时雇用他人劳动的人。这一阶层最重要的特性就是占有生产资料,即拥有经济资源。私营企业主阶层内部因拥有资本规模大小不同,各自的社会、经济、政治地位的差异极大。他们雇用长期工人在8人以上。这些企业多为家庭企业,家庭成员参与劳动和管理。这样的企业共有10户。我们在计算这一阶层时,把其家庭成员计算在内,共22人,约占全村劳动力的1.5%。

6. 个体劳动者和个体工商户阶层

农村的个体劳动者和个体工商户阶层是指拥有较少量私人资本(包括不动产)并投入生产、流通、服务业等经营活动或金融债券市场而且以此为生的人。

这一阶层是指雇工在8人以下,主要依靠自己劳动的交通运输户、食品加工、粮油加工和批发零售户。从镇政府统计材料了解到共133户,平均每户2~3人就业,从业人员300多人,占全村人口的23.1%左右。

7. 农村管理者阶层

农村管理者阶层是指在当地党政、事业和社会团体机关单位中行使实际的行政管理职权的领导干部。本村的乡干部(指在乡政府、乡党委及相关职能部门如工商所、邮政局、财政所等工作,籍贯为盐铺村的人)30人;村干部8人,其中村"两委"主要领导6人。这一阶层共52人,占总劳动力的4%左右。

8. 低保贫困阶层

随着盐铺农民人均收入的普遍提高，农民生活水平普遍得到了较大的改善，但仍然有因为疾病导致贫困的家庭。这些家庭由于成员身患重病或残疾而缺少劳动力，收入低，共有4户，均已纳入农村低保。

从盐铺村的社会阶层结构分布来看，该村现代社会阶层结构的雏形已经形成。第一，社会下层逐步缩小，随着农业产业化的发展，农村劳动者掌握越来越多的经济资源，以前的收入格局已被打破，中、高收入者的比例不断扩大；同时，旅游业的发展带动了商业服务业的发展，商业服务业员工和产业工人阶层在壮大的同时，其部分阶层成员也在向更高阶层流动。第二，经济发展以及产业结构和职业结构的趋高级化，使得社会中上层开始扩大，这表现在个体工商户、专业技术人员和办事人员、私营企业主等阶层得到快速发展。第三，掌握或运作经济资源的私营企业主阶层及经理人员阶层也不断兴起和发展。

二 特征总结

1. 农村中低层收入增长，农村中等收入者比例扩大

2006年10月中共第十六届六中全会专门就构建社会主义和谐社会作了研究，并对若干重大问题作了决定。《决定》指出："我国已进入改革发展的关键时期，经济体制深刻变革，社会结构深刻变动，利益格局深刻调整，思想观念深刻变化。这种空前的社会变革，给我国发展进步带来巨大活力，也必然带来这样那样的矛盾和问题。"① 城乡收入差距逐步扩大成为改革过程中经历的痛苦之一。积极探究扩大农民收入、改善农民生活的路径，是政府也是关心中国发展的人们的夙愿。

作为典型的农业村庄，盐铺村以经济作物和旅游产业为主体探索了一条现代农村发展之路。农业现代化的发展和旅游产业的快速发展提高了盐铺村

---

① 《〈中共中央关于构建社会主义和谐社会若干重大问题的决定〉辅导读本》，人民出版社，2006，第3~4页。

中低层农民的收入，盐铺村现年人均收入逾万，且稳定。伴随产业结构的调整，以前的收入格局已被打破，不仅是中等收入者比例扩大，走向富裕的农民比例也已经占到了50%以上，共同富裕的效果明显。

盐铺村因地制宜，通过几年的农业结构调整，成功推广了1300亩菊花、210亩草莓、400亩西瓜、500亩甘蔗等高效农作物，农村经济稳步发展。284户农户家里几乎都种植了菊花等经济作物。在扩大生产的同时，盐铺村对菊花产品进行了专门研究。2007年2月5日，盐铺村与安徽庆元堂徽菊有限公司签订协议，共同开发盐铺村菊花产品，对盐铺村菊花进行扩大规模和深加工。该项目的实施将实现菊花产、供、销一条龙，为休宁县菊花生产开辟一条新路子。而这条新路将给盐铺村民带来更加富足的明天。

同时，盐铺村利用其靠近休宁县城，有良好的自然生态，淳朴的民风，又有一定经济基础的优势，大力发展乡村旅游，着力挖掘生态资源，致力于打造黄山市乡村福地品牌，已经渐显成效。2007年，盐铺村通过招商，与外地客商联合创办徽州民俗风情园有限公司，进一步深入挖掘和展现古徽州的非物质文化遗产。截至2009年，已投入资金700余万元，全年旅游接待人数2万余人，旅游总收入100万元。

农业现代化和旅游产业化发展增加了盐铺村村民的整体收入，也培育了该村的富裕阶层、中产阶层。从调查中各职业的富裕程度可以看出，最富裕的除了一户集体企业的负责人外，有15户都是菊花种植大户。而以种植菊花为主的大多数农户（201户）都处于该村的富裕阶层。

2. 农村职业分化逐步专业，农民就业结构日益多元

2008年，休宁首届乡村福地农家厨艺大赛就在盐铺村状元湖畔举行，很多参赛乡村在这里进行厨艺比拼，展示了农家菜肴的烹饪水平，反映了休宁的饮食文化和民俗风情，对盐铺本身乡村旅游的发展和农家乐接待能力的提高起了很大的促进作用。这一活动的举办，表明盐铺村旅游产业特色之一——农家乐正在走向成熟、规范、专业。

在盐铺，走向专业化发展道路的不仅仅是农家乐。菊花、甘蔗等经济作物的大批量生产、加工、销售，都已经形成了专业化的发展规模。如果说产业化发展是农业走向现代化的必然路径，那么，专业化的农业产业化必将更

为精细。农业专业化是农业产业进一步链条化、系列化；农业专业化就是农业产业一体化发展；农业专业化是建立一个新型的农业组织方式；农业专业化是农业由不是一个典型的现代产业转化为现代产业的过程；农业专业化的真正内涵在于，它是一种能够给有关利益主体带来制度净收益的新型交易方式或非市场制度的创新；农业专业化可以以某种或某几种产品的生产为龙头，将产供销不同阶段的服务企业以合同或协议的形式连接起来，组成一个统一经营的综合体。

3. 农村社会组织日趋成熟，农村阶层关系日渐和谐

社会组织结构是为实现资源和机会的配置而构建的体系，是现代社会健康运行与和谐有序的重要支撑。改革开放以来，随着计划体制的解体和市场体制的建立，中国组织结构发生了深刻变化，资源和机会的配置也发生重大变化，组织功能也随着发生再造。同时随着政府职能的转变、市场主体的成长，社会组织开始发育，同政府、市场共同配置资源和机会，实现社会整合功能。根据有关部门统计，2008年全国的社会组织达到41.4万个，其中社会团体23万个，民办非企业单位18.2万个，基金会1597个，吸纳社会各类人员就业475.8万人。①

社会组织的整合功能在盐铺村也得到了很高效的发挥。为进一步壮大菊花产业，2007年，盐铺村成立了"盐铺特色产业农民合作社"，社员近400人。合作社按照"平等、互惠、共同发展"的原则，引导社员在广泛协商的基础上，建立健全合作社组织章程，对合作社的组织形式、社员义务、社员权利等方面都作了明确规定，为合作社运营提供了制度保证，形成了运转协调、行为规范的长效工作机制。合作社成立第一年，就实现销售收入近15万元，给会员返利7万多元。盐铺村特色产业合作社自成立以后，精心组织引导，搞好综合服务，推动了全村菊花产业的健康快速发展，现有成员230户，且吸纳了黄山区太平湖镇的部分菊花种植户，菊花种植面积从2006年的260亩增加到2009年的1100亩，产值也从当时的390万增加到了1000

---

① 中华人民共和国民政部规划财务司：《2008年民政事业发展统计报告》，http：//cws.mca.gov.cn/article/tjbg/200906/20090600031762.shtml。

第六章　盐铺村的社会结构

万,为农民致富提供了一条新的途径。具体说来,农民合作社作为农村新型社会组织的作用,主要表现在以下几个方面。

从科学种植农产品来看,种植是加工销售的基础。合作社积极组织社员参加培训,引导社员进行科学种植。2007年,盐铺村聘请市科委的技术专家,组织社员进行菊花专题培训400人次,大大提高了社员的种植水平。通过请科技专家到村实地考察,并考虑市场因素,把市场上畅销又适合本地生产的黄山脱毒贡菊、红皮甘蔗、茭白、西瓜等经济作物分别让村干部带头试种、带头示范,并及时请县、市科委跟上科技指导,结果当年带头示范的干部都尝到了甜头,这为下一步全村推广创造了条件。以菊花种植为例,2007年,盐铺村把集中种植的800亩菊花作为发展有机菊花的基地,使用农家肥和生态有机肥,同时使用生物农药,大大提高了菊花的质量,并顺利通过"国家标准化委员会"的验收,成为安徽省唯一的国家级有机黄山菊花标准化示范区。

从农产品的科学定价来看,农产品价格好坏直接影响到入社社员和农户的经济收入。合作社充分以上级主管部门为依托,发挥本社技术人员的优势和特点,加强对信息的研究和对市场分析预测,提高信息的准确度,为准确定位、定向、定量组织菊花生产和销售提供决策依据等,形成了一个技术服务网络。同时充分利用广播播放农产品信息,并组织部分社员种植大户召开座谈会。

从农产品的销售环节来看,销售是决定农产品市场能否开拓,社员能否增收的关键。合作社组织人员上网负责收集销售、运输等各种信息,免费提供给社员,为准确定位、定向、定量,组织生产和销售提供决策依据,同时利用网络发布销售信息。引导社员关注市场,搞好外销,为盐铺村农产品发展创造好环境条件并且定期召开社员大会总结经验教训。

可以说,农村合作社在引导农业走向产业化,引导农民走向专业化的同时,也营造了和谐的村民关系,引导农村社会结构走向了现代化。首先,合作社有利于促进农村干群关系。合作社的机制使干群的心始终贴得很紧,干群心往一处想,劲往一处使。村干部通过合作社更好地为村民服务,村民也通过合作社为社会贡献智慧。其次,合作社有利于整合农村阶层关系。随着农业产业化、专业化的发展，农民成长为种植大户、经商能人等不同领域的人才，有了合作社的平台，农民能够更快地实现资源整合，实现整体利益的最大化。再次，合作社有利于实现全体村民的共同富裕。合作社成为村民合法的表达利益诉求的组织，合作社的机制能够帮助当地农民在先富阶层的带动、帮助下，走上一条较为平坦的致富之路。

4. 农村精英引领发展趋势，农民阶层分化较为公平

改革开放以来，中国农村劳动力通过兴办企业、外出务工、自主经商、接受高等教育等多种途径实现了社会流动。农村阶层分化日益明显成为不可避免的一个趋势。农村的社会精英往往会充当改革中的先锋，盐铺村就有一批这样的先锋。村中能人先后创办了油榨厂、茶叶加工厂、车木厂，涌现了一批致富带头人，经营示范户已占村总户数的30%。其中最突出的代表要数黄山强力化工公司董事、黄山绿风实业有限公司董事长、休宁县海阳镇盐铺村党支部书记李讨饭。

制约社会流动的另一个方面，就是阶层身份获得与分化机制的公平性。一个人的社会经济地位的取得，不是主要依靠其先天的或与生俱来的先赋性因素，而是主要取决于个人学识、能力和努力等自致性因素。[①]

在盐铺村，职业分层和收入分层是一致的，阶层分化的过程和结果都是大体公平的。首先，职业声望较高、收入较高的阶层成员，都来源于这个村的政治精英、经济精英和文化精英。比如，乡镇以上干部都要通过国家统一的公务员选拔考试；村干部都是由村民海选产生，由在村民中的声望和影响力较高的人担任。企业负责人都是由懂技术、有文化、懂管理、会经营的，为企业的发展立下了汗马功劳的人担任。其次，大部分专业技术人员、办事人员、企业职工、外出务工劳动者也都是凭借自身拥有的技术、能力成为各个阶层的佼佼者。在调查中，我们感触最深的就是村民挂在嘴边的"勤劳致

---

① 帕森斯（Talcott Parsons）用"模式变量"来反映行动者之间的互动关系，"模式变量"有五对基本范畴，其中包括特殊性与普遍性、先赋性和自致性。先赋性与自致性是指在互动情景中评价他人或自己的根据和标准是什么，是以先天的条件还是后天努力获得的能力。特殊性和普遍性是指在互动情景中，遵循的规范评判的标准是一视同仁还是因人而异的。我们在这里借这两对范畴来描述社会阶层分化的公平性。

富"四个字。农民朴实的语言恰恰反映了这个村阶层分化的公平性。

问卷结果也能反映这种公平性,课题组设置的问题是:"您认为在您的村里,具有什么样能力的人可以获得较高的社会地位和经济收入?"村民给出的答案是:"选择有文化/学历的人有112人,占39.4%;选择当干部的人有5人,占1.8%;选择有资产的人有57人,占20.1%;选择社会关系广的人有51人,占18%;选择家庭背景硬的人有9人,占3.2%;选择勤奋努力的人有49人,占17.3%。"

从社会学意义上说,农民的变化主要是发生了阶层分化。在社会主义现代化进程的推动下,农民阶层分化与流动的速度空前加快,表现出一种不可逆转的趋势。

首先,农民阶层分化造就了一批新型农民,他们为建设社会主义新农村起到了模范带头作用。随着我国经济的发展和社会结构的变迁,以往同质性的农民群体分化了,现在农村社会既有传统意义上的农民,又有经营较多土地的专业户,还有亦工亦商的兼业农民,以及农民企业家、农民工等多个阶层。其中,善经营、会管理、敢创新的农民企业家,拥有技术专长和现代意识的非农产业工人以及带领农民共同致富的农村基层干部,就是这类新型农民的典型代表,他们已成为建设社会主义新农村的中坚力量,是农民中的优秀分子,为农村现代化建设作出了重大贡献,起到了模范带头作用。

其次,农民阶层分化缓解了我国农村人多地少的矛盾,有利于农业的产业化经营。农民阶层分化主要体现为其职业的分化,大量农民从传统农业生产领域转移到其他社会行业,真正从事农业生产的农民大幅度减少,解决了农村剩余劳动力就业问题,这有利于农业产业结构调整和农业产业化经营。

最后,农民阶层分化使得农民收入多元化,为社会主义新农村建设积累了资金。由于职业选择的多样性,农村社会成员的收入来源也就多元化了,除了家庭经营收入之外,还包括工资性收入、财产性收入、转移性收入等。

目前,我国农村社会结构正在发生急剧的变迁,农村正处于一个开放的流动的状态。经过不断地水平流动、垂直流动和结构流动,各阶层的人员分布不断地发生变化。农民在各个阶层之间可自由流动,进入与退出某个阶层的主要因素在于他们的机会与能力。一个农民可同时进入几个阶层,有多重性的阶层身份，比如，一个集体企业的管理者，也可以同时是个体劳动者、私营企业主和村干部。这种阶层开放性和农民身份的多重性，使农民的各个阶层处于一种不稳定状态，各个阶层的边界不固定，因此农民对自己暂时所处的阶层没有太多的认同感，阶层意识薄弱，这就削弱了各个阶层的凝聚力，弱化了个人对阶层和阶层冲突的参与程度，这种阶层边缘的模糊性使他们对自己所处的阶层利益和要求没有太多的认识，难以取得一致性的心理和行为要求。

第七章 盐铺村的家庭、婚姻和生育

第一节 家庭

一 盐铺村的家庭概况

盐铺村有盐铺、下棚、塍上、山头、茶下、山后6个自然村。20世纪50、60年代,全村有600余人,120余户,基本都是农民,仅有一姓邵的干部在县委组织部门工作过。当时,叶家、金家、刘家这三家为大家庭,每家有十余人。

现在,盐铺村辖6个村民小组,290户农户,全村总人口1090人,劳动力801人,高中学历人口占全村人口30%,全部为汉族,主要以安庆移民为主,外出务工200多人(包括在县城和市区务工人员)。村民大多是农民,三代同堂很普遍,四代同堂的有五六十户。

在我国农村,家庭(也称农户)是一个具有许多社会关系、社会规定和社会职能的"细胞"组织,它既承担着生育这一基本职能,同时又兼有教育的职能、生产的职能和消费的职能,从一定意义上说,农村劳动力的再生产及其开发都与家庭有着密切的联系。新中国成立以后,社会主义家庭关系在广大农村很快建立起来,以公有制为基础的社会主义社会建立的家庭是一种新型的家庭,家庭成员之间是平等、互敬互爱、互相帮助的关系,它适应了新的社会发展要求,极大地调动了人民群众的生产积极性,使我国农村经济得到迅速恢复。经过50多年的发展,特别是在我国经济体制改革的促动下,农村家庭出现了新的变化,其家庭结构改变较大。

家庭是通过血缘、姻缘或收养关系组合成的社会生活基本单位。家庭结构就是家庭成员之间不同的组合关系和组合方式,其中既有横向的关系组合,也有纵向的关系组合。横向的组合是指同代人之间的关系,如夫妻和兄弟姐妹之间的关系;纵向的组合指代与代之间的关系,如父子、母女、祖孙的关系。

家庭结构是这两种关系相统一的组合形式,现代社会学通常对家庭有这样几种分类方法:按参与和决定家庭事务的权利,可将家庭划分为:父权家庭,母权家庭,平权家庭,舅权家庭。家庭中的事务由夫妻一方或某一家庭成员或夫妻双方定夺。按家庭成员居住地,可将家庭分为:从妻居家庭,从夫居家庭,单居制家庭。男女结婚后,丈夫携子女在妻家居住,或妻子携子女在夫家居住,或夫妻携子女另行居住,单独成立新家庭。按家庭的代际层次和亲属关系划分,可将家庭分为:核心家庭,即由父母及未婚子女组成的家庭;主干家庭,即由两代或两代以上夫妻组成,每代最多不超过一对夫妻,且中间无断代的家庭,如父母和一对已婚子女组成的家庭;联合家庭,指家庭中任何一代含有两对以上夫妻的家庭,如父母和两对或两对以上已婚子女组成的家庭,或是兄弟姐妹婚后不分家的家庭;其他家庭,即以上三种类型以外的家庭。

通过对盐铺村的调研以及问卷分析数据显示,盐铺村家庭类型以核心家庭为主,即父母与未成家的子女生活在一起的家庭类型为主体。从中国的情况看,新中国成立前我国农村的家庭绝大多数不仅是人口再生产的基本单位,而且是物质资料生产的基本单位,因此,主干家庭等人口较多的家庭占的比例大,核心家庭等人口较少的家庭占的比例小。新中国成立后,随着社会制度的改变、生产的发展,特别是十一届三中全会以来经济政策的变化,我国家庭结构发生了明显的变化,农村家庭结构变化总的趋势是主干家庭减少,核心家庭和联合家庭增加,核心家庭占有较大的比例。从20世纪40年代到80年代,联合家庭的比例由24%下降到6%,主干家庭由30%提高到36%,核心家庭由43%上升到54%,发展最快,其他家庭由3%上升到4%,几乎没有变化。

与家庭类型密切相连的是家庭规模,从家庭规模来看,家庭大概可分

第七章 盐铺村的家庭、婚姻和生育

为大家庭和小家庭,人口较多的家庭称为大家庭,人口较少的称为小家庭。一般而言,不同类型的家庭其成员的数量是不同的,联合家庭以及主干家庭人口较多可称为大家庭,核心家庭及其他家庭人口较少可称为小家庭。随着中国家庭类型结构从以联合家庭、主干家庭为主向以核心家庭为主的整体性转变,我国的家庭规模逐渐缩小。从我国第五次人口普查数据结果看,1953年家庭户平均人口为4.33人,1964年为4.43人,1982年为4.41人,1990年为3.96人,2000年为3.44人。而就平均每户常住人口来看,1990年为4.80人,1995年为4.48人,1999年为4.25人,2000年为4.20人。毫无疑问,全国家庭规模趋于缩小的过程必然也是农村家庭规模不断缩小的进程。农村家庭规模趋向缩小与农村家庭类型结构的转变同时演进。上述我国家庭类型与规模的变化情况及其发展趋势,是由多种原因所引起的。首先,这是我国社会生产力水平提高和商品经济充分发展的必然要求;其次,我国家庭规模与类型结构的迅速改变在很大程度上是由于国家计划生育政策的影响和制约。

在盐铺村,外出务工的人数只占到全村人口的18%,究其原因主要有两方面。

第一,由于盐铺人固有的乡土情结。村落是农民最基本的生存环境,农民世代以农耕为业,农村乃至整个中国都散发着浓厚的乡土气息。"民为邦本,食为民本,地为食本。"土地是人类的衣食之源,安身立命之本。浓重的乡土气息使传统的农民不愿意离开自己的家乡,移居他处。即使是从小离开家乡的人,也在时刻思念和挂念着家乡,到了晚年则想到"叶落归根"、"魂归故里"。特定的生存环境,使得传统的农民形成了特定的家庭观念,老守田园,不外移他乡,而且这种意识根深蒂固。在一般的社会生活中,农民的乡土观念成为选择友人、同事、合作伙伴的重要依据,所以在特定的环境下人们所形成的观念也很难改变。

第二,是因为盐铺村自身经济状况的富裕。1949年,盐铺村农民人均纯收入均为44元,经历农村土地改革,农业生产合作化。1957年农民人均纯收入约93.1元,与所在镇、县比较,没有明显差异。1978年农民人均纯收入为102.5元,与所在镇比较,低32.5元;与所在县比较,低12.5元。1978年改革开放以后,由于菜篮子工程的实施及乡村旅游业的发展,农民人均纯收入快速增长。2004年,全村人均纯收入4100元;2005年,全村人均纯收入达到5100元;2006年,全村人均收入6177元;到2007年,人均收入达到10018元,高出海阳镇4070元,高出休宁县5718元;2008年,全村人均收入达10252元;2009年全村人均收入达到11000元,位于休宁县前列,跨入安徽省首批达标验收小康村。盐铺已成为名副其实的小康村,村民们基本不需要外出打工挣钱,这更强化了他们的乡土观念。

二 盐铺村家庭观念的转变

中国传统社会的农村家庭中,长辈是家中的绝对权威,掌握家中资源,在家里是被尊敬、被侍奉的"重量级人物"。20世纪50~70年代,盐铺村都是由老人当家。但是,不论这种稳定的代际养老关系是源自"养儿防老"观念,还是来自"反哺"观念,此模式在传统家庭代际关系发生变化的过程中,已经发生了一定的动摇。从80年代开始,盐铺村家庭有的由老人当家,也有一部分由儿子当家,这要看老人在家中是否有威信;到了90年代,就全由年轻人当家了。

改革开放以来,农村的经济、政治、教育、文化和农民的精神面貌发生了很大的变化,中国农村正在向现代化迈进。现代化进程中农村的家庭关系、家庭结构、家庭功能、家庭生活方式等也随之发生改变。就人们的思想而言,家庭观念的转变为农村现代意识的提升起到了积极的推动作用,观念的转变是农村社会从传统迈向现代的前提,促使农村家庭传统观念向现代观念转变的因素也在不断发生着变化并逐步走向成熟。

随着社会经济不断发展,教育水平的逐步提高,盐铺村的整体素质也在不断地提升。村办图书馆的兴建以及扫盲活动的大力推行,盐铺村民的文化水准、认识水平以及分析判断能力也在不断增强。很多村民都开始潜在或明显地改变着自己的观念,这其中也包含着对传统家庭观念的改变。由于传统家庭观念基于各家独立的单元特点,同时还融于家族理念之中,所以它的改变有其自身的特点。

另外,家族本位思想虽受到了现代化的冲击和削弱,但仍然占据着一定的位置。费孝通先生曾经用"差序格局"描绘乡土中国以自我为中心层层外推到家庭、邻里、社区和国家的社会结构。就家庭观念而言,虽然现在盐铺

第七章 盐铺村的家庭、婚姻和生育

村年轻人的家庭观念出现了改变，但这种改变并没有突破家族传统观念。家庭观念的改变是以不改变传统的家族势力和家族意识为前提，始终围绕着家族这个核心而拓展自己的意识形态空间，以自己家族网络和自身家庭为核心向外展示自己观念的变化，这种变化很少会损害或丢弃自己的家族利益，往往是"以己为中心，像石头投水般和别人发生联系的社会关系，会似波纹一般，一圈一圈推出去，由近及远愈推愈薄"。

三 城乡一体化的影响

由于城乡一体化的带动，盐铺村经济水平不断提高，人均收入逐年增长，年轻人多在城镇购房生活，这就引起了家庭结构的转变。盐铺村现在有40余户年轻人在县城盖了房子或买了房子，这是城乡一体化中呈现的新气象。盐铺村走农业产业化和农村新型工业化道路，以开放的社会化大生产经营方式改造传统农业，发展生态产业，推进农业产业化，大力引进有机菊花的栽培技术，推进体制创新、科技创新，以工业化带动盐铺村经济的快速发展。整个盐铺村经济的繁荣，缩小了城乡之间的差别。

盐铺村通过发展工业生产，积累资金，"反哺"农业建设。同时，大力加强公共设施建设，改善自身的生产条件和村民的生活环境，推动了盐铺村经济社会的全面发展。

四 人口流动概况

改革开放以来，中国农村家庭模式在社会变迁的过程中发生着代际变化，作为青壮年劳动力的两代农民工，在其独特的生存环境与意识形态影响下，家庭组织结构与功能已逐渐转变。

根据2000年人口普查资料，全国现住地与户口登记地不一致的有14439万人。除去市区内的人户分离人口2332万人，全国流动人口达到12107万人。其中，从农村流出8840万人，占73.0%；流入城镇的9012万人，占全国流入人口的74.4%，可见流动人口主要是从乡村流向城市。从年龄结构看，流动人口中青年人口占大多数，在城乡流动人口中，15~35岁的人口占64.7%。

新中国成立前，盐铺村户数、人口、劳动力三个指标无资料，1950年三个指标数据根据休宁县农村经济委员会1986年编纂《农业合作简史》户数、人口资料计算,直到2009年全村情况如表7-1所示。

表7-1 盐铺村劳动力人口变迁一览

单位：人,户

年份	人口	户数	劳动力
1950	325	71	194
1978	709	146	425
1992	1051	272	631
1999	1063	275	638
2007	1077	286	649
2008	1086	286	792
2009	1090	290	801

由表7-1我们了解到,盐铺村2009年户数为290户,比1978年增加144户;人口、劳动力为1090人和801人,分别增加381人、376人。

五 盐铺村的家庭关系

随着社会的发展,传统的道德观念在年轻人中发生了明显的改变,年轻人不再运用传统观念去处理事务和完善世界观。他们可以离开自己的家庭和村庄,去能够为自己提供发展平台的外域打拼,以这种方式去实现自己的理想,来体现自身的价值,盐铺村200多名外出打工者就是这么想的,他们出外打工的目的既是为家庭赚取一定的经济和物质财富,同时,更是想在外出打工中去实现自我的人生价值。

现在盐铺村的情况是,全村有40余户年轻人在县城盖了房子或买了房子,而他们的父辈或祖辈仍住在盐铺村,由于县城离村较近,平时经常走动,过年过节回家走亲访友,和父母团聚。外出打工的子女,常把孩子留在家中由老人照看,平时靠电话联系,过春节的时候才回家。老人养老自理的多,靠养的少,丧失劳动能力的,儿女给米给油的多。老人生病时,有钱的就自己负担,没钱由儿子们分担。老人大多数时间都在干农活,空闲时与邻居聊聊天,看看电视,很少打牌,也没有其他的娱乐活动。

第七章　盐铺村的家庭、婚姻和生育

近年来,因为男多女少和年轻女孩大量进城,在农村婚姻市场中,男性明显处于劣势位置,家庭条件因此就成为男性能否获得爱情的重要基础。父母要为儿子娶媳妇,就得先为儿子建一栋新房子。盖新房、娶媳妇是农村经济社会生活中的大事、喜事,也是盐铺人的要事。

由表7-2我们可以看出,盐铺村外出务工的男性和女性比例基本相同,但是80%集中在40岁以下的群体。这个年龄段的群体,孩子大多还在10岁左右,教育和监护就不可避免地落到他们长辈的身上,由此而出现的"留守儿童"以及"空巢老人"现象成为现今社会关注的一个热点。

表7-2　盐铺村2008年外出务工人员调查统计

单位:人,%

总人数	女性所占比例	男性所占比例	40岁以下所占比例	40岁以上所占比例
201	47	53	83	17

从家庭结构上看,改革开放以来尤其是20世纪90年代以来,家庭结构迅速核心化,不仅兄弟会在结婚后很快分家,而且父母也往往会与诸子分开单过。即使是独子家庭,儿子结婚后,父母也越来越普遍地选择与儿子分家单过。在农村中,普遍存在分家现象。在一个大家庭,当儿子们有两个或多于两个结婚的时候就会出现分家。儿子越多,当儿子们结婚后出现分家的几率就越大。独生子的家庭也会出现分家但很少。分家主要分的是房子和土地。父母与已婚子女分家这种现象,既是家庭代际关系、变化的结果,又是家庭代际关系变动的原因。盐铺村的情况也大致相同,基于老人和年轻人性格不同,喜好不同,老人想清闲,年轻人喜欢自由,分家数量渐渐增多,80年代前,由母舅主持分家,现在大多由自己做主。

当前农村的代际关系,因为缺乏传统时代家长对土地的控制权,缺少人民公社时期国家对家庭关系的强有力干预,加之市场经济提供的农业以外的广泛机会,而使之前以长远预期为基础的哺育和反哺变得可疑起来,立足于短期的现实结算基础上的代际关系则开始出现,这种代际关系是一种更加理性化、较少亲情友好的代际关系,是一种新型的平衡的代际关系。

第二节 婚姻

在一夫一妻制下，婚姻构成了家庭的基础。一般来说，组成家庭不能离开婚姻，由合法婚姻产生的家庭关系才受到法律的保护，家庭成员之间的权利和义务也以婚姻为前提。正是在这种意义上，婚姻和家庭存在同一性。同时，婚姻存亡直接关系着家庭的稳定。

一　婚姻的定义

婚姻是指在一定的物质条件下，通过一定的嫁娶仪式而缔结男女两性婚育关系及男女两家姻亲关系，以满足人们生活、生理需要和种族延续需要的社会行为过程。婚姻本是人类社会进入到一定发展时期的产物，受不同地理文化环境、历史时期等因素的影响而表现形式多样。同时，它又影响着不同区域的人们的观念和生息繁衍。

在乡土社会中，婚姻礼仪是缔结婚姻关系，组成一个新家庭的重要环节，更是乡土社会中农民生活世界里最为重要的信仰仪式行为，它凝聚着深远的文化价值理念，也是乡民生活意义体系的体现。在农村社会中，作为传统文化资源之一的婚姻礼仪能得以形成并在社会剧烈变迁的今天仍然存在，可见其有着重要的社会功能。

传统性的婚姻礼仪不仅仅是一项典礼，更是一种文化，一种蕴涵着丰富民间文化的仪式展演，是对民间风俗、价值观、生活伦理的展示与教化，其中凝聚着深远的文化价值理念。在农村社区中，在一代又一代人的婚事中，社区文化得以传承，现有的社会结构与社会秩序得以强化。

二　新旧婚姻观念的转变

家庭制度对婚姻行为规范的严格制约包括：家长对儿女婚事的决定权，父系父权家庭制度下婚姻与财产继承、劳动力更替、亲代养老的密不可分的关系也决定了儿女婚后的居制，同时，家庭制度的制约还体现在婚后的夫妻关系之间。从角色模式这一方面看，农村中夫妻关系基本上仍维持传统的

"男主外，女主内"模式。

新中国成立以来，随着市场经济的变化和科学文化知识水平的提高，婚姻观念发生了嬗变，其主要表现在婚姻自由、择偶观、晚婚、离婚、再婚和军婚等方面。其中，婚姻自由作为这一时期婚姻文化的核心内容，从根本上摆脱了传统婚姻的家长决定权，凸显了自我意识和追求自由的勇气，成为新中国婚姻观念的主流。这一时期人们择偶更注重政治思想一致，追求互相爱慕与情投意合，逐步改变了以金钱、相貌取人和门当户对的择偶观念；同时，倡导晚婚、尊重和保护军婚等观念逐渐形成，离婚、再婚成为得到社会普遍认可的正常现象。

三 盐铺村的婚俗

对一个人的一生而言，结婚是人生之大礼，是个人的终身大事。婚礼的仪式是一个人脱离单身状况，进入建立个体家庭、延续家族香火的重要阶段。婚礼是人生礼仪中的大礼，因而在徽州受到了最为广泛的重视。

婚姻不仅是"合二性之好"，而且是"承万世之嗣"之大事，是香火的延续，而继承更是财产的延续。作为东南邹鲁之地和文献礼仪之邦，旧时徽州的婚姻，严格遵循着儒家伦理的规定和要求。同姓不婚、门当户对的约束，以及六礼的隆重而铺张，下层婚姻的种种无奈，都反映出徽州婚礼中不同阶级和阶层的利益追求。而继承则采取多种方式，其继承习俗也有诸多的古风存在。诸如继子地位的确定、诸子均分财产和女儿物权继承财产等诸多的民俗。

随着人们婚姻观念的改变，我国农村地区的婚姻过程也发生了巨大的变化。虽然各个地区的情况有所不同，但是总体上都经历了由繁到简的转变。盐铺村传统的婚姻过程主要有"纳彩"、"问名"、"纳吉"、"纳征"、"请期"、"亲迎"等过程，在其过程中，家长和媒人的作用很大，结婚双方的自主性较小。而现在盐铺村的婚姻过程则相对要简化得多，男女双方从恋爱到结婚大致经历恋爱、订婚和婚礼三个过程。

1. 择偶

20 世纪 70 年代前，女方择偶讲身份，要求对方政治可靠，出身贫农、中农，也有看中当兵的；到了 80 年代开始讲条件，是否有缝纫机、手表、自行车三大件；90 年代后就讲究是否有住房、有存款。另外，20 世纪 50、60 年代婚礼形式以走路接送，70、80 年代用自行车接送，90 年代后就改用小汽车。

2. 聘礼

在订婚和结婚时送一些聘礼给女方家庭仍然是不可缺少的习俗。其中，订婚时以金钱和衣物较为流行，结婚时以金钱和食物为主。尽管现在结婚时不送礼品的人增多，但聘金几乎是不可或缺的。因为用钱可以购买所需要的东西，所以更实用。盐铺村 20 世纪 70 年代前结婚费用几百元，80 年代几千元，90 年代后几万元，现在结婚费用一般在 2 万~6 万元。比如，村里一户结婚，给女方的彩礼费达到 5 万元，结婚费用花了 10 万元，这还不包括新房装修费。这也反映出农民普遍看重家庭财富以及面子上的攀比。

3. 嫁妆

作为一种礼尚往来，嫁妆仍旧流行。嫁妆一般相当简朴，以女性用的衣服用品为主，次为首饰。但嫁妆价值普遍高于男方的聘金，娘家为了提高女儿在夫家的地位，不愿意因嫁妆少而被人说闲话，而随着女性地位提高，许多女性在婚前参加了工作，有了自己的"私房钱"可以置办嫁妆。当然，如今的聘金嫁妆早已失去了原有的经济功能，主要是一种象征，象征婚姻的正式性。

4. 婚后居住方式

盐铺村婚后居住的方式一般都是夫方居，但根据夫方的家庭结构而有不同形式。

5. 离婚

盐铺村离婚现象仅有两例，再婚 1 例，早婚 3 例，非法婚姻 3 例。总体而言，民风淳朴，家庭稳定。

6. 通婚圈

通婚圈的范围，一般与村民交往的范围有一定的关系，同时也与通婚习俗有关。盐铺村外来媳妇共有 15 人，其中来自云南 2 人，江苏 1 人，其他来自本省安庆、巢湖和本市黟县、歙县等地。盐铺村虽位于山区深处，村民收入高且稳定，基础设施完备，交通上更是便捷，这些优势吸引了更多的外来姑娘，打破了原来的通婚范围，通婚圈呈现扩大的趋势。

四 婚姻新时尚

随着社会经济文化的发展，特别是改革开放以来外来文化的不断涌入，盐铺村青年接触到了各种各样的新婚嫁方式。由于整个盐铺居民群体观念的改变，使得今天盐铺青年的婚礼有了许多新元素的加入。婚礼上新郎西装革履、新娘礼服婚纱已经成为一种潮流。花轿已经被各种小轿车取代，办酒席也日益替代了拜天地的形式，传统的黄道吉日逐渐被节假日代替。婚礼摄像、婚庆服务等新的服务方式进入了盐铺青年的婚礼中。此外，旅游结婚成为青年们的新选择。盐铺村婚礼形式越来越个性化，内容也更加丰富有趣，这是盐铺人们生活水平提高、文化素质提升的一种无声体现。

第三节 生育

一 计划生育

计划生育政策实施 20 多年来，我国在人口总数的控制方面取得了伟大成就，全国的人口生育率已经彻底实现了从高水平向低水平的转变，这是中国计划生育政策对全世界的卓越贡献。但婴儿出生性别结构的严重失衡成了我国面临的又一重大人口问题。1982 年，第三次人口普查得到的 1981 年出生婴儿性别比是 108.47；1990 年，第四次人口普查计算的 1989 年出生婴儿性别比是 111.92；2000 年，第五次人口普查公布的婴儿出生性别比为 116；而根据《中国性别平等与妇女发展状况》白皮书公布的数字，我国 2005 年性别比已上升到 119.86。性别结构不均衡化趋势的加重已经引起社会的震惊。

二 盐铺村生育情况

20 世纪 60 年代，盐铺村女性初婚的平均年龄是 19 岁；70、80 年代上升到了21岁；90年代以来，女性初婚的平均年龄更是上升到了23岁（见表7-3）。随着知识的普及，计划生育工作的跟进和落实，初婚年龄还会有所提高。随着结婚年龄的增长，生第一胎的年龄也自然增长，并且年平均出生率已从60年代的35‰下降到了如今的7.56‰。同时，自2000年以来盐铺村都没有超生案例，90年代以来生育的政策符合率达到100%。另外，通过男方到女方落户的数字变化，我们能够看到盐铺人在婚姻观念上的进步。

表7-3 盐铺村人口生育情况一览

单位：岁，人

年 份	妇女初胎生育年龄	出生				政策内生育数	政策外生育数
		总数	一孩	二孩	多孩		
60年代	20	122	0	75	47		
70年代	22.1	187	65	92	20	100	87
80年代	22.3	169	89	69	11	93	76
90年代	24.2	126	97	27	2	126	0
2000年以来	24.05	77	68	9		77	0

年 份	政策符合率（%）	平均出生率（‰）	自然增长率（‰）	总和生育率（‰）	性别比	男到女家落户数	女性初婚平均年龄
60年代		35	17	5.8	127	0	19
70年代	53	22.9	15.5	4.7	119	1	21
80年代	55	14.2	8.5	3.2	122	3	21
90年代	100	9	4.5	1.8	117	2	23
2000年以来	100	7.56	2.7	1.4	133	6	23

三 生育观

20世纪60年代，全国上下没有计划生育的概念，也没有必要的避孕措施，生育是自然的过程，由于没有限制，兄弟姐妹4到6个都很正常，同时由于生活水平较低，婴儿成活率很低。

70年代，农村的计划生育政策刚执行，大部分农民不能接受，一般都会生2到3个小孩。随着生活水平的提高，节育观念也走进了盐铺，部分思想进步的村民开始接受计划生育政策，主动节育。

80年代，是生育观实现扭转的关键年代，新的计划生育政策严格落实

第七章 盐铺村的家庭、婚姻和生育

后,由于数量的严格控制,生育男孩成了许多农村家庭生育的目标。同时节育也随着计划生育的实施而进入大众家庭,盐铺村政策外生育数下降 11 人。

从 20 世纪 90 年代至 21 世纪,由于外出务工人员的增多,接受了城市的先进文化,村民生育观念发生了一些变化,由追求数量向追求质量转变。2000 年以后,人们的生育观发生了历史性的转变,计划生育深入民心,实现 15 年无计划外生育。

盐铺村"两委"充分认识到计划生育工作对经济发展的促进作用,引进徽菊栽培技术,在计生协会的基础上成立了徽菊生产协会,培训和指导计生家庭种植徽菊,增加收入,成为全县首个农民人均收入超万元的村。在抓经济发展的同时,积极做好计划生育工作,开展计划生育村民自治。并且,不忘让计生家庭优先享受发展的成果,开通了计生班车,每天两次专门接送到县城上学的计生家庭子女,既使小孩能安全便捷地上学,又解除了计生家庭的后顾之忧,让他们一心一意发展经济,极大地调动了村民实行计划生育的积极性和主动性。

第八章 盐铺村的教育发展

盐铺村位于美丽的黄山脚下，这里山拥水抱、英才辈出，具有深厚的文化底蕴。随着教育改革的不断实施，学校教育事业发生了翻天覆地的变化，从抓紧基础教育做起，跟上时代节拍不断创新，注重青少年教育的同时还开办了农民技校以及职业教育。教育的总体水平不断实现了阶段性目标，且教育教学质量有了长足发展，办学信誉不断提高，正向办好人民满意的教育目标迈进。

第一节 基础教育

一 沿革与变迁

盐铺村建立学校最早始于20世纪60年代初期，主要教授小学语文、数学两门基础知识，附设幼儿教育。成人教育主要是办夜校，做成人扫盲工作。改革开放前夕，盐铺村学校以村办为主，当时除盐铺有完小外，山后、茶下、下棚、塘上等村都办起了教学点。随着人口的增多，盐铺及周边地区五所学校合计120余名学生、8名教师，教学点一般设置幼儿园、一到四个年级，不利于教育教学质量的提高。两年后，除盐铺小学外，其他四个陆续解散，但就当时的情况而言，为整合有限的人财物资源、确保教学质量，保留一个处在中心位置的盐铺小学，这样的布局还是比较科学的。20世纪后期，计划生育政策导致人口急剧减少，盐铺小学于 2003 年将五、六年级并入川湖中心学校，2005 年则将全部班级并入了中心学校，带来了农村教育教学质量的显著提高。

2005 年后，盐铺村小学虽然被撤并，但盐铺村领导一如既往地保持着重视、发展教育事业的优良传统。由于盐铺村离川湖中心学校有 3 公里左右的路程，学生上学极为不便，村领导与川湖中心学校商议后专门为学生安排了校车，负责早晚按时接送学生往返学校，每年支出 4000 余元，此举得到了家长、老师和社会上的一致好评。正是有了村委会领导干部们的支持，盐铺村的九年义务教育工作完成得相当出色。

二 干部群众出资出力

盐铺村干部群众对办学是热情而又积极的。建校之初，由于经济基础薄弱，又缺少上级单位经济方面的支持，无力购买砖瓦，村干部便发动村民们自做土砖晒干垒墙，使用拆除的土地庙的砖瓦和向群众借瓦盖校；同时，由于师资力量不够，村里就自请代课教师，没有工资，便会同其他社员一样采取出工记工分的形式，由村里统一支付。1978 年，随着学生和年级的增多，原来的校舍太小不够使用，在村委会的经济支持下，又重新盖起了木架砖瓦教室，并于 1995 年进行第三次重建，给学生创造了一个宽敞明亮的学习环境。十几年来，学校硬件设施明显改善，通过整合教育资源和加大投入，重点打造了川湖中心学校这个亮点学校。同时教师的整体素质明显提高，教师队伍建设跟上了时代前进的步伐。近年来，盐铺村千方百计加大政策支持力度，每年面向社会招录一批大中专以上的师范类优秀毕业生，鼓励他们前来任教，这为盐铺村教育注入了新鲜的血液，带来了新的生机和活力。同时，畅通教师进出口渠道，激活教师管理机制，调动教师工作积极性，为全村教育大发展提供了人才支持和保证。川湖中心学校提出了"统一化管理，特色化办学"的方针，因地制宜，突出特色，调动了学生学习积极性，丰富了学生课余生活，打造了教育发展的新平台。

三 教学实绩

改革开放后，盐铺村全日制小学（以下简称日校）的教学内容基本上都与中心学校保持一致,确保开足开齐课程。此外,在教授基础知识的同时,日校也关注学生综合能力的发展,开展素质教育,教育经费全部由县财政负担,学生家长也非常重视子女的入学教育。20世纪80年代后,每年小学的入学率、毕业率都达到100%,初中的入学率达100%,17周岁初中完成率达90%以上。据统计,改革开放30多年来,盐铺村已有86名学生相继毕业于全国各类大专院校,成为建设祖国的栋梁之才。与此同时,成人教育、扫盲工作一直不曾放松,根据上级有关部门的计划安排,除了办校办班外,还采取送教上门的办法,严格按照年度计划完成扫盲任务,截至2007年底,50周岁以下的青壮年文盲率为0。

第二节　教育背景

一　传统文化的影响

农村地域文化中长期积淀而形成的地域、民俗文化传统,以及农村生活现实中原本就存在的许多合理的文化因素,有着对于农村生活以及农村生活秩序建构而言弥足珍贵的价值成分。优秀传统文化对现代教育的影响是不容置疑的。盐铺村属于休宁县海阳镇,这里是徽商的发源地。盐铺人的思想既承袭了优秀的传统文化,又将之与现代文化融为一体,形成了独特的教育理念。

二　徽文化的奠基

休宁县是一个极其重视教育的地方,历史上曾先后出了19位文武状元,其特色的状元文化、优美的自然生态、良好的人文环境成为当地群众最为宝贵的财富与骄傲,吸引着全国乃至世界的目光。休宁虽僻处安徽南陲,但并不十分闭塞。它介于浙赣两省之间、抱于黄山白岳之中,是新安江、富春江、钱塘江等水系的发源地,在古徽州拥有地理中心和水陆交通枢纽的重要地位。水陆两线构织的交通网,连通了山外的世界,方便了商旅往来,活跃了休宁市场,繁荣了休宁城乡。休宁既近程朱阙里篁墩,又与朱熹桑梓之邦婺源为邻,深受程朱理学濡染,素来敦人伦、重教育,有"远山深谷,居民之处,莫不有学有师"之美誉。同时,徽州历史上多藏书名家,休宁藏书家则领徽州风气之先。南唐查文徽,宋代宋松年,元代陈栎、赵方,明代朱升、程敏政,清代"汪氏三子"汪文桂、汪森、汪文柏等,无不是家藏万卷的藏书家,如此便利的学习条件和如此浓厚的学术氛围,对激发休宁学子的学习兴致、拓宽他们的知识视野无疑有着巨大的推动作用。明代开始,"贾为厚利,儒为名高"是大多数徽商奉行的准则。为了提高自己的政治地位、赢得封建政权的庇护,他们一方面不断向朝廷和官府捐银报效;一方面把商业利润的一部分投资教育,培养子弟和同族学子通过科举进入封建政府的各级政权。与此同时,商人雄厚的财力和浪迹天涯的流动性,又为他们的子弟延请名师、四方游学、扩大视野、增长见识创造了有利条件。诚如胡适先生所言,这种离家外出、历尽艰苦、冒险经商的传统,也有其文化上的意义。由于长住大城市,徽州人在文化上和教育上每能得一个时代的风气之先。因此在中古以后,有些徽州学者,他们之所以能在中国学术界占据较高位置,都不是偶然的。基于这么深厚的徽文化熏陶,盐铺村的教育也相当出众。

第三节 青少年教育

一 崛起的盐铺教育

近年来,人们眼中的这种惯性逻辑,正被安徽南部自我奋起的休宁县盐铺村的教育所抛弃。近年来,盐铺在"科教兴村"、"人才强村"思路的引领下,切实把教育放在了优先发展的战略地位,近几年投入了大量钱财物改善办学条件,落实教育资助行动资金,基本解决了贫困生"上学难"问题。2007年,安徽省农村义务教育阶段全部实行免除学杂费政策,同时还有部分贫困生享有减免课本费的优惠,减轻了农民的负担。党政部门、社会各界倾心关注、支持教育,盐铺教育迎来了难得的发展契机。

二 家庭教育

教育作为文化的一部分,总是受制于整个文化传统,中国传统教育是中华传统文化不可缺少的有机成分。今天在对青少年进行爱国主义、社会主义教育时，必须继承和发扬中华民族五千年的优秀传统文化，让他们形成有中国特色的价值观、人生观和世界观。

农村中的家庭教育，构成了农村教育的基础和前提。家庭教育的主角是由家长来承担的，家长的教导对孩子品质、素质及修养的形成有着重要的影响作用。父母与孩子之间的血缘关系和亲缘关系的天然性和密切性，使父母的喜怒哀乐对孩子有强烈的感染作用。孩子对父母的言行举止往往能心领神会，以情通情。在处理身边的人与事的关系时，孩子对家长所持的态度很容易引起共鸣。家庭教育的过程，是父母长辈在家庭中对孩子进行的个别教育行为，比学校教育要及时。常言道：知子莫若父，知女莫若母。家长与孩子朝夕相处，对他们的情况了如指掌，即使是一个眼神、一个微笑都能心领神会。因此，作为父母应该通过孩子的一举一动、一言一行，及时掌握此时此刻他们的心理状态，发现孩子身上存在的问题，及时教育，及时纠偏，不让问题过夜，使不良行为习惯消灭在萌芽状态之中。家长对孩子进行正确的家庭教育，既可以为接受集体教育奠定很好的基础，又可以弥补集体教育的不足。此外，家长还应纠正"重智轻德"的偏向，坚持全面发展的育人观，是家庭教育的方向。父母的首要职责是教育孩子做人，这是成才的基础。

盐铺村在这方面做得非常到位，家长不光重视孩子早期的智力开发，还十分重视非智力素质的培养和训练。他们配合学校进行思想政治教育、品德教育、纪律教育和法制教育，而且还有针对性地进行勤劳节俭的教育，言传身教，杜绝了孩子在吃、穿、用方面追求名牌的现象。同时，重视培养孩子良好的心理素质，特别是抗挫折的能力，他们觉得一个心理不健康的孩子，即使智力超常、成绩优异，考上了名牌大学，也难以成才；并引导孩子把决心落实到行动，要求从低到高，速度由慢到快，培养孩子形成良好的习惯。

我国古代伟大的教育家孔子曾说过："其身正，不令而行；其身不正，虽令不从。"在孩子的心目中，父母往往是世界上最好、最聪明、最能干的人。他们喜爱父母、崇拜父母，绝对地承认父母的权威，也极愿效仿他们。

因此，家庭教育从某种意义上来讲是对父母自身的再教育。做父母的只有首先把自己教育好，家庭教育才大有希望。印度圣哲克里西那穆提说过，正确的教育并不依赖于政府的规定或某种特殊制度的方法，它取决于父母和教师。让我们的家长和老师集中更多的时间和精力去从事有效果的、有创造性的教育活动。由于农村一直处于封闭落后的边缘，教育滞后、人才匮乏现象严重，导致大多数农村家长素质并不高，这样他们影响和教育出来的孩子必然在家庭教育上显出不足。但是通过以上对盐铺村教育状况的介绍，我们看到了盐铺村民的高素质。他们认为孩子只要一心愿学，做父母的会感觉到最大的骄傲和至高无上的荣耀。虽受"望子成龙、盼女成凤"思想的影响，但他们仍会让孩子做些力所能及的"劳动生活"，并重视孩子"做人"方面的道德教育，使得盐铺村青少年道德水准和生活能力的整体优势得到了提升。

在盐铺村的家庭教育中，家长不但给了孩子"干粮"，还给了孩子"猎枪"。在社会化的过程中，孩子们形成健康的人格、心理和价值观念；在培养能力比传授知识更重要的现代科技的发展时期，实现了知识型教育向能力型教育的转变。

三 青少年教育

我们面临着知识经济时代对青少年素质要求的不断提高，同时青少年的发展是以提高青年素质为主题的发展。"合抱之木，生于毫末；九层之台，起于累土"，对青少年进行良好的素质教育使其成长为栋梁之才，对国家的发展意义重大。青少年在校期间的实践活动是多种多样的，这些不仅有利于提高青少年的学习兴趣，还能激发他们的创新欲望，有利于知识的灵活运用。美国哈佛大学心理学家丹尼尔·戈尔曼在《情感智力》一书中首次使用与智商相对应的情商概念，并且认为在对一个人的成功起作用的要素中，智商只占20%，情商占80%。在目前青少年的培养教育上，重视智商培养忽视情商培养的现象并不少见。因此，对于青少年的教育，应该将智商培养与情商培养并重，注意培养青少年的情绪控制力、自我认识能力、自我激励能力、认知他人的能力、人际交往的能力，锻炼他们顽强的意志，培养他们优秀的品质。中国科学院研究员董光璧也曾说过，现代化中最困难的是文化的障碍,传统文化与现代文化衔接不好,是个问题。当代青少年生活在现代文化中,并且常常扬此贬彼,对传统文化不仅缺少深刻认识,而且有否定的倾向。

  因此,在青少年的教育中,应加大对中国优秀的传统文化的教育力度,实现现代文化与传统文化的互相渗透教育,既要学习现代文化,也要从优秀的传统文化中汲取营养。同时,还应坚持法制教育与道德教育交融,教育青少年树立正确的人生观、世界观和价值观,培养其高尚的情操和职业道德。为此,青少年必须学习中外伦理道德、社会公德和家庭美德等方面的基本理论与知识,尤其要注意诚信的修炼,做到"一诺千金",还要学习有关的法律知识,使德与法相得益彰。随着市场经济的运行和经济的高速发展,社会的产业、行业、职业结构调整的速度越来越快,青年在择业、就业上也不再是"从一而终",而是有了更多的发展机会。因此,青少年需要宽厚扎实的基础知识和专业能力,也只有具备了这个能力,才会为未来储备充足的发展后劲。

  在青少年教育中,既要培养他们的竞争意识,同时也要培养他们的合作精神。只有这样,将来的他们才能勇于竞争,善于竞争,同时具有一定的社交与应变能力,能够很好地带领团队,广泛地进行合作。在对青少年进行教育时,须将继承品格与创新精神结合起来,在继承的基础上进行与时俱进的教育。青少年必须具备很强的创造能力,才能灵活应变,才能战胜自我,才能实现知识的更新和观念、方式的创新。20 世纪 80 年代诺贝尔奖获得者们确立的《巴黎宣言》中有这么一句话:"如果人类要在 21 世纪生存下去,必须回头 2500 年,去吸收孔子的智慧。"[①] 应当说,在我国社会主义市场经济环境下,新儒商们就是吸收了孔子的智慧并将其运用到现代经济生活中的现代商人与智者。他们的成长与成功,启示着我们在青少年教育上,应该将科学精神与人文精神、理论知识与实践能力、竞争与合作精神的培养,智商与情商、现代文化与传统文化、法制与道德、专才与通才、继承品格与创新精神的教育等相结合,使之交相融合,相辅相成。

---

① 胡显中:《孔子学说中的民本主义精华》,《中国文化研究》2000 年第 1 期。

第四节 成人教育和职业教育

一 农民职业技术教育

农民是新农村建设的主体,农民素质提高是新农村建设的核心,培养有文化、懂技术、会经营的新型农民是新农村建设最重要的途径。我国农民的整体素质偏低,直接制约了我国农村经济及整个国民经济的发展。全面建设小康社会,农村是关键、农民是重点。面对农业和农村经济发展步入新阶段和加入WTO的新挑战,实现农业增效、农民增收和农产品国际竞争力增强三大任务,最根本的是依靠科技进步和提高劳动者素质。为此,在我国国民经济和社会发展"十一五"规划纲要中,明确提出要"加快发展农村教育、技能培训和文化事业,培养造就有文化、懂技术、会经营的新型农民"。发展农民职业教育是提升农民整体素质的有效途径,也是推进农村社会转型和文明进步,落实科教兴农和人才强国战略的必然要求。盐铺村贯彻落实中央文件,把绿色农业、生态农业等纳入职业教育体系中,盐铺农民成为了"生态农民"。

职业技术教育是在农村经济体制改革掀起的中等教育改革中形成与发展起来的,其培养目标的职业性、教学过程的实践性和办学形式的灵活多样性,为广大农民创造了真实的财富。盐铺村能有今天的经济面貌,职业教育的作用功不可没。

盐铺村是黄山市建设社会主义新农村的示范村,2006年列入安徽省"861"计划的乡村福地示范村。盐铺自2006年发展乡村旅游业以来,通过发展龙头项目,进行农业结构综合调整等方式,农民收入不断提高。2007年该村人均纯收入即突破万元大关,成为名副其实的市级"新农村之花"。而这一切的发展变化与教育和科学技术的引领是分不开的。盐铺的教育是多方面的,除了基础的学校教育,还重视对农民的职业培训。盐铺村以农民为本位,根据每个农民的不同特点和要求,开展了农民技术教育培训,为农民提供了切实有效的职业教育。

二 农民技术培训

农民科技教育属于成人教育，有其自身的规律。农民科技教育培训体系构建要从各地实际出发，立足于当地农业科技教育资源，因地制宜地进行。不同地区发展的严重不平衡性，要求各地农民科技教育培训体系的构建应是多元化的，而不是拘泥于一种形式。农民科技教育培训体系的构建必须坚持改革创新，运用创新理论来研究新概念与新模式的开发、新目标的确定、新的配套政策与保障体系的建立等。从宏观体系构建的研究到微观的创新研究，逐步形成一套完整的农民科技教育培训体系建设的研究体系，努力创建适应新时期需要的农民科技教育培训体系及运行机制。马斯洛的需要层次论认为，需要是人类内在的、天生的、潜意识存在的，而且是按先后顺序发展的，满足了的需要不再是激励因素，当人的某一级的需要得到最低限度满足后，才会追求高一级的需要，如此逐级上升，成为推动继续努力的内在动力。结合马斯洛的需要层次理论，分析大多数农民的需要，盐铺村提出了农民教育培训的途径——以文化活动吸引农民、以知识讲座提升农民、以科技培训武装农民、以田间现场指导塑造农民。

20世纪90年代，盐铺村同全县其他农村一样，办起了农民技术学校，由日校的教师出任"扫除青壮年文盲提高班"指导员，负责提高农民的文化知识水平，同时由农技校出面聘请县农技人员给村民进行种植业和养殖业的专项技术指导。农民技校具有成人教育的特点，农民喜爱看实物，不爱听理论讲解。如果采用传统单一的课堂传授模式开展农民技校教育，违背了职业教育"实际化"和"生活化"的特点。晏阳初讲"指导我们农业改革的主要原则是学以致用，立见成效"。农村技术教育必须贯彻"学以致用"原则，组织和鼓励农民积极参与本地区的农业改革实验和农业生产活动。盐铺村技校的开办形式多种多样，或讲座或田间示范，或组织人员外出参观，或发资料，或看光碟，致力于让每位农民（至少每户有一人）都能掌握一门技术，靠自己的勤劳实现致富梦想。

开始时，技校工作较为被动，基本上是根据农民种植的需要给予技术上的支持，如看到农民种植水稻、玉米，就针对水稻、玉米的优良选种、田间管理、病虫害的防治等进行技术指导；看到农民田里栽种荸荠、甘蔗、西瓜，便适时地开展有关栽种技巧和注意事项的专题讲座，此举虽然受到了农民的欢迎，也带来了农产品产量在一定程度上的提高，但农技人员渐渐发现，如果一直跟在农民的后面跑，将会使得农技教育发展滞后不前，不能真正实现科技致富的目标，能不能引进经济效益较高的新品种、如何鼓励村民们勇于尝试新项目成为农技校人员思索的重点。盐铺村农技校可谓带了个好头，校长曹长来及时与县农业技术推广中心联系，选定效益高的经济作物、优良品种后，印发技术资料，发给村民们结合实际需要选择试种，如甜玉米、糯玉米、早育抛秧、贡菊等，不少农户小心翼翼地试种了一点，虽然收到了较好的收益，可是量太少不成气候；有的农户怕市场反映不好，对贡菊的栽培甚至不敢尝试。盐铺村书记李讨饭、村长曹长来是看在眼里，急在心里，2002年他们干脆亲自带头，率先在田里种植了贡菊，当年即获利2万余元，曹长来第二年又相继承包了村里的七八亩荒地，开始规模种植，又获利十多万元。这样一来影响大了，2005年村民纷纷主动种植菊花，农民的收入水平有了大幅度的提高，2007年盐铺村农民人均纯收入突破了万元大关。针对村民不敢干、不会干、不愿干的问题，该村在全县率先建立了"双培双带"先锋示范培训基地。村"两委"成员自担风险，带头培育和推广菊花新品种，并与各种植户结对帮扶，向种植户免费提供种苗，还聘请农技人员到村现场传技，解决烘干和收购等问题。

随着农业功能的不断拓展、农民群体的不断分化以及农村经济社会的全面发展，农民对教育培训的需求不断发生变化。农业的社会稳定功能、就业与增收功能、生态保护功能、观光休闲功能和文化传承功能等新功能的发挥，还离不开一批精通生态农业、观光农业、文化农业的农民专业人才。要开展农业职业技术教育和培训，提高农民科学种养水平和农业生产经营能力，发展现代农业，让农民当好农民；也要开展专业技能培训，提高农民转业就业能力，推进农民向非农产业转移，实现长期稳定就业，让农民不再当农民。

三　休宁的职业教育

职业教育是基础教育的后续教育，就是在教授专业知识和职业技能时，已经假定或肯定了教育对象已经具有共同的文化基础。随着我国农村基础教育普及程度的提高，绝大多数农民的科学文化素质和思想道德素质有了明显提高，思想观念中已经具有一定的市场经济意识、生态环境意识、科技兴农意识、民主政治观念等。正值这种观念转变时，休宁县兴起了一股新平民教育之风，开辟了职业教育的新途径。

从 2003 年起，休宁县政府与苏州德胜洋楼有限公司合作，联合创办了全国首家全日制木工中等专业学校——德胜鲁班（休宁）匠工学校（也称德胜鲁班木工学校），以及全国第一所真正意义上的平民学校——休宁德胜平民学校。这两所学校践行的平民教育理念，受到国内众多教育专家的关注。德胜鲁班（休宁）匠工学校创立于 2003 年，专门招收贫困农家子弟免费学习木工技能。休宁德胜平民学校创办于 2005 年 9 月，如今已招收了 96 个学生。"这是一所全免费寄宿制学校，包括吃穿等基本生活费用全部由学校承担，这些孩子都来自休宁贫困农村家庭，一般都生活在学校，他们要学会自理生活，人人都要劳动。"在安徽休宁兴办全国首家木工学校，既是偶然，又是必然。

休宁地处安徽南端，是古徽州一府六县之一。历史上因出现过 19 位文武状元而被赋予"中国第一状元县"的美名，这是文化教育的奇迹，这是休宁历史的辉煌；在现代，休宁县又是人民教育家陶行知的第二故乡，陶行知幼年求学于斯，20 世纪 30 年代实践"生活教育"于斯。在新的历史时期，由于经济体制的快速转轨，剩余劳动力的大量转移，给职业教育提出了新课题。休宁县山多田少，劳务输出率高，尤其是新增劳动力，就业技能培训跟不上需要，职业教育的专业结构调整更是势在必行。改变休宁山区贫困面貌，必须从教育抓起，作为文化大县、生态大县，休宁的职业教育专业更广泛，特色更突出，为山区贫困家庭脱贫致富开辟更多的渠道，搭建更多的舞台。2003 年春，时任县长的胡宁在做了大量社会调查的基础上，亲自携员赴苏州德胜洋楼有限公司考察、洽谈，明确指出，要把职业教育转移到为休宁两个文明建设服务，为休宁"三农"服务和大面积提高农村劳动者素质的轨道上来，要把职业教育办成"让无业者有业，让有业者乐业"的"教人生利"（陶行知语）的学校。

如今，这两所学校的特色已经深深地吸引了盐铺子女，很多家长依据现实情况，对自己的孩子有了新的定位，不再把考上大学作为孩子唯一的出路，也不再逼着孩子死念书、念死书。他们的教育观念已经发生了深刻的变化，也意识到职业教育同样能让自己的孩子走出山村，走向城市，走向未来。

第五节　盐铺教育的启示

吸收休宁的办学经验，我们要站在建设社会主义新农村的角度开办职业教育，必须大力培养德艺双馨的人才，他们才是建设新农村的生力军。学校，尤其是职业学校不面向市场、不面向实际，只能被社会淘汰。德胜鲁班木工学校的创办和红火，恰恰就在于它紧跟市场、面向实际，把山区的一些原本平凡的年轻人培养成为高级木工，而这些人毕业后，以其厚道的人品、勤劳的态度、高超的手艺，不仅挣了钱，也得到了社会的认同，这样的职业学校，家长是欢迎的，社会是需要的，这样的学校就没有理由不发展。

盐铺村的成功经验总结起来，主要有以下几点：第一，通过切实的宣传教育，转变了农民的观念，让农民认识到了职业教育的意义，更多农民主动将子女送到职业教育院校接受职业教育。第二，农村职业教育系统的建立，做到了多层次、多渠道、高度灵活性和全面覆盖，实行教育机构与企业合作办学，培训实用性人才。第三，对农民进行市场经济知识宣传教育。对农民进行培训指导，引导农民根据自身条件参加社会紧缺工种的培训。做到了分类培训，培训机构委员会根据每一位参加培训农民的文化基础、兴趣爱好、经济条件设计培训方案。第四，农民职业教育在专业设置上，紧跟市场动向。第五，盐铺村在开展一系列技术指导的同时，还注重创建健康文明的精神风貌，为了加强对农民进行思想政治教育，繁荣农村文化事业，建立了村办文化馆、图书馆和村文化室等公共文化设施建设，推动农民体育健身工程，扶持农村业余文化队伍，鼓励农民兴办文化产业，开展和谐家庭、和谐村镇的创建活动等。

农村教育是一个完整的体系，包括基础教育、职业技术教育和成人教育三大块，是农科教结合的重要组成部分。基础教育是提高全民素质的基础工程；职业技术教育是社会主义市场经济的重要支柱和引导农民脱贫致富的桥梁；成人教育主要是对从业人员的再教育，具有与经济建设和社会生活联系最紧密、最直接、最广泛的特点，在落实"三教"统筹中具有重要作用。我们在注重基础教育的同时，还要将其与职业教育和成人教育紧密地结合，进而让农村教育迈上一个新台阶。

农村中蕴藏着丰富的教育资源，既有丰富的自然资源，也有独特的文化资源。在教育过程中，要善于挖掘农村隐藏的教育资源，结合农村当地的特色进行教育，使农村独特的教育资源得以开发与利用，帮助农村孩子认识自己周围的农村世界，吸收农村社会中的教育资源，同时注意吸收广阔的城市文化和传统的文化，通过外来文化与乡村本土文化的有机结合培育起自己的具有时代特色的新农村文化。因此，新农村教育还应该具有时代特色，保留传统文化中有价值成分的文化，使之成为一种传统与现代相结合的新整合文化。陶行知认为"乡村学校应当做改造乡村生活的中心"。农村学校不能置身于村落建设之外，它应当成为村落的文化中心，通过外来文化与农村本土文化的有机结合培育起自己具有时代特色的新农村文化。

盐铺村着眼于农村社会经济发展的未来趋势，推进农业的产业化经营发展趋势、产业与经济结构的调整优化趋势、农村城镇化的发展趋势、农业与农村的可持续发展趋势，大胆地进行了理论创新，打破了传统的狭隘专业技能教育的框架，从大职业教育的新视角深刻认识农民职业教育的本质，重新界定农民职业教育的内涵。通过教育，用先进的农业生产技术武装农民，使现代农业新技术迅速渗透和扩散到农业生产当中去，转化为现实生产力。从根本上改造传统的低效农业，大力发展了"三高"农业。通过教育，适应农村产业结构调整的要求，将一些高附加值和具有市场前景的项目介绍给农民，在生产技术、管理和市场营销等相关领域加强培训；通过教育，帮助那些转岗或转业的农民迅速地更新知识以适应新的岗位或职业的要求。通过整合与优化现有农民技校的资源，将低效益运转或闲置的、分散的农民资源相对集中，按照农村经济发展规模与社会发展要求，进行培训资源调整与合理利用，使之与国民经济的发展以及农业结构的调整、农民对现代知识的需求相适应，达到最佳的投入产出效果。

第九章 盐铺村的民俗

民俗是社会的重要组成部分，是村民价值观、交往方式等深层心理结构的反映。要深入研究一地的社会状况，离不开对当地民俗的了解。盐铺村在承袭传统民俗生活的同时，又在延续中不断地推陈出新。近年来，随着社会的发展和生活的更新，盐铺村的民俗生活也在悄然演进着，在饮食起居、岁时民俗、人生礼俗等方面，都呈现一定的变化。

第一节 移民社会与民间信仰

盐铺村地处古徽州的休宁县，在历史上基本可算是一个河埠码头。它位于新安江的上游——夹溪河畔，在夹溪河的两岸，人们利用便利的水运资源，建成了600多米的商铺，因为主要经营盐而得名盐铺。它既是货物的重要集散地，也是商人的会聚中心。随着社会的发展和近代安庆等地移民的迁入，盐铺村的民俗既有对徽州地域民俗的传承，又表现出不同于休宁当地的一些异域特征。

盐铺村下辖的6个自然村村民，大多为清末战乱逃难到此的安庆人，部分是新中国成立后尤其是改革开放后从外地迁进或嫁入当地的人口。盐铺村不像徽州的许多大村落那样，严格聚族而居，其村落较为松散，姓氏也较为杂乱。其中盐铺自然村主要姓氏为李、叶等姓；下棚自然村现主要姓氏为李、张、汪、王等姓，均为安庆迁入；茶下自然村主要为曹姓；塍上自然村主要为刘、金、陈等姓；山头自然村以蒋、吴二姓为主，两姓属姻亲关系。

盐铺村民平日互相交流的语言均为安庆话，对休宁人说休宁话，对外地人也可操夹安庆尾的普通话。盐铺村因姓氏较杂乱，且各姓人数有限，没有形成统一的宗族活动和宗教信仰。宗谱之类，也因战乱匆忙逃难，或没有从原住地带来或几经辗转丢失，无一保存。聊可替代宗族活动的是两个会社活动——土地会和马鞍会。

土地会。过去，盐铺每个自然村村口都有土地庙，庙墙上均设有土地菩萨像。每年腊月三十（大年三十），村民自发到村口的土地庙烧香祭拜，祈祷风调雨顺、庄稼丰收。祭品为猪头、整鱼、整鸡，外加香、金银纸；男女均可参拜。仪式开始时，先鸣爆竹，再烧香，跪拜。这一天，土地庙前人来人往，络绎不绝，村民们称为土地会。

马鞍会。清明前后，在盐铺李家大屋里做庙会，大家集资请齐云山道士来主持，各家先在自家中的长条桌上用米升盛米，插上用红纸写好的土地菩萨名供奉起来。道士在主会场主持完祭礼后，手持朝板挨家依次念经，祈祷风调雨顺、五谷丰登。庙会当天，盐铺鼓乐喧天，鞭炮齐鸣，舞龙舞狮，人山人海，小摊小贩，卖甘蔗点心的、卖玩具的，各路生意人都有，非常热闹。

盐铺阿瓦族的民俗

可以看出，在盐铺，不管是土地会还是马鞍会，都是以祭祀土地神为内容的。在盐铺村传统的以农业为主的自然经济条件下，种地是最基本的谋生方法，土地是民众的衣食之本。历史上，由于人们不懂得农作物生长的原理，又出于对粮食丰收的祈盼和依赖，人们的心目中便有了土地神灵支配的臆想，祭祀土地神成为当地庙会的主要内容。

第九章　盐铺村的民俗 ○ 中国百村调查丛书·盐铺村

正如文化人类学家马凌诺斯基所指出的，文化都是直接地或间接地满足着人类的需要。① 以祭祀土地神为主要内容的庙会不仅满足了盐铺村民们对年成丰收、生活安定、子孙满堂、消灾祈福等的寄望；同时，庙会在进行中，又发挥了娱乐、团结乡邻以及社会教化的功能，使原来杂居松散的盐铺村落中的民众联系得以加强，也促进了盐铺有机社会的形成。

第二节　生活习俗

一　饮食习俗

饮食文化是人类饮食行为、观念、技术及其产品的总和，饮食民俗在整个民俗事项中占据着极为突出的地位。所谓"靠山吃山，靠水吃水"，"一方水土养一方人"，在不同的自然环境下形成的饮食习俗也是各不相同。

盐铺村地处徽州南部山区，山区作物经济特征明显。饮食习惯一般是一稀两干的一日三餐制，大多早餐喝粥，中、晚餐以干饭为主食。以大米为主粮，兼食麦面、玉米、山芋等杂粮，有苞芦羹（玉米粉制）、苞芦饭（玉米碎粒制）等。过去，由于田间的生产能力有限，山芋、玉米等五谷杂粮被当成重要的补充食粮。如今，随着生产力的提高，这些已成为人们改换口味而偶尔吃一顿的点心。

盐铺村日常副食以蔬菜、豆制品为主。以豇豆、毛豆、茄子、扁豆、丝瓜等时令蔬菜为家常小菜，豆制品有豆腐、豆干、腐乳。和休宁其他地方一样，腌菜、晒干菜也是盐铺村的一大特色。盐铺村向来有腌菜腌肉的习惯，春末腌芥菜，秋季腌辣椒，磨辣椒酱，冬季腌白菜和肉类，猪、鱼、鸡、鸭等都有腌制，素有"大雪"腌猪、"小雪"腌菜的说法。腊月家家杀猪，腌制火腿、灌香肠，春来户户晒咸肉。春茶季节，咸肉烧春笋成为农家之美味。臭鳜鱼、鸭子臭（臭豆腐）、毛豆腐也是人们喜食的风味菜。除了腌制咸菜，盐铺村民们也有晒干菜的习惯，春季晒干笋，夏秋晒干角豆、干苋

---

① 〔英〕马凌诺斯基：《文化论》，费孝通译，华夏出版社，2001，第15页。

菜，冬季晒干萝卜。从烹调方法上看，常见的有红烧、清炖、油炸、煎、炒等。

平常家中来客，多以四碗、六碗、八碗招待，荤菜多于素菜。喜庆宴客，酒席名称通常以菜数定名的"四大盘四小盘"，"四冷四炒四大菜"和"六冷六炒六大菜"，丰盛的外加 2~4 样点心。大菜当中少不了鸡、鱼、肉，鸡为大菜之首，中间上汤，最后上鱼，或汤鱼齐上。取其有余（鱼）的吉兆，也便于停酒吃饭。筵席以碗盛菜（现在多用盘子），有 8 碗、10 碗、12 碗不等，外加 4 小冷盘（俗称菜帽）和汤，碗数越多越隆重。过去摆设宴席多是东家自宰猪鸡，请乡邻中善于烹调的家庭妇女帮助主炊。随着农村经济的发展和商品化的提高，宴席上多有从市场购买的当下时兴的风味菜肴，凤爪、牛肉、羊排、汤圆、水饺等，应有尽有。

盐铺人待客十分殷勤，平时来客，必敬茶敬烟。如果是稀客，还要在饭前敬上"鸡蛋滚水"一碗（鸡蛋三个）。春节期间，家家备有果盒或端上茶点盘敬客。时令节日，备有适时糕点，如端午有绿豆糕、果仁糕，中秋有月饼。过去，茶点多为民间自制的冻米糖、芝麻糖、山芋猫耳朵、苞芦松、花生糖、花生、瓜子等，另有用鲜嫩生姜制成的糖姜、冰姜、糖醋姜和五香豆。如今，人们多到商店购买各色糕点招待客人。

随着经济的发展和农村消费的商品化程度逐渐提高，在饮食方面，打破了原来自给自足的状况，村民们的饮食结构日趋多样化。但是，长期以来形成的饮食惯制和饮食俗习仍然沿袭了下来。

二 衣着穿戴

新中国成立初期，衣服布料多为自制的"家织布"，染上青、蓝、灰、黑等颜色。男女青年皆穿蓝色、灰色制服或"列宁装"。"文化大革命"期间，青年中大兴草绿色军装。男女老少多穿家庭自制的纳底鞋、布袜，妇女们以不会做鞋为耻。农民劳动时多穿草鞋，雨天穿桐油布底钉鞋，雪天穿笋壳草鞋，并用棕衣包脚以保暖。

20 世纪 80 年代以后，随着农村经济的发展和农村商品市场的兴起，各种化纤衣料开始进入农村市场，服装颜色由单一的蓝、白色渐趋多彩，服装款式也丰富新颖起来，衣着渐趋多样化，便衣褂裤只有少数老年人仍有穿着。村民可以从商店买到塑料鞋、塑料底布鞋、劳动鞋和化纤丝袜等。如今，各种凉鞋、运动鞋、雪地鞋、皮鞋、皮靴等均已走进农村的消费市场，深受群众的欢迎。

现今的盐铺村，随着消费的商品化程度提高，衣着鞋袜等基本上是从商店购买，服装款式日益多样化，夹克、西装、羽绒服在村民中广为接受。同时，由于受到城镇文化的辐射，不少年轻人更是穿戴时尚，与城镇居民穿戴几无差别。

三 居所用具

在盐铺，居所用具一同休宁其他地方。新中国成立前，这里的住宅都是典型的砖木结构徽式楼房。明代民居以楼上高敞、方柱为特征。清代以后，大多是一明（厅堂）两暗（左右卧室）的三间屋，上下厅堂、四角四间卧房、中间天井的四合屋，天井起采光和排水的作用，因为屋顶内侧坡的雨水从四面流入天井，所以这种住宅布局名曰"四水归堂"，当地人们认为"水"就是"财"，四方之财如同天上之水，源源不断地流入自己的家中，"四水归堂"有着"四面财源滚滚流入"和财不外流的寓意。房屋两厦高筑风火墙，高过屋顶，墙角砌成马头式，称"马头墙"。在居宅的两山墙顶部砌筑高出屋面的马头墙，可以应村落房屋密集的防火、防风之需，在相邻民居发生火灾的情况下，起着隔断火源的作用。

家具多木制，一般堂屋置八仙桌、太师椅、壁桌、茶几等。小康以上人家，堂上高悬堂名匾额，匾下挂名人字画楹联，下设长条桌、八仙桌。长条桌上陈设自鸣钟、插瓶、屏风镜（谐音：终生平静），内室有满顶床、马鞍桌、夫妻椅、衣橱、梳妆台、骨牌凳等。

寒冬时节，村内习惯于使用盛有炭火的火篮、火钵取暖，或用橡皮热水袋暖手，还有特为小孩所用的圆形火桶。新中国成立后有塑料和铝制暖壶，并利用"盐水瓶"盛满开水取暖，20世纪80年代少数人开始使用电热毯等。

新中国成立后，盐铺村的住房多盖砖、木结构平房。三五间不等，均为

盐铺的徽式建筑村落

前后两披水，对外开窗户，光线充足，经济实用。1978年后，城乡大兴土木，普遍建造砖混结构的楼房，有走廊、平台，宽敞明亮。高低床、大衣橱、五斗橱、书橱、杂品橱、床头柜、箱柜、写字台、方桌、圆桌、方凳等是常见家具。80年代以后，各种沙发、缝纫机、自行车、电视机，渐渐进入农民家庭。

现在，随处可见的崭新楼房多保留着徽式风格，里面水泥地坪、塑钢窗、卫生间修砌一新。空调、彩电、音响、冰箱等极为现代的家用电器也进入了盐铺普通家庭。楼房外观则多为粉壁马头墙式的传统徽派建筑风格，既彰显了现代气息，又沿袭了传统风情。

四 礼仪

盐铺人热情好客，素重礼仪，礼节上有长幼尊卑之分。长辈之间叙话，晚辈不能随便插话打岔，长辈问话，晚辈要恭敬回答。新中国成立前，尊上要行跪拜礼。"坐让上、行让先、食让好"被奉为礼节，客来即起身相迎，让上坐，奉茶敬烟，客走送出门外。与人交谈，书信往来，对人尊呼，对己谦称。见面互行拱手礼，互致问候。给客人端茶、送饭，皆用双手捧碗。登门做客或探望病人，一般都要赠送糕点食品。新中国成立后，人们抛弃了旧时礼节中的封建因素，不再行跪拜礼。家中来客则敬茶、敬烟，请坐问好，或留下吃饭。

长期以来互赠礼物已成为人情交往中的常规，登门做客或探亲访友、看望病人，要送糕点食品、营养品，且多送双数。年节登门，除时令礼物外，还要给小孩"红包"作"压岁钱"。婴儿出生，送红糖、鸡蛋、老母鸡、布料等；婴儿周岁赠手镯、长命锁、衣帽；结婚要送婚礼，如首饰、衣料、喜幛、装饰品、被面、衣料等。长辈寿庆，送寿面、寿糕、衣鞋等。凡喜礼须附喜糕一对，受方原糕退回，意为"高来高去"。新居落成，送被面、布料、爆竹之类。丧事，送花圈、香纸、挽幛（多用被面、布料代替）。

如今的人情交往中，除了赠送礼品外，礼金通常是必不可少的，礼金的多少已成为衡量礼轻礼重的一项重要内容。

第三节 岁时节俗

"岁"，即年岁，"时"，即时令，岁时节俗的产生是根据时令的变化规律，以年岁为周期，围绕着人们的生产、生活不断发展演化出的风俗活动，它凝结了人们生产生活的智慧和经验，与农业生产、民众生活有着密不可分的关系，同时也表达了人们盼望丰收、幸福、祈求平安、吉祥的心理。盐铺村的传统节俗主要有以下几类。

一 年节

年节是一年中最重要的节日，民间通称"过年"。围绕着过年，长期以来，形成了许多风俗习惯。

1. 腊八

农历十二月初八俗称"腊八"，盐铺的人们仍保留着吃腊八粥的习俗，这一天，人们还晒干豆腐，称腊八豆腐。腊八一过，家家宰年猪，互相请吃杀猪酒，炒花生、蚕豆、苞芦松，做芝麻糖、冻米糖，打扫屋尘，开始了年节的准备。

2. 小年

盐铺腊月二十四过"小年"，腊月二十三夜"送灶"。在灶前供放糯米棕、米粿、饴糖，燃烛焚香，恭送"九天东厨司命"——灶神上天，祈求灶神上天言好事，再保来年下界平安。小年这一天，家家堂前挂祖宗画，上面记载历代祖先名讳，或绘制祖先遗像，设烛台香案，置供品，接祖宗回家过年。

盐铺有年节打扫的习惯。一般农历腊月二十四之前就将屋里屋外、上上下下打扫整理干净。各家送灶神上天以后就更忙碌了，从这天起，家家户户清洗家具，拆洗被褥，扫除尘埃，干干净净迎接新年。

3. 除夕

农历十二月最后一天为"除夕"，休宁人称"三十晚"。在盐铺，这一天是大人们最忙碌的日子，家家清扫门庭，贴春联、门神，写灶事帖，煮盐茶鸡蛋，做年饭菜。除了要准备当晚的酒席和第二天（春节）一应之物，还要准备第二天（春节）的衣物，故有"夹忙三十晚"之俗语。

俗话说"有钱无钱，回家过年"。除夕，盐铺有合家团圆的习惯，外地的游子都要在除夕前赶回家中和家人团聚。吃饭前要接祖宗，即先把祖宗像或牌位挂在堂正中，设香案，置供品，叩首跪拜。然后全家人围在一起，热热闹闹地吃年夜饭。菜肴有鱼有肉，是最丰盛的一餐。但一般说来，肉烧豆腐角、肉圆、鱼等几样菜，不论大户还是小户人家都是少不了的。肉圆是取骨肉团圆之意。鱼要整条烧，取有头有尾之意，"鱼"和"余"谐音，故为"年年有余"之意。但这条鱼一般只看不吃，饭也要多烧一些，不能吃完，也是取"年年有余"之吉利。菜单数目一般为双数，如四个盘、四个碗，表达人们对来年"事事如意"的祈望。

晚饭后，家中燃放鞭炮，名曰"除旧岁"。小孩向长辈"辞年"，长辈给孩子们压岁钱，用红纸包好，称"红纸包"。红纸包上插一柏枝叶取长寿之意。除夕之夜，全家欢聚娱乐，吃糕点糖果，叙旧话新，互相祝贺，通宵达旦，称"坐三十晚"，又称"守岁"。守岁，既怀着对即将逝去的岁月的

第九章　盐铺村的民俗

留恋之情，也怀着对即将到来的新年的希望之意。

随着社会经济生活的丰富和电视电话的普及，除夕的活动更加多样化，一些新的习俗正在形成，如用电话、手机短信传递新年祝福，打打牌、观看春节联欢晚会等。

4. 春节

大年初一即春节，盐铺人称"初一朝"。新年伊始，人们特别注意自己的言行，希望新的一年顺顺利利，有个好兆头。这一天，大人小孩穿戴一新（过去，即使是穷人家也换上洗得干干净净的衣服）。早上起来，大人用草纸给小孩擦嘴（因小孩年幼不懂事，往往讲些不吉利的话，甚至骂人，用草纸擦，意味着小孩讲的全不作数，大人也不必计较）。早上小辈对长辈要施礼，而长辈则将"红纸包"递给小辈。用过茶，吃茶叶蛋，再吃面，然后"开门神"，其形式和"封门神"一样，点香，烧黄表纸，一般这天开门很迟。初一这一天不扫地，茶水也要倒在专门的盆中，不泼出门，意思是不把财气扫（或泼）出去，出言皆吉语，避忌讳。

这一天，人们开始到附近的亲戚朋友家拜年。拜年和路人碰见，熟人要拱手作揖，口称"新年好"、"恭喜发财"等。当天盐铺的风俗是女客不登门，特别是女孩子到人家去是不受欢迎的。随着人们观念的更新，许多传统的规矩至今已不被恪守。初二起，人们开始去远道的亲戚朋友家拜年。

5. 元宵

正月十五是民间传统的"元宵节"，又称"上元节"、"灯节"。这一天，盐铺村民们有吃元宵（汤圆）的习俗。元宵节下午，家家焚香奠酒，叩拜祖先后，送祖宗回山，收藏祖宗画。晚间举行灯会，开展民间游艺活动，持续两三天。

从腊八至除夕的 20 来天为忙年，大年初一至十八为过年，至此，年节结束。

二　其他时令节日

1. 清明

盐铺有句俗语"冬至百六是清明"，即冬至后的第 106 天是清明节，按公历则是每年 4 月 5 日左右。这一天家家户户带祭品去祖先坟墓除草培土，用竹杖系上纸钱，插于坟头，谓之"扫墓"，俗称"挂钱"。扫墓时，坟前摆放祭品，焚香叩拜。如果有寻不到坟或者离坟地较远的，可以在山边道旁烧纸挂钱，表示祭奠，叫"寄钱"。清明前一天为寒食节，不挂钱。在盐铺，坟墓的祭扫素有"旧坟不过清明，新坟不过（春）社"之说（旧历立春后第五个戊日为"春社"），即新坟的祭祀时间要在（春）社日之前，老坟的祭祀时间不迟于清明。新中国成立后，机关、学校、团体多在清明这天组织祭扫烈士墓，缅怀革命烈士。

2. 立夏

立夏这天，盐铺的主要习俗内容是"吃"。有"立夏吃肉不赖夏"、"在门槛上吃鸡蛋饼不打瞌睡"的说法，另外还有吃蚕豆、吃苎叶馃、吃豌豆及用秤"称人"的风俗。苎叶馃用野苎叶捣汁和糯米粉加糖蒸制而成，俗谓苎叶有清凉解毒的作用，吃了不生疖长痱，不中暑。苎叶馃又称"立夏馃"，有"吃了立夏馃，农事急如火"的谚语。吃鸡蛋时，要将鸡蛋从门槛上滚下，让孩子拾起来吃，意思是孩子像蛋一样经得起摔打，易长易胖，不"赖夏"。用嫩蚕豆或豌豆和鲜笋、肉煮糯米饭吃，谓之"尝新"，以盼好年岁。称人是看过了夏季后，体重增加或减少了多少，是否"赖夏"。

3. 端午节

农历五月初五为端午节，此时，南方入梅，气候湿热，虫蠹并兴，人多病瘟。在医学不发达的古代，古人不但将流行病看做由四时恶气所致，而且普遍地认为疾疫是由鬼神作祟所致，一系列驱邪祛病的习俗由此产生了。

在盐铺，端午当天或前夕，亲友要送节礼，女婿要送礼到岳父家中，小辈也要给长辈送礼。逢端午日，家中亦要大扫除，洒上雄黄或石灰水，有的在水缸中放上雄黄土，以戒虫毒。这天各家门前挂上艾蒿和菖蒲，名曰"驱邪剑"，或者门上贴张钟馗符，驱赶鬼怪和恶风邪气。下午点燃山苍、柏籽等药物的药包，以驱虫去邪。小孩头上用雄黄写个王字，女孩还挂个香包，其目的都是驱邪祛病。

盐铺有早端午晚中秋之俗语，端午节的活动主要在上午。这天大家早早吃中饭，中午一般饮些雄黄酒，据传可驱邪避毒，保护一家老小平安吉利。菜一般为鸡、鱼、肉之类，糕点有绿豆糕应市，端午还有吃粽子的习俗。

下午主要活动是划龙舟，一般从盐铺旁边的夹溪桥划到汶溪。在夹溪桥头，还有一些游泳高手在夹溪桥头表演"打飘"，即把咸鸭蛋、铜钱投入水中，而游泳者从桥头跃入水中将其捞出（或谁捞出归谁所有）。河畔鼓乐喧天、鞭炮齐鸣。街上钟馗赶鬼、唱花戏，热闹非凡。

随着科技的发展，人们摒除了传统节俗中一些迷信的糟粕，如含毒性成分的雄黄酒已不再被饮用。现在，盐铺的端午习俗主要是吃绿豆糕、吃粽子、送端午礼、挂艾蒿等。人们更在意的是全家团聚，营造出一种祥和的家庭气氛。

4. 中元节

农历七月十五是中元节，盐铺称这天为"七月半"，据称是鬼魂的节日。这天，家家户户都要"请祖宗"，即把祖宗像挂在堂中央，上香、跪拜、叩首。桌上供奉猪头三牲及酒肉，各家各户还将纸钱叠成包袱状（称为"金银"），并写上死者和奉送者姓名于十四日、十五日晚在门外焚烧。此外，盐铺还有"放焰口"的习俗，即在家中煮上一些稀饭，带上纸钱，在野外、路边沿途撒、烧纸钱，以便给野鬼过"节"，让他们食用和零花，以免他们骚扰家庭，图个平安。

5. 中秋节

农历八月十五为中秋节，和春节、端午节为农历三大节日。小辈要送礼给长辈，亲友之间也互送礼品。中秋月饼是中秋节馈赠亲友的佳品。这时，石榴、菱角、红柿、梨已上市，是中秋时令的鲜果。

中秋是合家团圆的日子。夜晚全家人团聚在一起吃晚饭，然后在月光下赏月。在盐铺，这天有"摸秋"的习俗。当日晚，孩子们可以随意去哪家园里或地里去摘瓜果、掰玉米。瓜果被摘的人家不仅不责怪孩子们，还为自己的瓜果有人"偷"而感到自豪，认为被偷预示着自家能兴旺，能"发"。中秋晚，盐铺还有舞香龙以庆丰收的习俗。

至今，这些时令节俗仍在盐铺的民俗生活中占有重要地位。虽然民众在传承节俗的过程中，往往会不断推陈出新，淘汰不合时宜的东西，创造社会生活需要的东西。但节俗仍在不断地延续，显示了民俗活动蓬勃的生命力。节日的饮食也好，仪式、活动也好，都是人们趋吉避凶、祈求幸福安康等美好心愿的表达。同时，通过这些节日的礼仪活动，亲族、家族间的交往多起来，起到了联系亲友、增进情感的作用。对于民众来说，不管科学如何发达，人们内心都祈求和平、幸福、健康、吉祥，都希望风调雨顺、国泰民安。无论什么年代，这种趋吉避凶的心理都会一直存在。节俗因而也表现出其强大的生命力，这种生命力来自节俗本身的社会价值。

第四节　人生仪礼习俗

一　诞生礼

诞生礼是人生礼仪的起点，是个体生命走向社会化的开始，作为生命周期仪式开端的诞生礼，是承载着各种意义的象征符号。诞生礼是为初生的婴儿而办的，其基本功用是为婴儿祝吉禳灾。

生儿育女是家庭、家族中的一桩大喜事，随着婴儿呱呱坠地，一直到孩子周岁，人们通常要举行一系列礼仪活动来表示喜悦心情和对新生命的庆贺和祝福。在盐铺，主要有以下几方面的顺序仪礼。

催生。产妇临产前，娘家备新生婴儿软帽（俗称被窝帽）、和尚衣（无纽扣，以绳带连系的小人衣）、开裆裤、包裙、小鞋袜、换洗尿布，还有红枣、桂圆、鸡蛋等营养品送至男家，俗称"催生"。

报喜及看产妇。婴儿降生后，男家备水酒、红鸭蛋送往外婆家报喜。报喜一般用酒壶盛酒，进门时壶嘴朝前表示所生为男孩，壶嘴朝后表示所生为女孩，人们一见便知。并且要给亲族的每户送喜蛋，至亲每户分送红蛋6个、8个不等，但一定须双数。亲朋则送红糖、鸡蛋、豆腐皮、桂圆等贺喜，俗称"看产妇"。婴儿家以油煎荷包蛋加红糖煮糯米甜酒敬客。现今，礼品较丰厚，报喜有肉、鱼、酒、烟、糖等，送礼有鸡、鸡蛋、奶粉等营养品和婴儿的衣料、成衣或用品。

三朝。古称"汤饼之喜"，在盐铺俗名"洗团"。这一天要给婴儿洗抹

第九章 盐铺村的民俗

更衣见客。亲族邻舍来贺,要送红纸包"百岁钱",主人则备酒席款待宾客,称"三朝酒"。因时间紧迫或其他原因,也有待十二朝再酬客的。

满月。盐铺有满月给婴儿剃胎发的习俗。剃发完毕,取熟鸡蛋去壳,在婴儿头顶滚动数下,据说为解除胎气。外婆家送弥月礼,家中请弥月酒。满月后,产妇方可出房门拜见宾客。

赐名。婴儿出生后不久,由家长给起小名,俗称"乳名",在过去,也有请福寿老人赐名,以求荫庇。还有以八字五行所缺为字旁取名,如缺水加"水"旁,缺金即加"金"旁,又因以往小孩出生要报名入祠添丁,名上要加入族中的字辈,所以取名时,通常末字为名,中间为字辈。现在不沿旧俗,常以单字为名,取名不仅追求好听,还要寓意深刻,表达对孩子的期待和祝福。

周岁。过去,孩子满周岁,要行"抓周"礼。外婆家送衣服、玩具等,贺客道喜送"红包",桌上放置笔、墨、书、玩具等物,任婴儿抓取,以此预卜未来。如抓笔、书,则"预示"将来为读书之人。现今人们已不信"抓周",仅备酒宴待客,庆贺婴孩周岁生日。

经过报喜、三朝、满月、周岁等礼仪,对一个新生命的迎接过程才算完成。

二 婚嫁礼俗

婚姻是关系到社会生活和社会生产的一件大事,它是构成家族、产生亲族的基础。早在古代,人们就对婚嫁聘娶程序十分重视。按照《仪礼·士昏礼》记载,古人把结婚的进程归纳总结为六个阶段,每个阶段都规定了相应的礼仪规范,这就是通常所说的婚姻"六礼",即"纳彩"、"问名"、"纳吉"、"纳征"、"请期"、"亲迎"六个部分。六礼具备,婚姻始告成立。

盐铺村的婚姻礼俗也大致遵循着传统的"六礼"模式,只是随着时代的发展和习俗的变迁,其程序和名称有所变异。历史上,盐铺的婚姻习俗跟古徽州的大多数地方一样,一场婚姻的促成,大致可分媒合、定亲、成礼、合亲四个阶段。一般有九道程序:即说媒、行聘、请期、搬行嫁、开脸、迎亲、拜堂、闹洞房、回门。经过以上阶段和程序,才为"明媒正娶"。

1. 媒合

这一阶段是通常所说的议婚阶段，大致包括"六礼"中的"纳彩"、"问名"。一般由乡里的好事婆，往来游说撮合，或由男方选定对象，委托媒人前往提亲。女方若有意，就将开具的年庚八字红单（上面写有女方的出生年、月、日、时）由媒婆带给男家，男方先将八字置灶君座下，以测有无不祥之兆。若厨房三日内不失盘打碗，不缺瓢少筷，认为初步吉利。再将男女两方生辰八字送到算命先生处，看看是否相冲相克，得吉无克才可以正式求亲说合，俗称"合八字"。联姻讲求门当户对，实际上女方都希望高攀，男方需适当迁就。故在当地有"嫁女高高求，讨亲低低凑"的说法。

2. 定亲

定亲一般要经过下定礼、下聘礼、下财礼三道程序。在盐铺，也有"相亲"的习俗，又名"看家"，即介绍人在两家说合期间，女方应男方邀请，由介绍人相陪，偕同父母去男方家看看，以了解男方家庭情况，女方如果愿意联姻，便提出要求或开具礼单，经介绍人转知男方照办而后订婚。双方确定联姻后，男方出具"红帖"（俗称"下定书"），并根据女方要求送上衣料、首饰、礼金等，作为定亲依据。新中国成立后，农村仍风行订婚习俗，宴请亲友，并散发糖果，以示亲事已定，俗称"定字酒"。下定礼之后，每逢节序，男方都要向女方送上应节物品，诸如头饰、酒果等，女家则回送女工巧作之类答谢。在相互礼节性的往来中，双方约定下聘礼的日子。

纳聘在盐铺俗称"下茶"，以古语中"茶不移植"来喻指婚定不移。男方也要备衣料、首饰、聘金等送往女家，女家回赠鞋帽、刺绣等品。聘礼之后是财礼。下财礼是定聘之礼的最后一个仪程。较之定礼、聘礼，下财礼要简单得多，礼品也较轻。诸礼完毕，接下来就是迎亲了。

3. 成礼

婚事说合后即进入了亲迎阶段，男方择日将新媳妇迎娶回家，盐铺将其称为成礼。成礼主要由请期、搬行嫁、开面、迎亲、拜堂等几个顺序礼仪组成。

请期指订婚后，男方先请媒婆上门提出结婚请求，得到应允后，由男方选定迎娶日期，写在红柬上，配上相应的礼物，请媒人送到女家。古时称为

"请期"。盐铺叫"送日子"。

搬行嫁指在迎娶的前一天或当天,男方派人前往女宅搬嫁妆,称为"搬行嫁"。搬行嫁在古代被称为铺房,是女家到男家布置新房,预送部分嫁妆。在盐铺,嫁妆中有两件物品是必备的:红漆马桶和一对灯盏。马桶中一般装有红枣、花生、红鸭蛋(用红颜色染成)、百子糕等,其寓意是早生贵子;而灯盏至男家后,应立即点上,称"发灯",寓意人丁兴旺。

开面又称"拉面"。在迎亲的当天,姑妈或舅妈要给新娘开面,即用两根丝线把新娘额头的汗毛绞去,否则要被讥笑为"毛脸"。开面意味着姑娘时代已经结束。现在这一习俗已经不再延续。

经过前几步的准备,就可以迎亲进入成亲之礼了。成亲当日,迎娶新娘要用花轿,迎亲人员一般为媒人、喜娘、舅舅、姑父以及与新郎、新娘年龄相仿的青年男女。新郎要亲自前往迎亲,到了女方家里,女方大门紧闭,要待男方在门缝中塞足了"喜包"后,才打开大门,鸣炮迎客。然后开始"哭嫁",母女抱头痛哭,不过哭声中更多的是乐感而不是悲伤。花轿出门后,有的地方还偷偷盛一碗水,随着出门的花轿泼出去,象征"嫁出去的女,泼出去的水"。

经过拜堂仪式后,男家大伯(大哥)、二伯(二哥)依次传递绿麻袋铺地,口唱:"一代(袋)传十代、十代传百代……",牵亲奶奶引新娘随唱声踏着绿袋步入新房,以示传宗接代之兆。接着是"掀方巾"、"撒帐"、"吃合卺酒(交杯酒)"等。

4. 合亲

合亲即成亲之礼后,为加强婚姻关系而举行的仪式和礼数。诸如闹洞房,新婚第三日的回门等。闹洞房是在花烛酒宴散席后,亲戚好友聚集新娘房里,大家用各种不同的方式逗新娘发笑或是出一些难题来捉弄他们,以此取乐,图的也是"吵发"。新婚第三日,新娘回娘家探望,此为"回门",如新郎伴送,则为"双回门",女婿第一次上门,要一一拜见岳家诸亲长辈,中午岳家要开席宴婿,称为接女婿。

至此,婚礼仪式基本结束,一对新人正式结为夫妻。以后各种礼数就简单了。

如今的青年一辈多为自由恋爱，男女双方基本谈成后再找媒人在两家之间说合。随着改革开放的深入和社会的发展，虽然婚聘礼品、嫁妆用具、迎娶仪式等都发生了许多变化，如迎娶新娘的花轿被彩车取代，拜天地改为行鞠躬礼，定聘所送的礼物也随时代的变化而有改变，但婚姻的基本礼数依然保留，也要象征性的经过定礼、聘礼、财礼、请期、亲迎等婚姻程序。

三　丧葬礼

丧葬礼是人生礼仪的终结，它标志着一个人走完了人生旅程，最终告别社会。亲属、友人通过这一仪式哀悼、纪念、评价亡人，以寄托哀思。历史上盐铺的丧葬礼仪也是异常复杂。

旧时，人到五六十岁，就开始为自己准备"前程（后事）"，备置棺材，请风水先生选取"风水宝地"，作为葬身之所。丧葬习俗的程序大致如下。

送终。老人病危，儿孙站立床前，听候交代后事，俗称"送终"。老人咽气后，儿孙立即烧纸箔，盐铺当地人称烧"落地钱"。同时撤去床帐，以免亡魂被罩于帐网之中不得解脱，并除去枕头易之以屋瓦。接着，为死者沐浴更换贴身衣裤，盖上白被单，以黄表纸盖面，点青油灯，焚香、化锡箔，将一只死者的常用碗砸碎于大门外，家属开始哭丧。

报丧。丧家向亲友报死讯，过去盐铺村采取派专人口报的形式，现在电话通信发达，多以电话向亲友报丧。

入殓。即将死者裹棉后穿戴齐整入棺。人死后要由丧伕（处理尸身者）替死者沐浴洁身，裹包丝棉、皮纸，然后"开面（剪开面部眼、鼻、嘴的包裹物）"，再将寿衣层层穿上。寿衣有五领三腰、七领五腰，男着袍，女系裙。寿衣先给儿孙作形式披戴，然后替死者穿上，称给死者"焐暖"。死者口含金、玉或钱币，帽系玉石，手握金银或铜钱，以期来世"金口玉言、手掌财富"之意。子孙幼辈，按亲疏长幼披麻戴孝，依次跪棺前奠酒行礼，与死者见最后一面后盖棺封钉。接着是道士念经解煞。子孙值夜守灵，灵前设香案拜台，案前置死者牌位，点长明灯，家人早晚烧香叩拜。

出丧。由于选择坟地或其他原因，需停柩坐丧，时间最短3天，最长整年，一般是49天。出丧前，选地、择吉字（以单日居多），定做米饼或馒

第九章 盐铺村的民俗

头，举行团祭。出丧时，引路幡开道，灵屋、灵牌等随后，8人抬棺，棺材上缚雄鸡1只，用以解邪，孝子孝孙披麻戴孝，持哭丧棒，弯腰扶柩，徐徐前进。亲友佩白随后，到村口，丧者子孙亲属要转身跪拜谢客。途中如有路祭者，则停柩答礼致谢。灵柩行进时，沿途鸣锣奏乐、放鞭炮、散发纸钱。

落丧。出丧前，先经地理先生选定坟地穴位，破土挖圹，圹内倾石灰。灵柩到达，圹内再烧一些豆萁麻秸，并留火种，然后沉棺摆正，宰雄鸡，淋血于棺盖，家属与送葬客最后一次奠酒焚香跪拜毕，丧家男女列跪圹前，各举衣下襟，盛接地理先生扬洒的"分金米"。地理先生边洒边唱吉利语。随后再往圹内注入石灰，填土成坟。一切结束后，儿孙亲属齐跪坟前，行大礼，烧香纸，放鞭炮，焚烧灵屋、纸人、纸马等，意为死者入土为安。

近两年，盐铺村强力推进殡葬改革，实行火葬。在殡葬基础设施建设方面，利用荒山瘠地建立了公益性墓地和骨灰存放处，集中处理存放骨灰，并制定了切实可行的管理服务制度。鼓励树葬、撒散、花葬等骨灰处理方式。目前，更多的盐铺村村民开始接受新的丧葬方式。殡葬改革打破了传统的丧葬习俗，形成了科学、文明、节俭的丧葬新风尚。

人生礼仪贯穿了一个人的整个生命过程，以生动活泼、喜闻乐见的形式丰富了人们的精神生活，成为亲族之间联络感情、加强交往的重要手段。

从盐铺村的民俗可以看出，一定的地域环境决定着当地的民俗形成。就盐铺村的饮食民俗来说，当地山区作物经济决定了它的饮食结构和品种，作物生长有一定的时间和周期，为了缓解菜食的青黄不接，人们用智慧发明了腌菜、晒干菜的办法。从端午节、年节等的饮食和活动习俗中又可以看出，一些民间习俗所表达的是人们趋吉避凶的心理和对美好未来的祈愿。

社会生活习俗的变迁是一个长期的过程，同时也是一个多元因素促成的变化。它的变迁显示了民众生产、生活方式的巨大变化。虽然，随着社会经济的发展，一些民俗事象的形态与内涵都在不断地演变，很多新的文化内涵、新的内容和活动又在不断地充实和丰富着它们。它们所包含的传统意识和共同社会价值，会使得它们在民众的生活中传承，成为社会基本机制的一部分。

第十章 盐铺村的合作医疗

随着社会的进步和经济的发展，健康对于人类的重要意义越来越显现出来。人类的健康已经成为促进经济发展的重要手段和要素，有力地推动经济的快速发展，同时，健康的身心素质正成为人类发展追求的主要目标。世界各国普遍承认健康权是人类的基本人权，2000年，WHO拟定的《21世纪人人享有卫生保健的总目标和具体目标》明确指出：提供最高并能获得的健康标准是一项基本人权。① 可见，健康权同人类的生存权与发展权具有同等重要性。

农村合作医疗制度作为具体历史时期的产物，它的发展和演变深深印刻着时代的痕迹。课题组自2009年5月开始，深入休宁县盐铺村，通过走访村干部、村医和一些村民，对当地合作医疗的历史和现状进行了数月的调研。

第一节 合作医疗的发展和创新

盐铺村位于休宁县海阳镇城西近郊，是黄山市社会主义新农村建设示范村。该村的合作医疗经历了"自我保障—集体化保障—市场化保障—制度化保障"的发展历程。

"合作医疗"一词最初是指合作起来"办医"，在缺少医疗服务供给的

---

① 王国军：《社会保障：从二元到三维》，对外经济贸易大学出版社，2005，第233页。

情况下，人们自发筹集一些资金，把医疗（点）办起来，使居民在生病的时候有地方求医。学术界对"合作医疗"的理解是历史的，传统农村合作医疗制度是指20世纪50年代以来随人民公社化发展起来的一种解决农村居民基本医疗卫生保健服务的制度，这种制度以政府组织、集体经济扶持和参加者互助共济为基础，基本采取自愿、受益和适度的原则。[①] 它的起源最早可追溯到1938年的抗日战争时期，在边区政府的组织下，靠农民"凑份"的方法兴办了诸如"保健药社"和"医药合作社"等医疗机构，为一定范围的人群提供相应的医疗服务，这被视为合作医疗的萌芽。[②]

新中国成立初期，由于推崇公有制，取消了市场，我国实行了计划经济，以党和国家的力量管理政治、经济和社会领域；实行了保证就业、福利与工作制度相结合，国家与集体提供各种设施和生活资料等手段，形成了一个史无前例的由国家、集体包揽人民需要的局面。虽然社会主义国家没有使用"福利国家"来形容这一时期的福利制度，但实际上，社会主义推出了比西方福利国家全民福利模式更为彻底的社会革命。这种社会主义国家实行的福利模式被称为"结构福利"，其特点是把福利制度融合在社会基本结构之中，由国家保障人民全部的需要，体现最大限度的公平，提供最高水平的服务，而在实践中要落实这种普遍性的制度福利却很不容易。[③] 在严峻的国内外政治经济形势下，国家不得不按照城乡有别的福利模式来配置有限资源，缺乏医疗保障的广大盐铺农民开始自发解决农村缺医少药的公共问题。

盐铺村在20世纪六七十年代，人口只有500多人，与全国的许多地方一样，大队设有卫生所一个，一名兼职保健员，人均筹资5分钱，保健员与社员一样实行工分制，当时俗称"赤脚医生"，人均医疗费用很低，在大病保险和救助上基本得不到保障；到了20世纪八九十年代，由于农村人口的急速增加，全村已达900多人，老的合作医疗制度基本解体，人口老龄化和传统生活方式造成的老年病和慢性非传染性疾病越来越多，这都给农村的医

---

① 景琳：《农村合作医疗实用手册》，四川科技出版社，1998，第5页。
② 王洪漫：《大国卫生之难：中国农村医疗卫生现状与制度改革探讨》，北京大学出版社，2004，第3页。
③ 黄梨若莲："福利国"、"福利多元主义"和"福利市场化"探索和反思，《社会保障制度》（中国人民大学报刊复印中心特稿）2001年第1期，第18～22页。

疗卫生工作提出了新的要求。由于农村当时的卫生投入极其低下，特别是到了 90 年代末，村一级的卫生"网底"基本破灭，乡镇对村一级的管理也就基本丧失，随之应运而生的个体行医者占领了农村市场，当时有个体村卫生室一个，村民也基本上是自掏腰包解决看病问题，可以说在大病方面基本得不到保险和补偿，造成"因病致贫"和"因病返贫"现象逐渐增多。

为帮助农民抵御重大疾病风险，减轻农民大病医疗负担，提高农民健康水平，促进农村经济发展，维护社会稳定，盐铺村自 2006 年开始实施新型农村合作医疗（新农合）试点。新型农村合作医疗以户为单位，基金由中央财政补助，省、市及县财政配套和农民个人缴纳三部分构成。每年每人 50 元，其中：中央财政 20 元补助；省、市及县财政补助 20 元；农民以户为单位每人缴纳 10 元。① 农户缴纳的基金由村合管中心组织征收，可以直接入户收缴或由农户直接到村合管中心缴纳，也可在农户自愿参加签约承诺的前提下，由村合管中心一次性代收或由县合管中心从补偿金中代扣。农村五保户、特困户参加合作医疗的基金由县民政部门从医疗救助资金中列支。合作医疗基金均用于统筹账户，主要用于参加合作医疗农民的住院费用补助、部分慢性病门诊治疗费用补助、住院分娩定额补助等。为合理有效进行管理，盐铺村还成立了新型农村合作医疗管理委员会，由村委会主要负责同志任主任，村委会成员及部分村民代表为成员，主要负责全村新型农村合作医疗的有关组织、协调、管理和指导工作；成立了新型农村合作医疗监督委员会，由村务公开监督小组组长任主任，村务公开监督小组成员和部分村民代表为成员。具体负责对全村合作医疗基金的收支、使用、补偿情况进行监督审计；并确定一名协管员配合做好村级新型农村合作医疗的组织、宣传、人员登记、医疗经费的筹集上缴等工作。具体补偿标准也做了分类规定。

住院医疗费用：在一个结算年度内，在不同类别医院住院，按"分段计算、累加补偿"的办法，起付点以上按一定比例补偿医疗费用（见表 10-1）。在县内医院住院治疗，出院后因同一种疾病，在 15 天内到同级医院第二次

---

① 实际上，由于盐铺村集体经济发展良好，2006~2008 年均由村集体垫资为全村农户参加新型农村合作医疗，没有让村民拿一分钱。2009 年，由于参合标准提高到每人 30 元，为提高全村农民的参合意识，盐铺村采取了村集体垫资和农户自筹相结合的模式（由村里垫资：每户每人垫资 20 元，自筹：每户每人自筹 10 元。）

住院的或由卫生院转至县级医院住院的，起付线降低200元。个人一个结算年度内多次住院的医疗费用分次结付，累计补偿不超过15000元。

表10–1 住院医疗费用补偿暂定比例

单位：元，%

医院类别	起付标准	补偿比例			
		起付线~1000	1001~3000	3001~10000	10001以上
县级以上医院	400	35	35	40	50
县级	300	35	45	55	60
卫生院	200	45	55	65	65

门诊慢性病治疗费用：一个结算年度的门诊累计费用，比照一次住院处理，起付标准参照同级医院起付标准，补偿比例为25%，最高补偿数额1000元。

参合人员住院分娩凭生育证，每名产妇定额补助100元。

目前，盐铺村人口1090人，6个村民组，示范村卫生室一个，面积达80多平方米，有执业助理医师一人，年门诊人次达1200多人，人均医疗费用为20元左右。全村现已全部参加新型农村合作医疗，基本实现小病不出村，大病有保险，妇女生殖有保障。在新农合之外，县民政局还给予大病患者一定的大病救助资金。

第二节 制度主体的行为分析

一 农民的参合意愿

"民为邦本"，在中国，最大的"民"就是农民。传统中国农民的心理具有十分浓厚的乡土性（乡土主义倾向）。"土"是根基之根基，传统农民的乡土性正是和"土"这一农民谋生的根基和"种地"这一农民最为基本的经济活动紧密相连的。由于长期生活在小农经济环境中，他们具有天然的散漫性、保守性和封闭性。虽然在社会总体的分层中，中国农民仍然处于比较低的层次，但是，20世纪80年代以来，由于教育、卫生服务的普及，社会流动，交通和通信的发展等，他们的"表面性格"和行为方式有了很大的改变，而这种改变如此深刻，以至于20世纪90年代以后，很难区别农民和市民在面对市场时的差别。

对于农民参加合作医疗，理性行动理论比"非理性行动"理论要有更强的解释力。制度理性假说认为：农民并不是保守的、非理性的，农民也是理性人。[①] 在不同的制度之下，农民的理性行为也是变化的，这种变化不仅表现为农民的行为随着经济制度的变化而变化，也表现为农民的政治行为和社会行为随着农村政治制度和社会制度的变化而变化。农民的这种理性是建立在经验主义之上的。人总是从经验中不断学习的，正如奈斯所说："经验能够证明我们已经被培养成对自身而言很有推理能力的人，否则无法生活在这个世界上。"[②] 而农民更习惯于从已有的事情来推断将来，对于农村合作医疗制度而言，如果过去办得不成功，许多人报销不了，那么农民会很自然地认为自己没有必要再参加合作医疗了。农民的这种独特理解既不是一种全理性，也绝不是无理性，农民也许并不懂得理性预期理论，也不会过多地考虑一项制度或一种体制之于集体或国家民族发展的意义，但他们会算计，而且是实打实地计算，尤其是在一些简单的经济问题上更能显现出一定的"理性人"选择思维。农民看重的是能否通过自己所投入的参合金实现更多的产出，农民作为合作医疗的需求方，其理性预期的成本收益分析将最终决定其是否参合。

现实中的统计数据大多以参合率来反映合作医疗的好坏，事实上，农民的"参合意愿"和"是否参合"是两个根本不同的概念，高参合率未必就是高参合意愿。"参合意愿"通常与个体对制度的主观信任和个体本身对制度的现实需要以及个体参合的现实可能性有关，而"是否参合"除了受上述因素影响外，还受之于其他诸多因素的影响，如基层的工作人员为了达到高参合率，直接或间接控制农民的参合意愿，农民参合时受周围群众参合意愿的影响等。因而，"是否参合"并不能够准确衡量农民的参合意愿。

---

① 郑风田：《制度变迁和农民经济行为》，中国农业科技出版社，2002，第68页。
② 杰克·赫什莱佛、约翰·赖利：《不确定性与信息分析》，刘广灵、李绍荣译，中国社会科学出版社，2000，第35页。

第十章　盐铺村的合作医疗

鉴于此，尽管盐铺村的参合率已经达到100%，但并非说明盐铺村民具有百分之百的参合意愿。我们课题组也就此展开系列的调查，实地的访谈也表明部分村民参合或多或少地受到其他因素的影响。当然，由于盐铺村在2009年之前一直采取的是村集体垫资的做法，农民自己并没有出钱，他们没有理由不愿意参加新农合，这种别人出钱自己受惠的方式，村民还是乐于接受的。

二　政府的主体责任

洛克在《政府论》中提到"政府是一种责任"。① 农村合作医疗作为医疗保障产品的一种，属于典型的公共产品或准公共产品，即属于无论人们收入水平如何都应该消费或得到的产品。② 因此，政府理应承担起供给的责任以弥补市场失灵。从合作医疗的历史和现实来看，传统的农村合作医疗制度之所以走向衰亡，固然与市场化改革后的集体经济的瓦解以及制度本身的内在缺陷有很大的关系，但是，政府的责任缺位却是首当其冲的原因。因此，新型农村合作医疗制度的创新，在政策的制定和具体的执行过程中都强化了政府的角色，强调了政府责任的理性回归。

1. 立法保障

我国农村合作医疗在长期的实践中，主要是依靠高度集中的行政干预和行政政策来实施的，缺乏法律的权威性和强制性。由于立法的滞后与缺失，它不仅引起一些不必要的政策与部门之争，也使政府长期以来陷入进退两难的困境，不进则缺位或无为，一进则有可能越位。

对新型农村合作医疗制度进行立法是一项系统的工程，它包含一系列法律关系，应规定不同利益相关者在筹资、管理等各个环节中的权利和义务，从法律上保证合作基金的稳定来源和财政投入。2003年3月1日正式施行的新《中华人民共和国农业法》中规定："国家鼓励、支持农民巩固和发展农村合作医疗和其他医疗保障形式，提高农民健康水平。"虽然还没有对合作

---

① 洛克：《政府论（上册）》，叶启芳等译，商务印书馆，1983，第4页。
② 乌日图：《医疗保障制度国际比较》，化工工业出版社，2003，第23页。

医疗制度的具体内容用法律形式规定下来，但这毕竟是一个好的开始，发展和完善农村医疗保障制度"有法可依"了。

2. 财政支持

传统的合作医疗一直存在难以解决的问题就是筹资，由于政府在其中的投入相当少甚至几乎没有，没有体现出合作医疗的"公助"特点。如果说改革开放之初，国家财力极度紧缺，把农民暂时排斥在国家医疗体系之外具有一定合理性的话，那么，在今天国民经济实力大大增强的条件下，国家理应在财力上反哺农民的医疗保障需求。

在新型农村合作医疗制度的实施中，中央财政通过专项转移支付，对新农合试点地区实施财政补助。政府财政支持责任的归位使新型农村合作医疗有了强有力的资金后盾。在盐铺村，地方政府乃至村集体的强大资金支持也是盐铺村农民参合率一直居高不下的有力保障。

3. 监督管理

构建新型农村合作医疗制度是一项关系到亿万农民切身利益的社会系统工程，在这项工程中，筹资是基础，监督管理是关键。管理不善、监督不力、基金挪用是传统合作医疗制度建设实践中的一个沉痛教训，为稳步推进新型农村合作医疗制度的建设，政府应负有不可推卸的监督管理责任。

在盐铺村，成立了相应的监督管理机构，机构成员由村委会负责人员和参加合作医疗的农民代表组成。新农合监管机构负责督促合作医疗的实施，审计合作医疗资金筹集和管理，资金预算和医疗服务及经济补偿等重大问题。

三 医疗供方的利益需求

1. 赢利需求

无论是营利性医疗机构还是非营利性医疗机构，都存在着很强的赢利动机和能力，而事实上，由于实行了新型农村合作医疗制度，广大农民的医疗需求被激发，他们不再是应就诊而未就诊，应住院而未住院，而是更倾向于看病求医。随着参合农民的不断增加，医疗需求也会大规模地持续增加，这必然加剧了医疗服务供方的逐利动机，激起了他们的盈利需求。

第十章 盐铺村的合作医疗 ○ 中国百村调查丛书·盐铺村

医疗机构既是一个从事社会公益事业的部门,也是具有独立法人资格的经济实体,有其自身的经济利益需求,它必须创造一部分收入来支付营运费用,来促进自身的发展和医务人员收益的提高。新型农村合作医疗不仅给发展良好的定点医疗机构带来更广阔的发展空间,而且也给一些医疗需求不足的定点医疗机构带来了新的生存机会。

2. 改善服务条件需求

为了吸引更多的参合农民就医,也为了更好地为就医农民提供医疗服务,改善供方的服务条件就成为供方的一个内在需求,而实际上,这一需求在乡镇卫生院和村卫生室显得尤为重要和紧迫。村卫生室是直接面向农民群众提供基本卫生服务的基层卫生机构,参加合作医疗的农民在村卫生室就医和住院,既方便,费用也低。农村合作医疗也需要借助农村卫生机构高效、便捷和相对廉价的医疗服务,才能扩大受益面,增大资金效用,减少透支风险。

目前,盐铺村卫生室总投资10万余元,总面积86平方米,分为上下两楼层。一楼设有诊断室、观察室、注射室和药房;二楼为休息室和资料存档室。卫生室中配备了心电图、X光机、显微镜等医疗检测仪器和常规医疗检查设备;配备各类药品达80余种,已达到县级示范化村级卫生服务站标准。

3. 提高服务质量需求

医疗服务供方的质量取决于医疗设施的客观条件和医务人员的主观态度两个方面,供方在改善服务条件的同时,还有优化医务人员服务质量的需求。

职业道德水平的高低,行业风气的好坏,服务态度的优劣,已成为社会和患者评价医疗服务机构的关键指标,它与农民对合作医疗的满意度有密切关系。现代社会是一个追求个性化服务需求的社会,"顾客买的是享受,而不是商品"在医疗服务行业中表现得尤为突出,因而,医务人员需要树立敬业精神,优化服务态度。

盐铺村卫生室共有医务人员三名,其中主治医师——胡晓文,具有专业医师资格证书,医术医德良好。护理人员两名,均有一定的医学护理经验,能为病人提供较好的护理。镇卫生服务中心还定期对村医生、护理人员进行培训和轮训，聘请市、县知名医生任讲课老师，组织村医生到镇卫生服务中心科室进行实践，不断提高村医生的医疗业务水平。

第三节 现存问题和对策探讨

一 加大对基层卫生机构的建设投入

由于村级卫生室天然的地理优势，它可以为广大参合农民提供最为便捷的医疗服务，尤其是承担了农民"小病"治愈的职责。但长期以来，我国的卫生资源大多集中在高层卫生服务机构，各级政府对村级卫生室的建设投入十分有限，形成了一种不合理的卫生资源配置模式。农村卫生资源缺乏，村级卫生室的建设明显滞后于农村经济社会发展，大部分村级卫生室基础设施落后。虽然盐铺村卫生室已形成一定的规模，但仍存在医疗服务空间狭小，医疗器械不完善等现象，影响和制约了村级医疗事业的发展。因此，加强对基层卫生机构的建设投入，至关重要。

对于长期形成的卫生资源配置不合理现状，政府要及时调整资金投入方向，合理规划各级医疗卫生服务机构的功能定位，加大对乡镇卫生院以及村级卫生室的补助扶持。为了使参合农民享有更方便更价廉的医疗服务，必须利用城市医疗技术、设备和人员以弥补乡镇卫生院和村卫生室的不足，特别要使医疗服务技术和人才向村镇延伸，降低农民就医的成本。县级政府要努力改变目前村镇级医疗机构医疗设施短缺、技术落后、经费匮乏的困境，加大对乡镇卫生院和村卫生室的财政补助，用于这些机构的硬件设备更新和人员工资发放。

卫生服务资源向乡镇、村落的流入不仅可以改善目前基层卫生服务投入不足的弊端，也是符合社会医疗公平原则的一项举措。从效用角度来看，对于覆盖广大农民的村级医疗机构的卫生投入，其边际社会效益将远远高于投入资金雄厚的县级以上医院。因此，卫生建设的投入应由县级及其以上医院转向基层卫生机构，以达到农村医疗的公平性和可及性。这种"公平优先，兼顾效率"的建设模式将有助于实现城乡医疗一体化的目标。

二 提高基层卫生服务水平

尽管海阳镇目前已经实现了乡镇有卫生院,村村有卫生室,但基层卫生服务机构的医疗设施还很有限,医疗服务水平低下,难以满足广大农民的医疗需求。课题组通过走访发现,大多数村民在县级医院及其以上医疗服务机构的就医倾向和行为明显,之所以出现这种现象,是与当地的医疗服务水平有限紧密相关的。尽管地方政府为了引导农民就近就医,将村卫生室和乡镇卫生院的起付标准设定低于县级及其以上的医疗机构的起付标准,但是由于现实的卫生服务条件,广大农民不得不"舍近求远"、"舍廉求贵"。

目前,盐铺村卫生机构的功能还未被完全激活。医生总体素质偏低,他们绝大多数文化程度不高,医疗水平较差,责任意识、服务意识和风险意识不强。年龄大多在50岁以上,知识老化问题突出,医疗服务行为不规范,乡村医生不按规程开展医疗卫生服务的现象较为普遍,群众的医疗安全得不到有效保障,农村公共卫生和预防保健工作得不到很好落实,这也是现实问题之一。

因此,要加强农村基层医疗队伍的建设。一方面,可制定相关的倾向性政策,鼓励医科类大学生到基层卫生机构就业,提高其福利待遇以吸引他们自觉自愿参与基层的卫生服务工作,从而改善现有的卫生服务人员结构;另一方面,可安排部分县级医疗机构和县级以上医疗机构的医务人员在村镇级医疗机构轮流服务半年至一年,以此解决村镇卫生机构技术人才缺乏的问题。

三 优化村级卫生机构管理

市场是资源配置的有效手段,但它也有其自身的内在缺陷性。在医疗服务市场,由于疾病的不确定性和供需双方的信息不对称,必然导致供方的垄断地位,从而限制市场的作用范围和程度,产生"市场失灵"。从理论上看,农村医疗服务具有公益性和排他性特点,属于公共产品或准公共产品,它既可以由政府直接提供,也可以由市场供给,但是政府必须进行严格的监管。既往恢复与重建的合作医疗之所以没有产生预期效果,与政府实行的自由化路线有很大关系，政府将合作医疗放手市场后，没有建立相应的监督机制与激励机制，从而导致政府在农村医疗体系中的作用下降。农村医疗保障问题的解决，单凭"看不见的手"，找不着，也抓不住。市场失灵、消费不足或过度以及效率损失等问题，都不可能自动消除。理论研究和国际经验已经表明，医疗服务领域的市场化存在严重的失真现象，因而需要政府干预。

村级卫生室点多面广，县级卫生行政主管部门、乡镇卫生院的管理人员有限，对村级卫生室的公共卫生服务、医疗质量等日常工作实行一体化监督、管理、考核的难度很大。在盐铺村，也存在一定程度的村级卫生管理难以到位现象。因此，县级政府在有效信息供给的基础上，必须建立对新型农村合作医疗中的医疗服务供方的监督管理，要建立健全新型农村合作医疗的监管机构。监管机构要有独立的执法监督职能，定期或者不定期检查病房、门诊医疗质量，随时抽查医生的处方，规范合理检查、合理用药和合理收费。要制定一个比较完善的新型农村合作医疗各项数据指标考核制度和一系列行业规范管理制度，对村级定点医疗机构的服务进行综合考核评价，对于不合理收费和治疗的村卫生室和医务人员要予以公开警告，情节严重的应取消其定点医疗资格或取消行医资格，以此来规范和约束村卫生室和医务人员的行为，有效保护广大农民患者的权益。这一监管机构最好独立于卫生行政部门之外，并负责处理参合农民的投诉举报事件。

此外，还要探索和完善医疗费用的控制制度。医疗费用的上涨有其合理的支出部分，也有不合理的支出部分，要严格控制医疗费用的过快增长和不合理支出，不仅是广大参合农民的一项基本保障权利，也是新型农村合作医疗制度成败的重要条件和关键因素。县级政府应制定新型农村合作医疗的基本用药目录以及常规检查项目，并将基本药目和检查项目的价格张榜公布，让患者在知情的前提下就医，以约束供方的趋利动机和行为。此外，为防止医务人员开大处方，政府应限定单病种诊疗费用，对于超出限额部分的医药费用，由定点医疗机构承担，合作医疗不予报销。

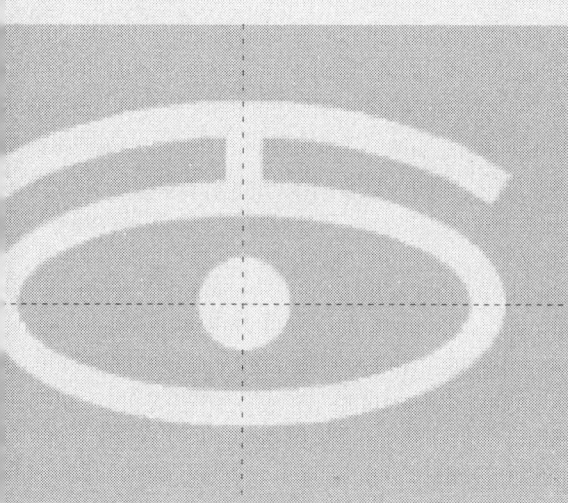

制度盐铺

第十一章 盐铺村的组织结构

一个相对合理的组织结构应是组织之间功能分工比较明确，相对独立又互相补充、互相制约的具有源源不断活力的制度系统。合理的组织结构才能产生巨大的功能，才能更好地服务村级事务管理。

第一节 盐铺村组织结构的演变

盐铺村形成了组织结构合理和功能强大的村级组织网，以村支部为中心集中力量管理村庄事务。

新中国成立前，农村缺乏系统而有效的组织结构，国家权力在乡村呈现出特殊的脆弱性。新中国成立以来，我国乡村组织经历了不同的历史形态。其中最典型的就是人民公社体制下的生产队和村民自治时期的农村组织。

一 村民自治实施前盐铺村组织结构的演变

村民自治前盐铺村的组织结构跟全国多数乡村组织结构演变历程基本一致。第一，农业合作化形式是解放初期土改基本完成后对农业集体化道路的一种探索，奠定了1958年施行人民公社的基础。旧中国农村土地属私人所有，新中国成立后，1950～1951年在全国开展农村土地改革，将原集中在封建地主和富农手中的土地分给广大贫农、雇农。土改结束后，开始对农业进行社会主义改造，先后经过了农业互助组、初级农村生产合作社和高级农业生产合作社等三个不同层次的农业合作化形式，引导农民组织起来，走上合作化的道路。1. 互助组。土改基本完成后，广大贫、雇农和部分中农分得土地，生产情绪高涨。但因当时处于新中国成立初期，生产资料不足，经济基础薄弱，以及受个体经济的限制，生产中发生许多困难，农村有的地方出现了雇工、放债、买卖土地等新的阶级分化现象。因此，从1951年开始，本着"自愿互利、典型示范"的原则，首先组织临时性的互助组，进而发展为常年互助组。2. 生产合作社。1951年，在发展互助组的同时，将一些基础较好的互助组逐步转为具有半社会主义性质的初级农业社，实行入社自愿，土地入股，比例分红，评工记分，按分计酬。从1955年开始，在初级社的基础上，又将一些初级社逐步发展成为高级农业生产合作社，高级社土地归集体所有，实行按劳分配，采用定额计酬或小段包工（到组、到户、到人）办法，并实行奖惩制度。初级合作社，其社员不仅合并农具和劳动，也合并土地。高级合作社，类似一种集体农庄，土地归所有社员共同拥有。

第二，人民公社时期的农村组织结构。人民公社时期的各种组织都是国家在农村建立的正式组织，其特征是：由国家自上而下建立，具有很强的社会整合能力。虽说当时的各类农村组织形式取得了阶段性的绩效，可始终都是政社合一、政经合一、政企不分的组织形式，经济组织和其他组织从形式到实质都是附属于政治组织的。人民公社时期，公社下设生产大队，是最基层的村级管理组织。生产大队设党支部、大队委员会、民兵连、妇代会等组织。生产大队下设生产队，生产队是基本的独立的核算单位。人民公社及其下设的生产大队和生产队既是农村经济组织，又是农村基层政权组织，管理辖区内的政治、经济、文化和军事活动等。人民公社实行党的一元化领导，公社设党委，大队设党支部，生产队设党小组，一切重大事务，包括生产和分配、招工招干和参军，救济粮款的发放等，都由党组织决定。人民公社组织形式下的农村生产关系与生产力发展不相适应，抑制了农民的积极性和创造性，最终导致生产力发展的倒退与滞后。

二 村民自治时期盐铺村的组织结构

随着家庭联产承包责任制的实行，农村经济变革催生了农村组织结构的变革，开始把市场机制引入农村经济，为村组织结构多元化格局的形成提供了生长空间。20世纪80年代初产生于农村的村民自治制度，其主要的出发

第十一章 盐铺村的组织结构

点是发展经济,产生了各种各样的功能性组织,满足了农村从行政、经济到社会、文化、娱乐等方面的需求,在农村社会的不同领域发挥着不同的作用。

1. 全国农村村级组织结构的基本框架、职能及其相互关系

村级组织基本结构由农村党组织、村民委员会、农民合作经济组织和其他农村组织等几个部分组成。农村党组织是党在农村工作和战斗力的基础,是农村各种组织和各项工作的领导核心。党组织实行集中制,党的各级领导由选举产生。

从各村来看,党组织的具体设置主要有三种形式:一是设党支部,以村委会为单位建立村党支部最为普遍。二是设党总支或党委,80年代以来,农村出现了一批经济发达的村,这些村的人口及党员人数较多,不少党组织从支部升格为党总支或党委。三是未设党支部,仍有少数村因为党员人数少,没有设立村支部,仅设有党小组。按照1998年的《村民委员会组织法》,村民委员会由主任、副主任和委员共3~7人组成。农村的村民委员会一般是以原生产大队为基础,由若干自然村联合组建。村民委员会设立村民会议为村民自治组织的权力机关,村民会议可以修改和制定村民自治章程、村规民约,讨论和决定涉及全村村民利益问题,审议村民委员会的工作报告并评议村民委员会的工作。村民委员会向村民会议负责并报告工作。实践中由于种种原因,村民会议难以组织,各地乡村普遍设立了村民代表会议,村民代表基本上是以村民小组为单位产生,一般由40~60人组成。村民委员会由村民直接选举产生,每届任期三年,根据需要可以设立人民调解、治安保卫、公共卫生等委员会。村委会原本是一个村民自治的社会组织,但现实中有很多职能,如行政职能、经济职能和社会职能等,其中经济职能是基本职能,行政职能源于接受政府的委托,社会职能可以在村级经济组织的框架内得到实现。行政职能包括计划生育管理、土地管理、社会治安综合治理和防汛防灾工作。经济职能包括发包土地、制定土地经营方案、组织水利设施建设、组织农业专业化生产、农业服务、管理村办企业等。社会职能包括饮水设施建设、公路建设及维护、调解民间纠纷、敬老爱幼设施及环境建设等。农民合作经济组织包括专业合作经济组织和社区合作经济组织以及供销社、信用社等组织形式。专业合作经济组织又分为专业合作社和专业协会,

其特点是农户自愿选择的合作，组织成员主要是通过业缘关系结合在一起；合作组织的服务内容具有综合性，每个组织都有管理精英。目前的农村组织形式还有农民维权组织、宗族组织、宗教团体等。

2. 村级组织之间的密切关系

现阶段，农村村民自治组织主要由村民会议、村民代表会议、村民委员会及最基层的村民小组组成。村民会议与村民代表会议属于权力机构，村民委员会属于工作机构。村民自治制度的建立，在权力资源分配、权力的来源和权力的制度规范等许多方面改变了我国的乡村治理模式。随着市场经济的发展以及村民自治组织的建立，我国农村组织形式呈现出多元化的趋势，既有以生产为核心的农民专业合作经济组织，又有村党组织、村委会、农民自发性质的组织等，它们共同构成了目前我国农村组织复杂的体系，也构成了现代乡村治理结构的组织基础。村民自治在全国范围内开展，所引发的直接问题就是两委关系的矛盾尖锐化，表现为党组织权力的绝对化，甚至干预村民自治。村委会极端自由化，不接受村党组织的领导。村民自治组织与村委会的权限不明确，规定过于书面化和原则化，这些矛盾的存在制约了村民自治组织的运作和发展。农民合作经济组织在原则上同基层组织没有行政和经济上的隶属关系，由于政府职能转变和合作经济组织自身发展等方面原因，导致农民合作经济组织同基层组织之间关系复杂。近年来，农村出现了一些新的制度变量和社会因素，村级组织的自主性加强，乡镇对村的管制越来越少，也越来越困难。

三 盐铺村的组织架构及其职能分工

1. 前直选时期"两委"的产生

1982 年，我国第四部宪法明确了新时期农村的管理体制问题，规定村民委员会是基层群众性自治组织，其主任、副主任和委员由选举产生。然而，农村传统管理模式的框架难以在短时间内得到彻底改变，虽然宪法明确规定了村委会的性质，但是在实际的管理过程中仍然沿用了合作化时期的老路。村委员领导班子基本是由上级政府研究指定或指派，选举只是形式。同时，在 1984～1986 年之间，由农业部组织，在农村又普遍成立了经济联合社，下设合作社，实际上取代了村委会和村民小组的建制。至今，农村一些老同

第十一章 盐铺村的组织结构

志仍然称现在的村民组长为社长,就是这个时代的产物。

根据《安徽省实施〈村委会组织法〉办法》规定,村委会主任、副主任和委员候选人,由村民小组推荐或由十名以上享有选举权的村民联名方式推荐产生,后经各村民小组酝酿协商,确定正式候选人,同时规定也可实行等额选举。在实际操作过程中,难以做到推荐的合理性,采取的主要方式往往是乡镇党委政府召集上届村主要干部研究讨论候选人名单,然后召集村民小组长或村民代表确定。这种产生村班子的方式给盐铺村的建设发展带来了极大的阻碍,一方面由于村干部不是由村民直接选举产生的,得不到村民群众的信任;另一方面村干部威信不高,底气不足,工作往往开展不力,因此,这一时期的盐铺村虽然在经济社会各方面取得了一定的进展,但村级组织建设状况并未取得实质性突破。直到1998年村委会组织法的正式颁布实施,盐铺村开始了全新的发展,逐步建设成为休宁县名副其实的新农村之花。

2. 直选产生"两委"

盐铺村"两委"直选以民主选举为原则。根据盐铺村民主选举调查问卷分析,对于"最近一次村委会选举有没有参加"这一部题,其结果如下:选择参加了的有273人,占回答者的97.2%;选择没参加的有8人,占2.8%。其中没参加村委会选举的原因选择中,因为不感兴趣的有1人,占回答者的20%;因为不在家的人有1人,占20%;选择其他的有3人,占60%;缺失值3个。分析"采取什么方式选举"得到以下结果:选择到会举手或唱和的有1人,占回答者的0.4%;选择到会画选票的有4人,占1.4%;选择在家画选票的有131人,占46.3%;选择在村民小组画选票的有1人,占0.4%;选择在流动票箱投票的有140人,占49.5%;选择其他的有6人,占2.1%。

一是民主选举产生村委会。1998年12月20日至1999年3月30日,盐铺村进行了村委会组织法正式颁布实施后的首次选举(即第四届村委会换届选举)。盐铺村在此次选举中严格依照全县第四届村委会统一换届选举工作的意见要求,选举出了两位对盐铺村今后发展起决定性作用的村干部,即:主任李讨饭,副主任曹长来。虽然从当时的选举过程来看,在提名候选人环节仍未采取村民直接选举方式进行,但从选举的结果看,他们的当选是值得肯定的,两人的得票率都超过了70%。该村党支部书记李讨饭同志是2005年全国劳动模范。从第五届村级组织换届开始,村委会换届开始采用"海选",即候选人由选民直接提名产生,实行差额、无记名、公开投票,由村民直接进行选举。村委会换届完成后,村党组织换届开始施行"两推一选",逐步建立健全民主选举工作新机制。正是从此时开始,以书记李讨饭、主任曹长来为代表的盐铺村班子结构经历了近10年的考验。

二是"两推一选"产生村党组织。"两推"即群众推荐和党员推荐。由镇党委派人员主持召开户代表和党员大会,通过群众推荐和党内民主推荐选出候选人,候选人名单上报镇党委审定。根据党员推荐、群众推荐、镇党委审定后的候选人名单进行公示。"一选"即通过村党员大会和公开选举大会对候选人进行选举,选举结果当场公布。在最近连续两届党支部换届时,盐铺村的村党支部书记都采用直选方式进行,充分体现了党内民主。

3. 盐铺村组织网络建设

盐铺村在村级组织建设上逐步健全完善以村党支部为核心的村级组织网络建设。村委会下属工作委员会设置齐全,责任明确。在村委会的统一领导下,人民调解委员会负责村内普法教育,村内邻里在家庭、婚姻、土地、山林、房屋、财产等方面的纠纷排查与化解;治安保卫委员会负责协助维护社会治安、保证本村社会稳定;文化卫生委员会负责本村文化、教育、卫生事业的发展;计划生育委员会负责宣传计划生育政策,普及计生知识,帮助困难计生对象排忧解难,协助上级完成计生工作任务等。人民调解工作作为农村的基础工作之一,一直受到村"两委"的重视,该村于2003年6月在休宁县司法局的批准下成立了休宁县海阳镇盐铺村人民调解委员会。该组织在海阳镇人民调解委员会的指导下,紧紧围绕"改革、发展、稳定"的大局,认真贯彻落实"调防结合,以防为主"的调解方针,根据具体实际,采取了一系列贴近社会、接近群众的法律、政策,为村内的经济发展和社会治安稳定提供各类服务,为社会为群众提供各种方便,深化了民主法治社区创建工作,做到"小事不出组,大事不出村",既稳定了家庭也促进了全村的民主法治建设。盐铺村专门成立了以书记为组长,村"两委"人员为成员的安置帮教工作领导小组,完善了各项规章制度,并指定专人负责。黄山市盐铺特色产业农民合作社以创建优质高效有机菊花、西瓜、蔬菜、甘蔗、草莓基地及生态旅游为目标,是联系全村村民与市场对接的"纽带"和"桥梁",是以从事特色产业的农民为主体,自愿结合,民办、民管、民受益的农村合作经济组织。

4. 盐铺村组织职责分工明确

(1) 村党支部书记的主要职责。①负责召集支部委员会和党员大会，认真传达贯彻执行党的路线、方针、政策和上级的决议、指示；研究安排支部工作，将支部工作中的重大问题及时提交支部委员会和党员大会讨论决定。②做好经常性的思想政治工作，了解掌握党员的思想、工作和学习情况，发现问题并及时解决。③检查党支部的工作计划、决议的执行情况和出现的问题，按时向支部委员会、党员大会和上级党组织报告工作。④经常与党支部委员和同级行政负责人交流情况，保持密切联系，支持他们的工作，充分调动各方面的积极性。⑤抓好支部委员自身的学习，按时召开支委民主生活会，充分发挥支部委员会的集体领导作用。

(2) 村委会主任的主要职责。①负责宣传宪法、法律、法规和国家政策，教育村民遵守和执行。②在村党支部领导下，执行本村经济和社会发展计划，健全服务体系，做好产前、产中、产后系列服务和协调工作，支持和组织村民发展生产、供销、信用、消费、合同订购等形式的合作经济，发展壮大村级集体经济。③依法管理本村属于村民集体所有的土地和其他财产，引导村民合理利用自然资源，保护和改善生态环境。④教育村民依法履行纳税、服兵役、送子女接受义务教育等应尽义务。⑤教育村民发展平等、团结、互助的社会主义民族关系，尊重少数民族风俗习惯。⑥负责开展社会主义精神文明建设活动，发展教育事业，普及科技卫生知识，抓好计划生育工作。⑦抓好综合治理，依法调解民间纠纷，维护社会治安，促进村与村之间、村民之间的团结互助。⑧按照村务公开和民主管理有关规定，负责依法筹集生产资金和公共事务、公益事业所需费用，管理好本村财务，实行村务公开，接受民主监督。⑨召集和主持村民会议，执行村民会议决定和村规民约，及时向乡镇政府反映村民意见、要求和建议。⑩负责向村民会议报告工作。

(3) "无职党员设岗定责"岗位的基本职责及要求。①"双带"示范岗：带头学科技、用科技，掌握1~2门实用技术；带领并帮助群众共同致富；协助村组，引导农户调整产业结构。②勤劳致富岗：带头勤劳致富，积极向群众提供致富信息；开展结对帮扶活动，增强困难群众的脱贫信心和致富本领；协助村"两委"制定年度扶贫计划，做好扶贫服务工作。③计划生育岗：模范执行计划生育政策，带头学习并宣传计划生育法律法规；协助计生部门开展好工作；主动参与监督，倾听并反映群众意见和建议。④生态环境保护岗：加强法规宣传，增强群众环保意识；经常检查护林防火工作，及时制止乱砍滥伐、捕杀保护动物的行为，针对存在的问题及时提出建议；经常检查环境卫生，规劝、引导村民改掉不良卫生习惯；发现严重环境污染及时报告。⑤社会治安维护岗：带头学习《治安管理处罚条例》等法律、法规，协助开展普法教育；自觉运用法律武器同违法犯罪行为作斗争；积极协助调解民事纠纷；发现社会治安案件及时报告。⑥村级财务监督岗：有一定法律和财会知识，配合村务监督小组、民主理财小组对村务活动和村级财务收支情况进行监督；督促村、组按要求及时更新村务公开栏内容，并对公开的内容是否全面、程序是否规范等进行监督。⑦土地管理监督岗：教育村民依法管理使用好自己的承包土地；对村组在土地转让开发、农户土地承包和使用中是否符合法律法规、审批手续是否齐全进行监督；及时报告违章建房以及违规使用土地、乱占乱建等现象。⑧村规民约监督岗：组织村民学习村规民约，带头并督促群众积极履行村民义务；协助村组干部做好协调工作。⑨政策法规宣传岗：带头学习党在农村的各项方针政策，熟悉法律法规；协助政府部门把党的方针政策和国家法律法规宣传贯彻到群众中去。⑩文明新风岗：带头祛邪扶正，移风易俗，倡导积极、健康、文明的新生活；带头崇尚科学，破除迷信，团结带领广大群众抵制和揭露邪教活动；协助村组开展文明创建活动。

（4）社会治安综合治理领导小组职责。①宣传、贯彻执行有关法律、法规和政策，依法制定村规民约、居民公约，并监督执行。②建立健全治安保卫组织，开展治安防范工作，建立健全人民调解组织，调解民间纠纷。③协助有关部门妥善做好刑满释放人员、解除劳动教养人员的教育和安置工作。④协助公安机关维护社会治安，管理常住和暂（寄）住人口。⑤及时报告社会治安情况，办理社会治安综合治理其他事项。

（5）治安保卫委员会工作职责任务。①以宣传活动教育群众增强其法制观念和安全防范意识，组织群众开展治安巡逻、安全检查等项群防群治工作，落实防盗、防火、防破坏和防其他治安灾害事故的安全防范措施。②及时向政府及公安机关反映敌情动态和有可能危害社会治安的民间纠纷和闹事苗头，并协助政府和有关部门做好教育疏导工作。③对有违法犯罪行为的人进行帮助、教育、监督、考察。④协助公安机关保护案件现场，积极提供破案线索，对现行违法犯罪分子进行控制或扭送公安机关。⑤向政府及公安机关反映群众对社会治安管理工作的意见、建议和要求。

（6）调解委员会工作职责。①在村民委员会领导和乡镇司法所的指导下，调解各类民间纠纷，防止矛盾激化。②通过调解工作，大力宣传法律、法规、政策，使公民遵纪守法，遵守社会公德。③及时反映民间纠纷和调解工作中出现的新情况、新问题，并提出可行性意见和建议。④按上级要求建立各类台账，并准确地进行登记造册，及时上报各类报表。

（7）安置帮教小组工作职责。①制订帮教计划，落实被帮教对象的具体帮教人员及措施，使帮教对象不脱管、不失控。②积极为帮教对象提供再就业信息，帮助解决自谋出路中遇到的问题，并创造条件就地安置，使帮教对象有活干、有饭吃。③对被帮教对象做到定期谈话、定期分析，并积极开展法制宣传教育，预防重新违法犯罪。④总结帮教工作经验和教训，及时调整帮教思路和措施。

（8）民主法治村建设领导小组职责。①民主法治村建设领导小组在村党支部领导下开展工作，议定实施民主法治村建设工作方案，部署各阶段工作。②根据国家的有关法律、法规和政策，积极推进农村"四民主两公开"制度的贯彻落实。③依照《村民委员会组织法》，结合本村实际，制订完善村民自治章程和各项管理制度，使各项工作制度化、法制化。④加强村民政策、法律、法规教育，提高法制观念和遵纪守法自觉性。⑤组织开展各项健康有益的自治活动，维护本村安定团结，引导村民树立积极向上、勤劳致富奔小康的良好社会风尚。⑥加强自治网络组织建设，充分发挥组织网络在民主法治村建设中应有作用。

（9）村妇代会（妇女代表大会）主要职责。①贯彻执行上级妇联组织及同级妇女代表大会或妇女大会决议。②加强与驻村单位及其妇女组织的联系与合作，培育以妇女为主体会员的协会、联谊会和农村经济合作组织等基层群众组织，提高本村妇女组织化程度。③加强村妇女代表大会自身建设，建立和完善学习培训、工作会议、代表联系、检查考核、评比表彰等工作制度。

四　盐铺村的组织结构模式

当前农村的组织架构基本是"乡镇—村—村民（宗族）"模式，形成了乡政村治的治理格局，根据三者在治理过程中权力的行使影响力把这种治理格局分为几种模式，盐铺村基本形成了弱乡政、强村治、弱家族的村庄权力格局。这种村庄权力格局的形成使得盐铺村能够集中力量建设和管理村庄。村庄权力是指村庄中占据优势资源者在村庄治理过程中影响或支配他人的能力。它包括两种类型和三个层面。两种类型即体制内权力和体制外权力。体制内权力包括三个层面：一是自上而下渗透到村庄的行政权力（主要是"乡政"权力）；二是由村庄体制内精英直接行使的自治权（"村治"权力）；三是村级治理的最终所有权，其主体是村民（体制外精英和普通村民），他们是体制内精英的直接授权（委托）者，也是"乡政"权力（通过乡镇人民代表大会）的间接授权者。从法理上看，村民与体制内精英和乡政的权力委托代理关系应该是村庄场域权力互动的基础，是制约村庄体制内精英和乡政的最终依托。体制外权力是基于血缘、地缘而产生的等级式的传统支配力量或因历史上的宗教传承而形成信仰关系中的支配力量，这些支配力量都是现实的体制外权力，在不同村庄只是强弱和包含的具体权力形式不同。

1. 盐铺村村庄权力摆脱了家族文化的影响

传统型农民组织主要是以血缘和地缘关系为纽带的农村宗族组织。宗族组织作为中国几千年封建社会的基础和细胞，是国家与个体之间联系的中介。在自给自足的自然经济社会，传统型农民组织作为封建社会整合的力量，在中国社会的发展过程中，由于保留了许多氏族、部落组织的政治、经济、文化的品格，从而使得中国的封建社会呈现出宗法制的特点，并且由于这种封建宗法思想根深蒂固，使得农村社会关系盘根错节，错综复杂，由此而衍生的家族宗族势力在农村一直有很大的影响。新中国成立后，在人民政权的强大震慑下，虽然传统型农民组织在很短的时间内烟飞云散，走向消失，但改革开放后，却又死灰复燃，重新抬头再现，而且发展势头较猛，这对村级政权组织和民间组织的干扰与影响尤为明显。这些宗族家族利用其强大势力往往操纵农村村委会的选举，选举自己的族长为村干部，建立以宗族家族为核心的政权组织，为自己的人谋取特权和利益。新中国成立以前，以

第十一章　盐铺村的组织结构

宗族或士绅豪强管理地方事务，各地村落皆有大姓居于主导地位。盐铺也有此特征，以各自然村组划分不同，各有大姓宗族，盐铺有李姓、塍上有金姓，茶下有汪姓，山后有曹姓。民国时期的三四十年代，国内政治经济形式混乱，民生凋敝，百姓四处逃难，原安庆府大量逃荒难民徙居相对稳定富庶的徽州府地。如今，盐铺村安庆籍村民占70%。正是这些外来移民削弱了这些宗族大户的主导地位，使得村庄权力格局发生分化，其结果就是推动了村级内部权力的开放和能人建村、能人治村的乡村治理模式的形成。在村"两委"的引导、鼓励、扶持下，村中能人先后创办了油榨厂、茶叶加工厂，涌现了一批致富带头人，经营示范户已占村总户数的30%。

2. 盐铺村形成了强大功能的村级组织结构

村级组织的形成，改变了过去的乡村权力格局，使得村级组织真正为村民自治服务。传统的宗族治理模式虽说已成历史，但是给我们的启示是在乡村治理中必须确立乡村权威。传统乡村权威具有混合性，农民受"政权、族权、神权和父权"的统治。在中国传统的乡村常态社会，乡村权威主要源自社会内部的家族权威。因为，乡村不过是由扩大了的家族所构成。由行政机构和政府官员构成的显性国家权力并没有进入乡村社会。但是，国家在对乡村成员进行"编户齐民"的过程中，势必将乡村社会行政化，如乡里制、保甲制等。在这一体制下，国家虽然外在于乡村社会，但乡村权威必然要为国家所认可，并结构化于国家权威。所以，古代乡村权威事实上是一种规定性的内生权威。

众所周知，村民选举之前的农村基层权威结构具有"党政不分"的特征，党支部与村委会（生产大队）机构虽分设，但人员交叉、职能重叠。村一级的组织设施与宏观层面上的党政关系具有结构方面的相似性。一般而言，党支书是一把手，党支部的副书记或支委任村委会主任（大队长），重要决策一般通过两委会联合会议的方式作出。村级组织结构这一权威结构模式在没有选举变量的情况下基本上是稳定的，构成这一稳定的基础有两个：①乡镇政府对村党支部人事的控制权：作为村庄一把手的党支书名义上是由村庄的党员选举产生的，但实际上乡镇党委的意志具有决定性的作用。在特定情况下，乡镇党委甚至可以直接任命村庄的支部书记。②村党支部对村委会的领导。在实行村民选举之前，村委会干部的人选基本上是由乡镇和村党支部共同控制的。正是这两个人事控制权保证了村级权威结构的相对稳定性，以及村庄权威来源的逻辑一致性。一言概之，它们具有相同的自上而下的特征。村民自治摆脱自上而下的行政影响，自然村进行自我管理，自我发展。通过民主选举产生乡村发展的组织结构，确立乡村权威。村干部威信如何，盐铺村调查问卷中显示：选择有很高威信的有96人，占回答者的34.3%；选择有威信的有140人，占50%；选择一般的有28人，占10%；选择威信不高的有2人，占0.7%；选择没有威信的有2人，占0.7%；选择说不清的有12人，占4.3%。

3. 盐铺村组织结构的合理化建设激发了组织系统的新功能

组织是社会系统运行的基本载体，农村治理和发展在相当大的程度上依赖组织的变革来促进乡村的发展。农村行政管理、农业经济发展等都与农村组织发展紧密相关。

（1）激发乡村组织结构的合力保障了村民的生活和权益。村民是作为一个有限的共同体成员存在的，尽管他同时应该属于国家这个更大的政治单位，但国家的法律并不能更有效地规范其生活或保障其权益，有效的权益保障依赖稳定的乡村治理结构。当前乡政村治的乡村治理模式存在两个矛盾关系。一是在乡镇政权组织与村自治组织的关系问题上，"领导关系"取向与"指导关系"取向两难选择；二是在村党支部与村委会的关系问题上，"唯上取向"与"唯下取向"两难选择。在实际运作中，组织运作不规范，管理粗放；蕴藏风险，特别是决策失误难以得到有效及时纠正，农村社会组织治理结构失衡等问题，既不利于农村社会组织的健康成长，更影响了其在乡村社会治理中地位和作用的发挥。避免村级组织结构单一的行政化倾向的一个重要途径就是强化村级组织结构的功能，加强村级组织结构的建设，摆脱村级组织成为管理者和控制者，非农民利益代言人和中介者的命运。

（2）村级组织建设也有利于农业专业化、集中化、社会化。我国农业产业化水平之所以不高，在相当程度上是由于我国农业专业化、集中化、社会化程度较低。伴随着我国农业专业化、集中化、社会化程度的不断提高，农业部门内部以及农业部门与非农业部门之间的联系不断地加强，呈现出横向一体化与纵向一体化的特征。农工商一体化、贸工农一体化，是一种纵向一体化形式。它是农业产业化形成和发展的基础性条件。但是，总体上目前我国农业专业化、集中化、社会化程度都比较低，农户与龙头企业的联系较为松散，在实施农业产业化过程中，因势利导地形成处于龙头企业与农户之间的中介组织就显得十分必要了。十七大报告因此提出，要把"探索集体经济有效实现形式，发展农民专业合作组织，支持农业产业化龙头企业发展"这三者有机地联系起来。把农业规模经营的内部经济与外部经济有机地结合起来，客观上要求农业生产经营组织要有新的突破，这就是实现农业产业化经营。农业产业化是根据农业现代化的要求，大规模组织分工分业生产，把分散的家庭经营纳入一条龙的生产经营体系，把分散独立的许多生产环节融化为社会生产总过程，最大限度地发挥整体效应和规模效应，以缓解小生产和大市场之间的矛盾。

第二节 乡村组织建设的思考

塞缪尔·亨廷顿曾指出，组织是通往政治权力之路，也是政治稳定的基础，因而也是政治自由的前提，身处正在实现现代化之中的当今世界，谁能组织政治，谁就能掌握未来。当代中国的现代化进程破坏了旧的组织形式和政治制度，新的权威结构和制度正在形成过程中，从而形成了一定的权力和权威的真空。中国农民在获得自主经营权之后，随着经济生活水平的不断提高，也越来越认识到正确行使法律权利的重要意义，实现村民的自我管理、自我服务和自我教育，建设村民自治制度成为现阶段中国农村社会领域的重要任务。1982年《宪法修正案》规定由村民委员会组织取代政社合一的人民公社制度下的生产大队。从1987年制定《村民委员会组织法（试行）》到1998年颁布正式法律，中国的村民自治制度不断走向成熟。进一步完善村民自治组织，有利于充分发挥村民的自主性和由村民民主选举的农村干部的主导性，也为农村内生发展提供了组织条件。

一 优化组织结构是组织建设的重要部分

强调组织建设，更要强调结构建设，也就是强调各个组织之间的关系。结构功能理论认为，治理结构是一个组织有机体发挥其功能和效应的重要因素。结构决定功能，只有治理结构合理化，才能使输入、输出、转化符合政治社会的基本期望和要求。因而，治理结构是否合理在很大程度上影响甚至决定了一个组织的可持续发展能力，以及该组织在社会治理过程中的绩效水平。

在农村社会转型过程中出现的农民组织资源的匮乏，必然造成农村组织结构上的缺位和功能上的缺失。显然，这种农村组织结构现状难以适应农村现代化进程，必然影响到农村的稳定与发展。农村组织结构与功能的缺失，是产生农村社会诸多问题与矛盾的重要原因。因此，优化组织结构、完善组织功能，是促进农村现代化的必然要求。不仅要从表层上改变组织的存在形式，更要从深层上培育现代组织建立健全的土壤。中国农村社会要提高农民自组织化程度，应在促使政社分离的同时，改革现有的组织体制，优化其结构功能。为此，当代农民自组织的合理建构，不是传统意义上的宗族组织与秘密会社，而是依法成立的契约组织与自愿组织，它追求模式上的灵活多样和功能上的齐全完善，切实为农民的根本利益服务。

由于农村经济运行机制发生了根本性的改变和农村资源配置的市场化程度不断提高，造成农村组织体系需求与供给之间出现了不相适应的现象，主要表现在农村基层组织的功能与角色存在冲突，农村基层组织与农民专业合作经济组织之间的矛盾，农村基层组织与乡镇政府的关系不顺等。优化农村组织结构从下面几个方面着手。

1. 进一步完善农村自治制度，充分调动广大农民群众参政议政的积极性

健全的村民自治组织是村民自治活动的载体和组织保证。推进农村基层民主，搞好村民自治，必须抓住制度建设这个根本。要充分调动村民参政议政积极性，进一步完善和落实民主选举制度，以村民自治章程为主要形式的村级民主管理制度，同时，不断创新农村民主监督机制，加强对"两委"干部和村务监督。

2. 规范党支部和村委会关系，强化党支部的领导核心地位

规范两委关系，是搞好农村工作的关键。一方面，要继续推广和完善"两推一选"办法，采用党员、群众推荐和党员大会选举相结合，选举产生农村党支部委员和书记；另一方面，要通过健全和完善双委联席会议制度、重大事项提前报告制度，建立起党支部领导下的村民自治运行机制，实现支部工作规范化、村民自治法制化、民主监督程序化。

第十一章 盐铺村的组织结构 ○ 中国百村调查丛书·盐铺村

3. 转变乡镇对农村的领导方式，提高乡镇党委和政府指导农村工作的能力和水平

转变乡镇对农村的领导方式，关键是要处理好党的领导原则、村民自治原则和依法行政原则三者之间的关系。乡镇政府是最基层的政府，担负农村管理职责，改革后在很多情况下已超出了本身所具有的机构和资源的限度，必须要依靠村民组织的协助和支持，而要取得这种支持，乡镇必须重视农民的利益和要求，而不单单体现各级政府意图。既要放权于村，又要积极引导，为农民增收创造良好的基础和市场环境。

4. 处理好农村基层政权组织与农民自组织之间的关系

在初期，基层政权组织应扶持农民自组织的生成发育，在自身职能转变的同时，将代表农民利益的职能分离出来交给农民自组织。在中期，应由基层政权组织与农民自组织来共同维护农民的权益，做到功能的协调与互补。到最后，当农民自组织真正成熟的时候，就应当使其从现有的组织体系中独立出来，真正成为自我服务、自我管理、切实维护农民合法权益的自治组织。农民自组织到此时才能真正成为有效沟通与协调干群关系的中介：基层政权组织只是履行其行政使命，农民自组织则发挥更大的管理农民内部事务的自治功能，并做到农村组织管理体制的结构优化与功能整合。同时，这种农民自组织不仅表现在自治方面，它还可以向专业性的经济、文化与社会组织层面拓展，成为农村实现全面小康社会的重要载体。当前，各级政府及主管农村工作的部门，应当把合理建构这种农民自组织作为解决"三农"问题、促进农村社会发展的一项重要的战略任务，因为农民自组织的合理建构，不仅成为协调农民与政府之间的利益平衡机制，更在于它将构成实现农村可持续发展的组织保障。

二　农村经济合作组织的发展不能改变家庭联产承包经营制度

任何提高农业农民组织化程度的政策和措施，都必须建立在家庭承包经营基本制度基础之上。健全、完善的农村家庭联产承包责任制应包括完备的承包机制和流转机制，其中承包机制是农地流转的前提和基础，流转机制是提高农地产权效率的有效保障。家庭联产承包责任制将农业生产的自然性和小农结构的分散性结合起来，有力地促进了被束缚在人民公社体制下的农村潜在生产能力的释放，拓宽了农村的潜在市场，为农村生产力的提高和农村劳动力的就地转移奠定了制度基础，也为而后中国乡镇企业的兴起提供了市场空间。

但是，随着城市改革的全面深入和市场经济体制的全面确立，农业在整个产业格局中的比较效益越来越低，农民在市场和竞争中的地位越来越不利。此时的家庭联产承包责任制面临着严峻的挑战：如承包制导致农民对土地承包期限的不稳定感，造成农民对土地的短期行为甚至是掠夺式经营；责任制将土地的经营权分散给各个农户，在此基础上的小农生产与现代化农业的规模经营和集约生产相矛盾；分散化的经营导致农田水利等公共性的基础设施建设受到严重阻碍，使得先进的农业机械和农业科技难以推广运用；小农经济结构的分散性和分立性使得农村社会组织资源匮乏，在市场竞争体系和国家政治过程中难以进行有效的竞争与合作，缺乏利益和权利的博弈和表达能力，等等。尽管家庭联产承包经营制在农村发展和农民利益获得等问题中存在一定的消极因素，但是家庭联产承包经营制仍是当前国家稳定的重要政策。农村各类经济合作组织在家庭经营长期不变的情况下，克服农户小规模分散经营的局限性，有序地引导农户和市场接轨，走向专业化、现代化，实现了农业增长、农民增收，并把家庭经营与合作经营的优势有效地结合起来，既发挥了家庭关系在劳动控制、剩余分配、激励与约束方面的独特优势，又发挥了合作组织在产销协调、风险弱化、利益均沾等方面的功能。

三　逐步实现农村经济合作组织的自我管理

农村专业合作组织是在市场经济条件下，广大农民群众为提高组织化程度而创建的一种自我组织、自我管理、自我服务、自我受益的新型合作组织，是农民群众在实践中的伟大创造。农村专业合作组织的建立和发展，是新阶段农村经济适应市场经济要求的必然产物，对推动农业结构调整，提高农产品市场竞争力，增加农民收入，发展农业农村经济，发挥着越来越重要的作用。

但是，当前很多农村经济合作组织并没有按照组织原则发展，而是与农村基层组织关系密切，甚至是农村基层组织的一个附属组织。这种现象是当前经济社会发展的必然产物，有它的合理性，也是一个新型组织成长的必经阶段，但是，农村经济合作组织还是要争取自我管理的权力。为此，需要作几个方面的努力。

一是制度化治理。传统乡村社会生活规范的形成和运转主要依赖于制度以外的因素。当乡村社会迈向现代化，制度需求必然呈现日益增长态势，制度化治理的意义愈益凸显，不仅是构成整个国家制度化治理的基石，而且是乡村走向法制和民主，走向善治的必然选择。运用制度化、规范化、标准化达到整合资源、优化流程、提高绩效的目的。具体而言，就是要求做到：农村社会组织完善以章程为核心的内部治理结构，建立健全完善民主决策、民主管理、民主监督制度体系，形成平等协商、诚信自律的运行机制，增强农村社会组织的吸引力和凝聚力。

二是明晰产权。产权不明晰，易导致治理机构失范与异化。明晰产权主要针对农村经济类社会组织而言。明晰产权就是运用股份制运作方式，规范出资主体的行为和运行方式，用类公司治理形式去建立相关架构，建立严格的内部制衡机制，实行规范的制度化运作，特别是经营决策制度、财物管理制度。明晰产权，实质就是用市场机制和手段去改造农村社会组织，解决所有者和经营者之间的矛盾。当然，必须具备的一个前提是，政府要与社会组织剥离，要退出农村社会组织治理机构，要理清政社边界。

三是加速政府职能转换，积极探索新乡村治理模式，推进政府组织尽快转型。主要通过开展农村综合改革，促进县乡政府职能转换，深化乡镇机构改革，搞好事业单位改革，完善村民自治，建立农村基层工作新机制。

四是扶持龙头企业做大做强，积极培育农民创业带头人，促进农村二、三产业组织发展壮大。努力扩大现有龙头企业对农户的带动覆盖面，积极引导发达地区企业进入中西部农业产业化领域，同时积极鼓励培育本地农民开展"全民创业行动"，走好公司加农户的道路。

五是发展农民专业合作组织，支持行业协会发挥更大作用，积极培育适应新农村建设要求的各类非政府组织。重点是支持合作组织和行业协会发展，努力培育农民自己的组织。要从政策上、制度上、体制上积极创造条件营造环境，让各类非政府组织迅速成长起来。

第十二章 盐铺村的村务管理

村级组织功能强弱与一个村的发展程度密切相关,村级组织功能强则村级事业发展得好,农民富裕,农村安定;相反,村级组织功能弱,则村级事务发展得差,农民贫穷,农村问题多。盐铺村形成了一个组织功能强、组织结构合理的村级组织结构,村级组织对村级事务的管理不是控制村级政治、经济、社会、文化等,而是服务于村各项事业的发展。

第一节 村级组织是村务管理的主要承担者

乡政村治的乡村治理格局必然要求村级组织承担起村务管理的重任,盐铺村在强化自身组织建设的基础上,充当好了村务的管理者。

一 盐铺村组织为村民提供了良好的服务

权力的产生一定要建立在服务的基础上,没有服务的权力是强权。一个村委会能够正常的行使权力,它一定是在为农民提供了服务的基础上,提供的服务越多,其管理的效用越大。服务是联系干群关系的纽带。为使干群的心始终紧密相连,盐铺村建立了干部包组工作制,做到工作重心下移,经常走村访户,听取群众意见,了解群众对干部工作作风和群众需要解决的问题,干部入户率达100%。同时,设立了为民服务代办点,公布了服务电话,村里的纠纷调解、帮教帮扶、治安联防都能在第一时间到位。盐铺村还实行了党员干部联系卡制度,即将"两委"班子成员姓名、分管工作、职责范

第十二章 盐铺村的村务管理

围、联系电话等内容制作成卡片，向全村农户发放，方便群众随时联系。做到了群众有困难，只要一个电话，村干部就会第一时间赶到，并及时解决。村民们高兴地把这张卡誉为"连心卡"。为方便群众购上放心、安全、实惠的物品，村支部积极争取"万村千乡"市场工程，建立了便民超市，村民足不出村就可以在超市里购上称心如意的生活用品。"两委"班子成员乐当群众的贴心人。村支书李讨饭，他心中装着一本"连心册"，对村里的困难户，他经常组织干部上门看望，每逢过年过节慰问；哪家老人生病住院，村干部们总要上门或到医院看望，有时还为他们垫付医药费。

目前，该村各项社会事业蓬勃发展。村道路硬化9公里，自然村机耕路通达率100%，86%的农户配置了程控和移动电话，100%的居民用上了纯净卫生的山泉自流水、地下水，76%农户建筑了卫生专厕，完善了沿村6000米防洪岸和2800米村内排污无公害处理设施。村党支部多次被评为市"五个好"村党支部标兵，党支部书记李讨饭获得了全国、省、市劳动模范，省农村"三个代表"重要思想学习教育活动优秀农村基层干部，省计划生育协会优秀会员，省孔雀杯农民创业之星以及市优秀党员等多项荣誉。以下数字能部分说明盐铺村组织在服务村民中获得了村民的信任。遇到困难，找谁帮忙，盐铺村调查问卷分析显示：治安方面，首先找谁商量或帮忙，选择家庭成员的有54人，占19.0%；选择集体经济组织的有2人，占0.7%；选择村委会的有168人，占59.2%；选择村党组的有4人，占1.4%；选择乡以上政府的有17人，占6.0%。家庭纠纷方面，首先找谁商量或帮忙，选择家庭成员的有98人，占34.5%；选择集体经济组织的有4人，占1.4%；选择村委会的有96人，占33.8%；选择村党组的有7人，占2.5%。与他人纠纷方面，首先找谁商量或帮忙，选择家庭成员的有42人，占14.8%；选择村委会的有173人，占60.0%；选择村党组的有10人，占3.5%；选择乡以上政府部门的有2人，占0.7%。盐铺村级组织为村民提供了良好的服务，说明村级组织是可以担当起农村服务职能的。

1. 村级组织获得了自治权

乡村社会管理从传统社会到转型期社会其管理主体、性质和功能都发生了变化。中国几千年来在中央集权君主专制统治下，皇权始终注意对地方的控制，通过采取各种措施，有效地将宗族权力划入国家权力管理的范畴。所以，乡村社会仍是集权式"官治"，地方民众处于"治于人"的政治地位。随着现代化的进程加快，传统社会的经济基础逐渐丧失，由于农业财政地位下降、乡村社会转型滞后、社会资源城市化等原因导致乡村社会的管理问题凸显出来。长期以来，我国一直采取"大政府、小社会"的农村社会管理模式，在这种模式下，政府是或基本是农村社会管理的唯一主体，农民的正式组织的功能无所不包，非正式组织退出历史舞台。过去的"国家—民间精英—民众"的三层结构变为"国家—民众"的二层结构，导致民众的利益表达渠道缺失，农村社会管理问题凸显。农村基层管理体制改革后，村民自治使村级组织不再是政权组织，而是基层群众性自治组织，属于社会的自我管理。

2. 村级组织有能力担当服务职能

农村改革开放前的"三级所有、队为基础"的人民公社体制，经过包干到户和"政社"分设，公社改为行政组织的乡（镇）。生产队由于规模过小，形不成一级组织。大队即后来的村，就成了唯一可供选择的"家庭承包，统分结合，双层经营"的统一层次，由村代表集体经济向农户发包土地，被称为"社区合作经济"。于是集体所有的田、土、山、水等自然资源，全部归村级组织所有；乡村水利、交通等基础设施，也基本由其管理；众多的农村劳动力，也都居住在地区性合作经济组织之内。事实上村级组织有权按照国家法律、政策行使自己管辖范围内土地的所有权、管理权和支配权。村级组织的许多经济职能，是其他组织难以替代的。例如实行土地承包，需要有一个代表者来发包和管理；进行商品生产和公共活动，需要具有法人资格的代表来同国家和其他经济单位对话；搞地区内生产建设需要有长远规划，统一经营等。这一切说明，村级组织在长期的经济社会实践中，已经形成了事实上的农村集体所有制代表，形成了比较完整的组织结构，同时已建立起同外部的广泛联系，且有行政力量作后盾。它可以借助这种关系去协调经济社会活动中各方面的关系，提供有效服务，这也是它优越于其他组织的关键所在。只要加强扶持，正确引导，村是可以担当起农村服务职能的。

二 组织自身建设是实现向服务型组织转变的前提

强效的村"两委"班子治理盐铺村。村是社会的细胞，党政的基础，政治经济，文化教育，生产建设，民事纠纷，事无巨细，最终都要落实到村。所

第十二章　盐铺村的村务管理

谓"上面千条线，下面一根针"。村级工作繁杂，一个村没有一两个办事公道、廉洁奉公、遵纪守法、热心为村民服务、乐于奉献的带头人，就会一事无成，甚至问题成堆，不得安宁。从第四届换届选举开始，盐铺村6名村"两委"干部，在位四届，没有大的人员变动，在最近的第七届村级组织换届选举过程中，仅有1人发生变动。究其根本，村民群众充分发挥了手中的民主选举权利，能选出切实为群众办实事、办好事、能带领群众致富的村"两委"班子。

第一，从盐铺村调查问卷分析看出村"两委"的办事能力得到了村民的肯定。关于干部办事能力的问卷结果显示：选择"很高"的有96人，占回答者的33.9%；选择"较高"的有125人，占44.2%；选择"一般"的有44人，占15.5%；选择"说不清"的有18人，占6.4%。第二，"两委"能够做到身边清。盐铺村干部行政收入和村民差不多，只是工作分工不同。盐铺村调查问卷显示"村民眼中的干部收入"情况如下：选择"很高"的有4人，占回答者的1.4%；选择"较高"的有34人，占12.0%；选择"与村民差别不大"的有186人，占65.5%；选择"低于村民的水平"的有38人，占13.4%；选择"说不清"的有22人，占7.7%。几年来，他们基本没拿过村干部报酬和奖金，一般都是"充公"或奖给他人；平常工作来人招待，自掏腰包，从没到村集体报销过；这些年村里的工程项目承包等经济活动，也从不让自己的家人和亲属沾边，真正做到"身边清"。第三，"两委"注重干部结构调整，加强年轻干部培养。先后培养了3个年纪轻、文化程度高的同志入党，将有本事、靠得住的优秀青年放进班子、担任组长。村"两委"8名成员中，4个是三十来岁的新面孔，5个有一技之长，平均年龄由原来的53岁下降到40岁，班子的战斗力、凝聚力大为增强。第四，通过抓班子，带队伍，改变了以往村"两委"威信不高、凝聚力不强、软弱涣散的局面。第五，抓党员干部技能培训，带动全村经济发展。盐铺村80%以上的农村干部党员掌握2～3项农业先进实用技术和1～2项在城镇创业、转移就业、自主择业、发展立业的实用技能。把农业科技示范园区和产业化基地作为农村实用人才的实践基地，支持优秀党员、党员产业带头人和致富能手优先承担由政府资金扶持的农业项目，在实践成才、产业带头的过程中体现党员先进性，使其成为创业的模范、创新的模范和带头成才的模范。

盐铺村"两委"自身建设，激发了村庄的内生性力量。进入20世纪，中国乡村权威和秩序发生了结构性的变革，国家力量对于乡村社会的渗透日益深入，国家权威日益强大。其主要标志就是由行政机构和政府官员构成的显性国家力量直接进入乡村社会。乡村社会的整合越来越依靠外部国家力量，乡村内生性权威力量急剧弱化，建构性权威的力量迅速突出。直到实行村民自治，引起了乡村权威的多方面变化，但最根本的乃是它打破了几十年以来中国农村传统权威的基本格局，村级组织的内生性力量被激发。

第二节　以服务为中心的盐铺村务管理

盐铺村组织对村务管理由行政型向服务型转变主要体现在经济服务，公开、公正服务，民主服务和农民组织化服务等方面。

一　服务型组织首要的是服务经济发展

盐铺村"两委"服务组织在利用生产要素、经济关系、组织结构等要素充分发挥了经济服务职能。从新中国成立初期至田地包干到户，盐铺村总的特点就是贫穷与落后，由于外来人口居多，生产资料不足，以及"大锅饭"似的农业生产方式，严重挫伤了村民的生产积极性，生产力极其低下，盐铺当时甚至被称为"讨饭村"。面对发展滞后状况，新一届村"两委"上任后，充分认识到自身所肩负的责任，要改变盐铺村的旧面貌，就必须有一个带领群众致富的核心，这个核心就是村党支部。为改变面貌，村党支部以"科技兴农，富民强村"为目标，把"先富带动后富，最后走向共同富裕"作为致富原则，在认真研究分析村情的基础上，找准了盐铺村发展农业的出路，即将资源优势和区位优势相结合，大力发展城郊农业。

1. 积极调整农村产业结构

盐铺村大力推广菊花、草莓、毛豆、茭白、养猪、养鱼等项目，产生了较好的经济效益，带动了更多农户走上了脱贫致富之路。通过结构调整，全村传统产业面积大为下降，经济作物达650多亩，占水田面积50%以上，年出栏生猪2000余头、产鲜鱼4000多公斤。该村在全县率先建立了"双培双带"先锋示范培训基地，村"两委"成员自担风险，带头示范，并与各示范户结对帮扶，加强技术指导。菊花新产品的培育和推广就是干部带头示范的结果,村"两委"不仅向种植户免费提供种苗,还聘请农技人员到村现场传技,并解决烘干和收购等问题。

2. 打造乡村福地

盐铺村村"两委"积极响应县委、县政府打造乡村福地的号召,采取村民集资入股的形式成立盐铺生态农庄股份制公司,着手建设集特色果园、特色苗木种植区、垂钓中心、狩猎区集于一体的生态农庄项目。这个项目的建成,为农民发展经济夯实了基础,吸纳当地劳动力百余人,每年为村集体经济创收100万元。农民自发进行的村民变股民的改革,是对中国数千年农业和农村经济形式的转变。盐铺村先后创办了油榨厂、茶叶加工厂,涌现了一批致富带头人,经营示范户已占村总户数的30%。同时,积极争取国家政策,投资130万元实施盐铺村中低产田改造项目,确保粮农实现高产增收的目标。针对劳动力就业问题,该村建立了剩余劳动力联系制度,确定专人负责劳务工作安排,积极为剩余劳力寻找就业路。

在村"两委"的带领下,盐铺村经济发展迅速,种植经济作物带动了全村收入的增加和就业的稳定。2009年全村农民人均收入1.1万元,全村总产值2154万,其中农业产值1400万元(菊花产值1200万),山越风情园项目2009年总收入600万元。盐铺村调查问卷显示农户经济作物面积分布如下:经济作物的种植面积为0亩的有4户,占被调查农户总体的1.5%;种植面积为5~20亩的有23户,占8.6%;种植面积为20~50亩的有169户,占63.3%;种植面积为50~100亩的有69户,占25.8%;种植面积在100亩以上的有2户,占0.7%。经济作物种植面积的均值为38.5亩。由以上数据可以看出,盐铺村有90%以上的人都从事经济作物的种植,多数人经济作物的种植面积在50亩地之内,种植面积达到百亩以上的种植大户有两户。盐铺村调查问卷显示村就业情况如下:在本村工作的有572人,占被调查者总体的76%;在本乡镇工作的有20人,占2.7%;在本县工作的有133人,占17.7%;在本省工作的有14人,占1.9%;在外省工作的有13人,占1.7%。由以上数据可以看出,盐铺村多数的还是留在村庄里工作,这并不像农民工流出的地区。

二 提供公开、公正的服务

盐铺村干部在村管理过程中秉承公正、公开原则,真正赢得了民心。就村干部在管理中的公正性,盐铺村调查问卷分析得到,村民选择"公正"的有 227 人,占 79.9%;选择"有时不公正"的有 36 人,占 12.7%;选择"不公正"的有 2 人,占 0.7%;选择"说不清"的有 19 人,占 6.7%。

盐铺村成立了由党支部书记任第一组长的村民自治工作领导小组,在充分征求群众意见的基础上,制定了村民自治章程、村民议事会议、村务公开、财务公开等一系列配套规章制度,设置了村务公开民主管理栏。同时,狠抓村务公开等各项制度的落实。对于政务,过去少数人说了算,大多数人就没有积极性。现在,凡属村里管理的重大事项都及时召开村"两委"扩大会议,并经村民代表会议讨论,按多数人意见进行民主决策。针对农民关注的热点、难点问题,尤其是在先进性教育活动中征求到的意见建议,如群众反映的要解决好村道路整洁和保洁问题,村里聘请了专职保洁员,同时在无职党员中确定一人,协助保洁员做好卫生保洁工作;再如,针对要经常进行农业技术培训问题,村里于每年的 3 月份聘请市科委专家来村开展农业技术培训会。规定每季度第一个月的 20 日公布上季度的村务情况,公布村干部上季度干了什么、下季度要干什么。针对财务管理混乱问题,建立健全了财务规章制度,成立了专门监督小组,实行村民集体理财。每张单据、每张记账凭证、公布表的内容都由村民理财小组逐项审核,每季度公布一次。对救灾物资发放等群众关注的焦点问题都向村民印发公开信,对每一个基建项目都实行公开招标,做到群众明白,干部清白。同时,扎实推进党务公开,实现党务、村务无缝对接。在全县率先实行了计划生育村民自治,建立了全县第一所计生保健医疗服务所,组建了村组两级管理网络,定期、免费为育龄妇女提供健康检查。通过发放就诊"优惠卡"吸引育龄妇女加入计生协会,使计生工作步入正常化轨道。

三 服务的民主管理

民主管理是村民自治的又一项重要制度。制定和执行村民自治章程或村规民约是实现村级民主管理的主要形式和手段。盐铺村在结合自身村庄特点的基础上,广泛征求意见,制定了符合村民群众要求的村民自治章程和村规民约,加强对村务的民主化管理。民主化管理保障了村民的权益。盐铺村调查问卷显示 2008 年村里(或村民小组)召开的村民会议出席情况如下:选择"每次都参加"的有129人,占被调查者总体的45.9%;选择参加了"大部分"的有109人,占38.8%;选择"参加了少部分"的有42人,占14.9%;选择"从未参加"的有1人,占0.4%。对于村民代表会议在盐铺村建设和管理中的作用,问卷显示,选择"作用大"的有179人,占63.3%;选择"一般"的有81人,占28.6%;选择"作用不大"的有5人,占1.8%;选择"说不清"的有18人,占6.3%。

1. 民主决策

村民民主决策机制调动了广大村民群众参与村庄建设的积极性和主动性,改变了村级事务由村干部说了算的状况,大大增强了重大村务决策的科学性与合理性。特别是从党的十七大提出了"推进党内民主建设"的新要求以来,盐铺村在积极推行重要村务民主决策程序的基础上努力推进农村民主政治建设进程。

(1) 制定盐铺村重要事务的决策程序和管理办法。近年来,盐铺村制定了"盐铺村重要事务的决策程序和管理办法",健全完善以村民会议和村民代表会议为核心的村民民主决策机制,在涉及村民利益和经济发展等事情上,由村民委员会提出方案,经村党组织研究同意后,提交村民会议或村民代表会议讨论决定。①民主决策菊花种植。盐铺村"两委"在认真分析村情的基础上,找准盐铺村发展的出路,将资源优势和区位优势相结合,大力发展菊花种植。为此,村"两委"一班人在充分试种获得第一手情况的基础上,召开村民代表会议讨论是否在全村推广。实践证明,该项决策获得成功。目前,全村菊花种植1300亩,并于2007年10月获得国家农业标准化委员会的验收,切实增加了农民收入。②民主决策乡村旅游开发。2005年4月,村"两委"积极响应县委、县政府打造乡村旅游休闲福地的号召,通过民主决策,采取村民集资入股村集体控股的形式成立黄山市绿风实业有限公司,着手建设集旅游、餐饮、住宿、垂钓于一体的盐铺生态农庄项目。该项目计划投资2600万元,现已投入资金1000万元,徽州山越民俗风情园、生态农庄餐饮部、沿湖小木屋及垂钓中心均已开业,深受市场欢迎。2005年以来,盐铺村"两委"班子严格执行盐铺村重要事务的决策程序和管理办法,有效解决了村域经济发展和群众生产生活难题,进一步密切了党群干群关系,开创了基层民主决策新局面。

（2）设置村民群众征求意见箱。结合自身实际情况，盐铺村在不同村组设置了征求意见箱，每个季度收集一次，把收集到的意见和群众要求解决的事情在村"两委"联席会提出解决方案，通过党员干部表决，合理的，制定解决方案；违反政策的，坚决不予办理。涉及全村经济和社会发展的大事、涉及群众切身利益的事、涉及一家一户办不了的事，由村支部书记或村主任主持，按照既定议事主题逐项征求意见和解决问题的办法，将解决方案和解决时间进行 7~10 天的公示，就解决方案再行征求意见，征求意见结束后再召开村民代表会议，就上述事项进行最后的决策。在征求意见内容方面，不做任何限制，既可以表扬、批评，也可以反映问题，提出意见或建议。为打消群众顾虑，盐铺村"两委"郑重承诺：无论什么事，群众都可以谈；无论什么话，群众都可以问；无论什么问题，村两委都想方设法加以解决。通过向群众征求意见，大大拉近了村干部和群众之间的距离。近 3 年来该村共收到群众问事千余条，其中有建设性的可行性建议和意见 30 多条，上报镇党委、政府可行性意见和建议 8 条。解决方案定下后，由村"两委"负责落实，能解决的尽快解决，不能解决的，向群众说明原因，并公开作出承诺。本村解决不了的，上报镇党委、政府，由镇党委政府帮助解决。形成"说了就办，办了就好"的优良作风，真正体现了权为民所用，利为民所谋。

2. 民主监督

（1）实行村委会工作报告和民主评议村干部制度。盐铺村每季度通过召开村民代表大会或村民议事会的形式，由群众或村代表按满意不满意对村"两委"所办事项进行综合评议，凡是能办的事，评议结果满意率达不到 80% 以上的限期重办，直至群众满意；不能办的事，由村负责同志给予解答，说明原因。并且每年年终，由村委会向村民代表以及"两委"联席会议报告工作，接受群众监督。

（2）深入开展村务公开制度。自 1998 年休宁县全面开展村务公开制度以来，盐铺村"两委"班子就高度重视村务公开工作，本着还干部一个清白，给群众一个交代的基本理念，把村务公开作为群众监督的一个重要平台抓好抓实，在村务公开的时间、内容、程序、形式等各方面做到日益规范。从公开内容来看，包括国家规定的涉及村民群众利益的重大事项以及村民要求公开的其他事项，如计划生育政策落实、救灾救济款物发放、国家其他补贴农民政策落实等情况。从公开的形式来看，利用公开栏的形式公开。2006年，盐铺村建设改造了标准的8平方米的村务公开栏，设村务公开、财务公开和意见反馈三块专栏。另外，采用张榜公布与有线广播、村民代表大会（或听证会）、印发小册子（或明白纸）到户或在各村醒目位置张贴等有效形式相结合的方式公开村务。从公开的方法来看，以定期公开、随时公开以及定期公开与随时公开相结合三种方法。从公开的时间来看，一般的村务事项每季度至少公开一次，涉及村民利益的重大问题和群众关心的事项及时公开。从公开的程序来看，严格按照上级要求的程序予以公开，即村民委员会根据本村的实际情况，依照法规和政策的有关要求提出公开的具体方案；村务公开监督小组对方案进行审查、补充、完善后，提交村党支部和村民委员会联席会议（吸收村务公开监督小组组长参加）讨论确定；村民委员会通过村务公开栏等形式及时公布。监督小组收集村民对村务公开内容的质疑和意见并提交村"两委"，由村委会或当事人负责说明和解释，对不能说清的事项，提交村民代表会议讨论决定。

（3）规范村务公开档案的管理。对张榜公布的各项内容和材料整理归档。根据公开内容和形式，分类记入村委会村务公开民主管理工作会议记录簿、村务公开监督小组会议记录簿、村"两委"村务公开和民主管理联席会议记录簿和村务公开民主管理群众点题、意见反馈情况登记簿等专用记录簿，档案分类整理归档，专人管理。同时，盐铺村还设立了村务公开监督小组。村务公开监督小组成员经村民会议或村民代表会议在村民代表中推选产生，负责监督村务公开制度的落实。村干部及其配偶、直系亲属不得担任村务公开监督小组成员。村务公开监督小组及其成员应当热爱集体，公道正派，有一定的议事能力，其中应有具备财会知识的成员。

（4）规范村级财务管理。通过村民代表会议从村务公开监督小组成员中推选产生盐铺村民主理财小组，实行村民集体理财。每张单据、记账凭证、公布表的内容都由村民理财小组逐项审核，每季度一公布。对救灾物资发放等群众关注的焦点问题都向村民印发公开信，对每一个基建项目都实行公开招标，做到群众明白，干部清白。盐铺村财务公开情况，调查问卷显示：选择知情的有195人，占68.7%；选择知道一部分的有75人，占26.4%；选择不知情的有11人，占3.9%。

四　组织化服务

农民的组织化，使得农民自己不仅是以个人或是个体农户的形式出现在乡村社会的舞台上，而且以一种独立的组织形态参与乡村各种组织之间的互动，在各种权力组织之间建立起相互制衡的制度平台，使得各方利益在平等有序的对话谈判中得到实现。盐铺村走出了一条农民组织化服务的模式。

1. 盐铺村农村经济合作组织充分体现了农民的主体性地位

盐铺村不断探索创新农村经营体制，充分发挥各类专业合作经济组织和专业协会在提供产销服务、做强做大产业、规避市场风险、降低交易成本、创造特色品牌等方面的作用，以政策指导、大户牵头、产业带头人出资、市场运作、信息共享、服务连锁、利益共沾为基本组建形式，大力倡导"支部+协会"、"协会+农户"、"合作社+农户"的组织模式，鼓励发展各种形式的经营联合、产销协作、股份合作等合作组织；对现有的专业合作组织和专业协会进行规范改组、整合提升和规模拓展，促其强筋壮骨、发展壮大，以此提高农民整体进入市场的组织化程度。

盐铺村走上组织化发展之路是历史发展的产物。村民自治突出了农民的主体性。在宗族组织治理乡村时期，国家行政权力扮演着非正式的治理者角色，宗族组织是基层社会组织，带有浓厚的血统家族色彩。人民公社体制利用国家行政手段严格控制乡村，通过集体化用地缘组织取代了血缘组织。改革开放后，在农村基层政权和社会管理体制上逐渐形成了"乡政村治"格局，建立了村民自治组织——村民委员会，对本村事务行使自治权，农民的主体地位凸显。由于实施城乡一体化和"工业支持农业、工业反哺农业"的农村战略，国家对农村社会的整合方式发生了很大变化，尤其是以农业税费改革特别是社会主义新农村建设的推动为标志，国家对农村社会的整合开始由"汲取式整合"向"供给式整合"转型。在这个转型过程中，农民的主体性得到凸显，挖掘基层社会的内在潜力，为乡村社会的民主治理和自主治理提供内生动力成为可能。为了更好地实现、保护和促进农民的经济利益和提高他们的社会政治地位，把农民组织起来，让农民组织在基层农村的政治、经济和社会文化中发挥农民的主体性作用，行使宪法和法律赋予农民的各种权利，以便与政府组织、非政府组织以及各种社会组织共同参与乡村治理。

第十二章　盐铺村的村务管理　○　中国百村调查丛书·盐铺村

　　盐铺村农民组织化服务体现了农民的主体性。农村组织的缺陷是当前农村问题的一个基本方面，也是引发其他农村问题的一个基本原因，农村组织的创新是一个基础性的手段。农村组织创新的目标就是调整农村组织结构，改变农村超小规模经营的封闭状态，建立精简高效、富于活力、结构合理、协调发展的新型农村组织。农村组织的创新可以分为经济类组织创新、政治组织也就是基层组织的创新和非正式组织的创新。

　　一是经济组织的发展保持家庭联产承包制度不变，把小农户组织起来，走合作的道路。二是发展行业协会等市场中介组织。这种合作社与过去的合作化有本质的不同，它应是按照现代农业生产的专业化分工，由其产业链条和内在的经济利益联合起来的合作关系，其职责是沟通农户与市场的关系，向农户提供产前、产中和产后的服务，节约农民参与市场交易的费用，保证获得规模效益，强化农民对垄断的抵抗力，维护市场规则，促进有效竞争，降低农业生产的风险，提高农业的综合效益。黄山市盐铺特色产业农民合作社实行社员大会制度，社员大会（或社员代表大会）是本社最高权力机构，社员大会（或社员代表大会）的职权是制定和修改本社章程；选举或罢免理事会、监事会成员；讨论决定合作社的工作任务和重大事项；听取和审议理事会的工作报告，审议本社收支情况；决定本社其他事宜。社员大会（或社员代表大会）每年召开一次，须有2/3以上社员出席方能召开，其决议须经到会社员（或社员代表）半数以上表决通过方能生效。合作社以创建优质高效有机菊花、西瓜、蔬菜、甘蔗、草莓基地及生态旅游为目标，是联系全村村民与市场对接的"纽带"和"桥梁"。是由从事特色产业的农民为主体，自愿结合，民办、民管、民受益的农村合作经济组织。

　　盐铺村经济合作组织在两个方面体现了农民的主体性地位：一方面是指农民在生产经营过程中分工和协作的程度，它体现了农民与农民、农民与其他经济主体之间的经济关系；另一方面是指农民作为社会劳动者和集体经济主人的社会化组织水平，它反映着农民的社会地位和政治权力。

2. 农民组织化服务有利于农民权益的更好保障

　　（1）农村组织化水平的提高有利于基层民主政治的发展和公民民主意识的成长，有利于农民利益表达和民主参与过程的有序化、制度化。盐铺村从完善村级民主决策机制入手，明确民主决策主体、规范程序。尤其是村民大会、村民代表会议、村务公开等制度的建设，紧密结合村委会的选举，规范村民代表的选举，理清村民代表会议与村民会议及村委会的关系，把村民代表会议与村委会和村民会议有机地结合起来，形成村民会议或村民代表会议民主决策，村委会管理村务，村民积极参与的农村治理格局。让农民切切实实地当好主人翁，真正体现"自"与"治"的结合。在村集体入股并控股绿风公司的事情上，实行民主决策，召开了"两委"班子会议，统一思想。进一步召开了村民代表大会，经过村民代表的充分讨论，认为这是加快村集体经济发展的好路子，是件好事，一致通过。农民的政治参与，容易带来政治参与的失序和低效，需要农民组织起来表达自己的诉求，建立与国家政权的联系通道。农民组织更多地关注社会弱势群体的利益诉求，关注社会的多元化需求，统筹社会各方，兼顾弱势群体，发扬民主，实现社会公平。广大农民组织起来，在利益一致的基础上结成各式各样的农民组织，集中农民意见，代表农民利益，和政府部门以及其他社会组织进行对话，有序地进行政治参与和利益表达，以增强农民与国家、市场和社会的博弈能力。盐铺村层层组织权力、义务明确，职责清晰，每一级组织都是村民表达利益的渠道，村民对村事务参与热情高，有自己的想法。

（2）农民组织化水平的提高有利于农业组织化，增加农民收入，促进农民经营的有序竞争，提高农业的竞争力。盐铺村为应对菊花市场的变化，积极维护菊农的利益，成立了黄山市盐铺特色产业农民合作社，包括有屯溪的经销商，有太平湖的菊农，形成了一个巨大的菊花生产、销售的群体，大大维护了菊农的利益。为提高菊农的种植水平，在抓好科技橱窗宣传的同时，还特邀市科委、市农委和县农委的农业专家到村为农民开展技术培训，共培训农民500多人次。

目前，对于农民个体来说，一方面，一家一户分散经营的生产方式，使得农民在生产、生活方面的需求不断增长，从而产生对各种社会组织的需求。把"原子化"分散的农民个体结成代表农民权益的组织，发挥广大农民群众的主体性作用。农村组织和农民组织也可以以专业经济合作组织、农村合作社、农民互助协会等形式，参与到农村公共基础设施建设、农村金融服务体系建设、农产品贸易和流通体系建设中去。

另一方面，随着市场化、信息化和农业科技的快速发展以及电话、电脑、网络等现代信息传输工具在农村的使用，农村市场服务型中介组织发展很快。

第十二章　盐铺村的村务管理

这些中介组织在市场营销、信息服务、农产品加工、储藏和农资采购经营等方面提供了许多便捷服务，有利于农民了解市场信息，调整农业产业结构和规模，避免盲目生产，在弥补市场和政府的不足，克服市场失灵和政府失灵方面能起到重要作用。盐铺村农民通过组织化发展模式改变了农村以前以种植业收入为主的单一收入结构逐步开创了种植、养殖、生态、旅游、工业多元并举的增收模式；2005年实现农民人均纯收入5000元；至2008年达到8000元。

（3）农民组织化水平的提高有利于农村基层社会的和谐稳定。在现实生活中，农民除了在物质利益方面需要实际帮助以外，农民在体育、卫生、文化和精神等方面还需要组织实体，以便于开展各种体育活动、卫生活动、文化活动等。盐铺村制定了特困户、五保户的救助制度，对村内特困户、五保户等实行救助，受到村民的好评。在2008年召开的村民代表大会上，村民对村"两委"班子的满意度为100%，对村务公开的满意度为96%。盐铺村在开展"十星户"创建活动的基础上，采取了互相监督和村"两委"成员及党员监督的方式。各被授星户和未被授星户都积极主动要求自己，发挥了新农村建设中农民的主体作用。

农民组织化管理有效化解了农民纠纷，促进了乡风文明，为维护农村地区的社会秩序和稳定提供有力保障。正如费孝通先生所言，传统的中国乡村社会是一个"无讼"的社会。之所以无讼，主要因为乡土社会是一个"差序格局"的熟人社会。在这样熟人社会的场域里，维持秩序靠的是"礼治"。纠纷出现了，村民首先想到的是私下调解，宗族组织在纠纷解决过程中的权威地位是高于法律和王权的。但是，新中国成立后被视为封建残余势力的宗族组织遭到铲除或严重削弱。改革开放以后，随着法制的不断完善，家庭承包责任制的实施和市场经济的发展，有些地方的宗族势力和组织逐渐恢复。当然，现在农民的眼中，法律具有最高和正当的权威，但是由于法律意识不强和诉讼费用不菲，很多农民往往还是借助民间组织来调解民事纠纷。目前，作为正式组织的村委会所属的调解委员会以及宗族组织等在农民纠纷调解中占有十分重要的地位。在农村权威多元化的今天，传统的宗族组织抑或现代的村委会等，能有效地调解农民纠纷，协调农民的利益冲突和矛盾。而且这种解决矛盾的方法既减少了管理成本，又规范了村民行为，既促进了乡风文明，又改善了农村社区建设。

第十三章 盐铺村的专业经济合作社

第一节 农村专业经济合作社发展路径研究

农村专业经济合作社是在我国社会主义市场经济体制建立和不断完善过程中,由农民根据生产发展需要,按照"民办、民管、民营"的原则自愿组织发展起来,为农业生产、销售和技术推广提供服务的新型合作型社会组织。目前,专业性经济协会在农村经济社会活动中发挥着越来越重要的作用,成为农村社区中最重要的社会组织之一。

一 农村专业经济合作社类型

在建设社会主义新农村的政策环境下,各地农村专业经济合作社迅速发展起来,涉及种植业、养殖业、加工业等领域。根据农村专业经济合作社与农户和企业的关系以及承担的功能不同,目前农村专业经济合作社主要有三种类型:第一种是纯农户型,即以生产或加工某一类农产品为目的,由几个种植大户领头兴办或农民自愿组成。农户通过协会来面对市场,通过这种合作来抗衡因生产经营分散带来的市场弱势地位。在这一类型的协会中,农户应对市场的风险能力较弱。第二种是"农户+协会+企业"型,即农户通过协会与某一个或几个企业联合起来,农户负责生产,企业负责农产品的加工和营销,农户和协会不直接面对市场,协会在农户和企业中间起到联系和监督作用。第三种是"农户+协会+企业+市场"型,这是在前两种协会的基础上发展起来的新类型的协会。在这种类型的合作中，协会要在同一类型的几个企业之间进行选择，选择最有利于农户利益的企业进行合作，而不是固定和某一个企业进行合作。这样，不仅克服了第一种类型协会中农户面对市场的风险，也克服了第二种类型的协会中农户相对弱势的地位，在充分的市场竞争中使农户获得最大利益。

二 农村专业经济合作社在发展中存在的问题

近年来，农村专业经济合作社组织有了一定的发展，但是总体上还是处于初级阶段，无论在其组织形式，还是在管理体制、工作运行等方面，都存在着一些需要解决的问题。农村专业经济组织的外部发展环境还不够宽松，相关法律制度还不健全，监管不规范等；内部的组织结构也不够健全，人才的匮乏、制度的缺陷、资金的缺乏以及管理的困境都不容忽视。主要表现在以下几个方面。

（一）政府对协会的监管较为薄弱

改革开放三十多年来，我国至今只有一部《社团管理条例》，作为政府对所有民间组织进行管理的法律依据。在现在的法律框架下，政府只重视登记环节，控制较严，而机构完成登记后，监管则很松弛，甚至放任自流，没有运用法制手段从程序上加以监管，很容易导致协会处于大专业户的控制下，不利于公正性、公平性的推动。

（二）协会内部管理松散

由于法制不完善、自律机制不健全、相关法律责任和经济责任不明确，导致部分协会内部管理松散，自律机制跟不上，行业管理不规范，服务标准不统一。有的协会甚至不注重执业质量和社会信誉，不遵守职业准则，这些必将影响协会对农村特色经济的指导作用。

（三）协会专业人才匮乏

农村专业经济合作社会员大部分来自当地农村专业户，整体而言从业人员的专业素质不高，大多数没有经过专门的职业培训，缺少专业知识和经验，此外，专业管理协会的人才也特别缺乏，这样必将影响协会自身的可持续发展。

(四) 协会规模很小

发展新型农业、加快农业产业化和市场化的进程,必须要大力发展农村专业经济合作社。但目前,农村专业经济合作社的发展仍处于初级阶段,且数量偏少,这直接导致许多公共管理事务无法承接和开展,不能满足农村经济社会的发展需求。

三 发展农村专业经济合作社的对策建议

要实现全面建设小康社会的目标,农村的加快发展是关键。通过行业协会来提升农业生产力、规范市场秩序,是农村经济健康发展的有效途径。

(一) 推进农村专业经济合作社的法制化、专业化

完善与农村专业经济合作社相关的法律机制,确立协会的评价体系。尽快出台社团法或结社法以及相应的商会法、行业协会法、公共服务组织法等一系列法律法规,来规范协会的组织行为、机构、治理问题和管理体制。另外,为了农村专业经济合作社的发展,积极营造健康宽松的外部环境。从法律和制度的角度,严格界定农村专业经济合作社与其他民间组织以及政府的关系,明确农村专业经济合作社的角色和地位。这既有助于农村专业经济合作社的日常管理和合理利益诉求的合法实现,也有助于政府在合法的范围内对其进行监管和服务。此外,政府还要创新自身的管理模式,做好各项服务工作,把属于农村专业经济合作社的社会管理职能尽可能释放回归,在各项社会政策和经济政策方面加大支持力度。

(二) 提升农村专业经济合作社的组织化、规范化

要建立明确的协会自律标准,规范协会的内部自治结构。协会要加强自律机制的完善,特别是在民主管理、监事制度和财务管理等方面,要充分体现会员参与、民主决策的特点,提高协会的专业管理理念,提升组织的执行能力,把个人行为规范成专业化的组织行为。将农品的生产、加工和销售环节系统化,加强各个环节的分工协作,确立发展目标、制订发展规划、搞好协调服务,把农业的发展以产业的模式进行。通过引进专业人才,健全和完善协会的内部组织结构,充分实现民管、民营的组织特点。农村专业经济协会的组织化和规范化水平的提升，有赖于政府加大投入，对协会会员进行培训，提高协会成员的管理水平。

（三）促进农村专业经济合作社的市场化和产业化

农村专业经济协会作为一种正式的社会组织，通过一套正式的组织规范和各种非正式的行为规则，将单个的农户和企业组织起来，通过这些正式和非正式的组织规范保证了协会内外部的各种合作。通过农村专业合作社的桥梁作用，农户与农户联合起来，农户与企业联合起来。农户的联合增强了竞争力，而农户与企业的联合，营销环节也得到了保证，大大降低了千变万化的市场所带来的风险。通过协会和企业，农产品走向市场具有更强的实力，农产品的销售渠道通过市场的作用不断拓宽，农产品品牌也有了不断提升的空间和能力。有了品牌和知名度，农产品就有了更强的竞争力。

（四）加快农村专业经济合作社的科技化和社会化

农村专业经济合作社的科技化主要体现在科研、种植、加工和销售等环节专业技术的介入，包括新品种的研发和各种技术的培训等。科技化避免了农户的低水平生产，协调了农民文化素质较低与农业技术迅速发展、农产品日益丰富与农产品深加工滞后的矛盾，大大提高了农业效率，促进了农村生产力的提高，提高农业科技化也是农业社会化的过程。各级政府应鼓励各科研院所和社会机构成立各类农业科技培训基地和学校，采取市场化运作，开展各类培训。其中，各类专业协会应充分发挥组织和中介作用，引导农户积极参加科技培训，也可以联系科技人员深入农村送科技下乡。这对于提升农业的生产水平、科技水平和产业化的发展水平，起到了很好的促进作用。

（五）营造农村专业经济合作社发展的社会氛围

农村专业经济合作社是经济和社会发展到一定历史阶段的必然产物，是现阶段农村生产力的有效组合，是推动农村经济和社会发展的新型组织形式，提高了农民进入市场的组织化程度和农业综合效益。农村专业经济合作社的发展，需要一个良好的社会氛围。对这一农村先进生产力的新型载体，社会媒体要发挥舆论先导作用，向社会广泛宣传、介绍，在更广范围内提高农村专业经济合作社的知名度。

第二节 盐铺村特色产业专业合作社

黄山脱毒贡菊的生产为盐铺人找到了致富之路,目前黄山脱毒贡菊已经成为盐铺村的支柱性产业。2007年,休宁县海阳镇盐铺村实施产业结构调整,由过去传统的粮食种植,转向种植经济作物——菊花。此举不仅增加了收入,还提高了生产力,解放了劳动力。2008年该村种植脱毒贡菊近800亩,仅菊花一项每人纯收入突破万元大关,成为海阳镇第一个农民纯收入过万元的村庄。按每斤干花45元的收购价,每亩两季平均产600斤干花计算,盐铺村的脱毒贡菊每亩毛收入可达2.5万元以上,全村因种植菊花获得收入1200万元。同时,利用闲地种植棉花、甘蔗、玉米等,又是一笔收入。2008年,盐铺村申请的国家级有机黄山菊花示范基地通过了国家标准化委员会的验收。如今,盐铺村已成为黄山脱毒贡菊的重要产地之一。随着中央十六届五中全会的召开,建设社会主义新农村已成为当前农村的发展方向,村"两委"铆足了劲,争取在发展农业特色经济上加快社会主义新农村建设的进程。

然而,菊花种植的道路并不是一直都平坦的,这条道路的开辟也是在不断探索中发展起来的,盐铺村的特种产业专业合作社也是在菊花种植和销售过程中应运而生的。

一 盐铺村专业经济合作的发展历程

盐铺村的专业经济合作社主要是徽菊农民专业合作社,因此,专业经济合作的发展与黄山贡菊在盐铺的种植、研发、销售、建立品牌等过程紧密相连。

(一)专业合作社的起步阶段——菊花试种,成立黄山绿风实业有限公司

近年来,为提高农民收入,盐铺村"两委"立足资源优势、区位优势,在大力保护自然生态环境的基础上始终坚持市场引导和重点扶持服务,大力实施"双培双带"示范,切实走城郊无公害特色种植发展农村经济的路子,变生态优势为经济优势。全村抓住农业综合开发、退耕还林等契机,以经果

第十三章 盐铺村的专业经济合作社 ○ 中国百村调查丛书·盐铺村

蔬基地建设为龙头,轮换种植,互动发展,大面积大规模调整农业产业结构。在村"两委"带头示范的基础上,盐铺村大力实施"双培双带"示范工程,努力推进产业结构调整。

2002年在县科技局的安排下开始试种菊花,村党支部书记李讨饭试种3.8亩,村委会主任曹长来试种0.6亩,村委委员华长来试种2.0亩。当年试种6.4亩,成功4.6亩。2003年,村"两委"成员7人全部参与试种,共试种面积12亩,因受市场和种植技术影响,效益不是太好。2004年,全村黄山脱毒贡菊种植户18户,种植面积36亩。2004年5月,由黄山市市级新农村建设示范村—盐铺村村集体控股村民集资入股组成的"黄山市绿风实业有限公司"成立,注册资金30万元,兴办的初衷是以改变盐铺村的村容村貌和增加农民收入为出发点,通过"公司+农户"模式,建设黄山脱毒贡菊生产示范基地项目,力求通过项目建设,进一步促进特色农业的发展,实现山区资源优势向经济优势转变,推动城郊生态型农业的发展。菊花试种由"两委"带头,经历了种植面积和种植户数不断增加的过程。2005年,全村黄山脱毒贡菊种植户38户,种植面积80亩,年产值70万元。2006年,全村黄山脱毒贡菊种植户76户,种植面积260亩,年产值394万元;光菊花一项年增加农民收入近3000元。菊花刚试种就取得了较好的收益,吸引了大批村民的加入。由于菊花本身的特点决定其市场风险较大,为了发挥集体抵御风险的能力,盐铺村成立了黄山市绿风实业有限公司,公司的性质是"集体控股+村民集资"。黄山市绿风实业有限公司的成立,标志着盐铺村专业经济合作社进入了起步阶段。农民专业经济合作社的两个要素已经具备,即专业生产黄山有机贡菊的农户和公司。公司与农户的关系是,农户负责种植、日常维护、采摘和初加工,黄山市绿风实业有限公司则负责品种的提供、技术的咨询以及收购和市场销售。公司与农户直接面对,中间没有合作社的作用。存在的主要问题就是农户相对弱势的地位,农户诉求的表达的采纳得不到有效的保证;但是由于处于菊花产业发展的初期,农户与公司之间的矛盾并不会明显地暴露出。农户在产业结构调整中享受了实惠,而这种实惠已经让当时的农户感到满足。同时,菊花产业的发展初期,市场的风险也没有被充分估计。当时的绿风公司在引导农户种植菊花,在促进盐铺村的农业产业结构调整等方面起到了积极的作用,也为后来的专业经济合作的成立提供了条件,奠定了基础。

(二) 专业合作社的初期阶段——2005年菊花专业协会成立

2005年,盐铺村推广菊花180亩,并成立了菊花专业协会(简称菊花协会)。随着菊花种植面积的不断推广,加入的农户越来越多,菊花的产值也有了极大的提升,盐铺村的菊花协会在2005年成立。菊花协会成立以后,盐铺村菊花产业化发展起到了积极的推动作用。2006年,农民种植菊花的面积进一步扩大,菊花由180亩增至400亩,这年光菊花一项全村农民收入近394万元,占全村经济总收入的49%,为村民带来可观的经济效益。同时,盐铺村的绿风实业公司的实力也进一步增强,集体经济势力的增强,为盐铺村的村庄建设以及旅游开发等经济社会发展提供了有力的资金支持。菊花协会是随着有机菊花种植的扩大,以及为了协调农户与企业之间的关系而成立的,它是盐铺村专业合作社的初期阶段。随着菊花协会的成立,农户与企业之间的对话有了沟通的桥梁和纽带,菊花协会以农户利益的代表身份与企业实现对话,这一阶段是盐铺村专业合作社发展过程中一个质的飞跃,盐铺村的专业合作社实现了从无到有的发展历程。但是菊花协会毕竟处于专业合作社的初期阶段,其本身的组织结构、管理制度、专业人员等方面都尚不成熟,也没有比较完善的管理章程和组织结构的规定,因此在专业合作社应该承担的责任方面,并不足以应付菊花产业的迅速扩张。成立后的菊花协会,从形式上而言,成为农户们利益的代表者,但是并没有发挥太多的实质性作用,菊花协会更多的还只是一个空壳。如何真正发挥专业合作社的作用,这对农民专业合作社的制度和组织建设有了更新的要求。

(三) 专业合作社的成熟阶段——2007年,黄山盐铺特色产业农民合作社成立

2007年3月30日,盐铺村成立了"盐铺特色产业农民合作社",社员近400人。通过把分散的农民组织起来,采取统一供种、统一供肥、统一供药、统一销售的"四统一"方式发展菊花产业。合作社成立第一年,注册了自己的商标,实现了销售收入近15万元,给会员农户返利7万多元。2007年9月10日,盐铺成立了"黄山市休宁县盐铺特色产业专业合作社",以此带动全村的特色产业黄山贡菊的种植、加工向立体方向发展。2007年,全村黄山脱毒贡菊种植户 202 户,种植面积 700 亩,预计年产值 800 万元。这一阶段,盐铺村的专业经济合作社才进一步进入成熟阶段,黄山盐铺特色产业农民合作社是盐铺村专业经济合作社的成熟形式,自此农民合作社有了自身的管理章程、组成人员和日常管理制度。

其中,黄山市盐铺特色产业农民合作社的策划人、理事会的名单如下。策划人:吴万利、李讨饭、曹长来、唐红雨、胡义生、程忠宇、李余胜、桂和平、程桂林。理事会由下列人员组成:会长:曹长来;副会长:胡义生、程忠宇;秘书长:唐红雨;理事:李余胜、桂和平、程桂林。他们均是菊花种植大户,也多是村"两委"组成人员。

专栏:黄山市盐铺特色产业农民合作社章程

第一章,总则。第一条,名称:黄山市盐铺特色产业农民合作社。第二条,性质:本社以休宁县海阳镇盐铺村村委会为龙头,以创建优质高效有机菊花、西瓜、蔬菜、甘蔗、草莓基地及生态旅游为目标,是联系全村村民与市场对接的"纽带"和"桥梁"。它是由从事特色产业的农民为主体,自愿结合,民办、民管、民受益的农村合作经济组织。第三条,宗旨:以发展现代农业为目标,遵守国家法律和政策,团结组织从事特色产业生产、加工的销售人员,运用科学技术,促进农民增收,加快社会主义新农村建设作贡献。第四条,本社业务主管单位为海阳镇人民政府,法人登记机关为县工商局,接受业务主管单位和登记管理机关的业务指导和监督管理。第五条,本社地址:休宁县海阳镇盐铺村。

第二章,业务范围。第六条,本社的业务范围:①组织社员学习国家政策和有关法律、法规,增强社员依法经营意识;②组织社员开展经营管理经验交流、技术培训,开发市场和交流信息;③帮助支持社员办好各项特色产业及生态旅游项目;④根据社员生产需要提供各项技术服务;⑤为社员做好产品宣传推销工作。

第三章,社员。第七条,社员由单位社员和个人社员组成:应是围绕农村特色产业及生态旅游为主题的农户及其他群体。第八条,社员应具备以下条件：①拥护中国共产党的领导，坚持党的路线、方针、政策；②同意本会章程；③从事菊花、甘蔗、西瓜、草莓、蔬菜以及休闲旅游接待、餐饮等农户和组织；④单位社员应有固定的经营生产场所，有一定的经济基础和生产规模，并经工商管理机关登记取得合法经营资格；⑤服从本社的指导和管理。第九条，社员入社程序：①提交入社申请；②理事会通过；③由理事会颁发社员证。第十条，社员享受下列权利：①依照有关法规规定享有选举权、被选举权和表决权；②参加本社组织学习参观交流活动，并享有为本社社员提供各项优惠服务；③有向本社提出维护其合法权益的要求，对本社工作进行监督，提出建议；④独立生产和经营，入社自愿、退社自由。第十一条，社员必须履行下列义务：①执行本社的决议，遵守本社章程和各项规章制度，接受本社的监督和指导，维护本社的利益；②积极参加本社的各项经营活动，优先与本社开展业务往来和交易，促进本社发展；③为本社提供产、供、销信息和相关情况；④按期缴纳会费，严格履行合同。第十二条，社员退社应递交书面申请，征得理事会同意，并交回社员证。第十三条，社员如有严重违反章程、不履行社员义务、经营上有违法欺诈行为，经理事会研究予以除名。

第四章，组织机构。第十四条，本社实行社员大会制度，社员大会（或社员代表大会）是本社最高权力机构。社员大会（或社员代表大会）的职权是：①制定和修改本社章程；②选举或罢免理事会、监事会成员；③讨论决定合作社的工作任务和重大事项；④听取和审议理事会的工作报告，审议本社收支情况；⑤决定本社其他事宜。第十五条，社员大会（或社员代表大会）每年召开一次，须有2/3以上社员出席方能召开，其决议须经到会社员（或社员代表）半数以上表决通过方能生效。第十六条，社员大会（或社员代表大会）每届四年。因特殊情况需提前或延期换届的，须由理事会表决通过。第十七条，理事会是社员大会（或社员代表大会）的执行机构：在闭会期间落实完成大会的各项决议，领导开展日常工作，对社员大会（或社员代表大会）负责。理事会设社长1名、副社长3名、秘书长1人、理事若干名，可连选连任。第十八条，理事会的职权是：①执行社员大会（或社员代表大会）的决议；②筹备召开社员大会（或社员代表大会）；③向社员大会

(或社员代表大会)报告工作和财务状况;④决定社员的吸收或除名;⑤决定设立办事机构、分支机构、代表机构和实体机构及其负责人的聘任;⑥制定本社发展规划、年度生产经营计划和内部管理制度;⑦决定其他有关事项。第十九条,理事会每季度召开一次,理事会须有2/3以上理事出席方能召开,其决议须经到会理事2/3以上表决通过方能生效。如遇特殊情况,由理事会决定。第二十条,本社的理事会成员必须具备以下条件:①坚持党的路线、方针、政策,综合素质好;②在本社业务领域内有较大影响;③身体健康,能正常开展工作;④未受过剥夺政治权利的刑事处罚;⑤具有完全民事行为能力。第二十一条,本社社长为法人代表。第二十二条,本社社长行使下列职权:①召集和主持理事会;②检查社员大会(或社员代表大会)、理事会决议的落实情况;③代表本社签署有关重要文件。第二十三条,监事会是本社的监督机构,对社员大会负责。监事会由监事长1人、监事2人组成,理事不得兼任监事。第二十四条,监事会职权:①监督理事会依法经营,遵守国家有关法律、法规和政策;②监督检查理事会对本社章程和社员大会决议的执行情况;③监督检查理事会的经营活动和财务管理情况;④向社员大会提出监事会工作报告;⑤受理社员及农民来访,向理事会提出改进工作的建议;⑥建议召开社员大会,列席理事会会议。第二十五条,监事会会议必须有全体监事出席,会议决议须有全体监事通过方为有效。

第五章,财务管理。第二十六条,本社的资金来源:①社员的会费;②开展经营活动的收入;③提留风险基金或发展基金;④银行贷款;⑤政府及有关部门的扶持资金;⑥社会捐赠;⑦其他合法收入。第二十七条,本社建立严格财务制度,保证会议资料合法、真实、准确、完整。第二十八条,本社财务公开,接受社员监督。第二十九条,本社资产禁止任何单位和个人平调、侵占和挪用。

第六章,变更、终止和清算。第三十条,本社合并、分立和发生名称、地址、法定代表人变化,调整注册资本金等须向登记机关申请办理变更手续。第三十一条,本社合作、分工、解散或破产等原因决定终止时,理事会应制定方案报社员大会(或社员代表大会)批准,并依法成立清算小组,对本社的资产、债权、债务进行清理和处置。第三十二条,本社清算期间,不得从事与清算无关的经营活动，任何组织和个人未经清算小组同意，不得处分本社资产。

第七章，附则。第三十三条，本章程经社员大会表决通过后生效。第三十四条，本章程由本社理事会负责解释。

黄山市盐铺特色产业农民合作社收购营销制度

根据本社章程的规定，结合本社宗旨，为更好地做好收购营销工作，特订立本制度。第一，本社设收购部和营销部，两部门互相协作，各司其职；第二，收购部做好特色农产品收购工作，各农产品的收购价格必须经营销部按本年度市场预测来定，并报社务会决定；第三，上述收购价格作为基准按市场情况浮动，收购农产品时收购部须开具三联收购单，交仓库、农户各一联，由农户持仓库进库单和收购单到财务部结算；第四，仓库收到收购单和货物后，就开具三联进库单，交收购部、农户各一联；第五，营销部在销售货物时，销售价格＝（收购部实际收购价格＋各项费用制定的成本价格）×（1＋固定利润率），如要低于成本价销售应通过社务会决定；第六，营销部在销售货物时，应开具两联销货单，交购货单到财务部交款，财务部收到销货单后应开具发票和提供单，交购货单到仓库发货。

盐铺村特色产业合作社自成立以来，在上级政府的支持和帮助下，精心组织引导，搞好综合服务，推动了全村菊花产业的健康快速发展。现有成员230户，且吸纳了黄山区太平湖镇的部分菊花种植户，菊花种植面积从2006年的260亩到2009年的1300亩，产值也从当时的390万元增加到了1200万元，为农民致富提供了一条新的途径。

1. 适应形势，及时组建合作社

近几年来，菊花种植业有了较大发展，已成为盐铺村经济发展的一大主导产业。为了促进盐铺村菊花产业的持续、健康发展，村里积极做好宣传工作，使大家认识到发展合作经济组织，把农民组织起来参与市场竞争，对于促进全村菊花种植健康快速发展和农民增收，具有重要意义。因此盐铺村在上级政府的帮助下，于2007年3月30日正式成立了菊花合作社，并于9月

10日申领了营业执照。

2. 一年来合作社运行的基本经验

（1）合作组织运营要规范化。组织章程是合作社运营的基础，为此，按照"平等、互惠、共同发展"的原则，引导社员在广泛协商的基础上，建立健全合作社组织章程，对合作社的组织形式、社员义务、社员权利等方面都作了明确规定，为合作社运营提供了制度保证，形成了运转协调，行为规范的长效工作机制。

（2）合作社组织管理要民主化。合作社是农民自己的组织，办社的最终目的是为农民谋利益。在合作社运营过程中，盐铺打破管理者的角色，注重扮演引路人、服务者的角色，按照"民管、民营、民受益"的原则，对合作社尽量少一些行政干预，多一些业务支持，从社员的意愿出发，尊重社员的选择，让社员民主选出自己信任的董事会和监事会领导机构，将"要我办社"变为"我要办社"，提高了广大社员办社的积极性，使菊花合作社真正成为充满生机与活力的经济组。

（3）合作社组织建设要循序渐进。在发展菊花合作组织进程中，要克服急躁冒进主义，须根据需要，积极主动，扎实稳妥。在充分酝酿的基础上，分阶段进行，坚持发展一个，成功一个。

3. 合作社的基本工作内容

合作社本着"民管、民营、民受益"的原则，狠抓了规范运作。

（1）提高认识、加强领导。菊花价格好坏直接影响到入社社员和农户的经济收入，为此，充分以上级主管部门为依托，发挥本社技术人员的优势和特点，加强对信息的研究和对市场分析预测，提高信息的准确度，为准确定位、定向、定量组织菊花生产和销售提供决策依据等，形成了一个技术服务网络。

（2）依靠科技，强化服务。在抓科学种植菊花的工作中，积极组织社员参加培训，引导社员进行科学种植。2007年，盐铺聘请市科委的技术专家，组织社员进行菊花专题培训400人次，大大提高了社员的种植水平。

（3）搞活流通，解决农产品销售难的问题。销售是制约菊花发展，社员增收的关键。合作社组织人员上网负责收集销售、运输等各种信息提供给社员,为准确定位、定向、定量,组织生产和销售提供决策依据,同时利用网络发布销售信息。另外,引导社员关注市场,搞好外销,为盐铺村菊花发展创造好环境条件;定期召开社员大会总结经验教训。

(4)建设基地,发展有机农产品。2007年,盐铺村把集中种植的800亩菊花作为发展有机菊花的基地,使用农家肥和生态有机肥,同时使用生物农药,大大提高了菊花的质量,并顺利通过"国家标准化委员会"的验收,成为安徽省唯一的国家级有机黄山菊花标准化示范区。

(四)专业经济合作社的发展时期——安徽省庆元堂徽菊有限公司成立

菊花种植规模的持续扩大,专业经济合作社的进一步成熟,不仅让农户看到了巨大的经济效益,还让他们看到了市场竞争的激烈,习得了市场竞争的规则,品牌意识和品牌价值深入农户的心中,他们懂得了只有走品牌战略,才能抢占商机,在激烈的市场竞争中成为赢家。品牌战略的实施可以选择自创品牌,也可以选择与既有品牌合作。对于盐铺村和菊花产业来说,独创品牌需要太多的时间、资金、宣传,同时还伴随着更多的风险,显然对于刚起步发展的盐铺菊花产业而言,是不太现实的选择。因此,盐铺人想到了与既有徽菊品牌合作的发展战略。

盐铺人一方面加强菊花基地认证、无公害产品认证宣传工作;另一方面积极寻求合作伙伴,推进菊花品牌之路。为了解决长期以来因徽菊种植、加工和经营粗放,质量和品牌等原因而造成的市场价格波动、影响农民稳定增收问题,2009年1月,首家以生产、加工和销售为一体的有机徽菊产业化龙头企业——安徽省庆元堂徽菊有限公司在休宁县成立。为了提高品牌质量,发展菊花产业,该公司还在盐铺、南塘投资建立了有机徽菊种植示范基地,新建了加工车间和保鲜仓库,积极开展"IMO"、"QS"和"无公害"等质量体系认证。通过打造"庆元堂"品牌,推出高中低档有机徽菊系列产品,以品牌拓展市场,努力把菊花产业做大做强。采取"公司+基地+农户"的形式,通过科技创新和产供销一体化,带动休宁县菊花生产向有机化、规模化和产业化方向发展。2009年2月5日,盐铺村与安徽庆元堂徽菊有限公司签订协议,共同开发盐铺村菊花,扩大菊花的规模并进行深加工。实现菊花产、供、销一条龙极力挖掘庆元堂徽菊的文化内涵,开发出系列徽菊饮品。

第十三章　盐铺村的专业经济合作社

结合休宁县状元文化，运用状元精神塑造徽菊品牌，目前庆元堂的徽菊已经成为国内首先通过有机认证的徽菊产品。

安徽省庆元堂徽菊有限公司的成立，以及与盐铺村的合作，进一步促进了盐铺村专业经济合作社的发展，使得"公司+基地+农户"的协会模式基本形成。专业经济合作模式的进一步优化和完善，不仅进一步增强了参会农户利益保障，同时也为盐铺菊花品牌的打造和维护提供了保障。盐铺村的专业经济合作社与盐铺的生态菊花产业一起成长、壮大。

2009年，庆元堂徽菊农民专业合作社成立，同时进一步加强了合作社的品牌意识。庆元堂徽菊农民专业合作社以农民为主体，按照自愿、民主、平等、互利原则，自主经营、自负盈亏、自我服务、民主管理、合作经营。"庆元堂"品牌意识深入人心，使产品更具竞争性，从整体上提高了有机黄山菊花的品质和产品附加值。此外，菊花种植需要技术，重点是种植防治病虫害的菊花，村里便通过徽菊农民专业合作社来开展菊花种植技术培训，对种植户进行知识培训、栽培技术培训、采收加工技术培训。目前，盐铺村徽菊农民专业合作社的菊花基地拥有30亩黄山贡菊良种（两季花）原种苗扩繁基地（种苗繁殖中心），年扩繁种苗28万株，同时拥有800亩生产示范基地，基地有机菊花的平均亩产300公斤/亩，年产干花24万公斤。

在盐铺村徽菊农民专业合作带动下，盐铺村将立足资源优势、区位优势，在大力保护自然生态环境的基础上，坚持市场引导和重点扶持服务，继续大力实施"双培双带"示范，走城郊无公害特色种植发展农村经济的路子。抓住农业综合开发、退耕还林等契机，以果蔬基地建设为龙头，轮换种植，互动发展，大面积大规模调整农业产业结构。在大力发展菊花经济上，盐铺村将实施如下措施：①建立黄山贡菊良种（两季花）原种苗扩繁基地：建立30亩种苗繁殖中心基地，基地内实施土地平整、排灌设施安装、区间道路修整，培训5名技术管理人员，年扩繁种苗28万株，并制订黄山贡菊良种苗扩繁和栽培技术规程。②建立生产示范基地：购原辅材料，进行项目投产，建立1000亩黄山贡菊良种（两季花）示范基地；并向周边村、镇甚至更大范围内推广，培训基地花农500人，按照有机菊花生产技术要求实施栽培管理。

二　盐铺村专业经济合作社发挥在村庄经济和社会生活中发挥重要作用

（一）村级实力的显著增强

随着有机菊花的种植和推广，专业经济合作社发挥着越来越大的作用，村集体经济不断壮大，村庄的经济实力产生了飞跃性的发展。在菊花种植初期就成立的黄山绿风实业有限公司，属村集体经济控股的公司，它不断发展壮大，带领群众致富。

绿风实业公司中，集体股份占51%，法人代表李讨饭，公司主营基建、餐饮、住宿等，下设接待中心2处，吸纳就业60余人，年均创效益60余万元，累计已实现效益500余万元，收益主要用于村集体建设和扩大公司规模。村统筹、提留数量情况：1982年、1983年、1984年，统筹提留上级政策要求收取二项，分别为4375元、4410元、4410元，1999～2000年为19850元、19981元。村庄与所在乡镇的关系情况：该村地处城郊西端，与现新建的海阳镇办公楼相距2公里，原为休宁县万安区川湖乡，1982年之前为川湖公社盐铺大队，1992年撤区并乡后，合并于海阳镇。①村级财务支出情况。2002年，该村收入主要靠上级拨款，收入为127609.35元，支出127368.68元；2003年收入有235928.10元，转移支付有6981元，共计收入242909.10元，支出189547.52元；2004年收入共计65487.74元，其中基本收入31437.28元，农业税附加7876.46元，征地补偿费22654元，转移支付3520元，支出89512.70元，其中一般性开支75849.10元，干部补贴13271.60元，报纸杂志392元；2005年总收入115367.40元，其中一般收入22041元，转移支付收入18126.40元，其他补贴75200元，支出54374.79元，其中一般性支出21134元，付干部补贴11496元，投资开发支出2万元，其他支出1744.79元；2006年收入226046.40元，支出170623.50元；2007年收入395863.50元，支出511889.28元；2008年收入（截止到11月份）796070.20元，支出745783.78元。②村内与村外的经济交流情况，2003年以后产业结构调整进一步扩大力度，大面积扩种菊花。菊花种植2003年产值达200万元，2004年产值达500万元，2007年产值达1000万元,2008年产值达700万元。村庄实力的逐渐增强,促进了村庄基础设施的改善,并为村庄集体经济的其他项目的开发奠定了经济基础。

(二) 村民生活水平的提高

参加盐铺特色产业合作社的村民们,通过特色产业合作社把种植的菊花推向市场,并取得了良好的收益,盐铺人找到了致富之路。问卷数据显示,2008年盐铺人全家总收入平均数为37853.4元,全家纯收入的平均数为31212.7元。我们可以从盐铺村种植经济作物面积的数据中,看出经济作物种植在盐铺人的生产中占有极其重要的位置。盐铺村有90%以上的人都从事经济作物的种植,多数人经济作物的种植在50亩地之内,种植面积达到百亩以上的种植大户有两户。正是由于盐铺村的农民专业合作社,为盐铺的菊花种植提供了技术指导、品牌研发、信息咨询、市场销售等服务,盐铺的菊花才拥有了较好的市场效益,所以盐铺村参加专业合作社的人也非常积极。

(三) 村庄农业产业结构调整

随着菊花种植规模的不断扩大,盐铺村的产业结构逐渐得到优化。产业结构调整不仅带来了经济效益,还为盐铺村经济的长远发展提供了可能。盐铺有机贡菊的成功经验离不开专业合作社的重要作用,一方面,专业合作社对有机贡菊的技术、生产和销售等环节发挥了重要的作用;另一方面,合作社在吸引农户入会方面也起了较大的作用。越来越多的人参加合作社,改变传统的农业生产、经营方式,把种植的重心放到经济作物有机贡菊的生产中来,这对盐铺村的产业结构调整具有重大意义的。

从家庭成员的主业的调查所取得的数据,可以大致看出盐铺村的产业结构情况。在盐铺村,以种粮为主业的有85人,占有效总体10.7%;以经济作物种植为主业的有433人,占有效总体54.7%;以牧业为主业的有5人,占有效总体0.6%;以工业为主业的有21人,占有效总体2.7%;以建筑业为主业的有41人,占有效总体5.2%;以运输业为主业的有35人,占有效总体4.4%;以商业为主业的有19人,占有效总体2.4%;以服务业为主业的有93人,占有效总体11.7%;以教育文化为主业的有8人,占有效总体1%;以科技卫生为主业的有1人,占有效总体0.1%;以家务为主业的有8人,占有效总体1%;以赋闲为主业的有10人,占有效总体1.3%;其他为

33人，占有效总体4.2%。由以上数据可以看出，以经济作物种植为主业的是盐铺村人的主体。从回答者的主业来看，以种粮为主业的有46人，占回答者有效总体16.2%；以服务业为主业的有1人，占回答者有效总体0.4%；以赋闲为主业的有2人，占回答者有效总体0.7%；以经济作物种植为主业的有195人，占回答者有效总体68.7%；以工业为主业的有10人，占回答者有效总体3.5%；以建筑业为主业的有9人，占回答者有效总体3.2%；以运输业为主业的有9人，占回答者有效总体3.2%；以商业为主业的有8人，占回答者有效总体2.8%；其他1人，占回答者有效总体0.4%。由数据可知，回答者的主业也是以经济作物种植为主体，超过五成以上。其中，粮食种植面积的均值为4.92分，而经济作物种植面积的均值为38.5分。可见，传统的粮食种植已经不再是盐铺人的主业，取而代之的正是经济作物的种植。在调查中我们还发现，盐铺村的主打经济作物就是有机菊花，有机菊花的种植在经济作物中所占的比例超过90%。

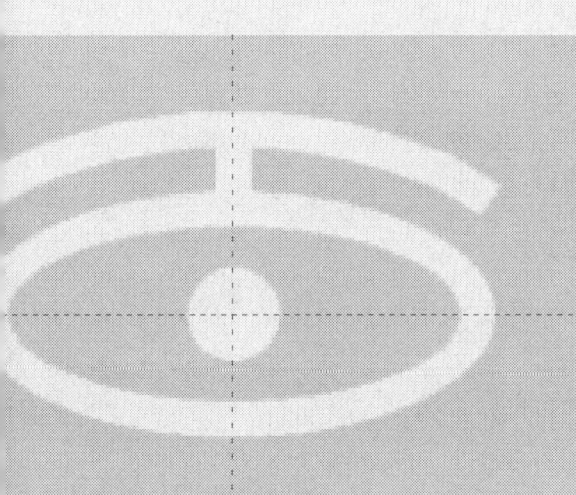

魅 力 盐 铺

第十四章　城乡一体化进程中的盐铺村

第一节　城乡一体化的理论探讨

正如哈佛大学阿里克思·奎戈教授认为的那样，对于每一个研究城市化问题的学者来说，眼下发生在中国的一切实在是不容错过。如今，中国的任务是在前所未有的城市化进程中发明出某些手段，创造出人性化的、可持续发展的城市环境。从能源和环境的角度来看，中国的城市化背负着整个世界的未来。的确，中国的城市化道路不仅凸显了中国本土的特色，向全世界提供了具有可借鉴性的中国城市化发展的模式，同时城乡一体化的不同发展路径的实践也为实现城乡协调发展的最高境界提供了现实可能性。

事实上，在城市化的发展道路上，世界各国特别是发达国家都经历了相当长时间的发展时期。因此，城市化既是一个历史话题，也是个现实问题。早在15世纪，英国就开始了著名的圈地运动，它以农民破产的方式开始了近代工业化和城市化的发展历程。第二次世界大战以后，世界各国都相继走上了工业化与城市化的发展道路，由于不同国家的社会经济条件差异很大，因此，城市化道路也大相径庭。德国在20世纪50年代开展"巴伐利亚试验"、美国大力发展"精确农业"、法国长期实行对农业和农民"多予少取"政策、以色列发展"高效农业"等，特别是韩国的"新村运动"、日本的"国民经济倍增计划"等，都在城市化问题上走出了一条适合各自国情特点的发展道路。然而历史也证明，城市化在让人类享受工业文明的同时也给人类带来了"城市病"的困扰,尤其是全球迅速城市化的示范效应,加剧了城市化的负面影响。城市化是一个不可回避的历史发展进程,如何在实现经济社会有效发展的同时,最大限度地规避城市化带来的负面效应,是中国社会发展面临的一项重大任务。目前,正在实践的中国特色的城乡一体化发展路径为城市化寻求了有效发展的突破口,虽然不同的发展路径在制度和政策层面还存在需要不断完善的地方,但是城乡一体化的不同发展路径为成功破解城乡二元结构、城乡分治,实现城乡协调发展等方面提供了可选择、可实践的发展模式。正如陆学艺先生在《大气候——李昌平直言三农》一书的序言中所说,中国的工业化搞得很有成绩,但城市化至今还在继续"摸石头"。"李昌平难题"是有解的,通过改革,原有的体制会逐步改变,结构会得到调整,城乡二元结构终究会被破除,城乡一体化的格局终会实现,农民问题是会解决好的。本研究所涉及的城乡一体化进程中的三种路径:农民工外流型、征地吸入型和乡村工业化型正是城市化过程的富有成效的积极探索。

一 城市化、区域化与城乡一体化

党的十七届三中全会中提出了"统筹城乡发展,实现城乡经济社会发展一体化"的目标。城乡一体化的发展进程是城市化过程的一个重要阶段,城乡一体化也是从属于城市化的一个重要概念。从城市化发展的历史来看,城乡关系通常要经历三个发展阶段。第一阶段,乡村发展为城市发展提供资金和人力资源,这是乡村支援城市,城市的扩大再生产有赖于乡村生产剩余的阶段;第二阶段,城市与乡村各自独立发展,这是城乡矛盾已现端倪且日趋扩大的阶段;第三阶段,随着社会生产力的发展和城市化的不断推进,社会经济活动开始超越城乡两个相对隔离的单元而相互渗透,人类社会逐渐进入城乡界限模糊、城市与乡村融合的时代,也就是通常所说的"城乡一体化"的时代。因此,城乡一体化是城乡关系协调发展的最高境界。

对于中国的城市化道路而言,城乡一体化必须突破传统意义上的城市化的发展模式,寻求区域性规划和区域性提升的路径。因此,区域化是城乡一体化发展的一个重要原则,城乡一体化必须立足区域化发展,模糊城乡原有的制度和区域界限,实现区域在经济社会等方面的整体提升和实质性变迁。从

第十四章　城乡一体化进程中的盐铺村 ○ 中国百村调查丛书·盐铺村

这个角度而言，区域化虽然不同于传统意义上的城市化发展模式，但从实质上来看，也是从属于城市化的一个重要概念。事实上，关于城市化模式，学术界一直认为存在着两种城市化进程模式，一种是以城市为基础（City-based）的城市化模式，这种模式是在西方国家出现的城市化景观，也是我们认为传统意义上的城市化发展模式，其特点是以中心城市的发展为基础和中心，并以其发展的张力来辐射带动农村地区的发展，从而实现城市化发展的目标。不同于以城市为基础的城市化模式，加拿大学者麦基（T. G. McGee）在对亚洲一些国家进行长期研究后提出了"城乡一体化"概念，它是一种以区域为基础（Region-based）的城市化现象，建立在区域综合发展基础上的城市化形态，其实质就是城乡之间的统筹协调和一体化发展。麦基用城乡一体化区域（Desakota）来概括亚洲城市化的空间模式，其主要特征是高强度、高频率的城乡之间的相互作用，混合的农业和非农业活动，淡化了的城乡差别。这一模式的提出，削弱了传统的城市——乡村两分法，增强了城乡一体化发展规划与管理的必要性和紧迫性。因此，在中国城乡一体化的进程中，城市对农村的发展带动作用依然强大，但是区域化的发展要求在尊重城市化发展规律的同时，站在区域发展的角度，更加注重区域性的规划，以区域为基础，实行区域整体推动的城市化发展模式，把城乡关系引领到更加理性的发展轨道上来。同时，区域化城乡一体化的发展模式与传统城市化的发展模式在如何处理农村社会在城市化发展中的地位上存在较大差异。区域化的城乡一体化发展模式一方面模糊城乡的制度和区域界限，同时，相对地也更加尊重农村地区在城乡一体化过程中的主体性作用。中心城市的发展对区域的城市化的带动作用不容忽视，农村地区在城市化过程中的重要作用同样值得重视。

二　我国三种城乡一体化路径的比较

目前，学术界关于我国城市化道路、路径或模式的研究非常多，在城市化道路方面也向来就有小城镇论与大城市论之争。小城镇论者认为，中国应该走小城镇发展之路，实现农民职业、身份的转换，这种发展道路通过发展乡镇企业，让农民离土不离乡，通过保持原有的地缘关系，降低城市化的成本；而大城市论则认为小城镇道路忽视了大城市发展的规模效益。当然，也有比较折中的观点则主张中等城市论或多元论的城市化方针。事实上，中国的城市化路径已经呈现出多元化的趋势。因此，和这些研究不同的是，我们的研究并不去争论中国目前应该选择怎样的城市化道路，而只是对已经呈现出的三种城乡发展一体化路径进行比较研究，并分析不同的城市化发展路径的适应性特点。

（一）选择依据

我们的研究所涉及的我国三种城乡一体化的发展路径分别是农民工外流型、征地吸入型和乡村工业化型。我们之所以要对这三种发展路径进行比较研究，首先是因为他们都是属于城市化这个概念的范畴；其次，这三者也是目前我国社会发展过程中呈现出来的比较典型也是各具特色的城乡一体化的发展路径。从城市化的概念出发，三者都应该符合城市化的内涵和特征，是城市化的不同过程的表现形式，是在实现城乡一体化的发展过程中采取的不同道路选择，因此也将会使城市化的结果有不同的表现。

城市化的学术研究伴随着城市化的历史进程，得到了不断的推进。城市化的概念是城市化理论研究的一个起始问题，关于如何理解城市化概念这个问题，不同的学科都从自己的研究视角做出回答。人口学关注农村人口与城市人口的比重变化；地理学则强调城市在地域空间上的扩大；经济学则认为城市化应该是农业经济向非农经济的转化过程。美国社会学家路易斯·沃斯认为，城市化意味着从农村生活方式向城市生活方式发展、质变的全部过程。苏联学者斯捷潘年科的观点是：一方面要从生产的发展，即从城市化所体现的生产活动的集中过程、交往密切的过程来理解城市化；另一方面从生产关系的发展，即从城市化所体现的特殊的社会关系来理解城市化。我们从社会学的视角来看城市化，认为城市化的过程从形式上看是城市规模的扩大过程，这种规模扩大包括面积扩大和人口增长两个方面，这一过程还伴随着城市文明和工业文明迅速向周围的扩张、渗透。也就是说，从实质上来看，城市化是作为城市文明的一种新的生活方式产生、集聚和扩散的过程。

从城市化的概念出发，我们的研究将城市化的特点归纳为以下几点：其一，城市化既是一个结果，也是一个过程。因此，城市化的研究既要注重结

第十四章 城乡一体化进程中的盐铺村

果研究，也要关注过程研究。其二，城市作为人口聚集点，其产生、扩大的过程都将被视为城市化。其三，城市的面积扩大与人口的增长是城市化的重要表现，城市文明的扩散和对农村地区的影响也将被视为城市化的重要过程。其四，城镇作为小城市模型，城镇化也被认为是城市化的一种特殊形式。

首先，就征地吸入型的发展路径进行分析。征地吸入型可以说是一种最普遍的城市化的发展路径，这种发展道路不仅是中国城市化发展过程中一种普遍的形式，世界上很多国家在城市的发展过程中都不可避免地会使用这种方式。在城市的发展过程中，城市的扩张是一个不可避免的过程，因此，对于周边土地的需求也成为一种必然，征地成为解决城市扩张的主要手段，城市扩张、面积和人口的增加都是城市化的表现。征地吸入型是城市化的典型形式，也是实现城乡一体化的重要方式。当然，由于各国在很多方面存在差异，故而在城市征地方面各国采取的政策和措施也千差万别，在形式和结果等方面的表现也大不相同。比如著名的英国的"圈地运动"，实质上也是一种征地政策，只不过是一种掠夺式、剥削式的征地方式，因此在性质上与我国采取的征地政策有着本质的区别。

其次，关于农民工外流型，农民工进城务工是我国现代化过程中走出的一条具有中国特色的发展之路。根据国家统计局农民工统计监测调查，截至2008年12月31日，全国农民工总量为22542万人。其中本乡镇以外就业的外出农民工数量为14041万人，占农民工总量的62.3%；本乡镇以内的本地农民工数量为8501万人，占农民工总量的37.7%[①]。农民工进城务工似乎与城市化没有关系，我们之所以认为农民工进城务工也是城市化的一条路径是基于以下几点：①农民工进城，有一部分就留在了城市，并成为市民，这是典型的城市化的组成部分。同时，在我国农民工也是城市的重要组成部分。随着我国相关政策的完善，进城的农民工及其子女将逐渐享受市民待遇，特别是农民工子女将成长为城市的新市民。在许多城市都已开展了新市民活动，把农民工的子女视为城市明天的新市民。②城市化不仅是人口和面

---

① 数据来源，http://www.stats.gov.cn/。

积的增加，更重要的是城市文明的影响和扩散。进城务工的农民工，虽不是城市居民，但却不断地受到城市的制度、规则、习惯等各方面的影响，这种影响使更多的农民越来越多地习得了城市生活的方式，而这个过程也被看做城市化的一个过程。以人为载体的城市文明与农村文明的衔接也是城乡一体化的重要内容。③有学者已提出农民工进城是中国城市化的一个重要特点。在世界城市化的进程中，都有一个农民变为市民的过程，某些西方国家是以大批农民破产为代价的，引发了许多社会问题。我国城市化的一个重要特点就是农民进城务工，逐步转变为市民。农民进城打工，走出了一条具有中国特色的城市化、工业化的道路。

最后，关于乡村工业化型。事实上，这也是我国学者比较关注的城镇化的发展道路，"十一五"规划也将城镇化提高到了一个极为重要的位置，走城镇化的发展道路也是国家的重要战略之一。长期以来，我国学者在对我国城市化路径的选择问题上就存在着小城镇论与大城市论之争，小城镇是我国城市化过程中可选择的路径之一。城镇从本质上来讲，是小城市的一种特殊的形式，在我国城镇居民也是城市居民的重要组成部分。与大城市相比，小城镇的经济和社会发展水平都明显滞后，但在我国制度框架内，特别是从户籍制度、就业制度、社会保障制度来看，两者并无本质性区别，但城镇居民与农民身份和职业等方面却存在实质性的差别。因此，我们认为小城镇的发展道路也是城市化路径的选择之一。而乡村工业化正是通过发展工业和乡镇企业走小城镇的发展之路，小城镇的发展必须有本地的工业、企业作支撑，乡镇企业的发展成为小城镇发展的重要支柱，所以小城镇与乡村工业化密不可分。乡村工业化作为城镇化的重要内容，也是我国城乡一体化发展的重要路径选择之一。

（二）路径比较

我国地域辽阔，人口众多，不同地区的经济、社会、文化等方面都具有较明显的差异性，因此，发展也出现了不同路径的选择。在城市化的进程中，有的地方形成了内生性的发展道路，有的地方更加强调外力的拉动。我们的研究将对我国城市化和城乡一体化过程中出现的三种路径的各自适应性特点进行分析。

第十四章　城乡一体化进程中的盐铺村

1. 农民工外流型：城市新市民之路的探索

农民离土离乡进城务工是我国城市化进程中的重要特点，农民工群体的出现既解决了农村剩余劳动力的转移问题，也填补了城市急剧发展所需的建设力量的空缺。农民工进城与城市化的进程密切相连，但似乎又没有完全纳入到城市化的概念之中，因为对于大多数的农民工来说，来到城市工作只是生活的一个中间过程，最终他们还是要回到农村居住，所以在我国现行的户籍等相关制度的框架内，他们依然是农民，他们的固定居所依然在农村，他们与城市人口和面积的增加并没有直接的关系。但是，如前所述，我们依然认为农民工进城是我国城市化路径选择的重要表现之一。

正因为如此，许多发达城市在城市新市民的道路上率先开始探索，开展新市民活动，这也证明了在实践的层面承认农民工进城是我国城市化路径中的选择之一。在国家政策层面，对于农民工的市民待遇，包括社会保障、子女教育等方面的政策也向着更加公平的方向制定，农民工与他们所在城市的居民在制度的框架内享受更加公平的权利和待遇。事实上，城市化的进程需要产业和人口的双重集聚，许多经验也表明如果只有产业的集聚而没有人口的集聚，势必会造成或拉大地区之间的差距。因此，农民工的市民待遇，或者让一定数量的农民工能通过自己的努力取得在城市生活的权利和资本，也是城市化必须兼顾的问题。

目前，我国农民工进城还存在一系列的社会问题，新市民的道路还在探索之中，留守儿童问题依然没有得到较好的解决，城市与农村的二元结构和城乡差距也存在被继续强化的风险，发展的现实与城乡一体化的发展目标也存在一定的差距。生活在城市里的农民工依然没有完全摆脱边缘化的境地，虽然流动人口中包括的农民工，是城市的必要组成部分，但户籍制度依然阻碍农民工成为新市民的步伐；虽然教育公平制度日益推进，但城市较高的生活成本让一部分农民工子女依然留守农村，与父母分离。留守儿童的生活、学习、心理等各方面得到了社会的广泛关注，但问题却未能得到根本解决。更为重要的是，农民工进城务工，虽然提高了农民的收入，使农民工成为农村的中等收入者，但是农村的富裕并没有较好地提升农村的发展潜力，在城乡关系中，农村还是处在弱势的地位。

随着城乡一体化发展进程的推进，农民进城务工后农村社区的发展道路，以及户籍制度的改革也逐渐被提上议事日程。一些省市在户籍制度改革上也有了破冰之举。2009年4月，安徽省对户籍制度改革作出重大调整，凡在安徽省内城市、城镇范围内有合法固定住所的农民工及其共同居住生活的配偶和未成年子女，可根据本人意愿登记城镇户口。因此，农民工进城务工，成为城市居民，并在身份、就业和社会保障等制度方面享受城市居民待遇，已经成为城市化发展的非常现实的目标，户籍制度改革在熨平城乡差距方面向前迈了一大步。

2. 征地吸入型：失地农民转型的困境

征地对于城市发展来说是一个必然的过程和环节，城市通过征地获得了进一步发展的空间，也增加了城市人口的数量，征地吸入型是一种传统型的城市化路径。征地吸入型城市化路径是通过城市发展的辐射带动周边地区的人口进入到城市化的进程之中，城市处于主动位置，而周边被征地区域处于相对被动位置，因此，这也被视做外边城市化之路。

近年来，随着我国工业化和城镇化进程的加快，大量的农村集体土地被征用，失地农民越来越多。他们要么面临选择新的职业，要么面临失业。在办理农转非手续后，这些农民实现了身份的转变，成为城市居民。但他们的思想意识、生活方式和就业能力等方面面临着必须转型的困境。除了身份的转变，职业的转变对失地农民而言也是面临的一个直接的问题。从农民到产业工人的转变并不是一个简单的就业过程，随着工业文明和农业文明的全方位的冲突，接受城市生活秩序和工业文明的规则是失地农民继续社会化的重要内容。同时，政府要做好失地农民的社会保障工作，让他们分享工业化、城市化的成果，这也是和谐社会公平公正的要求。

3. 乡村工业化型：一种内生型的城市化道路的实践

"十一五"规划将城镇化提升到了极为重要的地位，走城镇化道路已经成为国家战略，一些学者也提出重视小城镇建设和发展县域经济的观点。乡村工业化的发展路径则是通过发展自身的工业、企业，增强经济势力，带动农村社会结构的变迁，实现从农业到工业、从农村到城镇的全面转型，以及就业结构、生产方式、思想意识、生活方式等各方面的全面提升。由于在整个发展过程中，乡镇处于相对主动的地位，靠自身力量的积累和爆发来实现转型，特别是村域经济和集体经济势力的增强，因此我们也称乡镇工业化型的发展道路是一种内生型的城市化路径。

相对农民工外流之路，乡村工业化之路对城市的依赖较小，而且农民实现了就地转移和转型，离土不离乡，在亲缘、地缘、业缘等方面的关系成本相对要小得多，农民自身也不存在被城市边缘化的问题，他们的主体意识更加明确。相对征地吸入型，乡村工业化之路则要经历相对较长的发展过程，各种矛盾和问题的暴露也相对缓慢，因而整个城市化的转型较为平稳。但是在农村与城市的关系中，对于前者，城市对失地农民肩负着更多的责任，或者说失地农民对城市化的进程是作出贡献和牺牲的。而相对后者，农民的主体意识较为强烈，在乡镇与城市的关系中，更多地表现为合作共赢，特别是在发展乡镇企业或村域经济时，他们同在市场上竞争与合作。在城市化发展速度方面，乡村工业化之路也相对缓慢，征地吸入型可以在较短的时间内获得城市较集中、较高水平的辐射，而乡村工业化型则要经历更多的探索过程。

第二节 城乡一体化进程中的盐铺

无论是农民工外流型，还是征地吸入型或者是乡村工业化型，都是在城乡一体化进程中，基于不同动力发生，并进而呈现不同特征的城乡一体化的发展模式。而我们所调查的休宁县盐铺村显然并不具备以上三种发展路径的完全特征，因而，从类型学的角度来说，盐铺村并不内含于以上三种发展类型中的任何一种。从社会学的研究视角看来，城乡一体化进程中的盐铺村呈现出了相对独特的发展特点，也可以列为第四种类型，给我们的研究带来了新的启示。

一 特色盐铺

首先，盐铺村是一个传统的农村。从户籍身份来看，根据我们在盐铺村做的问卷数据分析，只有 2 人是非农业户口，其余都是农业户口，即为农民。从职业身份来看，盐铺村家庭经济收入类型以纯农业户为主的有76户，占26.8%；以农为主的兼业户为189户，占有效总体的66.5%；纯工商户为6户，占有效总体的2.1%；以工商为主的兼业户为6户，占有效总体的2.1%。也就是说，盐铺村以农业为主业的家庭总共有265户，占调查总体的93.3%，超过90%以上的家庭以农业生产为主，显然是农村社区。同样，从盐铺村人从事的主业来看，以种粮为主业的有85人，占有效总体10.7%；以经济作物种植为主业的有433人，占有效总体54.7%；以牧业为主业的有5人，占有效总体0.6%；以工业为主业的有21人，占有效总体的2.7%；以建筑业为主业的有41人，占有效总体5.2%；以运输业为主业的有35人，占有效总体4.4%；以商业为主业的有19人，占有效总体2.4%；以服务业为主业的有93人，占有效总体11.7%；以教育文化为主业的有8人，占有效总体1%；以科技卫生为主业的有1人，占有效总体0.1%；以家务为主业的有8人，占有效总体1%；以赋闲为主业的有10人，占有效总体1.3%；其他为33人，占有效总体4.2%。由以上数据可以看出，大多数盐铺人以经济作物种植为主业。显然，农业生产依然是盐铺村主要的生产方式。因此，从调查的情况来看，盐铺村还是一个农村社区，相对我们在前面所探讨的三种城乡一体化的发展路径而言，盐铺村在城市化的发展历程中呈现出自己的特点。因为，在农民工流入型中，农民工从事的职业发生了改变，并不以农业生产为主要生产方式，在征地吸入型中，农民的身份和职业发生了双重改变；在乡村工业化型中，农民的职业也更多的转向第二和第三产业，农业所占的比重逐渐减少，并以此种模式缩小城乡差距。盐铺村并不以户籍身份和职业身份的转变来缩小城乡差距，而是利用城乡自身的特点来发展，从而达到城乡融合。

其次，盐铺村虽然地处徽州地区，但并不以走出去作为主要的发展路径，也不像农民工外流的农村社区，通过人口的流出作为发展的主要方式，盐铺人多以留在本地工作为主。从问卷的数据来看，在对就业地点的统计中，盐铺人在本村工作的有238人，占有效总体的83.8%；在本乡镇工作的有6人，占2.1%；在本县工作的有32人，占11.3%。由以上数据可以看出，盐铺村多数的还是留在村庄里工作，这并不像农民工流出的地区。因

第十四章　城乡一体化进程中的盐铺村 ○ 中国百村调查丛书·盐铺村

此,在城乡一体化的进程中,盐铺村所选择的发展路径与农民工外流的农村社区有所不同。

最后,盐铺是一个既封闭又开放的村庄。说盐铺是一个封闭的村庄,正是因为上面所说,盐铺流出去的人很少,人口向外流动的趋势不强。盐铺村人没有走出去不是因为人口向外流动的渠道不畅,他们走不出去,或者他们不能走出去,而是因为流入地的拉力不足,流出地的推力缺失,村庄的引力比较强,他们不愿走出去。封闭是盐铺表现出来的假象,盐铺村和盐铺人真正的特点是开放的。说盐铺是一个开放的村庄,是因为,盐铺人虽然不愿走出去,但却把他们的产品送了出去,把外面的人请了进来,把外面的财富带了进来,把盐铺的品牌推了出去。盐铺人在产业结构调整过程中探索出了一条生态菊花的发展之路,并利用庆元堂的品牌效应,将黄山贡菊推向国内和国际市场。菊花种植给盐铺人带来了巨大的收益,2009年全村农民人均收入11000元,全村总产值2154万,其中菊花收入为1200万。同时,盐铺利用自身的山水、文化,并借助黄山旅游圈的独特优势,大力发展旅游业。村内的山越风情园,每年接待大量的游客,并带动餐饮、住宿、服务等相关产业的发展,2009年总收入达600万元。因此,盐铺村的选择并不是走工业化道路的发展模式,而是依靠经济作物的种植和旅游业的发展来改善人们生活。

正是由于盐铺村本身的独特性,盐铺跻身城乡一体化进程的路径选择也将显现出不同的特点。盐铺利用自身的优势,不断发展自身,壮大自身,以增强村庄在城乡一体化进程中的承接能力和发展潜力。

二　城乡一体化进程中的三方力量

对盐铺村城乡一体化进程的研究,必须从三方力量的视角进行考察,即休宁县政府、海阳镇政府、村庄社区。正是三方的合力,才使得盐铺在城乡一体化进程中获取了强大的动能,盐铺村及盐铺人在拉近与城市的距离,缩小与城市的差距方面步伐更快。

(一) 休宁县政府

从国家和省这个层面而言,在城乡一体化的进程中,他们所能提供的是公共产品和公共服务,通过相对公平的政策制定和财政预算来逐渐地熨平城乡之间多年来累积的制度性差距。因此，从这个角度而言，国家和省两级政府所提供的公共产品和公共服务不可能具有较强的地区特色，而是具有宏观性和普惠制。近年来，国家和省在城乡一体化发展中所做出的重要举措，是把公共产品和公共服务的提供，更多地汇集为民生工程的形式，普遍推广。作为市县一级政府，主要是把中央和省两级政府制定的这项工程推进和实施下去，是中央和省两级政府政策意图的体现。在休宁县，民生工程的推进逐步使农村地区和城市地区享受相对平等的公共资源。

2008年休宁县按照省市的统一部署和要求，在2007年的基础上强力实施了二十项民生工程，其中省定十八项和市定二项。经研究制定了一系列的民生实施政策、措施和推进机制，回应解决关系人民群众切身利益的"生活难、看病难、上学难、饮水难、出行难、住房难、就业难"等突出问题。通过民生工程的实施，改善了农村的基础设施，促进了社会主义新农村的建设，推进了城乡一体化的进程；同时，它涉及农村卫生服务体系、中小学 D 类危房改造、农村安全饮用水工程、农村广播电视、农村公路的"村村通"工程等。

1. 生活补助类

（1）完善农村居民最低生活保障制度，全县人均收入低于960元保障对象10791人，全部纳入低保范围，其中2008年新增80人。按文件政策要求，原低保范围补差标准为437元，新纳入低保范围补差标准为180元。1~4季度通过涉农资金一卡发放平台共发放低保资金612万元。

（2）完善提高农村"五保户"供养标准，全县共有农村五保对象1450名，严格按照省定标准，即分散供养标准不低于1485元，集中供养不低于2083元，实行按月发放。建立"五保户"供养对象数据库，对供养对象实行动态管理。

（3）进一步完善农村部分计划生育家庭奖励扶持制度，制订完善相关配套办法，严格扶助程序，规范档案资料管理；奖励扶助对象严格遵循调查、登记、审核、公示、确认五个程序，上报对象802人，6月份已由县财政垫付51.8万元，通过"一卡通"发放。

（4）改善大中型水库移民后期扶持政策，按照动态管理办法，认真做好

第十四章 城乡一体化进程中的盐铺村

扶植对象的核实确认，公示后按"一卡通"程序发施。第一批移民后期扶持直补资金，已按规定核发完毕，发放直补等资金55万元，超额完成全年任务。

2. 医疗卫生类

（1）建立农村新型合作医疗制度，为了确保2008年新型农村合作医疗制度顺利实施，休宁县各相关部门从2007年11月份起就积极开展了筹资工作。2008年3月，按照"提标"的政策要求，进一步完善实施方案，实施二次筹资。2008年全县参合人数为203560人，占农业总人口的85.9%，圆满完成了省市下达的任务。

（2）逐步提高城乡医疗救助水平，建立和完善城乡医疗救助制度和体系，将城乡低保对象、农村五保户、农村重点优抚对象共13161人纳入医疗救助范围；并制定了《休宁县城乡特困群众医疗救助实施办法》，实施救助城乡困难群众25704人次，救助医疗资金105.1万元。

（3）建立重大传染病人医疗救治和生活救助保障机制，2008年安徽省下达休宁县重大传染病救治任务86人，其中艾滋病人2人，结核病人34人，晚期血吸虫病人50人。

（4）推进城乡卫生服务体系建设，休宁县2008年共有5所卫生院建设任务，村级建设任务18所。

（5）实施贫困白内障患者复明工程，市政府安排休宁县120名贫困白内障患者复明救治任务。

3. 农村基础设施类

（1）加速推进农村饮水安全工程建设，2008年饮水安全工程建设任务计划解决18000人饮水安全问题。为确保工程建设进度，县水务局结合5年规划，做到边申报边实施。在项目实施中，及时编制施工方案，严格执行"六制"管理，确保工程质量和时序进度。

（2）实施广播电视"村村通"工程，休宁县2007~2008年需完成226个自然村"村村通"工程建设任务。在省器材、设备未到位的情况下，广播电视部门组织人员深入到村组进行调查摸底，自己掌握"盲村"实际数量、分布情况、工程建设难度，并且征求乡镇意见、确定实施方案，并先期垫资组织实施。

（3）实施农村公路"村村通"工程，制定完善了农村公路"村村通"实施方案，严格执行"六制"管理，建立"五级质量保证体系"，落实质量终身负责制和责任追究制。2008年建设任务为108.1千米，年初县级配套资金3万元/千米已到位，8月初市政府要求县级按5.9万元/千米配套。休宁县在财力紧张的情况下，2.9万元/千米已配套到位，1~10月份完成93千米，投入资金2312万元（含农民筹资筹劳部分），占总任务85.5%，其他"村村通"工程还在有序推进。

4. 教育资助类

（1）全面免除城乡义务教育经费保障机制改革，进一步完善了实施方案，并按规定标准落实义务教育公用经费；农村义务教育完成"两免一补"48853人次。免教科书经费全年额325万元（为中央资金），享受贫困家庭寄宿生活费补助205人，其中初中742人，小学263人，补助金额69万元。全年生活费69万元补助资金已发放到位。

（2）全面消除农村中小学D级危房，2008年规划改造小学D级危房10621平方米，需投入资金750万元。截止到2008年10月份，项目已全部动工，动工面积达10621平方米，占任务数100%，投入资金910万元，占任务数121.3%。

（3）建立高校和中职业学校家庭经济困难学生资助制度，制定《休宁县中职业学校家庭困难学生资助实施方案》，完成中职学校家庭经济困难学生核查及数据统计工作，并按规定程序进行了公示。

5. 黄山市两项民生工程

（1）精神病患者防治项目，休宁县已初步筛查出贫困精神病患者200余人，与黄山市二院取得联系并进行核对，最终确定需常年在二院服药治疗的贫困精神病患者150人，已陆续为其开出"筛查通告单"，转介到二院进行复诊，符合用药条件的贫困患者可直接在二院领取救助卡并领取相关药品。

（2）省重点地质灾害危险点防治工程，2005~2007年度全县列入省重点地质灾害危险点治理项目共有11个。

（二）海阳镇政府

从休宁县海阳镇这一层面来看，海阳镇位于休宁县政府所在地，是休宁县的政治、经济和文化中心，而盐铺村是距海阳镇较近的典型城郊村，加强镇村之间的联系，拉近城乡之间的距离具有独特的优势，包括道路的修建、农村建设的投入以及实现部分资源的共享等方面，海阳镇对盐铺村的支持力度都是强有力的。镇领导班子一致认为，优化城乡一体化的发展环境是城乡一体化发展的基本条件，他们应该在产业对接上、建设规划上、社会建设上不断努力，实现这一目标。就盐铺村来说，在交通上，从城区通到盐铺村中心的是新建的长4公里沥青路面宽5.5米的公路，各自然村之间均以路面3米宽的水泥路相通，并直接通至大部分村民家门口。盐铺村在2000年就完成了农电网改造，电力设施比较完善。程控电话、移动通信网络覆盖全村，安装程控电话260部，普及率达95%；在清洁卫生能源的使用上，已新建沼气池227口，全村沼气池普及率达79.4%，改厕、改厨、改圈等"三改"已实施完成126户。

从较宏观的角度来看，海阳镇2008年在农村建设和城乡一体化进程中所做的主要工作有以下几个方面。

1. 推进农村综合改革，加强制度建设和财务管理

一是海阳镇党委、政府成功地完成了社区、村合并，乡镇第二轮机构改革，使全镇的机构更加趋向合理化，减少了行政支出，引入了竞争机制，体现了干与不干不是一个样。同时，进一步明确了办公室的职责，更加注重为民服务的宗旨。二是进一步完善制度建设和创新，在2007年农村综合改革七项制度的基础上还增加了三项新制度，使各项工作责任明确，量化到人。三是进一步加强了村级财务管理，对重点村账目进行审计，并要求自查自纠，严格财经制度和纪律，严格实行村务公开。

2. 加大"三农"支持力度，促进产业增产增效

2008年以来，海阳镇着力夯实农业基础，稳步推进社会主义新农村建设。一是总投资2000多万元建设盐铺"山越风情园"，其首期工程于2008年4月28日正式对外开业，当年就接待游客4万人次。盐铺村2009年的菊花种植面积达1300亩，虽然价格低于去年，但面积增加了500亩。菊花保鲜室、烘焙室已建成。二是全镇已全面完成"村村通"工程建设,并且完成了延伸到组的 7.8 公里道路。三是石人村改造低产茶园和苗木基地 600 亩,首村完成了 500 亩油茶基地建设。四是"一事一议"工作在试点村的基础上,已在全镇全面推开,川湖村路灯亮了,钗坑村农民的饮用水洁净了,有的村组道路宽畅、硬化了,这些都得益于"一事一议"工作的开展。一年来,海阳镇 15 个行政村"一事一议"项目,共完成道路硬化工程总长 4087 米,路基拓宽 5000 米,村中排污渠清淤 200 余米,路灯亮化工程全长 5000 米,安装 150 盏路灯,村民自筹资金 226200 元,投工投劳 2 万多个,财政奖补资金 455750 元,受益人数 10000 多人。五是川湖村无公害蔬菜农民合作社、石人村茶叶合作社相继挂牌成立,将会进一步加强休宁县无公害茶叶、蔬菜产前、产中、产后的服务工作,提高茶农、菜农进入市场的组织化程度,推进茶叶、蔬菜生产向优质、高产、高效、生态、安全方向发展,加快全县茶叶蔬菜产业化进程。六是积极调整产业结构,富民增收,全镇的大棚蔬菜、菊花种植收入达一千多万元。七是大力发展养殖业,鼓励和支持发展规模养殖户,新增 100 多户。全面完成春秋两季畜禽防病任务,确保畜牧业健康发展。八是全镇新转移劳动力 340 人,外出务工和进城打工人数达 4074 人,占农村人口的 20%,这实现了农业增效、农民增收。九是林权制度改革参加农户达 5825 户,已勘界面积 12.457 万亩,保护了森林资源。

3. 积极保障民生民利,完善就业和社会保障工作

海阳镇一贯坚持以民为本的执政理念,始终致力于"保障民生、维护民利、落实民权",维护了人民群众的基本生活权益。一是规范执行了城镇居民最低生活保障制度,做到"应保尽保",全年为该镇 735 户低保共 1272 人,发放资金 1456160 元,其中,为农村低保 509 户,687 人,共发放资金 476140 元。二是切实加强民政优抚工作,全面完成因雪灾倒塌的 29 户房屋重建工作,按时发放农村五保户的生活补助费。三是认真开展就业和再就业工作,各社区和镇建立就业再就业台账,引导下岗再就业人数达 343 人。特别是 2008 年下半年,面对金融危机影响,海阳镇对返乡农民工实行各村登记,采取组织召开专场招聘会,落实小额贷款,进行技能培训等方式,帮助他们实现再就业。

4. 坚持两手抓两手硬，推进各项事业和谐发展

海阳镇始终坚持经济社会协调发展，同时推进教育、文化、卫生、科技各项事业的共同进步。一是计生工作，坚持党政领导亲自抓，认真落实计划生育奖励扶助政策，并杜绝计划外生育，依法征收社会抚育费，保证全县精神文明建设一类乡镇不退步。二是狠抓社会治安综合治理工作，各村、社区设立一名综合治理助理员，每月定期召开一次例会，了解动态，掌握实情，将矛盾消除在萌芽状态。2009年共调解纠纷140余起，调处率100%，结案率达96.7%。三是加强医疗卫生工作，新型农村合作医疗参保户完成93%，达23034人；城镇居民医疗保险2243人，报销金额达24.835万元，进一步规范门诊管理和医疗补偿。四是积极发展文化、体育事业，化解教育债务，海阳镇2008年获得了全县乡镇乒乓球比赛女子第一、男子第二的好成绩；积极参与县开展的大型文化活动，集中开展法律、法规、文化技术培训共十二次，丰富了城乡居民的文化生活。

（三）盐铺村社区

从盐铺村的层面来看，盐铺村付出的艰辛努力后取得的成果，为其在城乡一体化进程中所获得的地位和取得的成效起到了积极的作用。事实上，城乡一体化连接着城市和乡村的两头，因此这一进程并不能单靠其中一方面力量的注入。当然，由于双方所拥有资源的差异性，两方在城乡一体化的发展过程中，投入的力量和方式有很大差别，城市较优越的地位决定了它的牵头和扶持的作用，而乡村自身努力和某些方面的追赶也是必不可少的。在城乡一体化的进程中，城市和农村都是重要主体，城乡一体化的发展是共同的发展，而非依附性发展，也不存在中心与边陲的划分。同时，在城乡一体化的进程中，农村的发展也并不一定完全以城市的发展轨迹和指标为发展目标，也就是说，农村的发展也并非完全是追赶的方式。当然城乡之间在经济、社会等方面存在的巨大差距是要在一体化的进程中逐渐熨平的，农村只有充分利用自身的优势，积极发展自身，逐渐提升自身的势力，才能更好更快地实现城乡一体化的发展目标。在盐铺，相对县、镇，它拥有着更多的耕地，盐铺人用这些耕地来大量种植菊花，并取得了可观的收益；盐铺充分利用当地的土特产品和旅游资源，迎来了快速发展的历史时期。

盐铺的较快发展,增强了盐铺村的综合实力,改善了盐铺人的生活质量。盐铺的发展也提高了它在城乡一体化中对城市发展辐射的承接力,以及它自身进一步发展的潜力。盐铺村的经济水平和人们的生活水平,可以从问卷的几个数据中得到很好的说明。

1. 盐铺家庭收入情况

2008年盐铺村全家总收入情况,见表14-1。当年全家总收入的均值为37853.4元。2008年全家纯收入,见家庭纯收入表;当年全家纯收入的均值为31212.7元。

表14-1 家庭总收入表

总收入	频数	频率(%)	累积频率(%)
0元	1	0.4	0.4
200~10000元(包括200元)	6	2.1	2.5
10000~50000元	219	77.4	79.9
50000~100000元	55	19.4	99.3
100000元以上	2	0.7	100

表14-2 家庭纯收入表

纯收入	频数	频率(%)	累积频率(%)
0元	2	0.7	0.7
200~10000元(包括200元)	12	4.2	4.9
10000~50000元	246	86.9	91.9
50000~100000元	21	7.4	99.3
100000元以上	2	0.7	100

2. 盐铺村的家庭财产情况

每户平均拥有量的情况,手表拥有量的均值为0.7块,自行车拥有量的均值为0.99辆,收音机拥有量的均值是0.06台,黑白电视机拥有量的均值为0.04台,彩色电视机拥有量的均值为1.18台,洗衣机拥有量的均值为0.32台,电冰箱拥有量的均值为0.51台,照相机拥有量的均值为0.04台,录像机拥有量的均值为0台,电子琴拥有量的均值为0.01台,电话拥有量的均值为0.93台,手机拥有量的均值为1.70部,组合音响拥有量的均值为

第十四章　城乡一体化进程中的盐铺村 ○ 中国百村调查丛书·盐铺村

0.18 台，电话拥有量的均值为 0.16 台，摩托车、电动车拥有量的均值为 1.11 台，微波炉拥有量的均值为 0.01 台，电脑拥有量的均值为 0.07 台，小汽车拥有量的均值为 0.004 台，货车拥有量的均值为 0.007 台，大中型拖拉机拥有量的均值为 0 台，小型拖拉机拥有量的均值为 0.05 台，机动三轮车拥有量的均值为 0.03 台，加工机械拥有量的均值为 0.21 台。

3. 盐铺人的房屋居住情况

关于现有住房房屋建筑总面积，100 平方米以下的有 28 户，占有效总体的 9.9%；100~200 平方米的有 113 户，占有效总体的 39.9%；200 平方米以上的有 142 户，占有效总体的 50.2%；现在房屋建筑总面积的均值为 192.67 平方米。关于现在房屋的居住面积，100 平方米以下的有 39 户，占有效总体 13.8%；100~200 平方米的有 176 户，占有效总体 61.2%；200 平方米以上的有 68 户，占有效总体 24.0%；现在房屋建筑总面积的均值为 157.96 平方米。关于现在房屋的现值，最大值为 500 万元，最小值为 1 万元，均值为 215604.2 元。关于现在房屋盖房是否借债，借债的为 179 户，占有效总体的 63.9%；没有借债的为 101 户，占 35.6%。关于现在住房宅基地面积，100 平方米以下的有 21 户，占 7.4%；100~200 平方米的有 149 户，占 52.7%；200 平方米以上的有 113 户，占 39.9%；现在住房宅基地面积的均值为 185.4 平方米。

4. 村庄的发展

随着社会主义新农村建设不断发展，全村公用事业得到很大的发展，水、电、路得到很大的改善，通信和文化事业极大地普及，村容村貌得到很大的加强和改进。①饮水状况。自新中国成立至 1979 年，全村居民的人兽饮水全是夹溪河的河水；1979 年有部分村民开始打水井和压水井；20 世纪 90 年代后全部用井水和机井水；2006 年，塍上村民组 20 户左右集资建泵房，用上自来水。②用电状况。自新中国成立至 1979 年全村用煤油灯；1979 年二相电通到塍上村民组；1980 年开始改为交流电并通到其他五个村民组，1987 年进行电网改造，由以前的木柱更换成水泥柱。③道路状况。从新中国成立至 1980 年，全村主干道都是 1 米左右的小路；1980 年以后，把主干道加宽至 3.5 米的机耕路并通到各个村民组；2002 年又把村内主干道拓宽至4.2米并浇成混凝土路面，全长4.5公里；2006年把通往县城的干道拓宽到5.2米，长1.5公里。④通信状况。1999年开始通固定电话，第一次初装有48户；到2007年有256户；1998年村民购置第一部手机；2004年逐步普及到户；到2007年基本达到平均每户2部手机。⑤广播状况。20世纪60年代广播到大队；70~80年代末普及到各组各户；80年代末广播逐步被村民自置的收音机、录音机、电视机所取代；21世纪广播恢复到村。⑥医疗卫生状况。示范村卫生室一个，面积达80多平方米，有执业助理医师一人，年门诊人次达1200多人，人均医疗费用为20元左右。全村现已全部参加新型农村合作医疗，基本实现小病不出村，大病有保险，妇女生殖有保障。在新农合保险之外，县民政局还给予大病患者一定的大病救助资金。至21世纪初，随着农村卫生投入的进一步加大，特别是近些年的新型农村合作医疗制度的开展及民生工程"村卫生室"的建立将大大提高农村的卫生服务水平和能力，促进了乡村卫生事业的发展。

从村庄与所在乡镇的关系情况来看，盐铺村地处城郊西端与现新建海阳镇办公楼相距2公里，原为休宁县万安区川湖乡，1982年之前为川湖公社盐铺大队，1992年撤区并乡后，合并于海阳镇。从村级财务支出情况来看，2002年，该村收入主要靠上级拨款，收入为127609.35元，支出127368.68元；2003年收入有235928.10元，转移支付有6981元，共计收入242909.10元，支出189547.52元；2004年收入共计65487.74元，其中基本收入31437.28元，农业税附加7876.46元，征地补偿费22654元，转移支付3520元，支出89512.70元，其中一般性开支75849.10元，干部补贴13271.60元，报纸杂志392元；2005年总收入115367.40元，其中一般收入22041元，转移支付收入18126.40元，其他补贴75200元，支出54374.79元，其中一般性支出21134元，干部补贴11496元，投资开发支出2万元，其他支出1744.79元；2006年收入226046.40元，支出170623.50元；2007年收入395863.50元，支出511889.28元；2008年收入（截止到11月份）796070.20元，支出745783.78元。

从村内与村外的经济交流情况来看，2003年以后产业结构调整进一步扩大力度，大面积扩种菊花（购烘干机）。菊花种植，2003年产值达200万

第十四章　城乡一体化进程中的盐铺村

元，2004 年产值达 500 万元，2005 年成立菊花协会，2007 年产值达 1000 万元；2008 年产值达 700 万元。从社会交往情况来看，从新中国成立至 1981 年，婚嫁范围一般在村内、镇内、市内，省内婚嫁最远至安庆；1981~2008 年，由省内转为省外及至浙江、云南、江苏，最远至云南省。走亲访友，从新中国成立至 1987 年都是利用春节、端午、中秋进行送节走亲访友（除红白喜外）。从旅游情况来看，从 1988 年至今，本村人外出旅游范围省内到黄山、齐云山，省外到杭州、上海、北京、江西、湖北。从 2004 年本村成立绿风旅游开发公司（山越风情园）吸引外面游客来村旅游，除了省内游客，还有来自北京、上海、浙江、江苏、江西、湖北、云南等外地游客，以及来自韩国、美国、日本等国的外国游客。

5. 盐铺村的社会精英

盐铺村的精英特色十分鲜明，主要包括社会管理精英和经济精英，二者具有较大的重合度。这些精英由于自身在经济发展方面表现出来的优势，在村民选举中获得了村庄管理者的地位。因为拥有了村庄管理者的社会地位和相应权力，他们能够更好地带领村民发展经济，取得经济上的重大突破，从而建立了一个良性的循环系统。正是这个良好循环系统的支撑，盐铺村的经济和社会发展也进入了良性运行的发展阶段。盐铺村目前的村庄主打产业是菊花种植业和乡村旅游业，这两大产业都是由村庄精英带头开发的，庆元堂黄山贡菊和山越风情园旅游项目成为盐铺村的两大支柱性产业，富裕了村庄，富裕了村民。村庄社会管理精英和经济精英的循环非常畅通，而这种循环也得到了村民的普遍认同。

（四）小结

盐铺村的城乡一体化发展路径与我们之前所探讨的三种路径有相同之处，但也有较大差别，正是这种差别化的发展模式，给我们在这方面的研究提供了新的启示：城乡一体化进程并不完全是农村对城市发展的追赶过程，它需要多方力量的共同努力。首先，中心城市的扶持和拉动作用必不可少，无论是哪一种发展模式，乡村的发展都依赖中心城市的带动作用，中心城市拥有着较丰富的公共资源、较强的发展动力，只有将这部分资源和发展动力分配给乡村社区，乡村社区才能获得快速发展的能量。城乡之间在经济和社会发展方面存在的巨大差距,是经济社会发展的规律造成的,但也是长期以来制度性和政策性上差别对待的结果。因此,经济社会资源的再次调整正是熨平城乡差距的最根本的方法。其次,城乡一体化进程中不能忽略乡村社区本身拥有的潜能,应该正视乡村社区在城乡一体化进程上应该具有的相应的地位。盐铺村正是借助国家大力发展农村、投资农村的大好时机,大力发展村庄的经济和社会建设,才在城乡一体化过程中走在别的村庄的前面。如果仅仅只是依赖外界的给予,自身的承接能力和发展潜能若不能得到充分的提升和挖掘,村庄的发展就会受到极大的限制。同时,城乡之间欲构建起来的相对公平的关系也可能具有更大的难度。最后,城乡一体化的要求,并不是农村追赶城市的发展。城乡一体化只是从结果上要求消除城乡之间既有的差别,让城市和农村拥有相对公平的生存环境,更加平等地享受公共资源和公共服务,获得相对拉近的生活水平。因此,农村的发展道路并不一定是对城市的追赶。事实上,农村在很多地方拥有比城市更优越的地方,比如宽敞的住房、相对干净的空气、优美的环境、丰富的自然资源等。故而,在农村发展道路的选择方面,要充分考虑自身的发展优势,利用优势发展自身,适合自身的发展道路才是最佳的发展道路。

第十五章　建设同一片蓝天下的中国文化

建设同一片蓝天下的中国文化，具体来说，就是建设好城乡一体化的文化。因为，城市化的最高境界是城乡一体化。城乡一体化实质上并不是城市和农村两种文明或两种制度的对抗和竞争，而是在城市化的进程中，两种文明或两种制度的合理对接，其实质是一种差异基础上的有效合作。城乡一体化并不排斥城市文化对农村文化的影响和改造，也同样尊重农村文化的价值和存在的合理性，并不企图完全用城市文化覆盖和取代农村文化，而是在城乡一体化的进程中，承认城乡原有的关系特点，尊重、鼓励、探索和寻求新的发展路径。

第一节　同一片蓝天下文化的内涵

具体来说，同一片蓝天下的文化应该包括四个方面的内容：城乡一体化的理念，城乡社区一体化发展的思路，农民作为融入城市主体的文化，城乡文化形态要互相吸纳。

一　城乡一体化的理念

中国的城乡一体化进程面临着多种类型的选择，关键是寻找一条适合自身的发展道路。我们所分析的中国目前的三种城乡一体化的发展路径，对于不同的农村地区具有不同的适应性。多元化的城市化道路是并行不悖的，重要的是结合自身的发展实情和先进的发展理念找到合适的发展路径。

城市化过程中需正确处理好城市与农村的关系,就是要统筹城乡发展,在发展城市、富裕农村的同时,不断地缩小城乡的差距,而不是强化不公平的城乡二元结构以及农村对城市的依附关系。统筹城乡发展,不仅是在形式和空间上将城市、农村都纳入规划和建设的范围,在内容上也要四位一体;不仅要包括经济、政治和社会事业建设以及可持续发展的生态建设,而且要科学发展。要让城乡人民平等参与现代化进程,共享改革发展成果。

同一片蓝天

二 城乡社区一体化发展的思路

在城市化的进程中,不仅要看到城市对农村的辐射作用是农村社区发展的主要动因,还要看到城乡社区通过自我发展缩小了差距。因此,城乡社区建设的特点是制度建设。在城乡发展差异的基础上,制度建设不仅仅要改变,更在于提升,寻求适合不同农村和城镇社区发展和相互衔接的一体化路径。

三　农民作为融入城市主体的文化

在城乡文化一体化的过程中，农民的主体作用不容忽视。城市化的核心问题在于人的城市化，包括身份、职业、观念全面地融入城市生活秩序，接纳现代化的文明理念。现在进入城市的"80后"的二代农民工和"90后"的三代农民工，他们是在城市化的环境中成长起来的，是由"暂住"到"居住"的一代，城市要敞开胸怀，拥抱他们成长。

四　城乡文化形态要互相吸纳

如果把风情、文化、历史这些传统的东西全部切除，只有大规模的工业化产品，而没有民风民俗和民间工艺，这个城市就会失去文化的底蕴。因此，在探索现代化进程中，要根据农村原有文化的特点，以传统文化为依托，寻求合适的发展路径。这样，农村既保留了传统，又能实现与现代文明的交融，与城市共享现代文明的成果。

第二节　海阳镇盐铺村的镇乡一体化和成都的城乡一体化

一　海阳镇盐铺村的镇乡一体化

在休宁、盐铺做了一年多的课题，笔者印象最深的还是它的文化。休宁县以其状元文化而闻名，而海阳镇和盐铺村则建设了镇乡一体化的文化，这对我国熨平城乡差距、实现城乡的融合发展有着重要的借鉴。

海阳镇和盐铺村推进城乡一体化，不仅包括规划、产业、社会服务、社会福利的一体化，还包括文化、旅游的一体化。其新农村公共文化服务体系可以概括为"五个一体化"：城乡文化发展规划一体化、城乡文化基础设施建设一体化、城乡文化事业投入一体化、城乡文化市场推进一体化、城乡文化成果共享一体化。统筹城乡发展，必须进一步加强农村文化建设，大力促进城乡文化一体化。盐铺的村庄建筑就是最典型的体现形式，城乡建筑风貌、建筑形式已逐步与城区接轨。走进盐铺村，我们可以看见一排排整齐的徽派建筑，既有古徽州的风韵，又充满着现代气息。

城乡文化一体化是一项社会系统工程。盐铺村以激发农民文化建设积极性为突破口，以加强农村文化设施建设为基础，以促进城乡文化交融为手段，有效整合海阳镇各级各类文化资源，调动城乡文化工作者的积极性、主动性和创造性，在休宁县率先实现了小康社会的建设目标，率先实现城乡一体化的发展，把盐铺建成了资源节约型、环境友好型的生态村庄。

二 成都的城乡一体化

2007年6月，中央批准重庆、成都设立全国统筹城乡综合配套改革试验区。成都市在统筹城乡发展方面有了新的思路，那就是熨平城乡差距。不仅在形式上将农村纳入城市的规划范围，最为重要的是在文化上实现了对接，不光有城市文明向郊区和农村地区的辐射和延伸，也有农村文化在城市中的融合与发展。成都市青羊区康庄社区建立的客厅工坊就是其统筹城乡文化发展的一种很好的模式。新市民在社区的组织和帮助下，接受面点、刺绣、丝网花及童鞋制作等多项培训，学习后自己创业。这种客厅工坊的模式，既适应了新市民原来那种闲散的工作方式，又解决了身份转换后他们"空闲、没事干"的现象。

成都的城市化过程不仅仅是一种城市对农村的给予，它还是一种相互促进，是一种共同进步、发展，更是城乡两种文明形态的相互交融。成都市统筹城乡文化建设的经验告诉我们，城乡文化是可以融合的。在城乡一体化与城市化的关系上，城乡一体化并不排斥城市文化对农村文化的影响和改造，但也同样要尊重农村文化，不是城市文化"化"掉农村文化，而应是城市文化与农村文化的交融与发展。

第三节 城乡一体化的文化的列举

一 徽文化的魅力

江泽民同志在视察黄山市时曾明确指出，如此灿烂的文化，如此博大

第十五章　建设同一片蓝天下的中国文化

精深的文化，一定要让它世世代代传下去，永远立于世界文化之林。2004年，中国徽学国际研讨会通过的《徽州文化宣言》也郑重宣告，传承徽州文化，开创美好未来，是我们的共同愿望，也是我们义不容辞的责任。当前，加强徽文化的研究，弘扬徽商精神，具有"鉴今益世、医疴澄宇"的重要意义。

同时，徽文化也是城乡一体化的文化。徽文化是从农村走向城市，又把城市文化带到了农村，这是一种良性的文化互动，徽商就是这种文化互动的"结晶"。徽文化在整个发展过程中，始终充满着创新精神和持久理念。

徽文化是华夏文化百花园中的奇葩，而状元文化是徽文化的精华之所在。休宁县在宋清之间出了19位状元，如今，为了纪念这个奇迹，中国状元博物馆在休宁县海阳镇建成。现代徽州人秉承状元文化精神，努力奋斗，把事业做到了大山之外，他们又把文化带回家乡，满目的徽派建筑就是他们打造的一座座丰碑。盐铺村借用海阳镇的"状元"名气，深入挖掘和展现古徽州的文化遗产，顺应如今旅游的新潮流，开发了状元湖，还进一步建成了山越风情园，推进了盐铺村"乡村福地"特色旅游的建设。

二　海阳镇盐铺村的一体化文化

海阳镇和盐铺村在城乡一体化的探索过程中，两者对接到位，文化上不断融合。由于镇上和村里的文化不断交融，人们在精神上各自接受了彼此，城市市民不仅不再歧视农村，还有很多主动到农村来工作，比如山越风情园的导游、大学生村干部等多来自城镇。盐铺村自身也积极传承徽文化精髓，大力开展社会主义荣辱观教育，学习休宁县、海阳镇的创新精神，加强公民道德建设，提升精神文明创建水平，努力构建现代和谐盐铺。

盐铺的新农村建设离不开徽文化，文化的繁荣对提高农民素质、促进农村和谐具有积极意义。因此，把盐铺建设成新农村，就必须大力弘扬徽文化。徽文化是一种地域文化，是徽州区域社会发展的宝贵资源，同时也是徽州地区特有的文化，受该区域特定的历史、政治、经济、地理等条件影响，具有独一无二的地域特点。徽文化在观念层面上是一种以儒家思想为核心、以程朱理学为主线的传统文化。儒家的"仁爱"、"礼教"思想和程朱理学倡导的"存天理、灭人欲"、"主静"、"格物致知"等主张，与如今的社会主义核心价值观有相吻合的一面，对提高村民素养、陶冶村民情操、净化农村风气、促进盐铺村和谐具有积极的指导意义。与此同时，海阳镇还积极学习成都经验，以特色文化建设为重点，大力提升城市文化品位。在盐铺，进一步加强农村文化阵地、基本队伍、基本活动内容和基本活动方式的建设和管理。一方面，充分利用县镇文化在人才资金等方面的优势，扶持带动盐铺村文化的发展繁荣，帮助培养盐铺村的文化人才和农村基层文化带头人，促进县镇文化多下乡、常下乡，让更多农民在家门口享受城市文明；另一方面，组织乡村社戏以展演、调演等方式多进城、常进城，在与城市文化的交流、融合中进一步弘扬盐铺文化特色，促进繁荣发展。

盐铺村在城乡一体化的建设中，紧跟海阳镇的步伐，并与海阳镇在文化上做到了融合与共享，主要得益于以下几点。首先，文化的同源性。盐铺村千百年来形成了个性独特、魅力无穷的山区文化，这种文化得到了积累、繁荣和进步，并日渐形成了具有近现代标志和特色、充满张力和活力的"徽文化"。海阳的镇村文化同根同源、相融相通是文化和合的主要因素，海阳文化的多样性和个性化乃是盐铺文化得以体现自身特色的关键之所在。其次，文化的递进性。海阳镇的区位、规模、功能和海阳整体经济等诸因素共同决定了其文化渐次递进的分层关系，其中有一般意义上的城市文化，有海阳文化，也有盐铺文化，诸多较小的文化同心圆最终融合、构建了一个巨大的同心圆。再次，文化的互补性。相对而言，善于兼收并蓄、勇于创新更替的徽文化，具有开放、兼容、领先等现代气息，文化的交融使徽文化能够体现出较强的传统精神和时代姿态。

三 世界一体化的文化

随着经济全球化的发展，各民族文化的横切面发生了很大变化，人们不再是生活在"小山村"中，而是生活在"地球村"中。正是由于经济上的发展，文化上也开始出现了全球融合，异质文化之间的扬弃和融合变成一种趋势，这不仅是世界各大文化体系形成的历史告诉我们的事实，而且也是世界文化发展的未来。

第四节　建设好同一片蓝天下的中国文化

在城市化过程中，我们取得了巨大的成绩。从世界各国城市化率来看，从20%提高到40%，英国大概用了120年，法国用了100年，美国用了40年，中国只用了22年。看到成绩的同时，我们也不能忽视付出的巨大代价，例如，农民工子女教育问题。农民工子女与城市儿童不能公平享有教育资源，曾一度引起社会的广泛关注。

在急剧城市化的大背景下，由于城乡文化特点的不同、农村文化与城市文化的差异，不可避免地会遇到两种文化之间的不和谐，以及农业文明对现代文明的不适应。城乡文化差距成为我国城乡差别的主要内容之一。笔者认为，在城市化进程中，应该建设同一片蓝天下城乡一体化的中国文化。

城市化的迅速发展，给社会带来了日新月异的变化，而城市化也带来了一些不和谐的因子。对处于变革中的农村和农民来说，周围的环境发生了变化，要求人们在思想观念上对现代文明有一个适应过程，精神层面的变化只有靠文化来推动、靠文化来化解、靠文化来慰藉。要使原先长期居住在农村的村民能够接受、认同，并且参与城乡统筹发展这个过程，就需要文化的力量。

首先，处理好传统文化和现代文化、农业文化及工业文化的关系。在一体化的进程中，承认城乡原有的特点，尊重和鼓励城乡寻求不同的发展路径，实现城乡一体化的发展目标，共享同一片蓝天下的文化。

其次，满足群众精神需求，加大公共文化设施建设。无论是城市居民，还是农村居民，对于精神生活的追求是与生俱来的，也是永不停止的，而且这种追求还是多样化的，丰富多彩的。加大基层社区的公共文化设施建设，如：开辟社区科技文化阵地，建立图书阅览室、科普文化长廊，活跃社区的学习和文化气氛；开辟健身文化阵地，成立室内、室外健身中心，为人们娱乐、锻炼提供场地；开辟戏曲、书画等文化活动阵地，逐步成立和规范民间群众社团等，既有利于创建良好的学习条件和氛围、推动人们确立终身学习的理念，又有利于提高居民的综合素质和文明程度，从而进一步推动社区文化品位的提升和社区文化的全面发展，实现农村文明与城市文明的对接。

城乡一体化基础设施的一体化

　　最后，市场参与，推动农村基层文化建设。农村基层文化建设，政府的投入是必须的。全面提升农村文化建设，从我国的实际现状来看，在贫困落后的农村地区，农村文化的建设没有外部力量的支持便无从谈起。但是，也应当看到，在当前城乡沟通频繁、农民文化知识水平普遍提高的情况下，一年两三次的"送文化"活动作为一种短期的行为已不能满足开展深层次的农村文化建设的需要。地方文化建设要从过去"就文化抓文化"的思维模式中解放出来，树立与社会主义市场经济相适应的新文化观。放开市场，充分发挥市场在文化建设中的推动作用，在"送文化"的同时，更要"种文化"，让文化真正地扎根于农村，扎根于基层。例如安徽省肥西县三河镇通过"走出去"的方式，将本地的传统文化、传统工艺性的东西（如三河茶干、封缸陈酒、羽毛扇等）推向市场，繁荣了本地的旅游经济，同时，这也是传承农村优秀传统文化的很好的方式。通过政策扶持、税收优惠等措施吸引一些优秀的文化产业进驻农村市场，一些艺术培训中心诸如舞蹈、健身机构的设立，让居民在休闲娱乐的的过程中逐渐融入现代的生活方式中。

　　在城乡一体化建设中，文化看似无形，实则力量无穷。城市化变革的本

第十五章 建设同一片蓝天下的中国文化

身离不开文化的力量来推动。我们立足于同一片蓝天下的文化理念,就会从一个新的视角、新的高度来实现城乡一体化,寻找一种新的模式。由农村向城市转变的过程中,要改变千百年来形成的这种传统农业文明下的生产生活方式,使现代文明成果由城乡全民共享,需要农民在政府的引导和推动下,城乡居民都要对现代文明有普遍的认同,从而形成的强大的文化力量去推动城乡一体化的进程。

专栏:新生代农民工对生活在同一片蓝天下的期待
——城市化进程中的研究实录

建立同一片蓝天下的文化,农民工、特别是第二、三代农民工是主体之一。2010年中央一号文件指出"要着力解决新生代农民工问题",这是党的文献第一次提出这个社会群体。如今,新生代农民工的总数已超过9000万人。以现有基数及速度,很可能用不了10年,新生代农民工总量将突破两亿之众。多年来,我们课题组一直关注着这个群体。他们生活环境、就业环境的不断改善,他们更加热爱城市、向往城市,在城乡一体化的推进中,在同一片蓝天下文化的熏陶下,城市也敞开了胸怀欢迎他们。他们在移民的路上虽然艰难,但仍在不断前进,正走在从"暂住"到"城市居民"的路上。随着职业的稳定、城市的发展,他们中的一部分人会成为市民。随着生活理念、专业技能、文化素质的不断提升,他们将为城市作出越来越多的贡献。他们中还有一部分人在城市中取得了一定成绩后,又回到了农村,为新农村建设贡献自己的力量。这里选择部分研究成果,盘点他们成长的历程,记录和展示了我国城乡一体化的发展和同一片蓝天下文化的魅力。

早在2003年,我们就承担了国家级合作课题"中国留守儿童和流动儿童研究",据我们调查发现当时流动儿童就有2500万。因为流动儿童必将成为城市的新生代农民工,因此我们就开始研究新生代农民工。

安徽商报8月22日讯(记者邹俊)安徽省社会科学院专家王开玉指出:拆除户口篱笆是城市化的必由之路。

城市化是社会发展到一定历史时期后不可逾越的阶段。任何国家、当生产力发展到一定程度时,都要经过城市化这一新的阶段。城市化是伴随着经济现代化和社会生活现代化而产生的必然过程。城市化是世界各国经济发展中的普遍现象。

从省会合肥的发展也可以看出城市化与市场化的关系。合肥市从解放初的 5.2 平方公里发展到现在的 120 平方公里，人口由解放初的 5 万人发展到现在的 140 多万人。正是工业化、市场化的结果。

我国工业化率超过了 50%，而城市化率只有 30%，两者相差 20 个百分点。我省是一个 6200 万人口的大省，加快城市化是当务之急。1995 年，省委、省政府决定尽快把合肥建设成为现代化大城市。时任省长的回良玉在合肥市现代大城市道路骨架构筑问题现场办公时讲话指出："安徽需要大城市，首先要把合肥建成大城市。"从社会学的意义上讲，实现城市化面临的最大问题是打破城乡分割，即二元结构。城乡分割导致经济生活增加成本。农民工进城务工，必须付出很大成本，国家负担加重。由此解决户口问题，减少农民数量，把更多的农民变成市民是城市化的必由之路。加快非农化的步伐，必须改革户籍制度，放开对农民进城落户的限制。

非农化是衡量一个国家是否完成了从传统农业社会向现代化城市社化跃迁的重要指标。中国同几乎所有的发展中国家一样，在城市化过程中都面临过城市人口膨胀带来的严重问题：由于国内的人口膨胀构成庞大的人口基数，悬殊的城乡差别推动众多人口向城市流动．城市本身发展不足而不能为更多的进城人口提供就业机会和必要的生活居住条件等等原因综合起来作用所引起的困境。在我国，因为长期实行计划经济体制，用严格的户籍制度人为地限制农村人口进城落户。所以，城市特别是大城市流动人口的负荷过重。

若以人口百万以上的城市为大城市，则我省省会合肥市人口在 1998 年末为 425.98 万，其中市区人口 127.94 万，即为大城市。

近年来，大批农村剩余劳动力流向城市特别是大城市，并且他们中的很多人在城市里找到了相对稳定的工作，有的已经"安营扎寨"成为半城半乡的"边缘人"，是一支不可忽视的劳动大军。他们为城市经济建设作出了巨大贡献，但现在却面临重重困扰。因为没有户口，他们的孩子上不了托儿所、幼儿园和小学，要上的话，必须缴纳额外的高费用，看病也没有着落，

第十五章　建设同一片蓝天下的中国文化　○ 中国百村调查丛书·盐铺村

自己掏钱，没地方报销，有的人虽然有钱买房子，但有的城市规定如果没有本地户口就不能买本地的商品房。这些困扰随着"边缘人"的增多，将会越来越严重。

为了给"边缘人"一个在城里发展的根，为他们创造与城里居民平等竞争和发展的条件，进一步促进城市的繁荣，我国各地做了许多探索。如上海已经规定，对在上海有稳定的工作，或是有一定的工龄、一定的投资的"边缘人"，发给他们蓝印章的户口簿，简称"蓝卡"，有了这张蓝卡，就和上海人一样，可以买商品房，子女可以入学。这些规定虽然在一定程度上为城市"边缘人"解决了一些问题；且较以前那种管得太死的户籍制度有了进步，但步子还不够大。实行"蓝卡"毕竟还有歧视，与正式居民不一样，仍存在不平等。收取的城市增容费太高，也很不合理。问题的关键还是要彻底改革户籍制度，真正地消除城乡差别，步入城市化建设的快车道。（摘自《江城芜湖：废除暂住证》2003年8月22日《安徽商报》）

2009年10月，我们课题组完成的《"80"、"90"新生代农民工的移民倾向研究报告》中发现新生代农民工强烈要求进入城市、住进城市，这种理念总的来说与老一代农民工不同。

新华网合肥5月4日电（记者程士华、郭奔胜、王恒志）一大批"80"后、"90"后出生的农村青年正成为新生劳动力进入中国的工厂和城市。安徽省社科院研究员王开玉说，这些新生代农民工的选择正在呈现一种"移民化"倾向。（摘自《中国新生代农民工外出打工呈现"移民化"倾向》2009年5月4日新华网电）

随着研究的深入，我们发现农民工融入城市，成为新市民，也是城市化的巨大成就。

光明日报7月16日讯（记者欣城）安徽省社科院专家王开玉指出，城市化不仅指农村人口从形式上转化为城市人口，更深刻的内涵是指生存条件、生活条件和生活质量的城市化。要从根本上解决农民工身份地位问题，离不开全社会为农民工撑起更广的权益保护伞。当农民工感受到来自城市的人性化关怀，城乡二元结构彻底破解，农民工享受到城里人的待遇以后，他们就真正被城市接纳了。那时，"农民工概念"自然会退出历史舞台（摘自

《"农民工":概念消失不等于问题解决》2009年7月16日《光明日报》)

同时,我们还注意到新生代农民工和老一代农民工不同,他们移入城市同时渴望在住房、医疗、教育等公共物品的享用上能与社区居民平等。

大江晚报8月2日讯(记者谢华兵)近日,有读者反映合肥市蜀山区五里岗村的"城中村"拆迁在即,就要摘掉"村民"帽子的当地居民在乐搬迁的同时,很多租住在这里的"外来户"却面临着租房难的困境。

据了解,合肥市目前有数十万外来务工人员,主要分布在建筑业、餐饮业,大都租住在市郊或"城中村"。如何解决"城中村"改造与外来户租房之间的矛盾?省社科院社会结构研究中心主任王开玉教授认为,流动人口不是城市的负担,他们理应共享城市公共资源。在推进城市建设的过程中,城市管理者应采取积极措施,扩大廉租房的适用人群与适用范围,积极解决外来户的租住问题。(摘自《"城中村"改造喜忧参半》2009年8月2日《大江晚报》)

10月15日法制日报讯(记者李光明)"应该说,铜陵的流动人口管理新机制在形式上突破传统管理定式,赋予流动人口本社区居民待遇,是一次有益的尝试。"安徽省社会科学院研究员王开玉说,随着我国社会主义市场经济体制建设的不断深入,流动人口越来越成为当前影响社会治安状况的重要因素,政府对流动人口的管理应该完成一次彻底的转身,即流动人口应该能像城市其他小区居民一样,平等享受由当地提供的相关公共服务及其他公共福利;在医疗、教育、就业、社会保障等公共物品享受上,拥有平等的权利。(摘自《可享受常住居民待遇 铜陵突围流动人口管理难题》2007年10月15日《法制日报》)

企业应该平等地对待农民工,体现出它的人文关怀,从而用情感留住他们。

新华网北京9月11日电(记者蔡敏 王攀 曹霁阳 车晓蕙)位于珠三角的广东东莞龙昌国际控股有限公司在经历了今年前两季度的"波谷"之后,8月开始进入了令人欣慰的恢复期,订单一直排到明年春节。然而随之而来的缺工问题却让这家玩具企业颇为头疼。

长期研究农民工问题的安徽省知名社会学家王开玉认为,伴随着短期订单增多、未来市场的不确定性,"短工时代"可能来临,企业招工的短时性、外来打工者的流动性将更加明显。

他呼吁,一方面,要探索更为完善的农民工"社保大统筹",让短工们在更换就业地时,社保缴纳能顺利接续。另一方面,企业要想稳住工人,必须着手改善用工环境,加强培训。在提高工资待遇外,还要多多体现人文关爱,懂得用情感留住人。(摘自《透视中国沿海地区新"用工荒"》2009年9月11日新华网电)

随着研究的进一步深入,我们发现新生代农民工还在扩大。可以说他们主要成长在城市,因而对农村生活有疏离感,他们希望自己成为城市居民,享受城市生活。与此同时,农村各种学历的学生越来越多地选择留在城市,从而壮大了这个群体。

经济参考报10月9日讯(新华社记者程士华　郭奔胜　王恒志)"没有了土地,我还算得上是一个真正的农民么?"22岁的新生代农民工魏雪侠以一种开玩笑的口气向记者质疑。她现在上海打工,虽然近期还没有回家的打算,但她仍渴望自己的名下也拥有一份土地,就像村里的大多数农民一样。

安徽省社科院研究员王开玉分析,由于成长经历和环境的不同,新生代农民工可分为两类:第一是在农村出生长大、走出去到城市务工的农村新生代农民工;第二是自小跟随父母一起外出,在城市成长、学习,成人后留在城市务工的城市新生代农民工。农村新生代和城市新生代之间存在差异。相对于农村新生代来说,城市新生代更熟悉城市生活,对农村生活和农业生产已经产生了疏离感,由于成长环境在城市,他们的参照系是城市同龄人,其不平等感、被剥夺感会强烈一些,心理预期和现实状况落差较大。农村新生代参照系是农村同龄人,被剥夺感相对较弱。(《无地民工成城市新群体面临困境或成不稳定因素》2009年10月9日《经济参考报》)

随着城市化进程的推进,无地农民成为社会不可忽视的一个群体。具体来说,无地农民可划分为三种类型。

11月30日人民网电(新华社记者程士华)"无地农民"和失地农民不同。失地农民是在城市化进程中出现的,其丧失土地过程是显性的,失地农民不仅有一大笔土地补偿款,还会被政府纳入城镇职工保障体系,在就业、养老、医疗等方面得到行政力量的照顾。但"无地农民"一直处于隐性状态，游离于政府的目光之外，还无法享受到政府的额外关照和重视。

"无地农民工"的未来走向值得关注和研究。安徽省社科院研究员王开玉分析，"无地农民工"群体分化为三类：第一类能在城市定居并成为市民，有着医疗、养老等保险。在当前户籍、社保、教育等现有制度不发生改变的情况下，能在城市拥有稳定工作、收入和固定住所并定居城市的，只有极少数人能成为第一类；第二类人在城市工作多年，随着青春消逝，其就业选择范围越来越窄，甚至面临失业，但由于长期在城市生活工作，不愿回农村，仍选择留在城市，成为城市中的赤贫者；第三类将返回农村，耕种父母或亲属的土地，或者租种他人土地，以此为生。后两类人将可能是"无地农民工"群体的主要去向。在社会经济平稳的条件下，当他们丧失劳动能力时，不管他们滞留城市还是返回农村，他们的未来生活保障和养老问题都会面临难题；如果遭遇社会经济环境突变，这些无地农民工找不到工作，同时他们在农村没有土地等生产资料来保障基本生活，他们就有可能成为影响社会稳定的消极因素。（摘自《无地农民工：抓得到的现在，看不见的未来》2009年11月30日人民网）

城市应敞开胸怀拥抱农民工，真正做到城乡融合，让农民工融入社会主流文化，与城市居民共创和谐社会。

12月31日安徽市场报讯（记者宛月琴）据报道，我国目前约有2.3亿农民工，差不多6个中国人当中就有1个是农民工。农民工的话题，国家关心，百姓关心，甚至直接关系到一个庞大群体的切身利益，成为中国最重要的社会问题之一。

长期研究农民工问题的著名社会学家王开玉教授，在谈到"农民工二代"时强调，他们有着自己鲜明的特色，比"农民工一代"更向往城市，渴望更广泛被城市认同。尽管在如今的不少城市里，户口制度逐渐松动，他们的身份渐渐发生着转换，但身份转换并不能从根本上解决融入城市的问题，实现职业身份的转换才能真正打破界限。文化层次较高、知识视野也相对较宽的二代农民工，已经努力尝试着改变自己的职业身份，譬如创业、譬如深造，但同时城市也应该敞开胸怀，包容他们身上的独特性，文化的、精神的,包括他们的希望和理想,创造新的和谐的生活环境,不仅是城市的,而且是农村的。

要优化社会环境,加强社会管理,合理分配社会教育、医疗等资源,为"农民工二代"创造良好的成长环境,使外来农民工能在当地安居乐业,融入社会主流文化。

王教授一直强调理想的状态是"城乡融合",而不是简单地用城市包围农村,有关部门应该针对这样的群体,制定专门的住房、医疗、教育规划,让他们在城市里也能受到同等对待,这样既有利于他们的发展,也利于社会的进步。而对于农民工二代的未来,他引用刚刚出版的《读者》上的一句话:"在等待中积聚力量,最后灿烂地绽放。"只要他们怀揣希望而来,脚踏实地、艰苦奋斗,不管是坎坷,还是成功,都是每个群体成长的必经之路。他相信,未来只是一个"美丽的坚持"。("王开玉:城市应该敞开胸怀",摘自《一群"农民工二代"的新年愿望》2009年12月31日《安徽市场报》)

另外,企业还要重视对农民工的技能培训,提高他们的工作能力,保护他们的生命和安全。

9月18日安徽日报讯(记者何玉洁)王开玉研究员建议,作为企业,应该放远目光。重视老员工的培训和社会保障,让他们病有所医、贫有所助、老有所养。作为政府和有关部门,应该尽快出台相应的政策和措施,建立健全农民工的各种社会保障体系,同时进行户籍制度改革,真正改变原来以户籍为基础二元社会传统保障体制,让农民工渐渐地融入到城市之中。作为民工自身,也要提高法律意识,增强安全意识、健康意识、权益意识,对于从事高危行业的,更应该做好自身安全防范措施,确保身体健康。(摘自《大龄民工遭遇就业困境》2006年9月18日《安徽日报》)

新生代农民工融入城市依然艰难,但也在不断地向前推进,"暂改居"就是户籍制度的一场改革。

1月8日江淮晨报讯(记者徐韧松)专家:"暂改居"将是一大进步

取消"暂住证"、施行"居住证",安徽省社会科学院研究员王开玉对此发出了自己的声音:从暂住证到居住证,用语的改变体现了城市文明的进步,适应了长期居住城市的农民工的需要。居住证的意义在于使城市外来人口身份合法化,解决那些常年在城里打工,有固定工作和固定住所而又没有户籍的人们的问题,让他们融入城市,和城里人一样工作和生活,享受同样的权利和待遇。这是一项改革措施,但不可对其期望过高。在目前的发展情况下,居住证制度在未来实现身份证制度体现户籍人口和居住证体现的常住人口一体化(人们完全自由选择居住地)之前,仍具有一定的正面意义。

期望安徽能够早点搞"暂改居"改革,越早越好!安徽是一个农民工大省,安徽的改革对全国都能起到表率作用。(摘自《外来务工者有望成准市民》2010年1月8日《江淮晨报》)

城市要逐步告别暂住证,打破城乡二元对立结构,真正做到在同一片蓝天下共生活、共成长。

北京市明年将逐步告别暂住证。在全市推广有信息服务功能的流动人口居住证。12月2日,北京市政协委员了解首都重点新城建设人口问题,并就此座谈。座谈上,北京市综治办副主任苗林表示,流管办和北京市公安局明年将流动人口出租房屋的信息采集纳入立法调研。2010年在全市推广居住证。

正如长期调研流动人口问题的安徽省社科院专家王开玉所言,"城市化不仅指农村人口从形式上转化为城市人口,更深刻的内涵是指生存条件、生活条件和生活质量的城市化。城市从心态上接纳他们"。如果城乡二元化结构被彻底打破,每一个公民都被纳入权利保障视野,一张身份证证明身份,权利通行全国。根本不用居住证替换暂住证,流动人口也会退出历史舞台。(摘自《北京暂住证将改为居住证》2009年12月3日中国广播网)

另外,值得一提的是新生代农民工开始走向世界。

10月26日新华网电(记者陈先发、蔡敏、杨玉华)研究中国农民工问题的安徽省社科院研究员王开玉说,从在自家"一亩三分地"耕作,到离土不离乡,创办乡镇企业,再到走进大城市打工,进而走出国门创业,和王俊一样,中国一部分农民在改革开放二十多年里创业半径不断扩大。而这也呈现出中国农民思想不断解放、眼界不断开阔的全过程。

王开玉介绍说,解决了温饱问题的中国农民,在20世纪80年代中后期

第十五章 建设同一片蓝天下的中国文化 ○ 中国百村调查丛书·盐铺村

开始探索致富道路,他们的思路在实行"大包干"的农村改革后,开始一步步开阔起来。(摘自《从"家门口"跨向"国门外"》2007年10月26日新华网电)

我们相信新的价值观念、生活理念,会把城乡80、90的新一代,培养成有自信、有责任、敢于承担的一代新人。

新华网合肥1月11日电(记者蔡敏、朱青)"80后"曾经是中国社会对20世纪80年代出生的娇生惯养群体的专称。然而时间迈入2010年,这批当年的"小皇帝"、"小公主"不知不觉中开始步入三十岁。工作被迫不断跳槽、房价高得望尘莫及、感情生活飘忽不定……当年无忧无虑的一代在压力和争议中面对"而立"。

安徽省社会学家王开玉认为,现实中80后"三十难立",有时代背景,也有个人原因。他说,80后要从前辈身上汲取敬业、勤俭、上进等优良传统,"有房有车成家"并不一定就是"立"的标准,关键是树立起自信心,有责任感,勇于担当。(摘自《中国80后群体在压力和争议中迎来而立之年》2010年1月11日新华网、凤凰网电)

跨省流动的新生代农民工约占全部跨省流动农民工的六成,总数超过9000万人。以现有基数及速度,很可能用不了10年,新生代农民工总量将突破两亿之众。

新华网北京2月5日电(新华社记者蔡敏、林嵬、查文晔)中国日前发布的2010年"一号文件"首次提出"积极应对农村非传统挑战"。分析人士指出,这份文件立足于"新的起点",力求以改革促统筹,重点、系统地应对和化解因"三农"矛盾动态发展所带来的种种"农村非传统挑战"。

分析人士表示,始于2004年的连续6个中央一号文件,主要着重于应对传统"三农"问题带来的各种挑战,致力于偿还对"三农"的历史亏欠。

中央农村工作领导小组副组长、中央财经领导小组办公室副主任陈锡文指出,中国农村正处于转型期,农业农村发展面临一些新情况,对外开放度不断提高、城乡经济的关联度显著增强、气候变化对农业影响日益加大。

"这种新形势既带来机遇,也使中国面临新出现的非传统挑战。"陈锡文说。

在传统大宗农产品连年丰收，农民从摆脱沉重的税费负担到获得越来越多的补贴后，中国开始正视农村的生态环境保护、新生代农民工如何融入城市、农村人才流失、农村特色文化传承、分散经营模式使农产品缺乏国际竞争力等等新挑战。

经济发达的长江三角洲地区素称"鱼米之乡"，然而，由于快速的工业化、城市化进程，对维持当地生态系统至关重要的稻田正在被大片大片地蚕食。例如，江苏省苏州市水稻种植面积在10余年的时间里减少了约3/4。当地的生态系统因此已受到巨大影响。

生态专家指出，稻田除了提供丰富的粮源，还是最经济的人工湿地。100万亩水稻的降温效果相当于1.25亿台5匹马力空调。另外，河水经过一片水稻田一个生长季节的净化，水质至少可以提高一个级别。

苏州的生态隐患只是广大中国农村的一个缩影。其他经济较发达地区的农村也存在着类似的生态安全问题。中共十七大报告首次提出"生态文明建设"。

今年的中央一号文件明确提出，"重视耕地质量建设，构筑牢固的生态安全屏障。"安徽省环科院专家肖菁说，绝不能简单地把全国划为产粮区和工业区，守住基本的农田保有量从生态角度来讲十分重要。中国确定的耕地红线是18亿亩。

河南省南部的信阳市拥有780万亩耕地，是全省最大的稻区。过去，进入4月后这里油菜花开、小麦泛绿，田野一片生机；而如今经常看到的景象却是：大片农田成为"白地"。

当地农民说，这里传统的耕作习惯为春夏种一季稻，秋冬种油菜、小麦或紫云英草；很多人现在一年只种一季稻，一年"两熟"变"一熟"。

和信阳市一样，南方一些稻区也在降低复种指数。专家们指出，由于一系列惠农政策的支持，中国农民种地并非没钱可赚，耕地季节性撂荒发出的是农业内部劳动力短缺的警讯。

中国社科院人口与劳动经济研究所所长蔡昉认为，中国劳动力"无限供给"的时代已经结束，中国劳动年龄人口供给增长率在2004年首次出现下降，预计到2011年左右，劳动年龄人口供给开始不再上升，这些变化意味

第十五章　建设同一片蓝天下的中国文化　○　中国百村调查丛书·盐铺村

着劳动力结构性短缺会经常出现。

安徽省知名社会学家王开玉一直为另一个忧患——农村人才流失而揪心。常年深入基层农村调研的王开玉说，农村培养出的大学生很少回到本地，相对于人才拥挤、全面飞速发展的城市来说，农村亟须有觉悟、有文化、能办事的干部。

中国近年来鼓励大学生到农村任"村官"，同时从城市选派大量干部进村挂职，效果明显。不过，王开玉说，还需在制度保障、激励机制上不断完善，避免"外来人才"走过场。

与高素质干部和农技人才缺乏一样，中国农村特色文化也面临传承危机。流传千年、百年的绝技可能失传的消息经常见诸报端，而呼吁保护文化"软实力"的呼声也不绝于耳。

在安徽省宣城市水东小镇，皖南皮影戏第九代唯一传人何泽华在自己的名片上打上这样一行字："趁着皮影戏还未向当代告别之际，您是否愿意看它最后一眼。"

皮影戏被誉为"世界最古老电影"，由于缺少资金支持，它正在走向令人心痛的消亡。很多其他形式的中国传统文化也面临着类似的窘境。

今年的中央一号文件还首次提出正视并着力解决"新生代农民工"的困局，提出80后、90后农民工的稳定就业、失业保底、基本医保、子女入托入幼入学，以及把新生代农民工纳入城镇职工住房保障体系等。

据中央农村工作领导小组办公室提供的统计数字，跨省流动的新生代农民工约占全部跨省流动农民工的六成，总数超过9000万人。以现有基数及速度，很可能用不了10年，新生代农民工总量将突破两亿之众。

王开玉说，今年的中央一号文件出台了大量推动政府资源、社会资金、市场资本向农村和农民配置的新政策，这和以前传统的解决农民工问题的思路有所不同。（摘自《中国应对农村转型期诸多"非传统挑战"》2010年2月5日新华网）

第十六章 山区人民心中的
杜鹃花
——记安徽省人大常委会副主任朱维芳

每讲到山区经济发展时，不能不讲到"白际乡"，因为2004年出版的《中国农民调查》中一开篇就写道："我们没有想到，安徽省最贫穷的地方，会是在江南，是在闻名天下的黄山市，在不通公路也不通电话的黄山市休宁县的白际乡。在那里，我们吃惊地发现，大山里的农业生产仍停留在刀耕火种的原始状态。"而黄山市委党校党建教研室课题组在《2004——我们见证"白际"》的调查报告中则写道："白际的群众吃得怎么样、穿得怎么样、住得怎么样，他们的基本生存发展状态到底怎么样？在炊烟袅袅的早晨，我们走进了早炊人们的家门，来到了早间村头聚会的'广场'，人们锅里烧的、碗里盛的有肉粽、粳米粉粑、泡饭、米糊，除了没有牛奶，看不出与我们自己平时居家早餐有什么水平上的高下，在各家的屋梁上无一例外地挂着一排条肉和火腿，有的家庭还杀了两头猪；人们的衣着除了老年人与城里人有差别外，中年、青年、少年基本上与我们这里的城里人没有差别；对白际群众的住房，我们得到的印象与《中国农民调查》书中描述的有所不同……"但是他们也认为白际乡由于不通公路，尽管物产丰富，里面的东西运不出去，外面的东西运不进来，所以发展是比较滞后的。

白际乡是有希望的，希望就在打通公路。可是白际通公路之难也是难于上青天，第一个来打通它的人却是身患癌症的安徽省人大常委会副主任朱维芳。

抱病修路，打通乡村"输血管道"

2002年，休宁县被正式列为安徽省级扶贫开发工作重点县，由安徽省人大常委会副主任朱维芳进行对口帮扶。在第一次省直单位对口休宁扶贫会议上,朱维芳才了解,休宁穷在交通不便和基础设施落后上,当年,休宁的黄尖和白际2个乡镇仍有33个村不通公路,24个村不通电话,26个村不通广播、电视,4个自然村不通电。朱维芳感觉愧对休宁人民,她说:"休宁是个老区,休宁人民为革命是作了贡献的,我们有责任、有义务要让这部分群体实现脱贫。"

从修路开始,朱维芳在休宁倾注了大量的心血。2003年梅雨季节,她乘着吉普车,抱病冒雨率队沿着崎岖山路视察路况,车子艰难地爬行了两个多小时还是上不了山,身体健壮的交通厅长坐在车上都觉得难以忍受,但朱维芳却不顾冠心病、高血压和晕车症状,坚持前行。交通厅长感动得当时就立下军令状:一定要拨款把黄尖公路修好。回到合肥后,她又专门找到时任安徽省省长的王金山同志汇报了黄尖、白际行路难的状况,为修白际公路争取到了专门的经费。

2005年3月,朱维芳检查出身患肾癌,在上海开刀住院,还电话委托时任安徽省人大常委会副主任的季昆森同志主持召开第6次扶贫汇报会。这是她在合肥、休宁两地共召开的9次扶贫汇报会唯一缺席的一次。随后,其子又检查出鼻腔癌,不幸去世。在这样的情况下,朱维芳仍然强忍伤痛,坚持工作。2006年3月下旬,白际公路开通,大病初愈的朱维芳不顾医生劝阻率队直赴休宁白际视察乡情,慰问百姓,并就地召开第7次帮扶工作汇报会。返回合肥后,她却再次病倒住进了医院。

2003年12月1日,休宁黄尖乡通了电话,圆了黄尖人民的百年梦想,百姓的第一通电话是打给朱维芳报喜。2003年,休宁最后一个不通电的村结束了"松油点灯"的历史。2006年,白际乡移动电话开通。在此前后,全省三个不通公路的乡镇中的两个——黄尖、白际两乡的公路也先后修通。

从扶贫到推进民生,亲力亲为解决经济发展难题

六年来,无论事务如何的繁杂,只要是有关休宁扶贫开发工作的问题,朱维芳都尽量地挤出时间亲自解决,并表示"凡是休宁人民需要我干的事情,我们一定全力支持"。

无论是2005年的人感禽流感、2007年的特大雪灾还是2008年的特大暴雨泥石流灾害，朱维芳都是第一时间致电慰问。2003年，她用自己的工资资助休宁海阳中学初一年级的特困女生王敏和汪玉爱。当她得知白际女孩方翠丽患白血病在合肥治疗时，她当即指示有关部门与安徽省立医院联系，帮助落实骨髓移植等相关事宜，并多次询问方翠丽的医治情况。每每谈及此事，都让已经治愈归来的方翠丽热泪盈眶，感激不止。

在对休宁的扶贫工作中，朱维芳提出了自己的民生观。她认为，对于扶贫工作，政府必须改变观念，首先尊重百姓要求享受幸福生活的权利，"贫困地区的百姓需要的不是照顾，而是权利的平等。贫困地区、贫困人民也有公平参与发展过程、享受发展成果的权利。这就需要政府不仅要关注民生、保障民生，更要顺乎民意，调动民力，推动社会持续发展"。

针对休宁县的现状，朱维芳主张发展生态经济。她不仅请专家来给休宁农业把脉，而且亲自参加休宁每一次发展过程。在其理念指导下，休宁以产业化为方向，以茶叶、茶干、茶油、箬叶、菊花等"三茶一叶一花"为重点的生态农业、有机农业规模和效益都有了较快提升，成为休宁农民增收的主要途径。连续8年成功举办了"中国黄山有机茶暨名特农产品展示交易会"，打响了休宁特色品牌。

同时，朱维芳还鼓励休宁县凭借地理、文化优势，传承古徽州的文化底蕴，从传统中寻求资源，提升文化软实力。这些年来，休宁开展了拯救"海阳三古"、"海阳献宝"、"海阳讲堂"、"海阳戏台"等系列具有开创性的文化行动，兴建了万安学府广场、状元博物馆、状元文化广场、体育中心等一批文化活动场所，为市民提供了公共文化的平台，让改革成果与老百姓共享。

以教育为本，坚持"造血"脱困见实效

作为明清时期有名的状元县、徽文化和徽商的发源地之一，休宁也曾经辉煌，但在20世纪90年代中后期，由于基础设施的滞后带来文化教育的落后，导致当时有不少山区的家庭出现了返贫现象。

"人才是治穷致富的关键。扶贫除了给钱、修路、给项目，最重要的还应该是培养劳动者素质。"作为分管科教文卫的省人大常委会副主任，朱维

芳指出，只有教育才能从根本上解决一个家庭的脱贫问题。因此，在休宁的扶贫工作中，她坚持以教育为本。2003 年，在她的鼓励和支持下，休宁县政府与苏州公司合作，联合创办了全国首家全日制木工中等专业学校"得胜鲁班休宁木工学校"，专门招收贫困农家子弟免费学习木工技能。目前，学校已毕业"匠士" 3 届 96 人，全部走上工作岗位，毕业生年薪可达 4 万元，做到了"一个人带动一个家庭脱贫"。

2007 年，当朱维芳获悉休宁县源芳中心小学万金台村小唯一的一名山村女教师章云仙 37 年如一日在海拔一千多米的大山里教书育人，不仅亲自去看望了章老师，还把其事迹批给了安徽省教育厅建议宣传推广，在全社会范围内弘扬尊师重教。

在朱维芳的热心推动下，休宁发起了千人扶贫助学活动，筹集各类扶贫助学资金 800 多万元；万安文达希望小学、岭南励剑希望小学、兰渡希望小学、海阳二中逸夫楼项目也先后在休宁落户。近来，朱维芳又策划在休宁建立一个"农民书屋"，从省城募捐免费图书为休宁人民送去精神的食粮。

休宁县位于安徽省最南端，总人口 28 万，其中贫困人口 3.14 万人，占全县总农业人口的 11.8%；人均收入低于 1000 元以下的贫困户 10714 户，占全县总农业户数的 15%；还有 66 个村的人均收入低于 1300 元，占全县村级总数的 25.48%。

从 2002 年至今，休宁全县共实施扶贫开发项目 312 个，投入山区基础设施建设资金 3 亿多元，使休宁告别了行路难、危房改造难、饮水难、通电难、病险库除险难"五难"。在扶贫助学方面，休宁县先后开展了春蕾计划、"311+1 千人扶贫助学"等活动。全县共投入财政扶贫资金 216 万元，解决了 1.2 万名贫困生上学难问题。

如今，休宁县贫困人口数量大幅减少，而且生产生活条件明显改善，各项社会事业长足发展。如今，休宁县的贫困和低收入人口从 3.14 万人降低为 1.25 万人，贫困发生率从 11.5% 降低为 4.6%。

当朱维芳副主任在上海住院开刀的时候，休宁人民采集了黄山漫山遍野的杜鹃花，抬着送到了她的病床前，朱维芳感动得热泪盈眶。她就是山区人心中永不凋谢的杜鹃花。

第十七章 让梦想的阳光照进现实
——海阳镇盐铺等村大学生村官调查

社会主义新农村建设要求统筹城乡发展，熨平城乡差距、实现城乡一体化，而传统的城乡二元结构、"三农"问题成为统筹城乡发展、构建和谐社会的瓶颈。为构建社会主义和谐社会，在中国已进入"工业反哺农业，城市支持农村"的发展新阶段，2005年十六届五中全会提出建设社会主义新农村这一举措。新农村建设需要培育大量的新型农民，也需要大量的大学生村官的参与，同时，大学生就业形势日趋严峻，在这种大背景下，国家扶持大学生下基层就业就显得尤为重要，大学生"村官"政策应势而生。

2009年6月，"中国百村经济社会调查·盐铺村"课题组在黄山市海阳镇对黄山市海阳镇盐铺等村的大学生村干部作了调研，本文主要对海阳镇盐铺等村的大学生村干部的状况分析研究，对大学生村干部面临的困境进行深层次探析，以更好地为新农村建设服务。

一 海阳镇盐铺等村大学生村干部实例调查

在黄山市海阳镇调研中，我们发现该镇大学生下基层就业的三种类型：一是2006年开始招聘的"三支一扶"大学生，由省人事厅选聘管理，省财政厅统一支付月工资800元。以海阳镇综治中心的CHP为代表。二是2007年黄山市招聘的"大学生村官'，由黄山市县人事局管理，月工资1300元，聘用期间由县统一办理人身意外伤害和住院医疗保险。以WQ村的书记助理YCY、Y村的主任助理YF为代表。三是选聘生，即由省里组织招聘的大学生，由省委组织部门招聘，月工资1700元，基本享受国家公务员的待遇，除了住房公积金外，养老保险等待遇都享有，以YP村的书记助理WWJ为代表。访谈就这些大学生村干部来任职的原因，目前的工作状况，工作中存在的困难，大学生村干部的思想状况、职业规划等问题展开。访谈中我们了解到大学生村干部都是抱着很好的愿望来到农村，希望在农村有所作为，为海阳镇新农村建设贡献自己的力量，他们在新农村建设中工作踏实、卖力，并成为新农村建设的技术的提供者、致富的带头人、农民的服务者。

二 海阳镇盐铺等村大学生村干部是海阳镇新农村建设的生力军

我国传统的城乡二元结构导致城乡发展差距很大，由于农村生产资源配置的低效率和体制的缺陷，农村缺乏发现和利用人才的机制，从而制约了农村的发展，大量从农村出来的大学生毕业后不愿再回到农村，农村剩下的是"386190"部队，单向的人才流动导致农村成为人才洼地。要改变农村这种落后的面貌，改善农村的教育质量，提高农民的素质，需要这些有文化、懂技术的大学生加入，注入新鲜的血液，更新观念、提供技术。访谈的四位村主任助理，他们都是刚毕业不久来村任职的，都一致认为在农村任职很能锻炼人，他们在海阳镇的新农村建设工作中，切实地为农民着想，处理好与农民的关系，深入基层，了解民情。大学生村干部作为知识型人才，具有眼界开阔、思想活跃的特点。盐铺村的主任助理WWJ为盐铺的生态产业和乡村旅游福地的发展提供了新的想法，经常协助领导深入基层处理问题；综治中心的CHP想结合徽文化来带动黄山的发展。这些大学生村干部的加入，提高了农村干部的整体素质，在管理方法上走出了新思路，探索出了新方法。同时大学生村干部把自己所掌握的各种高科技推广到农业中，提高了农业的技术含量，带领了农民走上更为宽广的致富之路。大学生村干部的加入，打破了旧的用人机制，优化了村级班子，健全了村级治理：把农村干部由"老大粗"向"知识型"转变，海阳镇农村基层领导班子的年龄、文化结构更趋合理，为市、乡镇领导班子的后备队伍增加了活水源头。同时，大量的新型农民的加入，为新农村建设提供了人才保证。

三 海阳镇盐铺等村大学生村干部面临的困境

1. 待遇相对不公平

在访谈中，我们发现四位大学生村干部的待遇高低差别很大，干同样的事情，工资有 800 元、1300 元、1700 元的差别，这样他们之间就有比较，产生了心理上的不平衡。

"每个月 800 元工资真的不够我每个月开销，我的父母是下岗职工，我已经毕业了不想再从他们那里拿钱，而且我和他们做的工作都一样，他们每月拿得钱比我高一倍，这很影响我的工作积极性。"（Case1）

2. 国家出台相应的优惠政策但在执行时存在困难

从访谈中，我们了解到大学生村干部的招聘简章上都有相应的优惠政策简介，服务期限两年或者三年，考研或者考公务员加分。但实际上真正能够在基层工作两年或者三年再重新考回去的人极少，虽然他们也时刻在准备着参加考试，站在跳板上等待机会，但是未来的出路谁也说不清。大部分大学生村干部还是抱着时刻准备走、真的不行再续约一年的想法。在目前就业如此严峻的情况下，大学生已经成为社会的普通劳动者，高校毕业生就业进入了"大众化"的阶段，续约可能是最稳妥的办法。所以这些优惠政策对大多数的大学生村官来说，没有太大的实际意义，不能解决实际问题。

"当时来村里任职，想着大学生村官离公务员应该更近一些，以后考研或者考公务员加分，但是现在想来加分对我们来说没有多大的实际意义，我们每天很忙，晚上回去都很累，没有什么时间来看书备考。"（Case2）

"一年跨过温饱线，二十年难进富裕门"的安徽凤阳小岗村，在吸引大学生安心创业这方面却有它可借鉴的成功之处。归结起来，主要有以下两点：切合实际的扶持政策为大学生创业奠定了基础；成立了全国首个"大学

第十七章 让梦想的阳光照进现实 ○ 中国百村调查丛书·盐铺村

生民兵组织",成为创业大学生成长的摇篮。与此相反,其他的地方政策扶持的就比较少。在访谈中,我们了解到盐铺等村的大学生村干部都是黄山人,对黄山有着深厚的感情,都想以后扎根在家乡。但如果留在农村自主创业,又有资金困难等问题。

"我在这个村已经两年,基本熟悉了这个村,一直想留在这个村自主创业,但是资金成为问题,上面也没什么支持,自己毕业不久也没什么积蓄。"(Case3)

3. 专业不能"适销对路",人才不能很好地发挥作用

被访谈的四个大学生他们的专业是法学(2人)、文秘、公安,这与农村基层急需的农林、畜牧、栽培、兽医专业大相径庭。2007年黄山市实际录用297名大学生进村任职,其中农林专业的学生只占6.2%,大部分学生的专业知识背景远离农村实际。中国农业大学曾经组织调查组,对河南省汝州市6个乡镇、28个村的大学生村干部进行调查,发现在这些村干部中,具有农学背景知识的人只占总人数的4%,而文学、理学、教育学三者占总人数的45%。对"村里工作不好开展的原因"这一问题,大学生村干部认为是由于专业不对口的占24%之多。专业不对口,对农村工作的开展缺乏必要的知识储备和整体思路,妨碍了大学生更好地施展自身的才能,他们的工作大部分是在处理一些具体性的事务,如办公室里的日常工作,而这些都导致人才的作用得不到很好发挥。

4. 大学生村干部工作忙、琐碎,但职务不够明确

大学生村官普遍存在被"借用"的现象。海阳镇综合治理中心的CHP就一直被乡里借用,这样她的工作就分为镇里和村里两部分,她每个星期两头跑,天天很忙,经常加班。遇到护林防火执勤、计划生育普查、社会治安与综合治理宣传等突击性活动,这些大学生村干部就得被借用。调查中大学生村干部普遍反映他们的职务不明确,没有硬性的工作任务也没有详细的工作计划安排,更多的时候他们是自己在摸索,对大多数没有农村工作基础的刚毕业的大学生来说,他们茫然不知所措,只知道整天都很忙,工作很琐碎。

"我每天都在忙,工作很琐碎。一直被借用着,今年清明节前后,我都是在山上工作,因为在徽文化底蕴很浓厚的黄山市,老百姓很重视清明节时上坟,护林防火执勤人手不够。"(Case4)

四 解决海阳镇盐铺等村大学生村干部面临困境的对策探析

由于上面介绍的一些问题的存在,致使最初怀着满腔热情的大学生村干部多数在农村留不下来,大学生村干部工作呈现短期性特点。他们基本上是服务期限满后,重新加入就业大军,同师弟师妹们抢饭碗,农村只是曲线就业的跳板,这与国家实施大学生村干部计划的初衷相违背。造成目前的这种状况,我们不能把责任完全归结于大学生本人,毕竟没有良好的政策支持和制度保障,光靠大学生个人的觉悟,政治号召"上山下乡"是很难拴心留人的。调研中,我们发现,当前大学生村干部面临困境,主要是因为国家的扶持政策在执行时存在困难,大学生村干部的后期管理有待加强。大学生村干部都表示,希望上级有关部门尽快出台相关政策。对此,我们提出以下建议。

1. 应提高待遇并制定公平合理的工资待遇标准

在"中国百村经济社会调查·盐铺村"课题调研中,我们了解到,参加"三支一扶"的大学生村干部每月800元,黄山市招聘的大学生村干部每月1300元,省选聘生每月1700元,四位进村任职的大学生,他们分别参加不同形式的招聘考试而被录取,每天他们所做的事情都是一样的,"每天都在忙,但不知道在忙些什么,工作很琐碎",这是他们的共识,但是他们每个月工资待遇却不一样,而且差距很大。这样一来他们就有比较,产生了不平衡的心理。我们认为政策应该确保制定出公平合理的工资报酬标准,大学生村干部的工资待遇持平,才不至于使大学生村干部成为"飞鸽"。当然,真正地做到这一点也并非一日之举,这需要政策的保证、制度的衔接。

2. 增多实际性的优惠性政策,防止在执行时存在困难

我们可以参考安徽小岗村在吸引大学生创业的成功之举,加大扶持力度,具体体现在以下几个方面。

(1) 发展特色农业的大学生可以申请贷款,同时政府提供适量数额的扶

第十七章 让梦想的阳光照进现实

持资金,解决发展特色农业所需的基础设施建设费用的问题。"党政部门应该加强对大学生村官的具体帮扶指导,使他们尽快进入角色。"在这一点上,我们可以借鉴小岗村的成功经验。2006年,凤阳县委、县政府专门制定了《关于鼓励大学生到小岗村创业的实施意见》,包括五大扶持政策,其中有一项鼓励和支持大学生到小岗村发展特色农业,凡在小岗村发展双孢菇产业的大学生,每建一个450平方米的标准棚,可向当地信用社申请贷款1万元作为财政贴息,同时,政府无偿补贴5000~6500元扶持资金;在双孢菇生产规划区内的水、电、路等基础设施费用由县里承担。

(2) 大学生的户口可以落在所在乡,这样村"两委"的职位大学生就可以参加竞选,并可以随时办理转、迁手续。根据我国《村民委员会组织法》规定,村主任必须由具有本村户口的村民担任。身份的限制使大学生村官不能竞选"两委"的职位。大学生的户口可以落在所在乡、村"两委"职位大学生就可以参加竞选。另外,"大学生村官"这个头衔有点不伦不类,他们既不是村官也不是村民,对村级事务的管理,他们没有政治管理权、监督建议权,因此挫伤了基层大学生工作的积极性,干好干坏都是一个样。

(3) 大学生村官除了可以享受考研和考公务员加分的政策外,研究生考试,在同等的条件下参加基层工作的大学生可以优先被录取,特别优秀者可以推荐免试。实施"农村教育硕士"计划,采取推荐免试攻读硕士专业学位研究生的方式,吸引优秀的大学生到基层去就业。未来的公务员考试超半数以上的岗位要有基层工作经历的要求。改变近几年直接从应届高校毕业生中招录公务员多,而从农村基层一线招录公务员少的格局。重庆市在2008年鼓励大学生面向基层就业的政策改革中,就明确地要求:自2008年起,重庆市、区、县公开招录公务员,60%从具有两年以上工作经历的大学生中录取,以后每年提高10%,2010年以后,达到不低于80%的比例。重庆市、区、县事业单位公开招聘工作人员时具有两年以上工作经历大学生中招聘的比例不得低于40%,以后每年提高10%,2010年以后达到不低于60%的比例。

(4) 定期召开专门针对参加基层工作的大学生的专场招聘会。

3. 严格大学生村干部的选拔标准，专业对口，使人尽其能

新农村建设急需农林、畜牧、栽培、兽医、旅游专业的人才，而当前的招聘考试，更多倾向于一个门槛，进入这个门槛，大学生以后的发展好坏就没有太多的关注。大量的大学生在从事实际的工作中，发现专业知识用不上，Y村的主任助理YF说以前学的公安知识没有多大的用处，而对农林、栽培知识又不懂，自己想在农村这方土地上有所作为，可是心有余而力不足。另外，有了专业背景知识的大学生，我们要充分挖掘他们的潜力，防止人才闲置。黄山是国家级旅游景点，通过旅游带动黄山市的新农村建设是重要之举，这样，有旅游背景知识的基层大学生的作用尤为重要。

4. 健全进村任职的大学生监督管理，建立激励措施

对大学生村干部进行严格的考核，表现突出者给予奖励，并纳入后备干部人才储备。在各种制度保障的前提下，我们还要帮助大学生村干部树立正确的世界观、人生观、价值观及就业观，使其思想上愿意服务基层、艰苦奋斗，实现大学生村干部在新农村建设中的引领作用。

5. 让梦想照进现实，完善大学生村官培养体系①

正如新华社记者熊润频在《如何让梦想照进现实？安徽大学生"村官"调查》中所述，大学生村干部培养体系亟待完善，安徽省知名社会学家王开玉指出，热度直线上升的大学生"村官"招考，反映出在当前就业压力增大和政策推动等多重因素作用下，高校毕业生的就业观念已经明显转变。而农村要想留得住他们，还需要建立健全大学生村干部的培养体系，使他们能够"梦想照进现实"，通过他们的现身说法鼓励更多学生投身农村、实现自我就业、推动农村发展。

（1）要拓展渠道促进大学生村干部的流动和发展。一方面是对现有渠道进行拓展，比如通过合法程序支持大学生村干部进入村"两委"班子，将其成长发展与党政机关特别是乡镇机关后备干部培养的渠道链接，择优选拔大学生村干部直接进入机关事业单位并逐年提高录用比例；另一方面是开辟新

---

① 该标题以下内容参考熊润频：《如何让梦想照进现实？安徽大学生村官调查》，2009年12月23日新华网安徽频道。

渠道，如利用国家扩大内需机遇，发展农村社会文化事业，或者通过享受补贴、减免税收和获得小额贷款等方式吸引更多企业招用任职期满的大学生村干部。

（2）需要完善预测和选评机制，实现需求对接。可建立大学生村干部人才资源库制度，以及高校选送与区县选聘对接机制；严格执行选聘程序和条件，增设心理测试环节；建立高校推荐大学生村干部的信用评估机制，通过案例跟踪和综合测评不断改进选聘程序和方式。

（3）可以建立扶持制度推动村干部创业。一是设立大学生村干部创业导师组，指定或聘用有经验的管理干部、企业家及专业人士组成参谋班子把关；二是设立创业基金，出台相关优惠政策；三是鼓励企业设立大学生村干部创业合作项目，在自主创业之外扩大创业渠道；四是建立创业绩效评估制度，对于启动实施的大学生村干部创业项目定期评估，优秀者给予适当鼓励。

（4）加强培训促进村干部专业化。调查数据显示，大学生村干部最需要的培训分别为"农村创业知识"、"组织和管理能力"、"项目管理和申请"、"农村实用技术"、"农村法律知识"、"农村经济与产业"、"农村工作方法"等。这表明，绝大多数现任大学生村干部各类实用知识需求旺盛，迫切需要开展多样化培训。对此，专家建议，不仅要突出重点分类培训；还可以整合教育、科技、农业、人力资源等部门资源，拓展渠道；编制科学实用的培训教材，建立培训基地；举办论坛、考察等。

第十八章 问卷分析和访谈

第一节 调查情况

一 调查情况

2009年5~6月,课题组正式在休宁县盐铺村进行了问卷调查。问卷调查分为三个阶段进行。第一阶段从5月份开始,课题组进盐铺村对当地的调查员进行了问卷调查的培训。海阳镇和盐铺村共选派六名调查员,分为六个调查小组,每个小组分别负责一个村民组的调查任务,其中盐铺村还派六名工作人员负责调查员入户调查的引导工作。第二阶段为正式的问卷调查阶段,从2009年6月2日开始入户访谈,6月25日完成问卷的回收。第三阶段为问卷的复核阶段,问卷调查的复核员由课题组的两名成员担任,复核员对收回的问卷进行了详细的复核。问卷复核工作历时五天时间,6月底完成全部问卷的复核工作,进入问卷的录入和分析过程。

二 样本描述

对于盐铺村的调查本身而言,本次问卷调查属小型普查类的访谈式问卷调查。本次问卷调查的样本框是盐铺村以户为单位的总体村民,即每一户对应一份调查问卷。但就百村调查的整体而言,盐铺村就是一个立意抽样的样本,也属于非概率抽样,因此样本推断总体的一致性、有效性和无偏性是很难计算的。问卷分析也只是以描述统计的形式来反映本次调查取得的数据情况,本次调查所获得的一些研究结论从社会统计学的角度很难推至百村调查甚至中国农村的总体，但从社会学研究的角度而言，本次问卷调查的某些研究结论具有较高的借鉴意义。

本次调查共发放问卷 285 份，收回问卷 285 份，其中有效问卷 284 份，问卷合格率为 99.6%。问卷调查所用时间情况，通过对 263 份有效时间的问卷（另外 21 份问卷未能按要求填写时间，视为缺失值）。分析，为平均用时 64 分钟，其中最短时间为 15 分钟，最长时间为 105 分钟。

第二节　问卷描述

一　家庭情况

1. 盐铺村家庭类型

由表 18-1 可知，盐铺村核心家庭 163 户，占 57.4%；主干家庭 54 户，占 19%；单亲家庭 25 户，占 8.8%；联合家庭 2 户，占 0.7%；夫妇家庭 1（系指夫妇未生育子女家庭）1 户，占 0.4%；夫妇家庭 2（系指与子女分户，只有夫妇两人的家）10 户，占 3.5%；单身家庭 23 户，占 8.1%；其他家庭 6 户，占 2.1%。调查显示，盐铺村家庭类型以核心家庭为主，即以父母与未成家的子女生活在一起的家庭类型为主体。

表 18-1　盐铺村家庭类型一览

单位：户，%

家庭类型	核心家庭	主干家庭	单亲家庭	联合家庭	夫妇家庭1	夫妇家庭2	单身家庭	其他
户　数	163	54	25	2	1	10	23	6
百分比	57.4	19	8.8	0.7	0.4	3.5	8.1	2.1

资料来源：本次调查，下同。

2. 盐铺村家庭代数

该问题问卷有效回答 283 个，缺失值 1 个，有效回答率 99.6%。由表 18-2 显示数据可知，家庭代数以两代为最多，157 户，占有效样本的 55.5%；其次是三代家庭 76 户，占有效总体 26.9%；一代家庭 46 户，占有效总体 16.3%；四代家庭只有 4 户，占有效总体 1.4%。

表 18-2　盐铺村家庭代数一览

单位：户，%

代　数	1	2	3	4	合计
频　数	46	157	76	4	283
百分比	16.3	55.5	26.9	1.4	100

3. 盐铺村夫妻对数

该问题问卷有效回答274个，缺失值10个，有效回答率96.5%。问卷数据显示，盐铺村夫妻对数有三种情况，即0对、1对、2对。其中，一个家庭0对夫妻的有50户，占有效总体18.2%；一家庭有1对夫妻的有192户，占有效总体70.1%；一个家庭有2对夫妻的有32户，占有效总体11.7%；即夫妻家庭占有效总体的81.8%（见表18-3）。

表 18-3　盐铺村夫妻对数一览

单位：户，%

夫妻对数	0	1	2	合计
频　数	50	192	32	274
百分比	18.2	70.1	11.7	100

4. 盐铺村家庭人口

该问题问卷有效回答为284个，缺失值为0个，有效回答率为100%。问卷数据显示，盐铺村家庭人口有8种类型，即一个家庭有1口人、2口人、3口人、4口人、5口人、6口人、7口人、8口人。其中，一个家庭只有1口人有25户，占有效总体8.8%；一个家庭有2口人的有43户，占15.1%；一个家庭有3口人的有89户，占有效总体31.3%；一个家庭有4口人的有79户，占有效总体27.8%；一个家庭有5口人的有30户，占有效总体10.6%；一个家庭有6口人的有16户，占有效总体5.6%；一个家庭有7口人的有1户，占有效总体0.4%；一个家庭有8口人的有1户，占有效总体0.4%。由以上数据可以看出，三口之家、四口之家是盐铺村的主要家庭类型，两类家庭占到总体59.1%；七口人以上家庭为极少数，各占0.4%，累计频数为 2，累计频率为 0.8%。可见，在盐铺村，多人口的大家庭虽然存在，但显然已为数不多（见表 18-4）。

表 18-4 盐铺村家庭人口一览

单位：户，%

人 口	1	2	3	4	5	6	7	8	合计
频 数	25	43	89	79	30	16	1	1	284
百分比	8.8	15.1	31.3	27.8	10.6	5.6	0.4	0.4	100

5. 盐铺村家庭从业人口

该问题问卷有效回答 283 个，缺失值 1 个，有效回答率 99.6%。问卷数据显示，盐铺村家庭从业人口数为 0 人的有 2 户，占有效总体的 0.7%；从业人口数为 1 的有 41 户，占有效总体的 14.5%；从业人口数为 2 的有 100 户，占有效总体 35.3%；从业人口数为 3 的有 78 户，占有效总体 27.6%；从业人口数为 4 的有 53 户，占有效总体 18.7%；从业人口数为 5 的有 6 户，占有效总体 2.1%；从业人口数为 6 的有 3 户，占有效总体 1.1%。由以上数据可以看出，在盐铺村，一个家庭有 2~4 个人从业的是主体，累计频数为 231 个，累计频率为 81.4%，而其余几种类型占有效总体不到 20%（见表 18-5）。

表 18-5 盐铺村家庭从业人口一览

单位：个，%

从业人口	0	1	2	3	4	5	6	合计
频 数	2	41	100	78	53	6	3	283
百分比	0.7	14.5	35.3	27.6	18.7	2.1	1.1	100

6. 盐铺村家庭经济收入类型

该问题问卷有效回答为 284 个，缺失值为 0 个，有效回答率 100%。问卷数据显示，盐铺村家庭经济收入类型以纯农业户为主的有 76 户，占有效总体的 26.8%；以农为主的兼业户为 189 户，占有效总体的 66.5%；工商户为 6 户，占有效总体的 2.1%；工商为主的兼业户为 6 户，占有效总体 2.1%；他人供养户为 5 户，占有效总体的 1.8%；部分靠他人供养户为 2

户，占有效总体的 0.7%。以上数据可以看出，盐铺村家庭经济收入类型是第二种类型，即以农为主的兼业户为主，这种类型的家庭所占比例超过 60%以上，而纯农户只占不到三成的比例，这一现象与盐铺村开展的菊花产业和生态旅游产业密切相关，也与徽州地区的地理人文环境密不可分（见表 18-6）。

表 18-6 盐铺村家庭经济收入类型一览

单位：户，%

收入类型	纯农	农为主兼业	工商户	工商为主兼业	他人供养	部分靠供养	合计
频 数	76	189	6	6	5	2	284
百分比	26.8	66.5	2.1	2.1	1.8	0.7	100

二 家庭成员情况

1. 户口情况

该问题的问卷有效回答为 284 个，缺失值为 0 个，有效回答率为 100%，其中只有 2 人为非农业户口，其余全部为农业户口。

2. 性别情况

该问题的问卷有效回答为 284 个，缺失值为 0 个，有效回答率为 100%。其中，回答者本人的男女性别比情况是，回答者为男性的 241 人，占 84.9%；女性为 43 人，占 15.1%，男女性别比为 5.6:1。从问卷看，盐铺村男女性别比的情况是，男性 517 人，占有效总体 54.4%；女性 433 人，占有效总体 45.6%，男女的性别比是 1.2:1。

3. 出生年份

该问题的问卷有效回答为 284 个，缺失值为 0 个，有效回答率为 100%，涉及有效总体 958 人。其中 20 世纪初出生的人有 1 个，占有效总体的 0.1%；20 世纪 20 年代出生的人有 8 个，占有效总体的 0.8%；20 世纪 30 年代出生的有 43 个，占有效总体的 4.5%；20 世纪 40 年代出生的有 54 人，占有效总体的 5.6%；20 世纪 50 年代出生的有 134 人，占有效总体的 14%；20 世纪 60 年代出生的有 239 个，占有效总体的 24.9%；20 世纪 70 年代出生的有 161 个，占有效总体人员的 16.8%；20 世纪 80 年代出生的有 194 个，

第十八章 问卷分析和访谈 ○ 中国百村调查丛书·盐铺村

占有效总体的 20.3%；20 世纪 90 年代出生的有 83 个，占有效总体的 8.7%；21 世纪出生的有 41 个，占有效总体的 4.3%。其中，60 岁以上老人（即 20 世纪 50 年代以前出生的人）共计 240 人，占有效总体的 25.1%；未成年人（即 1992 年以后出生的人）共计 114 人，占有效总体的 12%。回答者本人的年龄情况是 20 世纪 20 年代出生的有 1 人，占回答者有效总体的 0.4%；20 世纪 30 年代出生的人为 11 人，占回答者有效总体的 11.9%；20 世纪 40 年代出生的人为 13 人，占回答者有效总体的 4.6%；20 世纪 50 年代出生的有 73 人，占回答者有效总体的 25.7%；20 世纪 60 年代出生的有 127 人，占回答者有效总体的 44.7%；20 世纪 70 年代出生的有 39 人，占回答者有效总体的 13.7%；20 世纪 80 年代出生的有 7 人，占回答者有效总体的 2.5%。

4. 盐铺村受教育年限

该问题的问卷有效回答为 276 个，缺失值为 8 个，有效回答率为 97.2%，涉及有效总体 797 人。其中从未接受过教育，教育年限为 0 的有 51 人，占有效总体 6.4%；教育年限超过 0 年，不足 5 年的，即未完成小学教育的人有 45 人，占有效总体 5.6%；教育年限在 5～8 年之间的，即完成小学教育，但未完成初中教育的有 358 人，占有效总体的 44.9%；教育年限在 8～11 年之间的，即初中毕业，但未完成高中教育的有 249 人，占有效总体的 31.2%；教育年限为 11 年的有 8 人，即刚好完成高中教育的人占有效总体的 1.0%；教育年限超过 11 年的，即接受中高等教育的有 86 人，占有效总体 10.8%。其中，回答者的受教育年限的情况是，从未接受过学校教育的有 12 人，占回答者有效总体的 4.3%；接受 0～5 年教育的有 44 人，占回答者有效总体的 15.9%；接受 5～8 年教育的有 157 人，占回答者有效总体的 56.9%；接受 8～12 年教育的有 63 人，占回答者有效总体的 22.8%。因此，回答者中接受过高中教育的人是主体（见表 18-7）。

表 18-7 盐铺村受教育年限一览

单位：人，%

年限（年）	0	0～5	5～8	8～11	11	>11	合计
频　数	51	45	358	249	8	86	797
百分比	6.4	5.6	44.9	31.2	1.0	10.8	100

5. 盐铺村家庭成员的主业情况

该问题的问卷有效回答是284个,缺失值为0个,有效回答率为100%,涉及有效总体792人。其中,全村以种粮为主业的有85人,占有效总体10.7%;以经济作物种植为主业的有433人,占有效总体54.7%;以牧业为主业的有5人,占有效总体0.6%;以工业为主业的有21人,占有效总体2.7%;以建筑业为主业的有41人,占有效总体5.2%;以运输业为主业的有35人,占有效总体4.4%;以商业为主业的有19人,占有效总体2.4%;以服务业为主业的有93人,占有效总体11.7%;以教育文化为主业的有8人,占有效总体1%;以科技卫生为主业的有1人,占有效总体0.1%;以家务为主业的有8人,占有效总体1%;以赋闲为主业的有10人,占有效总体1.3%;其他为33人,占有效总体4.2%。由以上数据可以看出,以经济作物种植为主业的是盐铺村人的主体。从回答者的主业来看,以种粮为主业的有46人,占回答者有效总体16.2%;以服务业为主业的有1人,占回答者有效总体0.4%;以赋闲为主业的有2人,占回答者有效总体0.7%;以经济作物种植为主业的有195人,占回答者有效总体68.7%;以工业为主业的有10人,占回答者有效总体3.5%;以建筑业为主业的有9人,占回答者有效总体3.2%;以运输业为主业的有9人,占回答者有效总体3.2%;以商业为主业的有8人,占回答者有效总体2.8%;其他1人,占回答者有效总体0.4%。可见回答者的主业也是以经济作物种植为主体,超过五成以上(见表18-8)。

表18-8 盐铺村家庭成员的主业情况一览

单位:人,%

主 业	人 数	百分比	主 业	人 数	百分比
种粮	85	10.7	服务业	93	11.7
经济作物种植	433	54.7	教育文化	8	1.0
牧业	5	0.6	科技卫生	1	0.1
工业	21	2.7	家务	8	1.0
建筑业	41	5.2	赋闲	10	1.3
运输业	35	4.4	其他	33	4.2
商业	19	2.4	合 计	792	100

6. 盐铺村经营方式

该问题的问卷有效回答是279个,缺失值为5个,有效回答率为

98.2%，涉及有效总体771人。其中以责任田承包为经营方式的有559人，占有效总体72.5%；以个体经营为经营方式的有11人，占有效总体的1.4%；以合作经营为经营方式的有5人，占有效总体的0.6%；以私营为经营方式的有64人，占有效总体的8.3%；以国有单位为经营方式的有3人，占有效总体的0.4%；以集体单位为经营方式10人，占有效总体1.3%；其他的有119人，占有效总体15.4%。由上表可以看出，责任田承包是盐铺村主要的经营方式。从回答者的经营方式来看，以责任田承包为主业的有241人，占回答者有效总体的86.4%；以合作经营为主要经营方式的有1人，占回答者有效总体的0.4%；以私营为主要经营方式的有16人，占回答者有效总体的5.7%；以集体单位为主要经营方式的有2人，占回答者有效总体的0.7%；其他19人，占回答者有效总体的6.8%。

表18-9 盐铺村经营方式一览

单位：人，%

经营方式	责任田承包	合作经营	私营	集体单位	其他	合计
人数	241	1	16	2	19	279
百分比	86.4	0.4	5.7	0.7	6.8	100

7. 主要职业

该问题的问卷有效回答是284个，缺失值为0个，有效回答率为100%，涉及有效总体759人。其中国家干部10人，占有效总体1.3%；村干部12人，占有效总体1.6%；企业主管有2人，占有效总体0.3%；教师2人，占有效总体0.3%；医师1人，占有效总体0.1%；一般体力劳动者626人，占有效总体82.5%；一般管理人员13人，占有效总体1.7%；个体工匠18人，占有效总体2.4%；其他75人，占有效总体9.9%。由以上数据可以看出，盐铺村是一个以一般体力劳动者为主的传统农村。从回答者的职业身份来看，国家干部3人，占回答者有效总体1.1%；村干部11人，占回答者有效总体3.9%；企业干部9人，占回答者有效总体3.2%；一般体力劳动者247人，占回答者有效总体87%；一般管理人员3人，占回答者有效总体1.1%；个体工匠5人，占回答者有效总体1.8%。

8. 就业地点

该问题的问卷有效回答是 284 个，缺失值为 0 个，有效回答是 100%。盐铺村多数的人还是留在村庄里工作，这并不像农民工流出的地区。从回答者的就业地点来看，在本村工作的有 238 人，占回答者有效总体 83.8%；在本乡镇工作 6 人，占回答者有效总体 2.1%；在本县工作 32 人，占回答者有效总体 11.3%。

9. 全年从业收入

该问题的问卷有效回答是 271 个，缺失值是 13 个，有效回答率是 95.4%。年收入情况见表 18-10。问卷数据分析得知，盐铺村平均个人从业年收入为 11399.64 元。

表 18-10　盐铺村个人年收入一览

年收入	频数	频率(%)	累积频率(%)
5000 元以下	165	22.5	22.5
5000~10000 元(含 5000 元)	145	19.9	42.4
10000~20000 元	362	49.5	91.9
20000~30000 元	29	4	95.9
30000~40000 元	17	2.3	98.2
40000~50000 元	8	1	99.2
50000 元以上	6	0.8	100

10. 全年从业月数

该问题的问卷有效回答是 270 个，缺失值是 14 个，有效回答率为 95.1%。全年从业月数见表 18-11。根据问卷数据显示，盐铺村平均个人从业月数为 9.87 个月。

表 18-11　盐铺村个人全年从业月数一览

全年从业月数	频数	频率(%)	累积频率(%)
3 个月以下(含 3 个月)	2	0.3	0.3
3~6 个月	10	1.4	1.7
6~9 个月	396	54.7	56.4
9~12 个月	316	43.6	100

11. 第一兼业

该问题的问卷有效回答是 284 个，缺失值为 0 个，有效回答率为 100%，涉及有效总体 450 人。其中以种粮为第一兼业的有 17 人，占有效总体的 3.8%；以经济作物种植为第一兼业的有 122 人，占有效总体的 27.1%；以牧业为第一兼业的有 10 人，占有效总体 2.2%；以工业为第一兼业的有 11 人，占有效总体 2.4%；以建筑业为第一兼业有 45 人，占有效总体 10%；以运输业为第一兼业的有 28 人，占有效总体 6.2%；以商业为第一兼业的有 4 人，占有效总体 0.9%；以服务业为第一兼业的有 1 人，占有效总体 0.2%；以乡村管理为第一兼业的有 7 人，占有效总体 1.6%；以家务为第一兼业的有 129 人，占有效总体 29.7%；以赋闲为第一兼业的有 60 人，占有效总体 13.3%；其他 16 人，占有效总体 3.6%。

12. 第一兼业的全年从业月数

该问题的问卷有效回答是 165 个，缺失值为 119 个，有效回答率为 58.1%，涉及有效总体 378 人。其中全年从业月数 3 个月以下（包括 3 个月）的有 19 人，占有效总体的 5.0%；3～6 个月的有 111 人，占有效总体 29.2%；6～9 个月的有 110 人，占有效总体 29.2%；9～12 个月的有 138 人，占有效总体 36.4%。平均全年从业月数为 8.31 个月。

13. 第一兼业的全年从业收入

该问题的问卷有效回答是 136 个，缺失值是 148 个，有效回答率为 47.9%，涉及有效总体 558 人。从事第一兼业的人数为 279 人，其中第一兼业全年从业收入 3000 元以下的有 49 人，占有效总体的 17.6%；3000～5000 元（包括 3000 元）的有 17 人，占有效总体的 6.1%；5000～10000 元的有 169 人，占有效总体的 60.6%；10000 元以上的有 44 人，占有效总体的 15.8%。第一兼业全年从业收入的均值是 6803.61 元。

三 2008 年农林牧渔经营情况

1. 经营数量

问卷将经营情况分为耕地、园地、林地、水面、草场草地、大牲畜存栏、小牲畜以及家禽八类。其中，关于耕地经营数量的问卷有效回答是 269

个，缺失值是 15 个，有效回答率为 94.7%。耕地经营数量在 2~30 分之间的有 59 户，占有效总体 21.9%；耕地经营数量在 30~60 分之间的有 177 户，占有效总体 65.8%；耕地经营数量在 60~90 分的有 33 户，占有效总体 12.3%。耕地经营数量的均值是 36.56 分。其中耕地转入为 0 分的有 107 户，10 分的有 4 户。108 个有效回答中，耕地转出均为 0 分。可见盐铺村耕地变动情况很小，几乎没有变动。在耕地经营中，粮食种植的情况，有 158 个有效回答，其中粮食种植面积为 0 的有 105 户，占有效总体 66.5%；粮食种植面积在 5~10 分之间的有 31 户，占有效总体 19.6%；粮食种植面积在 11~20 分之间的有 14 户，占有效总体 8.9%；21~30 分之间的有 8 户，占有效总体 5.1%。

关于园地的经营数量的问卷有效回答是 190 个，缺失值为 94 个，有效回答率为 66.9%。园地经营数量在 0~20 分之间的有 94 户，占有效总体 49.5%；园地经营数量在 20~40 分之间的有 82 户，占有效总体 43.2%；园地经营数量在 40~60 分之间的有 14 户，占有效总体 7.4%。园地经营数量的均值是 17.49 分。

关于林地的经营数量的问卷回答 199 个，缺失值为 85 个，有效回答率为 70.1%。其中，林地经营数量在 0~50 分之间的有 169 户，占有效总体 84.9%；林地经营数量在这 50~100 分之间的有 15 户，占有效总体 7.5%；林地经营数量在 100~270 分之间的有 15 户，占有效总体 7.5%。林地经营数量的均值是 36.16 分。

关于水面经营数量的问卷有效回答 123 个，缺失值为 161 个，有效回答率为 43.3%。其中水面经营数量为 0 分的是 122 户，占有效总体 99.2%；水面经营数量为 5 分的是 1 户，占有效总体 0.8%。水面经营数量的均值是 0.04 分。

关于草场草地经营数量的问卷有效回答是 122 个，缺失值是 162 个，有效回答率是 43%。盐铺村草场草地经营数量的回答均为 0 亩。

关于大牲畜存栏数量的问卷有效回答是 139 个，缺失值为 145 个，有效回答率为 48.9%。大牲畜存栏数为 0 头的有 119 户，占有效总体 85.6%；大牲畜存栏数为 1 头的有 14 户，占有效总体 10.1%；大牲畜存栏数为 2 头的有 6 户，占有效总体 4.3%。因此，在盐铺村饲养大牲畜的家庭为少数，约占百分之十

第十八章 问卷分析和访谈

几,绝大多数的家庭没有饲养大牲畜。大牲畜存栏数的均值是 0.19 头。关于小牲畜经营数量的问卷有效回答是 185 个,缺失值为 99 个,有效回答率为 65.9%,其中小牲畜经营数量为 0 的有 55 户,占有效总体 29.7%;小牲畜经营数量为 1~3 头的有 113 户,占有效总体 61.1%;小牲畜经营数量为 4~10 头的有 15 户,占有效总体 8.1%;小牲畜经营数量为 10~30 头的有 2 户,占有效总体 1.1%。相对大牲畜的存栏数,盐铺村饲养小牲畜的人较多,多数人选择饲养 1~3 头,约占一半以上。小牲畜经营数量的均值是 1.88 头。

关于家禽经营数量的问卷有效回答是 172 个,缺失值 112 个,有效回答率为 60.6%。其中家禽经营数量为 0 的有 117 户,占有效总体 68.0%;家禽经营数量为 2~10 只的有 29 户,占有效总体 16.9%;家禽经营数量为 11~20 只的有 22 户,占有效总体 12.8%;家禽经营数量为 21~30 只的有 4 户,占有效总体 2.3%。

2. 总产量

关于耕地总产量的问卷有效回答是 56 个,缺失值为 228 个,有效回答率为 19.7%。其中耕地总产量为 500~1500 斤的有 31 户,占有效总体 55.4%;耕地总产量在 1500~2500 斤的有 13 户,占有效总体 23.2%;耕地总产量在 25000~35000 斤的有 10 户,占有效总体 17.9%;35000~45000 斤的有 2 户,占有效总体 3.6%。耕地总产量的均值是 1635.7 斤。

关于园地总产,耕地总产量在 35000 量的问卷有效回答是 33 个,缺失值为 251 个,有效回答率为 11.6%。其中园地总产量为 0 的有 20 户,占有效总体的 60.6%;园地总产量在 200~1000 斤之间的有 3 户,占有效总体 9.1%;园地总产量在 1000~3000 斤的有 4 户,占有效总体 12.1%;园地总产量在 3000~10000 斤的有 1 户,占有效总体 3.0%;园地总产量在 10000 斤以上的有 5 户,占有效总体 15.2%。园地总产量的均值是 1775.8 斤。

关于水面总产量的问卷有效回答为 109 个,缺失值为 175 个,有效回答率为 38.4%,所有回答均为 0 元。

关于大牲畜的总产量的问卷有效回答为 116 个,缺失值是 168 个,有效回答率为 40.8%,其中大牲畜的总产量为 0 的有 109 户,占有效总体 94.0%;大牲畜总产量为 500 斤的有 1 户,占有效总体 0.9%;大牲畜总产量为 900 斤的有 2 户，占有效总体 1.7%；大牲畜总产量为 1000 斤的有 4 户，占有效总体 3.4%。大牲畜总产量的均值是 54.3 斤。关于小牲畜的总产量的问卷有效回答是 134 个，缺失值为 150 个，有效回答率为 47.2%。其中小牲畜总产量为 0 的有 51 户，占有效总体 38.1%；小牲畜总产量 100~500 斤的有 34 户，占有效总体 25.4%；小牲畜总产量为 500~1000 斤的有 42 户，占有效总体 31.3%；小牲畜总产量为 1000~1500 斤的有 2 户，占有效总体 1.5%；小牲畜总产量在 1500~2000 斤的有 2 户，占有效总体 1.5%；小牲畜总产量 2000 斤以上的有 3 户，占有效总体 2.2%。小牲畜总产量的均值是 660.5 斤。

关于家禽的总产量的问卷有效回答是 115 个，缺失值为 169 个，有效回答率为 40.5%。其中家禽总产量为 0 的有 109 户，占有效总体 94.8%；家禽总产量为 100 斤的有 1 户，占 0.9%；家禽总产量为 600 斤的有 2 户，占 1.7%；家禽总产量为 1000 斤的有 1 户，占有效总体 0.9%；家禽总产量为 2000 斤的为 2 户，占有效总体 1.7%。家禽总产量的均值为 54.8 斤。

3. 总收入

关于耕地总收入的问卷有效回答是 57 个，缺失值为 227 个，有效回答率为 20.1%。其中耕地总收入为 0 元的有 2 户，占有效总体 3.5%；耕地总收入 500~2000 元之间的有 31 户，占有效总体 54.4%；耕地总收入在 2000~3000 元之间的有 14 户，占有效总体 24.6%；耕地总收入在 3000~4000 元之间的有 7 户，占有效总体 12.3%；耕地总收入在 4000 元以上的有 3 户，占有效总体 5.3%。耕地总收入的均值是 1673.7 元。园地总收入的均值是 2503.9 元，林地总收入的均值是 294.1 元，水面总收入的均值是 0 元，大牲畜总收入的均值是 181.4 元，小牲畜总收入的均值是 2259.1 元，家禽总收入的均值是 40.5 元。

4. 经营费用

耕地经营费用的均值是 721.3 元，园地经营费用的均值是 776.9 元，林地经营费用的均值是 47.1 元，大牲畜经营费用的均值是 17.9 元，小牲畜经营费用的均值是 744.6 元，家禽经营费用的均值是 23.1 元。

5. 经济作物的种植面积

该问题的问卷有效回答是 267 个，缺失值是 17 个，有效回答率为

94.0%。其中经济作物的种植面积为 0 的有 4 户，占有效总体 1.5%；种植面积 5～20 分的有 23 户，占有效总体 8.6%；种植面积 20～50 分的有 169 户，占有效总体 63.3%；种植面积 50～100 分的有 69 户，占有效总体 25.8%；种植面积在 100 分以上的有 2 户，占有效总体 0.7%。经济作物种植面积的均值是 38.5 分。由以上数据可以看出，盐铺村有 90% 以上的人都从事经济作物的种植，多数人经济作物的种植在 50 分地之内，种植面积达到百亩以上的种植大户有两户。

6. 总收入

该问题的问卷有效回答为 267 个，缺失值为 17 个，有效回答率为 94%。其中家庭农林牧渔业经营总收入为 0 元的有 2 户，占有效总体的 0.7%；农林牧渔业经营总收入 1500～5000 元的有 8 户，占有效总体的 3.0%；农林牧渔业经营总收入 5000～10000 元的有 14 户，占有效总体的 5.2%；农林牧渔业经营总收入 10000～20000 元的有 128 户，占有效总体的 47.9%；农林牧渔业经营总收入 20000～30000 元的有 68 户，占有效总体的 25.5%；农林牧渔业经营总收入为 30000～40000 元的有 26 户，占有效总体的 9.7%；农林牧渔业经营总收入超过 40000 元以上的有 21 户，占有效总体的 7.9%。盐铺村农林牧渔业经营总收入的均值是 20224.7 元。

7. 总经营费用

该问题的问卷有效回答是 266 个，缺失值为 18 个，有效回答率为 93.7%。其中，家庭农林牧渔业的总经营费用为 0 的有 2 户，占有效总体 0.8%；农林牧渔业总经营费用 200～1000 元的有 9 户，占有效总体 3.4%；农林牧渔业总经营费用 1000～5000 元的有 129 户，占有效总体 48.5%；农林牧渔业总经营费用 5000～10000 元的有 95 户，占有效总体 35.7%；农林牧渔业总经营费用在 10000 元以上的有 31 户，占有效总体 11.7%。农林牧渔业总经营费用的均值是 5292.5 元。

四 2008 年家庭收入

1. 从村集体统一经营得到的收入

该问题问卷有效回答是 282 个，缺失值为 2 个，有效回答率为

99.3%。其中从村集体统一经营得到的收入为 0 元的有 85 户，占有效总体 30.1%；从村集体统一经营中得到的收入为 100~1000 元的有 47 户，占有效总体 16.7%；从村集体统一经营中得到的收入为 1000 元至 2000 元的有 147 户，占有效总体 52.1%；从村集体统一经营中得到的收入超过 2000 元的有 3 户，占有效总体 1.1%。从村集体统一经营得到的收入的均值为 584.0 元。

2. 从经济联合体中得到的收入

该问题问卷有效回答为 282 个，缺失值为 2 个，有效回答率为 99.3%。其中从经济联合体得到的收入为 0 元的有 147 户，占有效总体 52.1%；从经济联合体得到的收入为 100 元的是 49 户，占有效总体 17.4%；从经济联合体得到的收入为 200 元的是 85 户，占有效总体 30.1%；从经济联合体中得到的收入为 1000 元的是 1 户，占有效总体 0.4%。从经济联合体中得到的收入的均值为 81.2 元。

3. 家庭经营总收入

该问题的问卷有效回答是 284 个，缺失值为 0 个，有效回答率为 100%。其中家庭经营总收入为 0 元的有 7 户，占有效总体 2.5%；家庭经营总收入为 1000~10000 元的有 8 户，占有效总体 2.8%；家庭经营总收入为 10000~50000 元的有 213 户，占有效总体 75%；家庭经营总收入 50000 元以上的有 56 户，占有效总体 19.7%。家庭经营总收入的均值为 37160.9 元。其中农业收入的均值 19838.0 元，林业收入均值为 73.3 元，牧业收入均值为 950.7 元，渔业收入均值为 0 元，工业收入的均值为 1255.4 元，运输业收入的均值为 4691.8 元，建筑业收入的均值为 4384.9 元，商业服务业收入的均值为 3166.4 元，其他经营性收入的均值为 1071.2 元。

4. 劳务性工资收入

该问题的问卷有效回答是 282 个，缺失值为 2 个，有效回答率为 99.3%。其中劳务性工资收入 0 元的有 240 户，占有效总体 85.1%；劳务性工资收入为 100~5000 元（包括 100 元）的有 16 户，占有效总体 5.7%；劳务性工资收入为 5000~10000 元的有 13 户，占有效总体 4.6%；劳务性工资收入为 10000~20000 元的有 6 户，占有效总体 2.1%；劳务性工资收入

20000 元以上的有 7 户，占有效总体 2.5%。劳务性工资收的均值为 1324.5 元。

5. 其他非生产经营性收入

该问题问卷有效回答是 280 个，缺失值为 4 个，有效回答率为 98.6%。其中非生产经营性收入为 0 元的有 240 户，占有效总体 85.7%；非生产经营性收入为 500~3000 元（包括 500 元）的有 28 户，占有效总体 10%；非生产经营性收入为 3000~5000 元的有 4 户，占有效总体 1.4%；非生产经营性收入为 5000 元以上的有 8 户，占有效总体 2.9%。其他非生产经营性收入的均值为 443.6 元。

6. 当年全家总收入

该问题问卷的有效回答是 283 个，缺失值为 1 个，有效回答率为 99.6%。当年全家总收入情况，见表 18-12。当年全家总收入的均值为 37853.4 元。

表 18-12　盐铺村家庭总收入一览

总收入	频数	频率(%)	累积频率(%)
0 元	1	0.4	0.4
200~10000 元	6	2.1	2.5
10000~50000 元	219	77.4	79.9
50000~100000 元	55	19.4	99.3
100000 元以上	2	0.7	100

7. 当年全家纯收入

该问题问卷有效回答是 283 个，缺失值为 1 个，有效回答率为 99.6%。当年全家纯收入，见表 18-13。当年全家纯收入的均值为 31212.7 元。

表 18-13　盐铺村家庭纯收入一览

纯收入	频数	频率(%)	累积频率(%)
0 元	2	0.7	0.7
200~10000 元	12	4.2	4.9
10000~50000 元	246	86.9	91.9
50000~100000 元	21	7.4	99.3
100000 元以上	2	0.7	100

五 2008 年家庭开支情况

1. 生产经营支出

该问题的问卷有效回答是 280 个,缺失值是 4 个,有效回答率 98.6%。其中,生产经营支出为 0 元的有 27 户,占有效总体 9.6%;生产经营支出为 200~10000 元的为 207 户,占有效总体的 73.9%;生产经营支出为 10000~20000 元的为 38 户,占有效总体的 13.6%;生产经营支出为 20000~50000 元的有 4 户,占有效总体 1.4%;生产经营支出为 50000 元以上的有 4 户,占有效总体的 1.4%。生产经营支出的均值为 6308.2 元。

2. 缴纳税款

该问题的问卷有效回答是 276 个,缺失值为 8 个,有效回答率为 97.2%。其中缴纳税款为 0 元的有 274 户,占有效总体 99.3%;缴纳税款为 4000 元和 10000 元的各是 1 户,各占有效总体的 0.4%。缴纳税款的均值为 50.7 元。

3. 集体提留和上交

该问题的问卷有效回答是 277 个,缺失值为 7 个,有效回答率为 97.5%。所有有效值均为 0。

4. 其他社会负担

该问题的问卷有效回答是 277 个,缺失值为 7 个,有效回答率为 97.5%。其中回答为 0 元的有 266 户,占有效总体的 96.0%;回答为 100 元有 2 户,占有效总体的 0.7%;回答为 500 元的为 2 户,占有效总体的 0.7%;回答为 1000 元的有 3 户,占有效总体的 1.1%;回答为 2000 元的为 3 户,占有效总体的 1.1%;回答为 4000 元的有 1 户,占有效总体的 0.4%。

5. 购置生产性固定资产

该问题的问卷有效回答为 276 个,缺失值为 8 个,有效回答率为 97.2%。其中回答为 0 元的 249 户,占有效总体 90.2%;500~5000 元的有 13 户,占有效总体 4.7%;5000~10000 元的有 7 户,占有效总体 2.5%;10000 元以上有 7 户,占有效总体 2.5%。购置生产性固定资产的均值为 574.2 元。

6. 生活消费支出

该问题的问卷有效回答是 280 个，缺失值为 4 个，有效回答率为 98.6%。其中回答为 0 元的有 1 户，占有效总体 0.4%；回答为 500~10000 元的有 123 户，占有效总体 43.9%；回答为 10000~50000 元的有 151 户，占有效总体 53.9%；回答为 50000~100000 元的有 1 户，占有效总体 0.4%；100000 元以上 4 户，占有效总体 1.4%。生活消费支出的均值为 13568.2 元。其中食品支出的均值为 3228.1 元，衣着支出的均值为 1508.5 元，耐用消费品支出的均值为 1038.0 元，建房支出的均值为 2733.1 元，交通支出的均值为 961.2 元，医疗支出的均值为 682.6 元，教育支出的均值为 1299.0 元，娱乐支出的均值为 140.0 元，人情往来支出的均值为 1567.0 元，其他生活开支的均值为 680.0 元。

7. 全年家庭总支出

该问题的问卷有效回答是 276 个，缺失值为 8 个，有效回答率为 97.2%。全年家庭总支出，见表 18-14。全年家庭总支出的均值为 19639.5 元。

表 18-14　盐铺村家庭总支出一览

单位：个，%

总支出	频数	频率	累积频率
0 元	2	0.7	0.7
200~10000 元	52	18.8	19.5
10000~50000 元	215	77.9	97.4
50000~100000 元	1	0.4	97.8
100000 元以上	6	2.2	100

六　家庭现在财产情况

1. 手表拥有量

该问题问卷有效回答为 278 个，缺失值为 6 个，有效回答率为 97.9%。其中回答为 0 块的有 145 户，占有效总体 52.2%；回答为 1 块的有 96 户，占有效总体 34.5%；回答为 2 块的有 24 户，占有效总体 8.6%；回答 3 块的有 9 户，占有效总体 3.2%；回答 4 块的有 3 户，占有效总体 1.1%；回答为 5 块的有 1 户，占有效总体 0.4%。手表拥有量的均值为 0.7 块。

2. 自行车拥有量

该问题问卷的有效回答是 280 个，缺失值为 4 个，有效回答率为 98.6%。其中回答为 0 的有 88 户，占有效总体 31.4%；回答为 1 辆的有 127 户，占有效总体 45.4%；回答为 2 辆的有 49 户，占有效总体 17.5%；回答为 3 辆的有 12 户，占有效总体 4.3%；回答为 4 辆的 4 户，占有效总体 1.4%。自行车拥有量的均值为 0.99 辆。

3. 收音机的拥有量

该问题的问卷有效回答是 277 个，缺失值为 7 个，有效回答率为 97.5%。其中拥有量为 0 台的有 261 户，占有效总体 94.2%；拥有量为 1 台的有 16 户，占有效总体 5.8%。收音机拥有量的均值是 0.06 台。

4. 黑白电视机的拥有量

该问题的问卷有效回答是 277 个，缺失值为 7 个，有效回答率为 97.5%。黑白电视机的拥有量为 0 的有 267 户，占有效总体 96.4%；拥有量为 1 的有 10 户，占有效总体 3.6%。黑白电视机的拥有量的均值为 0.04 台。

5. 彩色电视机的拥有量

该问题的问卷有效回答是 284 个，缺失值为 0 个，有效回答率为 100%。其中拥有量为 0 台的有 6 户，占有效总体 2.1%；拥有量为 1 台的有 227 户，占有效总体 79.9%；拥有量为 2 台的有 46 户，占有效总体 16.2%；拥有量为 3 台的有 3 户，占有效总体 1.1%；拥有量为 4 台的有 2 户，占有效总体 0.7%。彩色电视机的拥有量的均值为 1.18 台。

6. 洗衣机的拥有量

该问题的有效回答是 282 个，缺失值为 2 个，有效回答率为 99.3%。其中拥有量为 0 台的有 193 户，占有效总体 68.4%；拥有量为 1 台的有 87 户，占有效总体 30.9%；拥有量为 2 台的有 2 户，占有效总体 0.7%。洗衣机拥有量的均值为 0.32 台。

第十八章 问卷分析和访谈

7. 电冰箱的拥有量

该问题的问卷有效回答是 283 个,缺失值为 1 个,有效回答率为 99.6%。其中拥有量为 0 台的有 146 户,占有效总体 51.6%;拥有量为 1 台的有 134 户,占有效总体 47.3%;拥有量为 2 台的有 2 户,占有效总体 0.7%;拥有量为 5 台的有 1 户,占有效总体 0.4%。电冰箱的拥有量的均值为 0.51 台。

8. 照相机的拥有量

该问题的问卷有效回答是 277 个,缺失值为 7 个,有效回答率为 97.5%。其中拥有量为 0 个的有 266 户,占有效总体 96.0%;拥有量为 1 个的有 11 户,占有效总体 4.0%。照相机的拥有量的均值为 0.04 个。

9. 录像机的拥有量

该问题的问卷有效回答是 277 个,缺失值为 7 个,有效回答率为 97.5%。其中拥有量为 0 的有 277 户,占有效总体 100%。录像机的拥有量的均值为 0 台。

10. 电子琴的拥有量

该问题的问卷有效回答是 276 个,缺失值为 8 个,有效回答率为 97.2%。其中拥有量为 0 台的有 274 户,占有效总体 99.3%;拥有量为 1 台的有 2 户,占有效总体 0.7%。电子琴的拥有量的均值为 0.01 台。

11. 电话的拥有量

该问题的问卷有效回答是 284 个,缺失值为 0 个,有效回答率为 100%。其中拥有量为 0 台的有 31 户,占有效总体 10.9%;拥有量为 1 台的有 244 户,占有效总体 85.9%;拥有量为 2 台的有 7 户,占有效总体 2.5%;拥有量为 3 台的有 2 户,占有效总体 0.7%。电话的拥有量的均值为 0.93 台。

12. 手机的拥有量

该问题的问卷有效回答是 281 个,缺失值为 3 个,有效回答率为 98.9%。其中拥有量为 0 部的有 31 户,占有效总体 11%;拥有量为 1 部的有 88 户,占有效总体 31.3%;拥有量为 2 部的有 106 户,占有效总体 37.7%;拥有量为 3 部的有 47 户,占有效总体 16.7%;拥有量为 4 部的有 8 户,占有效总体 2.8%;拥有量为 5 部的有 1 户,占有效总体 0.4%。手机的拥有量的均值为 1.70 部。

13. 组合音响的拥有量

该问题的问卷有效回答是 278 个，缺失值为 6 个，有效回答率为 97.9%。其中拥有量为 0 套的有 229 户，占有效总体 82.4%；拥有量为 1 套的有 49 户，占有效总体 17.6%。组合音响的拥有量的均值为 0.18 套。

14. 空调器的拥有量

该问题的问卷有效回答是 278 个，缺失值为 6 个，有效回答率为 97.9%。其中拥有量为 0 台的有 239 户，占有效总体 86.0%；拥有量为 1 台的有 37 户，占有效总体 13.3%；拥有量为 2 台的有 1 户，占有效总体 0.4%；拥有量为 5 台的有 1 户，占有效总体 0.4%。空调器的拥有量的均值为 0.16 台。

15. 摩托车、电动车的拥有量

该问题的问卷有效回答是 282 个，缺失值为 2 个，有效回答率为 99.3%。其中拥有量为 0 辆的有 36 户，占有效总体 12.8%；拥有量为 1 辆的有 186 户，占有效总体 66.0%；拥有量为 2 辆的有 53 户，占有效总体 18.8%；拥有量为 3 辆的有 7 户，占有效总体 2.5%。摩托车、电动车的拥有量的均值为 1.11 台。

16. 微波炉的拥有量

该问题的问卷有效回答是 284 个，缺失值为 0 个，有效回答率为 100%。其中拥有量为 0 台的有 275 户，占有效总体 98.9%；拥有量为 1 台的有 3 户，占有效总体 1.1%。微波炉的拥有量的均值为 0.01 台。

17. 计算机的拥有量

该问题的问卷有效回答是 278 个，缺失值为 6 个，有效回答率为 97.9%。其中拥有量为 0 台的有 259 户，占有效总体 93.2%；拥有量为 1 台的有 18 户，占有效总体的 6.5%；拥有为 2 台的有 1 户，占有效总体 0.4%。计算机的拥有量的均值为 0.07 台。

18. 小汽车的拥有量

该问题的问卷有效回答是 277 个，缺失值为 7 个，有效回答率为 97.5%。其中拥有量为 0 辆的有 276 户，占有效总体 99.6%；拥有量为 1 辆的有 1 户，占有效总体的 0.4%。小汽车的拥有量的均值为 0.004 辆。

19. 货车的拥有量

该问题的问卷有效回答是 277 个，缺失值为 7 个，有效回答率为 97.5%。其中拥有量为 0 的有 275 户，占有效总体 99.3%；拥有量为 1 的有 2 户，占有效总体的 0.79%。货车的拥有量的均值为 0.007 台。

20. 大中型拖拉机的拥有量

该问题的问卷有效回答是 277 个，缺失值为 7 个，有效回答率为 97.5%。其中拥有量为 0 的有 277 户，占有效总体 100%。大中型拖拉机的拥有量的均值为 0 台。

21. 小型拖拉机的拥有量

该问题的问卷有效回答是 278 个，缺失值为 6 个，有效回答率为 97.9%。其中拥有量为 0 的有 264 户，占有效总体 95%，拥有量为 1 的有 14 户，占有效总体 5.0%。小型拖拉机的拥有量的均值为 0.05 台。

22. 机动三轮车的拥有量

该问题的问卷有效回答是 277 个，缺失值为 7 个，有效回答率为 96.8%。其中拥有量为 0 的有 268 户，占有效总体 96.8%；拥有量为 1 的有 9 户，占有效总体 3.2%。机动三轮车的拥有量的均值为 0.03 台。

23. 加工机械的拥有量

该问题的问卷有效回答是 277 个，缺失值为 7 个，有效回答率为 96.8%。其中拥有量为 0 的有 223 户，占有效总体 80.5%；拥有量为 1 的有 51 户，占有效总体 18.4%。拥有量为 2 的有 2 户，占有效总体 0.7%；拥有量为 3 的有 1 户，占有效总体 0.4%。加工机械的拥有量的均值为 0.21 台。

七 房屋情况

1. 现在房屋情况

关于现在房屋情况，这个问题的问卷有效回答为 283 个，缺失值为 1 个，回答有效率为 99.6%[①]。就现在房屋的盖房年份而言，问卷有效回答为

[①] 关于现有房屋的有效回答为 283 个，并不是指以下现有房屋情况中的每一个问题都有 283 个有效回答。例如，现有房屋的盖房年份就只有 276 个有效值，而是否借债问题有 280 个有效值。以下同。

276个，其中20世纪70年代建的房屋有1户，占有效总体0.4%；20世纪80年代建的房屋有7户，占有效总体2.5%；上世纪九十年代建房屋有14户，占有效总体5.1%；本世纪建的房屋有254户，占有效总体92.0%。关于现有住房房屋建筑总面积，100平方米以下的有28户，占有效总体9.9%；100~200平方米的有113户，占有效总体39.9%；200平方米以上的有142户，占有效总体50.2%。现有房屋建筑总面积的均值为192.67平方米。关于现有房屋的居住面积，100平方米以下的有39户，占有效总体13.8%；100~200平方米的有176户，占有效总体61.2%；200平方米以上的有68户，占有效总体24.0%。现在房屋建筑总面积的均值为157.96平方米。关于现有房屋盖房是否借债，问卷有效回答为280个，借债的为179户，占有效总体63.9%；没有借债的为101户，占有效总体36.0%。关于现在住房宅基地面积，100平方米以下的有21户，占有效总体7.4%；100~200平方米的有149户，占有效总体52.7%；200平方米以上的有113户，占有效总体39.9%。现有住房宅基地面积的均值为185.4平方米。

2. 原先房屋情况

关于原有房屋的盖房年份，这个问题的问卷有效回答为30个，缺失值为254个，回答有效率为10.6%。其中20世纪40年代建的房屋有1户，占有效总体3.3%；20世纪60年代建的房屋有3户，占有效总体10%；20世纪70年代建的房屋有15户，占有效总体50%；20世纪80年代建的房屋有9户，占有效总体30%；20世纪90年代建的房屋有2户，占有效总体6.7%。关于原有住房房屋建筑总面积，问卷有效回答为29个，100平方米以下的有9户，占有效总体31.0%；100~200平方米的有20户，占有效总体69.0%。原有房屋建筑总面积的均值为118.72平方米。关于原有房屋的居住面积，问卷有效回答为28个，100平方米以下的有13户，占有效总体46.4%；100~200平方米的有15户，占有效总体53.6%。原有房屋建筑总面积的均值为95.96平方米。关于原有房屋盖房是否借债，问卷有效回答为25个，借债的为18户，占有效总体72%；没有借债的为7户，占有效总体28%。关于现在住房宅基地面积，100平方米以下的有2户，占有效总体4%；100~200平方米的有20户，占有效总体80.0%；200平方米以上的有 3 户，占有效总体 12.0%。现在住房宅基地面积的均值为 188.0 平方米。

八　家庭

1. 您认为农村一对夫妇没有男孩行不行？认为行的有 219 人，占 77.1%；认为不行的有 13 人，占 4.6%；认为说不清的有 52 人，占 18.3%。

2. 您教育子女是因为，选择养子女防老的有 121 人，占 42.6%；选择增加生活乐趣的有 14 人，占 4.9%；选择维系家庭感情的有 23 人，占 8.1%；选择传宗接代的有 56 人，占 19.7%；选择说不清的有 70 人，占 24.6%。

3. 您认为您的子女最低应受多少教育？选择小学毕业的有 2 人，占 0.7%；选择初中毕业的有 53 人，占 18.7%；选择高中或中专毕业的有 104 人，占 36.7%；选择大学毕业的有 124 人，占 43.8%。

4. 您希望子女在哪里工作？选择本地农村有的 4 人，占 1.4%；选择本地城镇有的 94 人，占 33.1%；选择外地城镇的有 32 人，占 11.3%；选择无所谓的有 153 人，占 53.9%。

5. 您目前干活挣钱的主要目的是为了（由主到次顺序选三项），第一位的选择情况，选择吃饱穿暖的有 79 人，占 27.8%；选择吃好穿好的有 82 人，占 28.9%；选择多买几件高档家用品的有 15 人，占 5.3%；选择翻盖新房的有 2 人，占 0.7%；选择为子女上学的有 52 人，占 18.3%；选择自己或子女结婚的有 30 人，占 10.6%；选择扩大生产经营的有 22 人，占 7.7%；选择其他的有 1 人，占 0.4%。第二位的选择情况，选择吃饱穿暖的有 3 人，占 1.1%；选择吃好穿好的有 66 人，占 23.2%；选择多买几件高档家用品的有 18 人，占 6.3%；选择翻盖新房的有 36 人，占 12.7%；选择为子女上学的有 70 人，占 24.6%；选择自己或子女结婚的有 52 人，占 18.3%；选择扩大生产经营的有 37 人，占 13.0%；选择其他的有 1 人，占 0.4%。第三位的选择情况，选择吃好穿好的有 27 人，占 9.5%；选择多买几件高档家用品的有 38 人，占 13.4%；选择翻盖新房的有 49 人，占 17.3%；选择为子女上学的有 28 人，占 9.9%；选择自己或子女结婚的有 55 人，占 19.4%；选择扩大生产经营的有 82 人，占 28.9%；选择其他的有 3 人，占 1.1%。

6. 从整体看，您对您的生活满意还是不满意？回答很满意的有 9 人，占 3.2%；回答基本满意的 251 人，占 88.4%；回答说不清的有 23 人，占 81%。

7. 如果将社会划分为五个阶层，您认为自己属于哪一个阶层？选择中上的有 101 人，占 35.6%；选择中下的有 154 人，占 54.2%；选择下上的有 25 人，占 8.8%；选择下下的有 4 人，占 1.4%。

九　行政村

1. 您认为您村的干部工资性收入怎样？选择很高的有 4 人，占 1.4%[①]；选择较高的有 34 人，占 12.0%；选择与村民差别不大的有 186 人，占 65.5%；选择低于村民的水平的有 38 人，占 13.4%；选择说不清的有 22 人，占 7.7%。

2. 您认为您村的主要干部办事能力怎样？选择很高的有 96 人，占 33.8%；选择较高的有 125 人，占 44.0%；选择一般的有 44 人，占 15.5%；选择说不清的有 18 人，占 6.3%。

3. 您认为您村的主要干部处理问题的公正性怎样？选择公正的有 227 人，占 79.9%；选择有时不公正的有 36 人，占 12.7%；选择不公正的有 2 人，占 0.7%；选择说不清的有 19 人，占 6.7%。

4. 您认为您村的主要干部威信怎样？选择有很高威信的有 96 人，占 33.8%；选择有威信的有 140 人，占 49.3%；选择一般的有 28 人，占 9.9%；选择威信不高的有 2 人，占 0.7%；选择没有威信的有 2 人，占 0.7%；选择说不清的有 12 人，占 4.2%。

5. 您认为在您的村里，具有什么样能力的人可以获得较高的社会地位和经济收入？选择有文化/学历的人有 112 人，占 39.4%；选择当干部的人有 5 人，占 1.8%；选择有资产的人有 57 人，占 20.1%；选择社会关系广的

[①] 本部分及以后的问卷回答率较高，缺失值非常小，所占比例都是以问卷总数 284 为有效总体来计算的。

人有51人，占18%；选择家庭背景硬的人有9人，占3.2%；选择勤奋努力的人有49人，占17.3%。

6. 您是否参加了最近一次的村委会选举？选择参加了的有273人，占96.1%；选择没参加的有8人，占2.8%。其中没参加村委会选举的原因选择中，因为不感兴趣的有1人，占12.5%；因为不在家的人有1人，占12.5%；选择其他的有3人，占37.5%；缺失值3个。

7. 如果您参加了最近一次村民委员会选举，您是以什么形式参加的？选择到会举手或唱和的有1人，占0.4%；选择到会画选票的有4人，占1.4%；选择在家画选票的有131人，占46.1%；选择在村民小组画选票的有1人，占0.4%；选择在流动票箱投票的有140人，占49.5%；选择其他的有6人，占2.2%。

8. 2008年村里（或村民小组）召开的村民会议您或您家人出席情况，选择每次都参加的有129人，占45.4%；选择参加了大部分的有109人，占38.4%；选择参加了少部分的有42人，占14.8%；选择从未参加的有1人，占0.4%。

9. 您认为村民代表会议作用大不大？选择作用大的有179人，占63.0%；选择一般的有81人，占28.5%；选择作用不大的有5人，占1.8%；选择说不清的有18人，占6.3%。

10. 对村里的事有意见或建议您通常通过什么渠道反映？选择通过村民小组的有66人，占23.2%；选择通过村民大会的有19人，占6.7%；选择直接找村委会领导的有168人，占59.2%；选择直接找党支部的有24人，占8.5%；选择直接向村以上领导机关反映的有4人，占1.4%；选择向报社、电台反映的有1人，占0.4%；选择不反映的有1人，占0.4%。

11. 对村子里的财务开支情况您是否知情？选择知情的有195人，占68.7%；选择知道一部分的有75人，占26.4%；选择不知情的有11人，占3.9%。

12. 您认为当前您村亟须解决的大事是什么？选择完善社会福利的有54人，占19.0%；选择环境保护的有3人，占0.4%；选择决定土地承包办法的有1人，占0.4%；选择划拨宅基地的有1人，占0.4%；选择计划生育的有 2 人，占 0.7%；选择村务公开的有 11 人，占 3.9%；选择社会治安的有 1 人，占 0.4%；选择学校教育的有 9 人，占 3.2%；选择发展村办企业的有 116 人，占 40.8%；选择加强农村基础设施建设的有 86 人，占 30.3%。

13. 您参加了哪些组织？担任什么职务？参加组织情况，其中第一位组织中，选择中国共产党的有 36 人，占 12.7%；选择共青团的有 2 人，占 0.7%；选择合作经济组织的有 210 人，占 73.9%；选择技术协会的有 14 人，占 4.9%；选择宗教组织的有 1 人，占 0.4%；选择其他社会组织的有 2 人，占 0.7%。第二位组织中，选择中国共产党的有 4 人，占 1.4%；选择合作经济组织的有 36 人，占 12.7%；选择技术协会的有 46 人，占 16.2%；选择宗教组织的有 1 人，占 0.4%；选择其他社会组织的有 2 人，占 0.7%。第三位组织中，选择中国共产党的有 1 人，占 0.4%；选择共青团的有 5 人，占 1.8%；选择民主党派的有 1 人，占 0.4%；选择合作经济组织的有 1 人，占 0.4%；选择技术协会的有 6 人，占 2.1%；选择其他社会组织的有 1 人，占 0.4%。其中在第一组织担任职务中，选择主要负责人的有 8 人，占 2.8%；选择一般管理或办事人员的有 11 人，占 3.9%；选择一般成员的有 248 人，占 87.3%。第二组织担任职务中，选择担任主要负责人的有 7 人，占 2.5%；选择担任一般管理或办事人员的有 4 人，占 1.4%；选择担任一般成员的有 78 人，占 27.5%。第三组织担任职务中，其中选择担任主要负责人的有 3 人，占 1.1%；选择担任一般管理或办事人员的有 1 人，占 0.4%；选择担任一般成员的有 10 人，占 3.5%。

十　村经济

1. 您认为您村居民收入差距大不大？选择收入差距较大的有 91 人，占 32.0%；选择收入差距不大的有 167 人，占 58.8%；选择说不清的有 26 人，占 9.2%。

2. 您认为集体经济是否重要？认为集体经济完全没必要的有 2 人，占 0.7%；认为集体经济不重要的有 7 人，占 2.5%；认为集体经济可有可无的有 7 人，占 2.5%；认为集体经济重要的有 194 人，占 68.3%；认为集体经济很重要的有42人，占14.8%；认为集体经济重要性说不清的有32人，占11.3%。

3. 您家是否参加了经济合作组织？选择参加了经济合作组织的有271户，占95.4%；选择没有参加经济合作组织的有10户，占3.5%。其中，在参加经济合作组织的类型选择中，参加的是村委会办的经济合作组织的有237户，占87.5%；参加的是乡政府及有关部门办的经济合作组织是11户，占3.9%；参加的是乡以上政府办的是1户，占0.4%；参加的是地区性民间组织的是25户，占8.8%；参加的是其他经济合作组织的有3户，占1.1%。其中，参加的经济合作组织属于哪种领域的回答中，参加的经济合作组织属于劳动环节的有83户，占29.2%；参加的经济合作组织属于技术指导的有120户，占42.3%；参加的经济合作组织属于资金互助的有3户，占1.1%；参加的经济合作组织属于产品销售的有31户，占10.9%；参加的经济合作组织属于生产资料供应的有16户，占5.6%；参加的经济合作组织属于信息类的有21人，占7.4%；参加的经济合作组织属于其他类的有5人，占1.8%。

4. 目前影响您提高收入的主要原因是什么？认为影响自己收入提高的原因是没有关系或门路的有31人，占10.9%；认为影响自己收入提高的原因是没有资金的有62人，占21.8%；认为影响自己收入提高的原因是没有技能的有155人，占54.6%；认识影响自己收入提高的原因是家庭负担的有10人，占3.5%；认为影响自己收入提高是其他原因的有23人，占8.1%。

5. 您最近一年中出村多少天？该问题的问卷有效回答是279个，缺失值为5个，有效回答率98.2%。最近一年中出村的天数的均值是111.14天。其中，出村赶集购物的天数情况，0~30天（包括0天）的有213人，占有效总体76.9%；30~60天的有61人，占有效总体22.0%；60~90天的有1人，占有效总体0.4%；90~120天的有2人，占有效总体0.7%；120以上的有0人。出村旅游的天数情况，0~10天（包括0天）的有251人，占有效总体上90.6%；10~20天的有21人，占有效总体7.6%；20~30天的有1人，占有效总体0.4%；30天以上的有4人，占有效总体1.4%。出村走亲访友的天数情况，0~30 天（包括 0 天）的有 242 人，占有效总体 86.7%；30~60 天的有 34 人，占有效总体 12.2%；60 天以上的有 3 人，占有效总体 1.1%。出村做其他事情的天数，0~30 天（包括 0 天）的有 225 人，占有效总体 80.6%；30~60 天的有 52 人，占有效总体 18.6%；60 天以上的有 2 人，占有效总体 0.7%。出村务工经商的天数情况，0~30 天（包括 0 天）的有 116 人，占有效总体 41.6%；30~60 天的有 52 人，占有效总体 18.6%；60~90 天的有 30 人，占有效总体 10.8%；90~120 天的有 27 人，占有效总体 9.67%；120 天以上的有 54 人，占有效总体 19.4%。

6. 您目前最关心的是什么？认为目前最关心的是增加收入的有 204 人，占 71.8%；认为目前最关心的是提高社会地位的有 10 人，占 3.5%；认为目前最关心的是子女教育的有 32 人，占 11.3%；认为目前最关心的是养老的有 20 人，占 7.0%；认为目前最关心的是其他方面的事情的有 17 人，占 6.0%。

7. 您家遇到下列情况时，通常找谁商量或帮忙？

（1）遇到生产经营方面的情况，首先找谁商量或帮忙，选择家庭成员的有 194 人，占 68.3%；选择集体经济组织的有 11 人，占 3.9%；选择村委会的有 4 人，占 1.4%；选择乡以上政府的有 1 人，占 0.4%；选择已分家的兄弟姐妹、父母的有 22 人，占 7.7%；选择宗族成员的有 5 人，占 1.8%；选择其他亲戚的有 2 人，占 0.7%；选择邻里的有 6 人，占 2.1%；选择朋友的有 7 人，占 2.5%；选择专业协会的有 32 人，占 11.3%。其次找谁商量或帮忙，选择家庭成员的有 2 人，占 0.7%；选择集体经济组织的有 33 人，占 11.6%；选择村委会的有 18 人，占 6.3%；选择村党组织的有 3 人，占 1.1%；选择乡以上政府的有 1 人，占 0.4%；选择已分家的兄弟姐妹、父母的有 118 人，占 41.5%；选择宗族成员的有 8 人，占 2.8%；选择其他亲戚的有 21 人，占 7.4%；选择邻里的有 18 人，占 6.3%；选择朋友的有 25 人，占 8.8%；选择专业协会的有 35 人，占 12.3%。

（2）遇到灾害时，首先找谁商量或帮忙，选择家庭成员的有 86 人，占 30.3%；选择集体经济组织的有 7 人，占 2.5%；选择村委会的有 91 人，占 32.0%；选择乡以上政府的有 2 人，占 0.7%；选择已分家的兄弟姐妹、父母的有41人，占14.4%；选择宗族成员的有7人，占2.5%；选择其他亲戚的有22人，占7.7%；选择邻里的有22人，占7.7%；选择朋友的有4人，占1.4%；选择专业协会的2人，占0.7%。其次找谁商量或帮忙，选择家庭成员的有2人，占0.7%；选择集体经济组织的有2人，占0.7%；选择村委会的有62人，占21.8%；选择村党组织的有37人，占13.0%；选择乡以上政府的有58人，占20.4%；选择已分家的兄弟姐妹、父母的有2人，占0.7%；选择宗族成员的有40人，占14.1%；选择其他亲戚的有5人，占1.8%；选择邻里的有32人，占11.3%；选择朋友的有15人，占5.3%；选择专业协会的有26人，占9.2%。

（3）盖房时，首先找谁商量或帮忙，选择家庭成员的有162人，占57%；选择村委会的有3人，占1.1%；选择已分家的兄弟姐妹、父母的有47人，占16.5%；选择宗族成员的有8人，占2.8%；选择其他亲戚的有23人，占8.1%；选择邻里的有30人，占10.6%；选择朋友的有11人，占3.9%。其次找谁商量或帮忙，选择家庭成员的有2人，占0.7%；选择村委会的有2人，占0.7%；选择乡以上政府的有3人，占1.1%；选择已分家的兄弟姐妹、父母的有136人，占47.9%；选择宗族成员的有29人，占10.2%；选择其他亲戚的有56人，占19.7%；选择邻里的有17人，占6.0%；选择朋友的有37人，占13.0%；选择自己所在单位的有1人，占0.4%。

（4）婚礼方面，首先找谁商量或帮忙，选择家庭成员的有192人，占67.6%；选择已分家的兄弟姐妹、父母的有48人，占16.9%；选择宗族成员的有9人，占3.2%；选择其他亲戚的有21人，占7.4%；选择邻里的有12人，占4.2%；选择朋友的有2人，占0.7%。其次找谁商量或帮忙，选择家庭成员的有8人，占2.8%；选择村委会的有1人，占0.4%；选择其他的有1人，占0.4%；选择已分家的兄弟姐妹、父母的有165人，占58.1%；选择宗族成员的有10人，占3.5%；选择其他亲戚的有46人，占16.2%；选择邻里的有14人，占4.9%；选择朋友的有37人，占13.0%。

（5）丧葬方面，首先找谁商量或帮忙，选择家庭成员的有168人，占59.2%；选择已分家的兄弟姐妹、父母的有63人，占22.2%；选择宗族成员的有18人，占6.3%；选择其他亲戚的有10人，占3.5%；选择邻里的有

25人，占8.8%。其次找谁商量或帮忙，选择家庭成员的有4人，占1.4%；选择村委会的有5人，占1.8%；选择已分家的兄弟姐妹、父母的有118人，占41.5%；选择宗族成员的有43人，占15.1%；选择其他亲戚的有65人，占22.9%；选择邻里的有19人，占6.7%；选择朋友的有27人，占9.5%。

（6）伤病护理方面，首先找谁商量或帮忙，选择家庭成员的有226人，占79.6%；选择已分家的兄弟姐妹、父母的有50人，占17.6%；选择宗族成员的有3人，占1.1%；选择其他亲戚的有2人，占0.7%；选择邻里的有1人，占0.4%。其次找谁商量或帮忙，选择家庭成员的有4人，占1.4%；选择村委会的有1人，占0.4%；选择已分家的兄弟姐妹、父母的有198人，占69.7%；选择宗族成员的有8人，占2.8%；选择其他亲戚的有58人，占20.4%；选择邻里的有6人，占2.1%；选择朋友的有8人，占2.8%。

（7）老人赡养方面，首先找谁商量或帮忙，选择家庭成员的有218人，占76.8%；选择村委会的有5人，占1.8%；选择已分家的兄弟姐妹、父母的有48人，占16.9%；选择宗族成员的有5人，占1.8%；选择其他亲戚的有8人，占2.8%。其次找谁商量或帮忙，选择家庭成员的有9人，占3.2%；选择村委会的有11人，占3.9%；选择村党组织的有5人，占1.8%；选择乡以上政府的有6人，占2.1%；选择已分家的兄弟姐妹、父母的有181人，占63.7%；选择宗族成员的有21人，占7.4%；选择其他亲戚的有47人，占16.5%；选择邻里的有3人，占1.1%；选择朋友的有1人，占0.4%。

（8）治安方面，首先找谁商量或帮忙，选择家庭成员的有54人，占19.0%；选择集体经济组织的有2人，占0.7%；选择村委会的有168人，占59.2%；选择村党组的有4人，占1.4%；选择乡以上政府的有17人，占6.0%；选择其他的有2人，占0.7%；选择已分家的兄弟姐妹、父母的有3人，占1.1%；选择宗族成员的有2人，占0.7；选择其他亲戚的有2人，占0.7%；选择邻里的有21人，占7.4%；选择朋友的有8人，占2.8%；选择自己所在单位的有1人，占0.4%。其次找谁商量或帮忙，选择家庭成员的有1人，占0.4%；选择村委会的有64人，占22.5%；选择村党组织的有40人，占14.1%；选择乡以上政府的有116人，占40.8%；选择其他的有7人，占2.5%；选择已分家的兄弟姐妹、父母的有27人，占9.5%；选择宗族成员的有6人，占2.1%；选择其他亲戚的有2人，占0.7%；选择邻里的有5人，占1.8%；选择朋友的有16人，占5.6%。

（9）家庭纠纷方面，首先找谁商量或帮忙，选择家庭成员的有98人，占34.5%；选择集体经济组织的有4人，占1.4%；选择村委会的有96人，占33.8%；选择村党组的有7人，占2.5%；选择已分家的兄弟姐妹、父母的有23人，占8.1%；选择宗族成员的有3人，占1.1%；选择其他亲戚的有16人，占5.6%；选择邻里的有32人，占11.3%；选择朋友的有5人，占1.8%。其次找谁商量或帮忙，选择家庭成员的有11人，占3.9%；选择村委会的有58人，占20.4%；选择村党组织的有34人，占12.0%；选择乡以上政府的有42人，占14.8%；选择其他的有8人，占2.8%；选择已分家的兄弟姐妹、父母的有71人，占25.0%；选择宗族成员的有12人，占4.2%；选择其他亲戚的有22人，占7.7%；选择邻里的有17人，占6.0%；选择朋友的有9人，占3.2%。

（10）与他人纠纷方面，首先找谁商量或帮忙，选择家庭成员的有42人，占14.8%；选择村委会的有173人，占60.0%；选择村党组的有10人，占3.5%；选择乡以上政府部门的有2人，占0.7%；选择其他的有1人，占0.4%；选择已分家的兄弟姐妹、父母的有2人，占0.7%；选择宗族成员的有1人，占0.4%；选择其他亲戚的有2人，占0.7%；选择邻里的有31人，占10.9%；选择朋友的有20人，占7.0%。其次找谁商量或帮忙，选择家庭成员的有2人，占0.7%；选择集体经济组织的有1人，占0.4%；选择村委会的有67人，占23.6%；选择村党组织的有33人，占11.6%；选择乡以上政府的有124人，占43.7%；选择其他的有8人，占2.8%；选择已分家的兄弟姐妹、父母的有13人，占4.6%；选择宗族成员的有2人，占4.9%；选择邻里的有14人，占4.9%；选择朋友的有16人，占5.6%；选择民间组织有4人，占1.4%。

（11）子女升学就业方面，首先找谁商量或帮忙，选择家庭成员的有151人，占53.2%；选择村委会的有6人，占2.1%；选择村党组的有2人，占0.7%；选择乡以上政府部门的有4人，占1.4%；选择其他的有1人，占0.4%；选择已分家的兄弟姐妹、父母的有23人，占8.1%；选择宗族成员的有 1 人，占 0.4%；选择其他亲戚的有 39 人，占 13.7%；选择邻里的有 13 人，占 4.6%；选择朋友的有 44 人，占 15.5%。其次找谁商量或帮忙，选择家庭成员的有 1 人，占 0.4%；选择村委会的有 19 人，占 6.7%；选择村党组织的有 3 人，占 1.1%；选择乡以上政府的有 4 人，占 1.4%；选择其他的有 12 人，占 4.2%；选择已分家的兄弟姐妹、父母的有 137 人，占 48.2%；选择宗族成员的有 15 人，占 5.3%；选择其他亲戚的有 21 人，占 7.4%；选择邻里的有 8 人，占 2.8%；选择朋友的有 64 人，占 22.5%。

（12）家里人找工作或找活干的时候，首先找谁商量或帮忙，选择家庭成员的有 100 人，占 35.2%；选择村委会的有 13 人，占 4.6%；选择乡以上政府部门的有 1 人，占 0.4%；选择其他的有 2 人，占 0.7%；选择已分家的兄弟姐妹、父母的有 19 人，占 6.7%；选择宗族成员的有 11 人，占 3.9%；选择其他亲戚的有 39 人，占 13.7%；选择邻里的有 66 人，占 23.2%；选择朋友的有 33 人，占 11.6%。其次找谁商量或帮忙，选择家庭成员的有 5 人，占 1.8%；选择村委会的有 18 人，占 6.3%；选择村党组织的有 2 人，占 0.7%；选择乡以上政府的有 1 人，占 0.4%；选择其他的有 9 人，占 3.2%；选择已分家的兄弟姐妹、父母的有 84 人，占 29.6%；选择宗族成员的有 20 人，占 7.0%；选择其他亲戚的有 27 人，占 9.5%；选择邻里的有 10 人，占 3.5%；选择朋友的有 104 人，占 36.6%；选择自己所在单位有 3 人，占 1.1%；选择民间组织的有 1 人，占 0.4%。

第三节　访谈记

一　"能把泥土变成黄金的人"——盐铺村书记李讨饭访谈记

访问对象： 李讨饭（盐铺村书记）

访问时间： 2009 年 6 月 3 日下午

访问地点： 盐铺村委办公室

访问人员： 周艳　刘顺进　王文燕

第十八章 问卷分析和访谈

问：书记您好，我们是中国社会科学院中国百村经济社会调查安徽分课题组的成员，盐铺村是我们百村调查中的一个村。我们知道盐铺村能有今天的发展，主要得益于您担任书记以后的努力。我们想先请您谈谈，您作为外来移民，如何在这里扎根发展的？

答：你们来调研，我们已经在一起接触了几天，今天我的谈话求实地说，不隐瞒。感谢把我们村作为百村中的一村，这是盐铺村也是我本人的荣幸。我一直坚持"做人在世界上，要别人说你好，才有人生价值"，"做事要先做人，把人做好才能做事"。

我先来把我早年的一些经历说一下。我估计就是这命，小的时候吃了很多苦。休宁县城西街有一家，就是我的养父养母，那年死了几个小孩，想抱个小孩养。生母家庭条件差，无法养活我，在我出生七天后被养母抱来，当时养母的奶水少，主要靠隔壁村姓李的奶娘供奶水。六年后，养父在开会的台上跌下来，腿折断了，肿得厉害，几个月后死了。养母两度嫁人，在这中间，我两次被送回生母家，又两次被送到养母家。"讨饭"的名字和这个经历有很大的关系。

后来的继父懒，家里小孩又多，家庭经济搞不好，又有6人吃饭。我9岁开始放牛、做事，18岁开始当家。小时候吃了太多的苦使我受到了磨炼，能吃苦耐劳，肯学肯研，别人做东西我在旁边看、学，我会做的很多，木工、石工、瓦工都会做。我27岁结的婚，我的老婆也是被抱养的，婚后家里的日子渐渐好过些。我小时候就很好强，做事要做就做第一。

我18岁在村里当组长，后来当副队长、队长、村委、主任、书记。1997年在我做村主任时候，盐铺村的经济总量在海阳镇十一个村中倒数第一。1998年2月份左右，镇领导找我谈话，说让我当村书记，我说自己没有文化，干不好村书记。后来召开了群众座谈会、党员座谈会，大家都推选我做书记。选举时，安排了两个候选人，我是其中的一个，当时村里有一千多人，我得了八百多票，占85%的票数。我就答应先干一届（三年），坚持三年要干好。想到还有15%的村民没有选自己，我就在考虑如何才能得到他们的信任。我认为村务公开不健全，六个村民组组长要选好，召开"两委"扩大会议，发挥"两委"模范作用。我们村建立了村干部联系卡，发给每户人家，让他们无论有什么问题，第一时间能联系到我们。在 1998 年底的海阳镇十一个村综合考评中盐铺村获得第一。到目前我书记一职干了十二年（四届），都是 100% 的选票，而且村"两委"班子很和谐。我当书记时一年镇补贴的工资 500 元（那时镇只给三人工资补贴，村长、书记各 500 元，文书 200 元），我没有要而是给了村"两委"作了办公费。

我 1999 年获得"安徽省农民企业家"的称号，2000 年获得"黄山市劳模"的称号，2003 年获得"安徽省劳模"的称号，2005 年获得"全国劳模"的称号。我认为这主要归功于我敢于创新，创新要求勤学勤看，比我能力强的人很多，但是拿真心严格要求自己的人不多。年轻人要敢于创新、敢于反驳，思维要开放。我年轻时吃了苦中苦，一直埋头向前看，不停留地不断创新。我的工作热情很高，除了睡觉，其他时间都在思考。我得到了荣誉，要回报社会。当然，我也有不足之处，如我在做事情时，事情没成功之前我不让人知道，还好高好强。

问：您是农民企业家创业之星，能否谈谈您的创业的经历？

答：1997 年，休宁搞了个企业招商，起到了很大的作用。我先是搞了食品饮料厂，生产食品很多，如果酒、糖果、蛋糕等，后来又搞了运输车队，之后引进强力竹器、有机硅油，这个竹器厂，现在发展为四个千万元以上的公司。我现在兼两个公司的法人。

问：听了您的谈话后，我们感到，我们这个村干部和群众大事都能想在一起，干群关系很好，才能做出这样的成就，请您谈一谈这方面的经验。

答：我们村有个口号就是"小事不出组，大事不出村"、"村民不上访"。每户发个村干部联系卡，接到电话十分钟之内，治安主任入户，赶到现场，之后再是协调主任去。中共安徽省委王金山书记来视察说"这张小小卡说明了好多问题"。

"非典"时我们村外出打工有 220 人，在江浙一带从事木工、保姆等工作。这几年返回的人多了，因为自己村发展了。我们村本来以种粮为主，1999 年开始调整农村产业结构。第一年种荷兰豆，亏了五六千元。2005 年以后，改种菊花，这种菊花是有机菊花，生态的。当时村"两委"带头示范，不强行让农民种，但村委做到宣传、引导、服务、试种。后来，种菊花的农民越来越多,由 36 亩到 96 亩到 400 亩到 800 亩再到 1300 亩,规模越来越大。我们一直坚持把自己的品牌做好、做大。我们采用招商引资的办法发展旅游业建立了山越风情园,每天有 400 人次来旅游。发展经济主要靠自身,但要与外合作,开拓思想,引进先进的东西。盐铺村在 2002 年的时候,村集体经济几乎为零,从 2005 年开始,村集体经济每年增加 100 多万。2008 年用村集体经济拓宽了公路,并在公路旁设立垃圾桶,村建有垃圾中转站,村里有六个保洁员,每年要付给他们七八万元的工资。集体有了钱,我们要全力做好民生工程,为老百姓造福,回报社会。

二 要俯下身子为村民做实事——盐铺村第一书记吴万利访谈记

访问对象:吴万利(曾任盐铺村第一书记)

访问时间:2009 年 6 月 3 日上午

访问地点:盐铺村委办公室

访问人员:周艳　刘顺进　王文燕

问:您是从哪一年担任盐铺村的书记的?

答:我是 2005 年 7 月来到盐铺村的。是在组织部门的安排下,从海阳镇人民政府下派到盐铺村任第一书记。

问:这么说您已经在这儿工作五年啦。请问,您作为盐铺村第一书记,主管哪些工作?

答:2005 年我被派来时正值休宁县开始发展乡村旅游业,大力打造乡村旅游福地。2006 年 3 月,全国规划新农村建设,黄山市提出休宁县要建设十五个新农村,我兼任盐铺村的指导员。2009 年 10 月结束第一书记任职。

问:书记与第一任书记的关系如何?

答:我是抱着学习的态度来这里的,村里的干部领导决策能力很强,我们相互尊重,多听取他们的意见,尽力地提高自己,为他们服务,我们之间相处得很好。我们互相支持,为村民多办实事。

问:五年来,您深受村民的欢迎,能给我们简单谈谈吗?

答:五年来,我努力学习实践科学发展观,紧紧围绕选派工作"加强组织、发展经济、富裕农民、维护稳定、锻炼干部、促进农村全面进步。"的要求和建设社会主义新农村的目标,把思想政治工作和经济工作紧密结合起来,发挥自己的专长,从发展菊花经济和乡村旅游寻求突破,以基础设施建设为抓手,争取上级投入资金400余万元,帮助盐铺村进行基础设施建设。

问:您是从哪里入手开展工作的?

答:首先,深入调查研究,明确工作任务,制订工作计划。到村以后,我深入村组干部和农户家中开展调查研究。一是到全村20名党员干部家中就其生产、生活、村组织建设等有关问题进行深入调查,掌握并认真记好他们所反映的问题,征求他们对"两委"班子今后工作的意见和建议。二是到农业产业结构调整大户家中就其农业产业结构调整需要解决的问题深入调查研究,听取他们的呼声和需求。三是到贫困户家中进行调查,详细了解其贫困的原因,帮助他们理清发展思路,鼓励其发家致富。通过走访、调查,我了解到盐铺村的基本情况及存在的问题,及时召开村级"两委"班子工作会议,进行了认真研究分析,因地制宜地提出了"加强组织建设,以生态农庄为龙头,带动农户参与,大力发展乡村旅游;以菊花为龙头,打造特色农产品产业化基地"的工作思路。

问:您能具体谈谈您是怎样开展工作的吗?

答:作为第一书记,要和书记一起加强组织建设,提高支部战斗能力。盐铺村党支部以全县开展"农村党员、干部主题教育"活动契机,抓好党员干部队伍管理,"两委"班子分工明确,组织健全,凝聚力、战斗力强。主要干部深入党员、群众家中,了解村情民意,掌握党员、群众对村"两委"的意见和要求,进一步明确奋斗目标、理清工作思路。村党支部继续发挥核心作用,党员干部继续发挥先锋模范作用。村党支部把抓班子带队伍放在首要位置抓紧抓好。

一是选好配强村"两委"班子。利用双培双带基地,先后培养了5个年纪轻、文化程度高的同志入党,将有本事、靠得住的优秀青年放进班子、担任组长。村"两委"6名成员中,5个有一技之长,平均年龄由原来的53岁下降到40岁,班子的战斗力、凝聚力大为增强。

二是努力提高党员素质。利用党员"七一"活动时机,我村党支部组织

第十八章 问卷分析和访谈

全村党员、干部到杭州市梅家坞、太平湖和平村、景德镇德宇山庄考察学习，进一步鼓舞党员干部建设新农村的热情，进一步坚定党员干部打造乡村福地的决心。村党支部把铸造党内"关爱工程"列入重要议事日程，建立和完善一系列学习教育制度。对在上年度党员主题教育活动中的党员干部承诺集中"回头看"查找自己的不足，补缺补差，做出新的承诺。结合党员学习活动，深入开展了"双培双带"和无职党员设岗定责活动，建立"双培双带"基地4个，主要是花卉苗木基地、菊花基地、养殖基地和农家乐示范基地，引导农民学习技术和发展乡村旅游，有效地带动了本村农户的生产发展。设立"财务监督岗"、"计划生育岗"、"生态环境保护岗"等8个岗位，以岗位带动每一个党员积极参与到全村的各项公共事务中去，并建立健全了流动党员管理台账。通过一系列活动的开展，党员的素质得到了进一步的提高，村党支部的凝聚力、号召力越来越强，要求入党的优秀青年越来越多。三年来，盐铺村共发展党员6名，培养对象4名，都是"双培双带"活动开展的对象，都是有一技之长的能人。目前盐铺村党支部共有党员28名，45岁以下的发展能手达到100%。

三是建立一套完善的管理制度。通过农村党员、干部主题教育活动的开展，重新制定和完善了各项规章制度，党务公开、村务公开做到了"六规范一满意"，促进了村级工作的规范。如2008年盐铺村招商引资引进了安徽省庆元堂徽菊有限公司，该公司已在我村建设办公楼和生产车间，在菊花基地建设和征用土地两件事上，就有部分村民持有不同意见，我们按照"一事一议"的制度，通过多次召开村民代表会议和户主会，终于赢得了村民的理解和支持，项目得以顺利开展。

四是切实关心困难群众和弱势群体。盐铺村党支部在狠抓党建基础工作的同时，注重以服务型支部为导向，狠抓经济，为群众办实事、办好事，努力做好为民服务工程。村党支部坚持把关心帮助困难党员群众生产生活作为农村党员、干部主题教育活动的重要内容。2009年春节期间共走访慰问困难党员群众16人次，送出慰问金3000元。三年来，共发放慰问金1.2万元，其中大部分是党员干部个人捐助。"一人有难，八方支援"，茶下村民组村民张阿贵，在儿子媳妇双双不幸生病去世后，留下8岁的孙子，而张阿贵本人瘫痪在床多年，一家三口如今只能依靠60多岁的张阿贵老伴，生活甚是凄惨。村党支部为该户办了低保，及时送去慰问金500元，并把该户作为重点困难户进行帮扶。

五是实行为民服务全程代理制度。我村还在全镇率先设立了为民服务全程代理室，制定了规章制度，确定了代办员。医疗保险、建房申请、小额贷款、计生服务、户籍申报等与群众密切相关的事项全部纳入村干部为民服务全程代理范围，并规定限时办结。这些实实在在的事，群众看在眼里，喜在心头，对村"两委"的评价越来越高。2009年为民服务全程代理的事情有记载的就有40多件，受到村民的好评。

问：我们听说您为村民做了很多实事，深受村民的欢迎，被他们誉为"非常称职的第一书记"，使他们深为感动，不愧为实干家。您能具体谈谈吗？

答：感谢大家对我工作的认可。在我任职期间，我和村"两委"一起，就村里的基础建设、经济发展和民生工程，主要抓了以下十件实事：一是修了一条路。要想富，先修路，这是大家都知道的事实。到村后，我把修路作为第一件事来抓，通过多方争取上级的支持，投资100万元拓宽并黑色化了进村道路，解决了发展的道路瓶颈问题。其后又陆续修建了村内道路，目前全村道路硬化9公里，并大部分已经实现黑色化，村民家家门口都通了水泥路。二是建成了一个基地。为加快农民致富步伐，通过多方考察，在取得县科技局的支持后，盐铺村把种植菊花作为促进农民增收的主攻工程。通过党员示范带动，目前，建成了1300亩菊花基地，产值超过1200万元，并通过国家农业标准化委员会验收，认定为有机黄山菊花示范基地。三是成立了一个农民专业合作社。在农民通过种植菊花增收后，为更好地推进菊花产业，盐铺村又成立了黄山市盐铺特色产业（菊花）农民合作社，通过合作社的方式把松散的农民组合起来，大步走市场，并获得成功，合作社也被（黄山）市委市政府认定为黄山市示范农民合作社。四是建了一座保鲜库。为增加菊花的附加值，更好地提高农民收入，我又利用选派项目资金4万元，并结合新农村建设专项资金建成了一座菊花保鲜库。五是引进徽菊开发项目。该项目总投资800万元，新建有机菊花示范种植基地200亩，加工车间和办公楼3000平方米，实现当年投产当年见效，当年产值800万元，给盐铺菊花未来的发展打下坚实的基础。六是建了一个水库。在菊花经济大步发展的同时，为寻求更好的发展，盐铺村又尝试发展乡村旅游，在塍上村民组废弃的地方修建了一座蓄水10万立方米的水库，利用水库和周边良好的生态环境发展乡村旅游。七是成立了一家公司。为使乡村旅游市场化发展，尽快使水库发挥作用，盐铺村集体以固定资产折资入股黄山绿风实业有限公司并占51%的股份，以经济实体为依托，以建设生态农庄为龙头，推动乡村旅游的发展。生态农庄项目就在水库的基础上建设，目前已投入资金2000万元，建成了垂钓中心、建筑面积1200平方米的接待服务中心主楼、占地2000平方米的农民公园、长4公里宽5.5米的沥青路面乡村旅游道路、沿湖可提供吃住的小木屋。

2008年又通过"一事一议"，决定将村集体控股的黄山市绿风实业有限公司名下的状元湖和重庆丰姿旅游开发有限公司合作，建设徽州山越民俗风情园，单这一项每年可为村集体创收10万元以上，既解决了30余名劳动力的就业，又彻底改变了村集体经济薄弱的面貌。目前，生态农庄餐饮部、沿湖小木屋、垂钓中心及徽州山越民俗风情园均已开业，2009年接待人数达10万人次，旅游总收入600万元。八是建了一座村委会办公楼。为解决村委会办公和发展乡村旅游，我村2006年底建成了集村"两委"办公、接待、餐饮于一体的综合楼。随着乡村旅游的进一步发展，办公场所和经营场所分开成了必须，我们经过村"两委"研究，决定另建一栋独立的、标准化的办公场所，有标准化的党员活动室、农村文化娱乐场地、计生服务室等。该楼为3层徽派建筑，面积400余平方米，总造价30余万元，现已建成并投入使用。九是建了一座垃圾焚烧炉。为建设乡风文明、村容整洁的社会主义新农村，我村聘用了六名专职卫生保洁员，负责各个村民小组的卫生保洁和垃圾运输工作，并投资10万元配套建设了一座垃圾焚烧炉，以便于垃圾的集中堆放和统一处理。十是建了一个公园。为美化村庄，我们投资10万元把村口的臭水塘改建成了一个农民公园，既美化了村庄，又使农民在农闲之余有了健身的好去处，实现了一举两得。同时建成了一个农民新村。在多次召开村"两委"会、党员会和村民代表会，充分讨论的基础上，邀请有关部门制订了盐铺村新农村建设规划，农民新村工程规划占地面积1万平方米，建筑面积1万平方米，农民新村建设一、二期项目25套农民住宅已全部竣工。通过上级党委、政府的大力支持和广大村民的不懈努力，在不远的将来，一个"生产发展、生活宽裕、乡风文明、村容整洁、管理民主"的盐铺村将展现在风景秀丽的夹溪河畔,车水马龙的慈张线旁。

访问人员:我们在农村社会调查中,也调查了许多下来任职的第一书记,很多人像你一样,为建设社会主义新农村献出了自己的智慧和汗水,也有的人不知道怎样去做,您为第一书记做出了一个榜样,向您学习,非常感谢您!

三 要做为乡亲办实事、办好事的可靠人——清华大学博士、休宁县副县长、盐铺村第一书记田雨润访谈记

访问对象:田雨润
访问时间:2009年6月3日上午
访问地点:盐铺村委办公室
访问人员:周艳 刘顺进 王文燕

问:田雨润同志,您是一个物理学博士,您是怎么到盐铺村来的?

答:经选拔、考核,受清华大学党委组织部委派,于2005年10月到江苏省常州市挂职,担任新北区(国家高新技术产业开发区)区长助理。2007年5月到安徽省黄山市挂职,任休宁县副县长兼休宁县海阳镇盐铺村党支部第一书记。

问:您既是盐铺村第一书记,又是休宁县的副县长,请您能谈谈对当前我国农村发展的一些体会和建议,以便大家共享。

答:我结合在盐铺村任第一书记和在副县长职责内调研、学习到的很多农村的情况,简单谈几点初步体会,不限于盐铺村本身,而是尽量发掘出具有普遍代表性的想法。盐铺村的特点在于它是城郊村,有一位能人书记和他所带领推进的特色资源产业化。

全国农村共有的核心资源就是集体土地。但是现有的集体土地在农村产业化发展和城镇化发展当中存在着诸多的限制,一方面是基本农田的红线,另一方面是产权性质上的不完整,这样的情况在城郊村和皖南山多地少的农村体现出来的矛盾更加明显。富裕农民,解决农村问题的根本途径就是减少农民数量,使得原本禁锢在一块地、一栋房上面的一家一户、单打独斗的农民融入产业化和城镇化的大协作、大经济当中去,发挥出大得多的人力资源效益。

第十八章 问卷分析和访谈

问：请您谈谈怎样实现这个目标？

答：为了实现这样一个目标至少需要解决三个重要问题：一要加强农村的教育投入和教育保障，让越来越多的农村年轻人有足够的素质和技能走出农村、脱离土地，到城镇、到市场当中就业、发展、安居，从而变成市民。二要积极探索和推进农村耕地的流转集中，把一块块巴掌大的耕地集中起来，推进农业产业化、现代化的进程，用更少的人、更大的投入、更先进的设备、更科学的管理实现农业产出、质量、效益的大幅度提升，使得我国由千年农业大国向世界农业强国的本质转变。三至少要在城镇郊区的农村探索和推进集体土地的完全产权化，让城郊村能够更加顺畅地融入城镇，加快城镇化进程。另外，还有一个重要问题，就是不能从概念上或者实际操作上把新农村建设片面地理解为在所有的村庄进行大规模的基础设施投入，在过于边远、过于分散的村庄进行这种投入实际上存在着巨大的资源浪费，短期看起来面貌一新、皆大欢喜，长期看起来实际是有悖于城镇化大趋势，也会对解决农民问题产生阻力。

问：还想请您谈谈农村经济发展和加强社会管理的关系。

答：农村的经济发展和社会管理功能是可以也应该适度分开的。现在，在全国各地有名的富裕发达村，无一例外的都是"能人经济"，即一个或几个能人利用本村的土地或特色资源，推进农业产业化或者直接搞工业，从而使得一个村成为一个工厂或者产业集团。但是，这种模式并不具有在全国大面积推广的可能，因为特色资源和时代机遇是几十年不遇的，而带头的能人更是万里挑一。而且，这些所谓能人的出现，正是由于特殊的时代使得他们当中大部分人没有享受到必要的教育资源和发展机会，而不自觉地留在农村的。而现在的时代则是通过教育和发展机会，农村的人才大批流向城市的时代，所以，以后的农村能人也会越来越少了。但是，中国农村问题的解决进程不是由偶尔出现一两个"超级村"来代表的，而是由不断地改变成千上万个贫困、落后村来代表的！

问：那么您认为怎么解决好这一问题？

答：随着农村人才的向外输出，现在，在一些地方村"两委"主要干部要不就是年过花甲、老成持重的老村干部，要不就是在村里有一定宗族或财产实力的"大户代表"。但是，前者一般都是安于稳定的维持现状，很难有什么发展的热情，而后者参选村干部的主要目的往往是通过在一定程度上掌握集体资产来获取各种途径的个人利益,与我们希望的情况已经出现越来越大的差别了,长此以往甚至有可能影响农村的和谐与稳定。因此,我觉得农村的经济发展职能应该通过搞活制度越来越多地交给市场和企业来承担,而不应该单纯依赖个别无私奉献的能人。而农村的社会职能倒是可以在大学生村官、社会志愿者等有一定公共管理素质的年轻人的帮助下由村"两委"干部来继续承担,总之村干部应做为乡亲办实事、办好事的可靠人,适当强化村级组织对村民的社会服务职能。

四　盐铺是个富裕起来的移民村——盐铺村委会主任曹长来访谈记

访问对象: 曹长来(盐铺村主任)
访问时间: 2009年6月3日上午
访问地点: 盐铺村委办公室
访问人员: 周艳　刘顺进　王文燕

问: 主任您好,盐铺村是中国百村调查中的一个村。今天能有幸请到您来,先请您简单介绍一下自己。

答: 我是安庆怀宁江镇人,新中国成立前父母逃荒来这里的,现在父母还健在。后来父母将爷爷奶奶接了过来。我1998年3月8日进入村委的,1999年我当村委副主任,2002年任主任。我们村发展好的产业是菊花产业。

问: 请您谈谈你们村的菊花产业是怎么发展起来的?

答: 盐铺村现在290户,1090人,1999年开始农村产业结构调整,种植经济作物,粮食种植两百多亩,其余的土地都种菊花。2003年从源芳乡引进贡菊,当时只是搞了试点,老百姓不太支持,每亩能产3000元。2004年我种了五亩地,每亩能产4000元,并且上门收购。现在种植范围大了,2008年盐铺村贡菊种植有1300亩,并且有了庆元堂品牌。当然,从2006年开始,菊花难种,主要是病虫多,有牙虫、蛾虫、花心虫等,我们防治都用生物药。我们村旅游业也很好,山越风情园,每年给村至少创收20万,盐铺村占20%的股份。平均每天有400人次。新农合建设好,村民100%参合。村庄卫生工作做得好,安排有统一的保洁员,道路旁设有垃圾桶,村中有垃圾中转站、焚烧炉。

盐铺的经济现在很好，2008年人均收入10252元，2007年人均收入10018元。

问：据说这里是个移民村？

答：我们村70%是从安庆移民来的，可以说是移民村。2001年、2002年《安徽日报》报道的"细访安庆村"说的就是我们村。

问：能不能告诉我们盐铺的由来？

答：我们这里当时是囤积盐的地方，歙县、祁门的盐都运到这里，在这里囤积，盐都从新安江运来，走水上路。有60米长的码头，是大石头做起来的，1971年的时候洪水冲坏了码头，遗址现在还在。

五　让梦想的阳光照进现实——海阳镇盐铺等村大学生村干部访谈录

访问对象：王文静（女）（盐铺村书记助理）
访问时间：2009年6月3日中午
访问地点：盐铺村委办公室
访问人员：周艳　刘顺进　王文燕

问：你先自我介绍一下？

答：我1987年出生于休宁县，在家是独生子女，湖南师范大学法学院毕业，2008年8月来盐铺村做书记助理一职，属于省选聘生。

问：能不能说一说你当时为什么选择来这里工作？

答：2008年5月报名了当时省选聘生招生考试，当时全省招640人，黄山市要60人，休宁县要9人，当时全省报名考试的有3000多人，6月在安徽农业大学考试的。招考简章上说以后考公务员、事业单位每门可以加两分，随考随走，签了合同，服务期三年。毕业后就业压力很大，找工作很难，同时又认为这份工作很能锻炼自己，为家乡出力，所以就来了。

问：你能不能简单地介绍一下你目前的工作状况？

答：我们上班时间为周一到周五上午8:30~11:30，下午2:30~5:30，周末这边如果有事情的话要来上班，基本上每周休息一天。我每天都在忙，但不知道在忙什么。工作很琐碎，来这边领导视察、调研的比较多，那我就要准备材料，做好服务工作。

问：你目前工作存在哪些困难？

答：工作一开始很陌生，都是自己慢慢地摸索，而且我工作的时间比较短，经验也不足。

问：三年满了后，你对自己的职业选择有何打算？

答：三年后工作很迷茫，心里没底。我想先参加司法考试，我是学法学的，打算报考公务员，随考随走，但是这种考试很难。

访问对象：余春艳（女）（万全村书记助理）
访问时间：2009年6月3日中午
访问地点：盐铺村委办公室
访问人员：周艳　刘顺进　王文燕

问：你先自我介绍一下？

答：我1984年出生于休宁县，2006年毕业于六安学院，主修文秘专业，2007年10月来任万全村书记助理，服务期限两年。

问：能不能告诉我们你当时为什么选择来这里工作？

答：我毕业后在黄山市强力化工公司工作了一年，工资待遇还好，但是工作不稳定。2007年黄山市招聘村干部，休宁县要64人，海阳镇要6人，我报名参加并被录取了。我当时来主要是想在基层锻炼自己，想着大学生村干部离公务员应该更近些。

问：你能不能简单地介绍一下你目前的工作状况？

答：我现在的工作分为两部分：镇里的工作和村里的工作，镇里把我们借调到村里，工作以村里为主，工作很忙。我们的工资是1400元加上每月的交通补贴100元。当时招生简章上说有三险，但目前还没有落实。

问：2009年10月你的服务期限满了，你对自己的职业选择有何打算？

答：可以很直白地说，我站在跳板上等待机会，时刻准备着，真是望穿秋水，机会很渺茫，心里没有底。希望能转为正式的编制，真的不行的话，可以再续聘。

访问对象： 杨帆（男）（杨村主任助理）
访问时间： 2009 年 6 月 3 日下午
访问地点： 盐铺村委办公室
访问人员： 周艳 刘顺进 王文燕

我先自我介绍一下，我 1983 年出生，2005 年毕业于安徽警官职业学院。

问：你当时为什么选择来这里工作？

答：毕业后在休宁县公安局干了两年协警，是合同制的。当时认为目前这份工作比较正式，社会地位好。

问：你能不能简单地介绍一下你目前的工作状况？

答：杨村有三百多户人家，759 人，村里的矛盾纠纷比较多，这几年村民的法律意识有提升。我们的工作解决纠纷的比较多，一般都是调解。事情多而杂。

问：你对当前的工作有什么要求？

答：逐步完善村务公开制度，保障村干部的待遇。

问：你对自己的职业规划有何打算？

答：我想考个编制，留在农村自主创业。

访问对象： 曹慧萍（女） 海阳镇综合治理中心
访问时间： 2009 年 6 月 3 日下午
访问地点： 盐铺村委办公室
访问人员： 周艳 刘顺进 王文燕

我先来自我介绍一下，我 1986 年出生于休宁县，2008 年毕业于安庆师范学院，主修法学，2008 年"三支一扶"招聘，我被录取在海阳镇综合治理中心工作,服务期限两年。

问:你当时为什么选择来这里工作?

答:毕业后就业压力很大,也很想在基层锻炼自己,以后写东西有实际的材料,把学到的东西更好地利用起来。

问:你现在的工作怎么样?

答:天天很忙,经常加班,如清明节前后一天我们都在山上工作,害怕农民上坟发生火灾。在综治中心工作,办公室的日常工作比较多,经常做表格。我们的工作很贴近老百姓的实际,需要解决老百姓的实际问题,这要求有很强的工作能力,工作方式也要有技巧,理论要和实际结合起来。工作让我得到了很多的锻炼。

问:你对当前的工作有什么要求?

答:我每月只拿800元,我的父母是下岗职工,我不想再从他们那里拿钱,可是800元真的不够花,希望单位能给点补贴,这就需要上级有正式的红头文件明确规定。也希望政策衔接起来。

问:你对自己的职业规划有何打算?

答:当时招考的文件说两年后有空编的话给编制,这种说法对我们来说很迷茫,我们不希望被遗忘,希望上面能给我们个确定的答案,让我们工作有动力。我打算以后留在黄山,因为我的家就在这里,父母的身体不太好,我也很喜欢徽文化,想为这片土地做点贡献,还有我很喜欢这里的生活节奏、生活环境。我准备参加司法考试,报考公务员,解决后顾之忧。

附 录

中国百村经济调查调查总课题组于2009年11月8日至10日在休宁县盐铺村召开了中国农村发展模式研讨会暨百村调查第三次工作会议。因此，本书在内容上承载着两个任务，一是魅力盐铺，二是来自中国农村发展模式研讨会暨百村调查第三次工作会议的报告。会议在研究推进"中国百村经济社会调查"的同时，对中国农村发展模式也做了认真深入的研讨。所以附录收集了：《中国农村发展模式研讨会暨百村调查第三次工作会议会议纪要》和《山区经济大有可为——中国社会科学院陆学艺教授与休宁县委书记胡宁的对话》。

附录1　中国农村发展模式研讨会暨百村调查第三次工作会议会议纪要

2009年11月8～10日，中国农村发展模式研讨会暨百村调查第三次工作会议在安徽省黄山市休宁县凤湖烟柳度假酒店召开。出席会议的有中国百村调查总课题组负责人、著名社会学家、中国社会科学院荣誉学部委员陆学艺，中国社会科学院学部秘书长何秉孟，中国社会学会秘书长、社会科学文献出版社社长谢寿光，安徽省人大常委会副主任朱维芳，黄山市政协副主席、休宁县县委书记胡宁以及当地政府的代表。来自安徽、北京、江苏、新疆、宁夏、广州、河北等全国各地社会科学院、高校、党校以及党政研究机构的中国百村调查分课题组负责人40余人参加了会议，社会科学文献出版社皮书出版中心主任邓泳红等也出席了会议。本次会议由中国百村调查总课题组主办，中国百村调查安徽分课题组承办。

一　会议主题

中国百村经济社会调查（简称百村调查），是继全国百县市经济社会调查之后又一项由中国社会科学院组织协调的大型国情调查研究项目，进行此项大规模的国情调查，同样是为了加深对我国国情的深入了解，特别是对全国农村、农民、农业现状和发展有一个科学的认识。1998年百村经济社会调查被列为国家社科基金重点项目，国家新闻出版总署同时将该课题列为"十五"国家重点图书项目。2009年2月13日，全国哲学社会科学规划办公室又下达文件同意该项目延至2011年12月完成。此次会议的主要任务：一是研讨"三农"目前的形势和问题及中国农村发展模式；二是总结前一段百村调查的经验和不足；三是确定新的调查点和商讨下一步的工作。

二　会议内容

本次会议分为研讨会开幕式、研讨会、工作布置三个部分。

1. 开幕式

开幕式上，安徽省人大常委会副主任朱维芳出席会议并致辞。她指出，新形势下推进农村改革发展关系到党和国家事业发展的全局。社会科学工作者对农村发展模式的研究具有重要的现实意义。始终坚持关注农村、农民、农业，表达了社会科学工作者的一份赤诚之心。

同时，朱主任向参会代表介绍了安徽近期的发展态势。她说到，安徽不仅历史悠久、山川秀美，而且人才辈出，有着璀璨的文化。当前的发展更是充满激情，尤其是胡锦涛总书记两次来到安徽并指出安徽具有科技、区位两大优势以后，安徽在推动区域经济发展上积极参与"泛长三角"的构建，在推动科技创新上积极构建"合芜蚌自主创新综合配套改革试验区"，取得了令人瞩目的成绩。接着，朱主任结合会议主题充满感情地向与会代表介绍了会议承办点休宁。朱主任说道，目前，我国正经历着城乡一体化、城乡协调发展的新阶段，城乡经济社会各个方面都呈现出很多新的特点、新的变化。党的十七届三中全会提出了"统筹城乡发展，实现城乡社会发展的一体化"的目标。在实现城乡一体化的农村发展模式中，休宁县也是一个典型。朱主任的致辞立足于宏观，落脚于微观，让与会代表了解了安徽当地的发展特色，受到了与会学者的热烈欢迎。

黄山市政协副主席、休宁县委书记胡宁也出席会议并致欢迎辞。他提出了三个理论问题：第一，中国农村发展的理论研究已经滞后于实践。新农村建设无疑需要理论指导，需要理论构建。但从现实来看，实践已经远远走在前面。我们的理论可能已经滞后于实践。本次研讨会的主题是中国农村发展模式研究，又是百村调查的工作会议，对于推动理论的构建来说，具有重要意义。第二，中国农村发展的政策严重滞后于实践，具体表现在政策往往不能覆盖全部地区。如果不同地区实施同样的政策，那么，地区差异如何体现？政策也应该因地制宜，才能实现区域的和谐发展。第三，社会科学的研究滞后于实践。社会科学的成果要经得住实践检验，并能够指导实践。最后，胡宁书记真诚地表达了希望能够通过百村调查这项科研工作，指导、改善落后地区的发展面貌，让老百姓富起来，生活好起来。

2. 中国农村发展模式研讨会

在研讨会上，陆学艺、何秉孟、谢寿光分别做了学术演讲。中国百村调查总课题组负责人、著名社会学家、中国社会科学院荣誉学部委员陆学艺研究员发言的题目是《农村改革发展的前景是实现城乡经济社会发展一体化》。

【陆学艺】 十七届三中全会的《决定》明确指出了"我国农村正在发生新的变革，我国农业参与国际合作和竞争正面临新的局面，推进农村改革发展具备许多有利条件，也面对不少困难和挑战，特别是城乡二元结构造成的深层次矛盾突出"，同时指出目前"农村经济体制尚不完善"、"农业发展方式依然粗放"、"农村社会事业和公共服务水平较低"、"区域发展和城乡居民收入差距扩大"等问题。《决定》第一部分的最后说：现在已进入要"着力破除城乡二元结构"的重要时期。这样阐明"城乡二元结构造成的深层次矛盾突出"，也就是说这是"三农"问题的病根，今后要"着力破除城乡二元结构"。这样的论断，在党中央的文件上，还是第一次。十七届三中全会的《决定》指出了"我国总体上已进入以工促农、以城带乡的发展阶段，进入加快改造传统农业，走中国特色农业现代化道路的关键时刻，进入着力破除城乡二元结构，形成城乡经济社会一体化新格局的重要时期"。这段不足百字的论述，把目前我国农村改革发展的时代特征、指导思想、目标任务、方针路径都说清楚了。关键问题有两个，一是"形成城乡经济社会一体化的新格局"，这是战略目标，是要达到的根本要求；二是"着力破除城乡二元结构"，这是大的方针。古语云：不破不立。前面讲过三农问题的病根是城乡二元结构，不破这个二元结构，三农问题就解决不好，城乡一体化就实现不了。这两句都是十七大以来的新话，是新的共识，是改革开放30多年来解决三农问题的经验和教训的总结。

党和国家从中国特色社会主义事业总体布局和全面建设小康社会的战略全局出发，提出了要形成城乡经济社会一体化新格局的战略目标，具有十分重要的意义。

实现城乡经济社会一体化是一个远大的宏伟目标，第一步的任务是先要形成城乡一体化的新格局。《决定》提出"到2020年，农村改革发展的基本目标任务是：农村经济体制更加健全，城乡经济社会一体化体制机制基本建立"等六个方面的目标和任务。现在的情况是，城乡是二元的，两种结构，两种体制；一头先进，一头落后；一头富裕，一头贫困；城市发展快，农村发展慢。中央虽然已经提出，现在已经到了工业反哺农业、城市支持农村的历史阶段，采取了多予、少取、放活的方针，在实际工作中也确实实行了许多支农、惠农、强农的新政策、新举措。但是因为城乡二元分割的体制还没有改过来，在实践中，现行的剪刀差、征地、财政、金融、农民工等体制，限制了农民生产积极性的发挥，也阻碍了农村生产力的发展，再加上这些体制像抽水机一样，使农村的土地、资源、资金、劳力、人才源源不断地向城市倾流。这就是为什么2002年十六大就提出了要使"工农差别、城乡差别和地区差别的趋势逐步扭转"的任务，不仅没有完成，城乡差距反而在逐年扩大的原因。可见，不改革这种城乡二元结构和体制，要形成城乡经济社会一体化的新格局是不可能的。

30年来，我国三农工作取得了巨大的成就，而这些成就是在农村改革还没有完全到位，还是在城乡二元经济社会结构的背景下实现的。十七届三中全会《决定》提出，今后要着力破除城乡二元结构，形成城乡经济社会一体化格局。这项改革如能真的到位了、实现了，诸如计划经济体制条件下形成的户口制度、土地制度、社会体制、财政体制、社会保障等体制机制也都能通过改革，把问题解决好了。在农村，也实现了社会主义市场经济新体制，同城市的社会主义市场经济体制衔接起来，城乡经济社会一体化的格局就形成了。做到了这一点，必能把亿万农民的积极性进一步调动起来，投入到社会主义现代化建设中去，农业增产，农民增收，农村繁荣、社会稳定的局面就是必然的。过去我们常说"没有农业现代化就没有国家的现代化，没有农村繁荣稳定就没有全国繁荣稳定，没有农民全面小康就没有全国人民全面小康"。如果我们真能按照十七届三中全会的决定，实现"破除城乡二元结构，形成城乡经济社会一体化新格局"，那么中国特色的社会主义现代化，国家的繁荣稳定和全国人民的全面小康就能够实现。

中国百村调查总课题组负责人、著名学者、中国社会科学院学部秘书长何秉孟发表了题为《践行科学发展观，深化县域现代化研究》的演讲。

【何秉孟】 改革开放30年来，在中国特色社会主义理论指导下，我国人民开始了向社会主义现代化强国进军的伟大事业，创造了极其丰富的实践经验。其中，推进我国农村县域现代化的实践经验十分珍贵。认真总结这方面的经验，对于践行科学发展观，完善、开拓中国特色社会主义道路，推进社会主义现代化事业，具有重要意义。

古人云，"郡县治，天下安"。治理好了县域，县域富足了，老百姓富裕了，天下才能和谐。可见，坚持以民为本，贯彻科学发展观，落实科学发展观所提出的五个"统筹"，特别是统筹城乡发展、统筹区域发展、统筹经济与社会发展，就必须扎扎实实地探索农村发展道路和模式，推进县域现代化。只有占我国国土面积、人口总数均将近70%的2000多个县（市）中的绝大多数县（市）都实现了现代化，我们才能理直气壮地宣告我国基本实现了现代化。因此，推进县域现代化有重大战略意义。

探索我国农村可持续的发展道路，加速县域现代化进程，既是推进整个中国现代化的需要，同时对于当前应对国际性金融危机，转变经济发展、经济增长方式也具有重要意义。对于13亿人口的大国来说，经济对外依存度过高是危险的，依靠出口拉动经济增长是不可持续的！必须以应对国际金融危机为契机，实现以内需拉动为主的经济发展、经济增长方式的转变。而要实现内需拉动为主，前提要提高老百姓的消费能力，让老百姓的腰包鼓起来。我国县级以下区域的农村居民占全国人口总数的近70%，农村农民的消费能力没有一个较大的提高，就很难实现真正的现代化。所以，从这个意义上来说，切实地解决"三农"问题，推进县域现代化，对于实现以内需拉动为主的经济发展、经济增长战略，具有根本性意义。

推进县域现代化，是全党的一项战略任务。哲学社会科学战线是党和政府的思想库、智囊团，在这方面负有重要使命。对于哲学社会科学工作者来说，只有总结、研究人民群众推进县域现代化的实践经验，在此基础上进一步进行理论抽象，使之上升为符合我国农村、县域现代化客观规律的，具有普遍指导意义的理论，为改革开放和现代化建设提供经得起实践检验的理论支撑，才能成为思想库、智囊团。20年前我们设立"百县市情调查"重大课题，随后又设立"百县市情追踪调查"和"百村经济社会调查"这两个国家重大课题，既是为了完成邓小平同志提出的"摸准摸清国情"的任务，同时，也是为了总结、研究人民群众推进县域现代化经验。探索中国农村的可持续的发展模式，为尽快让8亿农民富裕起来作出贡献。

中国百村调查总课题组负责人、中国社会学会秘书长、社会科学文献出版社社长谢寿光也作了演讲，他演讲的主题是"社会学的乡村研究是观察、研究、把握乡村变化的最佳视角"。

【谢寿光】中国是一个农业大国，乡村研究是中国社会学研究的特色和传统，我们要研究中国的变化，就要研究中国在改革中演变着的村庄，中国百村调查是一部系列的中国乡村研究的图书，我们要选择最佳视角，写出在学理上和学术上能够诠释的、能够在世界产生影响的作品，我们通过社会学的方法描写分析，留下珍贵的历史资料。

通过胡宁书记的发言，我们对这一点有了更深刻的了解。作为一名学者型的基层官员，作为曾经的黄山日报社社长，胡宁的欢迎辞热情而务实，发言感悟情真意切，他对理论工作者的期望对我们课题组每一位成员来说都是沉甸甸的。这种迫切对于我们继续做好百村工作，让百村的研究真正成为反映21世纪初期乡村变化的历史记录，真正成为新时期乡村研究理论构建的基石来说，是最好的动力。

围绕编好这一套系列丛书，我们要进行乡村现代化的研究，我们有自身的文化特色，传统文化的继承，中国现代化建设只能走自己的道路，不可能重复西方的道路。实现城乡一体化是传统社会向现代社会转型的必然道路。乡村的现代化是中国现代化的标志。

中国乡村研究是把握中国当代问题的最重要的视角，现实层面的问题在三农研究，城市问题从乡村的视角观察，乡村土地问题引发出来的社会群体问题。毛泽东说过，中国的问题是农民问题，农民的问题是土地问题，我们要选择一本书、一个村落诠释农民转化为市民的过程，力争从体制和制度上解决好这些问题。城乡一体化，就是城乡居民权利要平等、要一体，要尊重农民自身的选择权。

站在出版者的角度来看，知识产生的力量是加速的，2008年，我国共出了24万种图书，新书18万种，大书店都摆不下这一年出版的图书。社会学的书籍每年也有2000本，经过时间的考验后真正留下了哪些呢？所以通过这次会议，抓住这个时机写出有价值有特色的东西来。我们要抓住特色、提炼特色、写出特色。正如大家所说的，在十部、二十部书中能有一两部像费孝通先生的《江村经济》那样，成为新的《江村经济》。

3. 工作布置

陆老师首先结合全国百县市调查和社会分层的研究，提出百县市的调查只是中观的研究，而社会科学的微观研究则需要进行村庄调研。百村课题立项11年来，农村的发展到了一个新的阶段，在这个农村社会快速变迁的时代，百村调研继续深入正逢其时。社会科学研究部门来自五大系统：大学、社会科学院、党校、政府研究中心、军队研究机构。百村调查课题的研究希望能够集合这五大系统研究部门的科研力量，做出真正经世致用的研究成果。

中国社会科学院社会学所张厚义研究员在发言中讲到，我们的研究跟改革开放同步，农村研究从1989年开始，主要是农村变迁和农民分化。当时我参加陆老师主编的《改革中的农村与农民——对大寨、刘庄、华西村等13个村庄的实证研究》，现在开玉还经常提到这本书，我感到很大欣慰。调研必须要沉下来，必须住进村里，要和农民交朋友，要知道农民在想什么、干什么，从心里理解、了解他们。

安徽分课题组负责人王开玉研究员以"特色·合作·探索"为题，介绍了安徽课题组承担的合肥市的老洪村、霍山县的落儿岭村、休宁县的盐铺村课题的进展情况。他认为，选点首先要有特色，特色就是价值。从安徽课题组的选点来看，老洪村的土地全被征用，成为城市的政务区，当地农民在化为市民的过程中，不仅完成了户籍身份的转变，而且完成了职业身份的转变。落儿岭村是乡村工业化的一个典型，走出了一条由集体经济到合作经济的路径；她还是一个革命老区，在改革开放中，继承传统，发扬了"新红军文化"。盐铺村是一个徽商云集的典型村，具有特色。我们只有尊重徽文化才能写好徽文化。盐铺村也是村镇一体化的村落。

合作就是和当地政府的合作，组织各方面力量的合作。从百村调查经费短缺、工作量大、任务繁重这些实际情况出发，只有各方面通力合作，才能形成合力，克服困难。以合肥市老洪村为例，我们就是在合肥市政协副主席盛志刚的引领下进入老洪村的，我们将继续合作完成课题。在落儿岭村，我和县委束学龙书记共同担任课题组组长，盐铺村课题也是在胡宁书记的倡导下完成的。

探索就是要像费孝通先生写《江村经济》那样，要沉得下去，要吃得苦，要专心致志，板凳能坐十年冷。要不断地分析、研究、提炼，把百村调查成果做成一本研究村落的渗透、凝聚、展现学术思考的学术著作，才能写出像《江村经济》那样的著作。

中国社会科学院王春光研究员讲到，如何做出特色，理论如何指导实践，创新要靠努力，要沉下去。会上发言的还有新疆自治区党校王爱国教授、天津工业大学阎耀军所长、江西社科院马雪松研究员、贵州民族学院孙兆霞教授、佛山科技学院何真教授、河海大学社会学系主任陈阿江教授、河北省社会科学院周伟文研究员、吉林省社科院付诚研究员、华中农业大学钟涨宝教授、中共湖北省孝感市委党校苏格清教授、北方民族大学高法成老师、山东大学林聚任老师、福建行政学院李羿琼老师等，他们分别汇报了各自课题的进展情况、研究中的经验以及遇到的问题、下一步怎么做。

附录2 山区经济大有可为

——中国社会科学院陆学艺教授与休宁县委书记胡宁的对话

【陆学艺】改革开放三十多年来,中国的发展取得了很大的成绩,但是回顾这三十多年来的历程,在县域体制等方面,我们应该要有所总结、有所反思。我觉得,目前有一个大的问题,就是对县一级重视不够。自周秦以来,我国在省、地区一级相当的行政区划都有些变化,但是县一级在很长一段时期内没有什么变化,直到民国以后,国家才开始派干部到乡镇工作。而改革开放后地改市、地市合并,实行市管县,使县级少了一些自主的权力,多了一些发展的制约。所以今天搞得好一些的县,一般都有特殊的优势。比如福建晋江,因为有一个比较稳定的领导班子并且一代一代地接着干,现在成为福建的"老大"。这次来到你们这里开中国农村发展模式研讨会,我感觉休宁非常好,可谓是山清水秀、人文俱佳,确实有着难得的发展优势。同时,我知道休宁也是吴象同志的家乡,他多次同我谈起家乡,对家乡感情很深,也使我更加注意休宁发展这一课题。

在这次会议中,我还了解到胡宁同志在休宁县已经十年了,对县一级的发展有着很多的体会和经验,也有着更大的发言权。借这个机会,同胡宁同志聊聊,一来是想请你介绍一下休宁县的一些具体情况,二来是想请你谈谈,搞好一个县,需要做好哪些工作,包括在新农村建设等方面,需要上级哪些政策和支持。当然,越具体越好,好吗?

【胡宁】好的,与陆老见面,与何秘书长交谈,我感到十分高兴,也十分有意义。二位都是大家,我仰慕已久,对我来讲,今天是一次学习讨教的好机会。首先,我想从三个方面来介绍一下休宁的县情。

第一，历史的休宁。休宁从东汉建县开始，距今已有 1800 多年的历史了，是原徽州两个大县中的一个（另一个是歙县）。徽州"一府六县"，作为一个具有独特地域文化概念的板块，到 2008 年，也已经有 888 年了，在这 888 年中，除了有一段时间跟婺源结合在一起叫休婺县外，休宁一直没有大的变动。而从经济特征来看，休宁是一个典型的山区县，2151 平方公里的区域，素有"八山一水一分田"之说，如果把道路和庄园加起来，就是"七山一水一分田，还有一分道路和庄园"。目前，辖 21 个乡镇，190 个行政村，有 27.4 万常住人口，常年在外打工的农民约 5 万人。休宁也是一个典型的农业县，历史上的休宁，曾经被称为新安郡，在很长一段时间内，以林茶经济为主。同时，休宁还是一个典型的生态县，是全国生态示范区和安徽省首届十佳环境优美县。

第二，文化的休宁。文化的休宁怎么讲呢？因为休宁历史上，曾经出过许多在中国文化发展中都具有代表性的人物。比如"扬州八怪"之首的汪士慎，就是我们休宁人，是我们徽州的著名画家；比如朱元璋的重臣朱升，毛主席讲的"深挖洞、广积粮、不称霸"，就是受朱升的"深挖洞、广筑墙、缓称王"这句话启发而来的，而他也是休宁人。同时，从休宁走出去的，还有中国套色板画创始人胡正言、思想家戴震以及乾隆时期在北京修建四大名园的工部尚书、军机大臣汪由敦等，这一批人奠定了休宁在整个历史文化界的地位和形象，也构成了休宁历史文化的积淀。当然，其中最具一抹亮色的还是科举在休宁留下的辉煌。中国 1300 多年的科举历史中，总共诞生了 800 多名状元，而休宁一县就独占 19 席，这是何等的了得！所以 21 世纪以来，我们毫不犹豫地打出了"中国第一状元县"的品牌，现在看来，影响的确不小，意义极为深远。

第三，生态的休宁。所谓生态的休宁，首先在水。两年前，北大吴志攀副书记来休宁考察，回去后在《光明日报》上发表了一篇文章，题目是《休宁的水》，他在文章中指出，"休宁的水是财，休宁的财就是水"，让我们很受启发。徽州的母亲河是新安江，往下延伸便是富春江，再往下就是钱塘江，而这"三江"的源头都在休宁。虽然在这个问题上，曾经有过按南源、北源不同水系来划分，并由此对"三江"源头有过不同的说法，但科学考证说明，北源才是新安江的正源，也就是在休宁鹤城乡的六股尖，所以从

附录2　山区经济大有可为 ○ 中国百村调查丛书·盐铺村

某种意义上讲，水是休宁生态的重要源泉，也是财富的重要源泉。所谓生态的休宁，还因为我们这里是"徽杉仓库"，木材的蓄积量在安徽是数一数二的，休宁木材蓄积量位居黄山市第二，同时也是安徽省的第二。所谓生态的休宁，还有一个更为重要的是，休宁盛产茶叶，过去就有"祁红屯绿"的说法，其中的"屯绿"就是产自休宁。那为什么叫"屯绿"呢？因为屯溪在新中国成立以前是休宁的一个镇，只是后来才从休宁划出去的。古时候的屯溪，是徽州茶叶、木材等的重要集散地，而古代又常以集散地来命名某一个地方的物产，所以把从屯溪出去的茶叶叫做"屯绿"，但其实它的主产地就在休宁。中国历史上茶叶的出口，从古到今，以哪个地方的茶叶为最优呢？是以休宁的茶叶为最优。前几年，瑞典从一条叫"哥德堡"号的沉船里打捞出来的茶叶，经过专家的鉴定，全部是休宁的"松萝茶"，这也是休宁最古老的茶叶，同时也是被李时珍列入《本草纲目》当中的中国最古老的茶叶之一。当然，从生态这个角度讲，休宁还有很多生态资源。

【胡宁】陆老刚才提出的第二个问题，即如何看待现在的县域经济？我的感受是，中央适时提出要建设社会主义新农村和加强县域经济，这是非常有智慧和高瞻远瞩的，但是与城市规划和建设的进程相比，对于县域经济的发展，也应该要按照规律办事，循序渐进地开展工作才行。实事求是地讲，新中国成立60年来，是农业作出的巨大牺牲成就了我们国家的工业化、城市化、现代化。现在中央作出工业反哺农业，城市支持农村的部署，表明我们县域的发展到了一个新的阶段，这是社会成长的一个表现。但如何重视、如何加强、如何做好这件事？我觉得这是全国各地都亟待思考，也必须迫切解决的一个课题。尤其是对我们在一线工作的同志而言，这更是一个需要认真思考的问题。以休宁为例子来思考这个问题，结合我最近的一次党课报告当中讲到的"五四三二一"（告别五难，形成四块产业，打出三张牌，办两所学校，搞一项创新）来看，我觉得当前有以下几个问题尤其需要解决好。

一是"两出两进"的问题。所谓的"两出"是指资源、农民怎么出的问题；所谓的"两进"是指项目、资金要进，或者政策、资金要进。在一定程度上讲，还要加一点，我们的工作和观念还要进步。当然在"两出两进"的问题上，我们现在做得还不够好，首先在"两出"方面，只能说仅仅是局限于资源初步开发上，还没有经过深加工，更多的只是输出原木、原材料，较少有变成商品、变成产品，形成高附加值后再输出。而老百姓和农民出去务工，多半也只是"裸农"，没有技能，素养也不高，或者说得更为严重点，就是没有生存本领。他们在城市当几年临时市民，最终有相当的人还是要回到老家的，回来更可怕啊！从最初的不适应城市到最终的不适应家乡，问题可能会变得更多，也更难解决。其次，"两进"也有问题，从政策上讲，并不等于给钱越多就越好，给项目越多就越好，虽然从一般意义上讲当然是越多越好，但实际上未必。比如说，在有些地方老百姓本来就不太勤劳的情况下，给的钱越多，反而助长了老百姓依赖思想的滋生，而现在针对山区实际情况出台的政策又确实很少，山区百姓真的很可怜，有时我们也干着急。另外一个，新思想、新观念"进"的也不够，即发展的理念包括创新工作的理念，还有我们干部的理念的提升，都还不够。所以，我觉得在新农村建设当中，"两进两出"的问题还是要进一步做好。

　　二是"两放两调"的问题。做大做强县域经济是一篇大文章，也是中央和省市近些年来高度关注并加快推进的一项重点工作。作为县委书记，我很受鼓舞，也感到很有"放手大干一场"的机遇和信心，因为作为休宁这样一个山区县、农业县，要实现经济社会的加快发展，离开上级的支持，可以说将是步履蹒跚，而休宁这几年之所以有很大变化，与上级的重视、扶持和关心是分不开的，否则没有这么大的变化，这是心里话。

　　但是在"两放"的问题上，客观来讲，上级在有些方面放权还不够，县一级的机动空间还不是很大，有时候真是"螺蛳壳里做道场"，有劲使不上！比如讲，我们县里现在有些机构归上直管，从大的方面讲，可能有利，但要从县里本身讲，特别是从统筹发展来讲，未必有效。同时，我也真诚地希望上级对下级要更加放心，一级对一级要信任啊！这其中，我个人认为，如果解决不好县级政权功能问题，一级政府都没有相应的一级权力，最终是要影响执政能力和成效的。当然，县级政府更要积极勤勉，更要努力作为，真正为民，科学执政，依法执政。再有就是"两调"问题，即：一方面，山区农业产业结构要调整。这是一个大问题，也是一个很难的问题。大家年年喊、也年年都在做这个事情，但是步伐还不够大，力度还不够好。就拿这次正好也是作为一个调查点来研究的我们海阳镇的盐铺村的结构调整来说，从过去种水稻，到后来种蔬菜、种水果，再到现在种菊花、搞旅游，这个小村这十

附录2 山区经济大有可为 ○ 中国百村调查丛书·盐铺村

年来就经历了这么几个变化，才有了今天这样的一些成效，这也仅仅是个别的村，如果再放大到更大的范围，就有点茫然了。放大到县这个层次来考虑，你要想做结构调整这个事情，还缺少足够的资金和能力。当然在一个村，难不难？其实也难，然而它能够立竿见影。但是如果从一个县的角度来讲，就需要好好的研究这个结构的问题了。另一方面，山区政策要调整。这也是实现山区经济发展的关键问题，尤其是在像我们休宁这种生态比较好的地方的发展中，政策上就更需要扶持、需要鼓励，而遗憾的是，这一点没有引起中央足够的重视。生态补偿，在国外早就实行了，在我们国家，改革开放以前做得也还好，但是现在国力增强了，有能力了，反而这一方面的政策不见踪影了，我真有点想不通！在发展经济和做好农村工作的过程中，如果说在生态这篇文章上，光靠农民觉悟来抓这件事，这不现实；如果要让我们地方党委政府来承担这个无限的责任，更不现实。为什么这么讲？因为休宁是源头，所以我们的生态和绿化面积，在21世纪以来，是逐年以一个点、两个点的速度在增加，但到了一定高的比例以后，每增加一个点都是件很难的事情，这要做老百姓很多很多的工作。但是我们响应国家的号召，把老百姓造的林地全部划归为国家公益林之后，国家每年给予我们每亩公益林多少钱呢？去年只有4.75元，这点补贴，就要求老百姓不准砍一棵树，这很难做到。因为粮食的价格在逐年增长，老百姓在为生态保护作出贡献时，收入不增反而在持续下降。而在林茶经济的时候，山区的老百姓时常用麻布袋装钱进城来消费，现在却变成贫困地区了。林茶经济那个时候还可以吃便宜的返销粮，木材、茶叶的税收还有减免啊，现在都没有了，砍伐的指标也在逐年下降，列入公益林的一棵树不能砍，而面对粮食、蔬菜、就医、上学成本飞涨的这样一种状况，恐怕就是有再高的觉悟，也很难做到。

【陆学艺】你们县的林农有多少？

【胡宁】可以说，休宁80%的人口是林农，我们县平原很少，老百姓大多在大山里，但是我们的老百姓真的很令人感佩，为了保护生态，我们有的村是几十年没有砍一棵树啊！

【何秉孟】胡书记，你那4.75元是咋回事啊？

【胡宁】这个是国家财政每年拨付生态公益林的补偿资金，国家财政拨给省财政是每亩5元，经过全省统筹后，每亩扣除0.25元，余款每亩4.75

元发放到县财政。

【陆学艺】今年（2009年）是多少？

【胡宁】今年提到每亩10元了，已翻了一倍了，这是我们不断地通过人代会向上反映的结果。国家花大笔的钱在西部搞生态建设，而我们这里现在已经在这一块做得很好了。在有好山好水的地方，一定要保持良好的生态。我认为国家必须尽快出台一个生态补偿机制，否则这个事情就会很难保持下去。所以，现在老百姓返贫，我归结了几个方面的原因，就是因病、因灾、因政策。第一是因病，老百姓只要家里出现一个病人，这个家庭肯定是要返贫的；第二就是因灾，昨天的这场强对流天气，我们县有三个乡镇，120间偏房、正房损坏、倒塌，有将近5.9万人不同程度的受灾。第三是因政策，同时这也是最需要紧迫解决的问题，我感到，随着国家不断出台支农惠农政策，平原的农民很高兴，而山区的农民较之过去反而有些"压迫"感了，我这样讲也许有点欠妥，但我真想大声疾呼。

【陆学艺】你的思考和建议有价值。那么你对现在的农民工进城问题怎么看呢？

【胡宁】农民工进城，我研究不多，也没有搞过系统调查，但我认为当务之急是"两提两宽"要解决好。

所谓"两提"，首先是要提升农民、农民工的社会地位，不要让他们在城里经常"发呆"，不能歧视他们，这是全社会都要努力做好的一件大事。最近，重庆市搞了一个农民工之歌，我们安徽也办了农民歌会，这对提升农民、农民工地位很有意义。更为重要的是要提升劳动力的素质和技能。这是一个刻不容缓的问题。在这个问题当中，我们存在着"两个50%"的概念，即义务教育阶段结束以后，约有50%的人不能进入高中学习，高中学习结束以后，大约也有50%的人不能考进大学。这就意味着我们山区，只有1/4的年轻人可以通过就学这条路走进城市，而另外3/4的人就留在本地了，并成为我们县外出务工人员的主体。而包括这3/4的人在内，我们县一年外出务工的6万人中，除了能识字以外，几乎都没有什么劳动的技能，没有什么谋生的手段。所以进入城市以后就被边缘化了，尽管为城市建设作出了巨大贡献，却不能享受城市的文明，到老了还要返回乡里，那个时候恐怕农活也不会干了，因此对于他们来说，"出"和"回"都是个悲哀的事情。所以，我们同苏州一家企业共同创办了木工学校这个职业学校。木工学校到目前为止毕业学生203个,这203个学生我们给了一个特别的称号叫"匠士",是有别于博士、硕士、学士的称号。他们出去后人均年收入都在3万元以上。每个匠士的毕业都意味着一个家庭的稳定脱贫。但是以我们现在的财力来做这件事情,现在也仅仅只做到每年四五十人,因为一个木匠要顺利毕业,他在木工学校的两年学习中,至少要消耗掉四立方米的木材,还有其他的一些费用,对我们政府来讲,是一个不小的支出和负担,但确实这四五十人的效益还是比较好的。这仅仅是培养农民工的一种手段和模式。我们也有很多的政府的"阳光工程",有很多短期的培训计划,但我个人认为,木工这个行业和其他的不太一样。所以,我们不仅要解决他们出去有工作技能的问题,更要解决他们老了以后回来的问题。有技能、有素质,不仅可以减轻城市压力,也减少了县里的压力。

所谓"两宽",主要是对农民工要宽容,要拓宽就业,其中包括放宽政策限制,比如在户籍、小孩入学等方面,给予农民工一定的便利和帮助。当然这些事要解决起来很难很难,但包容、宽容是不难做到的,也是可以做好的。

【陆学艺】听说你们县是全国农村公益事业"一事一议"试点,现在进行得怎样?

【胡宁】是的。安徽的农村综合改革是走在全国前列的,而我们休宁在安徽的农村综合改革当中,也是走在前列的。比如,我们乡镇设立"两办一中心"、"三办一中心",进行党政领导交叉任职,建立"为民服务中心"等,都可以说是有创新性的。而农村公益事业"一事一议"的试点,全国是三省一县("县"就是我们的休宁县),也是直接列入国务院农村综合改革办公室的项目,我们已搞了两年,应该讲取得了巨大的成果。用基层干部的话来讲就是,"一事一议"把多年来想干而又无能力干的事情办了,群众拥护,当干部的也有信心了,这对巩固基层政权十分有利。

今年,安徽省委、省政府在休宁召开了全省"一事一议"工作的现场会。前天,《安徽日报》头版有一篇长篇介绍休宁农村公益事业"一事一议"试点的文章,这对我们是一个很大的鼓励。当然在这一过程中,其实我们也是在摸索前进,比如说,为保护好生态,我们把农村垃圾问题作为一个课题来做，国家不给钱，我们自己先干。我们拿出200多万元，开展了"新安江源头万人保护行动"，并在每个乡镇建立了垃圾焚烧炉，以户、村、组、乡镇为单位，形成了一个垃圾无害化处理网络，原来在青山绿水当中，到处是白色污染，经过保护行动治理后，现在好多了。

所以讲，要重视和加强县域经济，把县域发展的工作做好，无论从哪个角度来讲，都是有着很大意义的。确实从上到下，近年来也在逐级重视，但是我感觉到，结构调整的问题、生态保护的问题、农民工素质提高的问题以及体制机制上的问题，还是亟待研究和解决的。

【陆学艺】咱们再讲一讲你们县的经济状况吧，去年你们县的三次产业是个什么状况？

【胡宁】过去我们县的三次产业结构是"一二三"的模式，现在基本上朝着"二一三"的模式迈进。

【陆学艺】你们县的二产是一个什么状况？

【胡宁】今年我们的工业税收有望超过1个亿，这是个了不起的变化。当然，休宁县这样的地方搞工业，是在严格做到不污染的前提下来发展的。

【陆学艺】你们的二产主要有哪些类型？

【胡宁】我们主要有这么几大块：第一块是汽车电器行业。主要有汽车开关、汽车门锁，我们有黄山汽车电器公司，它跟一汽、二汽是一个配套的企业，跟安徽的奇瑞也是配套的。第二块是以资源加工型为主的绿色企业，比如茶叶、茶油、茶干、茶水。茶叶现在我们主打产品是有机茶、绿茶，松萝、新安源、荣山、金叶等一批企业规模都很大，出口量也在逐年扩大，效益很好。

【陆学艺】这个我要问一下，茶油是什么油？

【胡宁】茶油就是油茶籽榨的油，目前我县油茶树的种植面积还不是很大，还正处于一个加快发展的阶段，今年我们已被列入国家油茶发展重点县。我们可以搞10万亩，我们有这个条件。油茶树一身都是宝，茶树可以防火，而茶油既健康又时尚，有专家称，茶油比橄榄油的价值还要大。

【陆学艺】一亩油茶能产生多少效益？

【胡宁】如果采用新品种栽植，丰产期可达到3500元每亩，也就是一亩油茶的收入是水稻的四倍以上，应该讲富民的效果是明显的。还有茶干，休宁的五城茶干在安徽是有名的。

【陆学艺】现在茶干的年产量是多少？

【胡宁】目前，我们县有9家规模以上的茶干企业，产值加在一起一年超过1个亿，规模也不算太大。另外还有啤酒、茶饮料、矿泉水。我们这里的水好，好水要出好饮料。我们的啤酒厂目前年产10万吨，是黄山市唯一的啤酒厂。第三块就是我们正在发展的电子制造业。我们主要有两个企业，一个叫英赛特，是生产手机液晶屏和定向膜的，另外一个就是谊华模具厂。第四块就是服装业。有几家还不错，现在我们的一些人都不出去了，外面人到我们这里来的也有。

【何秉孟】啥时候你们这里的人不出去了，外面的人进来了，你们这里就翻身了。

【胡宁】是的，这是我们正在努力和追求的。当然我最想发展的还是三产，空间最大的也是三产。黄山市正在打造"现代国际旅游城市"，而我们休宁提出来的目标就是建设"黄山现代国际旅游城市副中心"，围绕这个目标，我们在三产的发展上，重点是丰富休宁旅游这个新产业。这方面的中心工作，就是"一山两翼"的文章要做好。概括地讲，就是以齐云山为龙头，文化旅游和乡村旅游为两翼，把休宁特色旅游发展好。现在旅游发展的思路比较明晰，休宁的文化旅游已经开始升温，来的人很多，状元博物馆在国内也已小有名气，今年游客量可望突破10万人次，而三溪、白际、右龙等地乡村旅游也很聚集人气，相信经过努力，是会有更大回报的。

【陆学艺】听你这么一说，我也受鼓舞，那么今年的经济指标会如何？

【胡宁】说句实话，在一个地方当县长或是当书记，是不能"抓瞎"的，首先工资要发吧，工作要运转吧，历史遗留问题要解决吧，一些基本的民生问题要解决吧。具体到今年社会经济的发展，这么说吧，可以用"八三四一"来归纳，这是一个颇有意义的数字。2000年我刚来休宁，当地两税（指增值税和消费税）比仅为42%，现在已达到80%以上，相当于当时的两倍。今年的外贸出口要超过3000万美元，今年固定资产投入要超过40个亿，工业税收可能会超过1个亿。在一个地方工作，首先要解决发展和生存的难题，在解决了这些问题以后，这几年我们提出来要大力发展工业，大力发展旅游事业，大力发展文化事业，大力发展教育事业，大力解决民生问题。从更高层面上来看这个发展，有我们自己的努力，另一方面也是得益于国家的好政策，十分感谢中央、省里的转移支付。

【陆学艺】十年了，在基层工作，你的最大心愿是什么？

【胡宁】我最大的心愿是"善始敬终"，还有就是要对"两后"负责，既要对后任负责，也要对后代负责。我感到，在一个地方工作，要始终重视民生、环境、教育、文化、创新。心愿归心愿，但最终干得怎么样，还要组织、干部和老百姓来评判。我自己的心里话，有及格分就心满意足了。

【陆学艺】你对上级有什么具体建议吗？

【胡宁】好的，提几条，不一定对，请指教。

一是建议要建立生态补偿机制。在省"两会"、全国"两会"中，我们市里的代表都进行了反映，但这个问题到现在还没破题，应该引起国家的重视。

二是建议在民生工程项目的实施中，要减少地方的资金配套。国家扶持地方的项目，大多要求县乡配套给资金，县级财政是吃饭财政，还是个不富裕的财政，一下子要做这么多公益事业，这么多工程，县级财政在配套资金上承受着巨大的压力。

三是建议国家在有些问题上要尊重民意、规律、实情和国情来办事。比如，在大力发展国家职业教育，应该以什么样的标准来评定国家级职业教育学校的问题上，现在上面的要求是必须有多大的土地面积、教师数量、学生数量等评价指标，达到了这个指标，才能得到优惠的政策，达不到，就得不到支持。而这样的一些指标和标准，对于一个小县城来说，根本达不到。这不合理，也导致我们有时候想做事情但却做不成事。

四是建议解决"三农"的矛盾不能头痛医头、脚痛医脚。现在农村矛盾大致可以分三类：一是土地纠纷，二是情感纠纷，三是社会治安问题。这些问题在我县基本上处理解决得还不错，而且民风还很淳朴，乡风还比较文明。我感到在解决这些具体问题的同时，还更加要从根本上加以重视，综合治理，促进协调。

【陆学艺】现在不收农业税了，不收粮了，干群关系怎么样？

【胡宁】应该来讲，干群关系比以前是好多了。但干部的作风还是要不断改进，为民服务的意识也还要不断加强，机制体制上也还要进一步跟进。

【陆学艺】现在银行、工商等不归地方管,对你们征税有什么问题?

【胡宁】现行的管理体制,银行、工商、税务、土地等不归地方管理,压缩了地方的管理空间,工作范围小了,管理的人少了,但责任变得大了,需要承担的责任一点也没有减少。这就造成了一个不平衡的结构性问题,短期可能不会发生什么问题,但如果长期是这样一种状况,恐怕不行。

【陆学艺】你们的学校除了一般高中、初中和小学外,职业学校有哪几所?

【胡宁】我们的职业学校有政府办的第一职业高中和民办的琼琼服装职业学校。

【陆学艺】从农业社会向工业社会转变、从农村社会向城市社会转变的过程,就是要逐步减少农民的过程,这是一个必然的趋势。但现在农民进城务工,所在的城市社会义务承担的还很少。比如广东、深圳,即使农民进城后在那结婚、生子,到老了还得回到农村来,所以这是个体制问题。一方面农民工为社会创造了财富,但另一方面因农民工进城而产生的问题将来是要还债的,就像咱们的国有企业职工,现在下岗了,老了怎么办?总体来说,你刚才讲的产业结构"二一三"的模式,但将来的发展趋势,哪里都一样,将会先是"二一三",再是"二三一",然后是"三二一"的产业结构模式,不管哪个国家都一样。现在我国只有四个城市是"三二一"模式:上海、北京、深圳和广州,大部分城市还是"二三一"或"二一三"的模式。

现在你们这里旅游和文化搞起来了,但你刚才讲的靠无污染的企业,我觉得还显得有点单薄。从你给我的这个材料来看,我认为,将来你们水的文章、茶的文章、林木的文章还要继续做大做强,我讲几个观点,供你们参考。这方面工作要有个长期的思想准备,不可能一蹴而就,我有几份研究材料,到时可以寄给你,你们可以多思考。

一是水。水是你们这里的大文章,这里有这么好的水,有大文章做好。可以与华润合作,把啤酒、饮料等行业做强。

二是茶。你们的茶现在亩均收入是 1500 元,但浙江、广东已达到 6000元、1 万元了,你们有 18 万亩茶园,要是达到平均每亩 1 万元的话,总的就是 18 个亿,那可就了不得了!你们这里的茶叶好,加工工艺也很高,这个发展空间非常大。因此还要向产业化和产品的高级化、品牌化战略的方向发展。你们也可以向外地茶产业做得好的品牌企业学习，把你们的茶产业再做大。

三是林。目前经济林占2%太少，可以扩大到20%，甚至更多。江西产橘子，广东产荔枝，我们这里种橘子没问题，可以榨汁，卖饮料。油茶林可以发展，很有前景。

四是旅游。要搞个自己的品牌，乡村福地要有特色，齐云山的道教还可以大做文章。要开阔视野，例如，可学习一下无锡灵山大佛的做法，他们那里的宗教文化做得非常好，吸引了全国各地的游客。我觉得你们黄山现在缺少的就是宗教文化，游客来只是观光，看看风景，可能游客接待量比不上九华山。因为九华山有佛啊，老老少少来了，都会烧烧香，拜拜佛。因此，这方面你们要做点文章，齐云山还要深入挖掘道教文化，把道教文章做大，进一步做强你们的旅游产业。

五是文化。尤其是状元文化，你们不光状元多，进士也很多，也可以继续做强。你们现在搞了19个状元，并建了博物馆，这很好。同时你们可以把进士的文章做起来，清代你们的进士就近百人了，加上明朝的数量肯定过百了，因此要在打好状元文章的基础上，继续把历史上100多个进士挖掘出来。这方面的工作可以继续做，形成状元精神，对推进本县的教育、文化都有很大的作用。

六是可以再进点人。你们现在每年出去5万~6万人。什么时候外省、外地有5万~6万人到你们县打工、服务，你们县就现代化了。总之，我认为山区经济是大有希望的。

【胡宁】是的，您讲得很好，我们会继续努力的。恳请陆老今后多多关心休宁，帮助休宁，常来休宁。

【陆学艺】好的，请代我向县里几套班子问好。衷心祝福休宁！

【何秉孟】谢谢胡宁同志，今天的谈话很有意义。我们中国社会科学院今后将会密切关注休宁。

2009年11月10日

后　记

王开玉

　　《魅力盐铺》一书作为"中国百村经济社会调查"安徽分课题组的研究成果之一，和大家见面了。本课题的顺利完成得到了安徽省、黄山市、休宁县、海阳镇方方面面的支持和帮助。特别要感谢安徽省人大常委会副主任朱维芳，安徽省人民政府副秘书长、我国三农问题专家刘奇，安徽省财政厅厅长陈先森、副厅长罗建国，黄山市委书记王福宏，休宁县委常委、海阳镇党委书记汪美月，新华社安徽分社常务副总编陈先发，对外部主任、首席记者蔡敏，记者杨玉华、熊润频等。没有他们的指导、帮助和支持，我们很难在不到一年的时间完成了这么大量的调研、问卷、访谈，并写出研究报告和成书。

　　在中国农村发展模式研讨会暨百村调查第三次工作会议上，陆学艺老师提出，百村课题完成基础性的工作后，写作形式可以多样化。我们课题组从1999年在陆学艺老师、谢寿光教授的指导下，在社会转型期完成许多重大课题的同时，提出了许多独立的学术观点。这些年来，我们课题组完成了《中国中部省会城市社会结构变迁——合肥市社会阶层分析》，这是中部地区省会城市社会结构的研究成果之一；完成了国家社科基金项目"扩大中等收入者比重"，提出了"中国中等收入者是中产阶级的初级形态"，"农民工是中国农村中等收入者的主体"等观点，被新华社作为我国学者研究的重要创新成果向国内外发布；完成了国际合作课题"空巢儿童的社区保护"，针对他们不一样的童年，系统地提出了"要保护好留守儿童新群体"的理论；策划、制作的专题片《不一样的童年》被列为国家"十一五"重点音像制品项目，在研究留守儿童的同时又提出要关注城市"寄养儿童"群体，新华社在国际儿童日期间对此观点作了发布；承担国际合作课题"跨地域拐卖或拐骗"，针对我国人口大迁徙中农村和城市的婚姻状况，提出了"关注迁移婚姻中的外省姑娘"，受到决策层的重视，被收入《与省长谈安徽发展》一书；在《中国省会经济圈蓝皮书》发展报告中提出了"合肥速度"理论，成为中部地区应对金融危机的亮点之一；近期又提出，"社保制度建设是经济增长方式转变的一个制度保证，甚至可以看作是经济增长的第四驱动力。"

中国农村发展模式研讨会暨百村调查第三次工作会议召开后，我们在修改过程中吸取了总课题组和会上许多专家学者的意见，对百村调查的内容和方法有了新的认识。因此，《魅力盐铺》这本书的写作上力求在深度、广度、可读性、现实性等方面都能比我们原稿有所改进和提升。同时我们也一如既往地结合调查点的实地经验提出了一些独立的学术观点，如：提出要建设"同一片蓝天下"的中国文化；针对农村很多有知识有文化的人为了改变自己的生活、享受更好的教育资源，涌进城市的情况，提出要"创造条件让大批挂职干部、大学生村官积极走向农村，不断地为农村的发展夯实基础"等。

安徽省市场经济研究会会长马元飞、安徽省邓小平理论研究会会长汪石满、安徽省社会学会会长黄家海和顾问盛志刚、安徽省社会科学院副院长宋蓓担任本书的课题指导，为课题的完成和本书的出版做了大量的工作。本书也同时得到中国百村经济社会调查总课题组的指导，特别是陆学艺先生、谢寿光先生和马福伦教授的帮助和支持，在此一并表示感谢。

参加本书编写工作的还有休宁县人大常委会办公室、中共海阳镇委员会、海阳镇人民政府、中共休宁县委组织部、休宁县人事局、中共休宁县委员会、休宁县农委、休宁县经委、休宁县建委、休宁县计生委、休宁县旅委、休宁县国土局、休宁县教育局、休宁县工商局、休宁县文广局、休宁县妇联、休宁县民政局、休宁县统计局、休宁县卫生局、休宁县社保局、休宁县文明办、休宁县地方志办公室等相关职能部门，以及休宁县海阳镇盐铺村的吴红卫、孙小兵、余春燕、曹慧萍、杨帆等同志。

由于来源和口径不同，本书涉及的大量统计数据和图表，可能出现不一致的情况。受作者水平所限，书中难免会有不当之处，希望得到读者的批评与指正。本书由王开玉统稿，在本书编写和出版过程中，感谢社科文献出版社社长谢寿光和皮书出版中心主任邓泳红的支持和指导。

在盐铺课题的开展过程中，本书主编、黄山市政协副主席、休宁县委书记胡宁多次讲到，我们要改变理论落后于现实、研究落后于现实的现状。盐铺村书记李讨饭真诚地对我说，"盐铺人民需要你们，盐铺人民感谢你们。"他们的话深深地打动了我，激励着我。如果说美丽的盐铺永远在我的梦里，那么盐铺人民的期盼则永远地留在了我的心里！

图书在版编目（CIP）数据

魅力盐铺/王开玉，胡宁主编．—北京：社会科学文献出版社，2010.3
（中国百村调查丛书）
ISBN 978-7-5097-1327-3

Ⅰ.①魅… Ⅱ.①王… ②胡… Ⅲ.①乡村-社会调查-调查报告-黄山市 Ⅳ.①D668

中国版本图书馆 CIP 数据核字（2010）第 030567 号

魅力盐铺　　　　　·中国百村调查丛书·盐铺村·

主　　编／王开玉　胡　宁
副 主 编／汪利平　方金友

出 版 人／谢寿光
总 编 辑／邹东涛
出 版 者／社会科学文献出版社
地　　址／北京市西城区北三环中路甲 29 号院 3 号楼华龙大厦
邮政编码／100029
网　　址／http://www.ssap.com.cn
网站支持／（010）59367077
责任部门／皮书出版中心 （010）59367127
电子信箱／pishubu@ssap.cn
项目经理／邓泳红
责任编辑／吴　丹　周映希
责任校对／刘庆德
责任印制／蔡　静　董　然　米　扬

总 经 销／社会科学文献出版社发行部
　　　　　（010）59367080　59367097
经　　销／各地书店
读者服务／读者服务中心（010）59367028
排　　版／北京中文天地文化艺术有限公司
印　　刷／北京季蜂印刷有限公司

开　　本／787mm×1092mm　1/16
印　　张／22.5
字　　数／358 千字
版　　次／2010 年 3 月第 1 版
印　　次／2010 年 3 月第 1 次印刷

书　　号／ISBN 978-7-5097-1327-3
定　　价／59.00 元

本书如有破损、缺页、装订错误，
请与本社读者服务中心联系更换

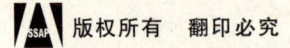

版权所有　翻印必究